中國學術思想 研究輯刊

四 編
林 慶 彰 主編

第 4 冊

吳澄之《易經》解釋與易學觀

楊 自 平 著

花木蘭文化出版社

國家圖書館出版品預行編目資料

吳澄之《易經》解釋與易學觀／楊自平 著 — 初版 — 台北縣永
和市：花木蘭文化出版社，2009〔民 98〕

目 2+316 面；19×26 公分

（中國學術思想研究輯刊 四編；第 4 冊）

ISBN：978-986-6449-03-1（精裝）

1. 易經　2. 注釋　3. 研究考訂

121.17　　　　　　　　　　　　　　　　98001823

ISBN - 978-986-6449-03-1

9 789866 449031

中國學術思想研究輯刊
四　編　第四冊　　　　　　　　ISBN：978-986-6449-03-1

吳澄之《易經》解釋與易學觀

作　　者　楊自平
主　　編　林慶彰
總 編 輯　杜潔祥
出　　版　花木蘭文化出版社
發 行 所　花木蘭文化出版社
發 行 人　高小娟
聯絡地址　台北縣永和市中正路五九五號七樓之三
　　　　　電話：02-2923-1455／傳真：02-2923-1452
網　　址　http://www.huamulan.tw 信箱 sut81518@ms59.hinet.net
印　　刷　普羅文化出版廣告事業
封面設計　劉開工作室
初　　版　2009 年 3 月
定　　價　四編 28 冊（精裝）新台幣 46,000 元　　　　版權所有·請勿翻印

吳澄之《易經》解釋與易學觀

楊自平　著

作者簡介

楊自平，一九七○年生，臺灣省彰化縣人，國立中央大學中國文學系博士，曾任國立中央大學中國文學系助理教授、專案助理教授、國立清華大學中國文學系兼任助理教授，現任國立中央大學中國文學系副教授。學術專書有《明代學術論集》（萬卷樓圖書公司，2008 年 2 月）、《吳澄《易經》解釋與《易》學觀》（中央大學中國文學系博論，2000 年）、《梨洲歷史性儒學之建立》（中央大學中國文學系碩論，1995 年）三部。此外，尚有十餘篇與《易》學相關之期刊論文，如：〈論林希元《易經存疑》的義理發揮與致用思想〉（《中國文哲研究集刊》，第 32 期，2008 年）、〈李光地之卦主理論及卦主釋《易》論析〉，（《漢學研究》第廿六卷第 1 期，2008 年）、〈從《日講易經解義》論康熙殿堂《易》學的特色〉（《臺大中文學報》第 28 期，2008 年）、〈從《易經蒙引》論蔡清疏解《周易本義》的作法及太極義理的轉折〉（中央大學《人文學報》32 期，2007 年）、〈王船山《周易內傳》解經作法析論〉（《鵝湖學誌》39 期，2007 年）、〈來知德《易》學特色——錯綜哲學〉（中央大學《人文學報》，第 27 期，2003 年）、〈《易經》「升降」與「反對」兩種卦變義例的考察〉（《中國文哲研究集刊》，第 17 期，2000 年）、〈吳澄《易纂言》之句讀判斷與訓詁方法〉（中央大學《人文學報》，第 18 期，2000 年）…… 等，以及數篇與《易》學相關之專書論文與研討會論文，尚有中國哲學、史學方面之期刊論文數篇。

提　　要

　　吳澄《易》學深受朱子影響，強調「以經解經」的作法。《易纂言》採呂祖謙之觀點，將《易》經、傳分立，不採以傳解經的作法，以恰當相應地理解經文。此外，吳澄將經傳內容之錯簡、重出、闕漏處加以更訂，針對生難辭義作訓詁，在解經上亦以探求本義為指導原則。

　　吳澄釋《易》，實有方法意識，所關注者在於如何解決卦、爻辭不易解釋的難題，彼所提出的作法便是以義例釋經。首先，就朱子將卦、爻辭區分為象辭、占辭的作法，加以全面化；其次，於象辭、占辭中建立通例，即「象例」與「占例」，對象辭、占辭之來由提出解釋；對於卦、爻辭重出部分，則提出「辭例」，以解釋重出之原因。

　　吳澄《易》學兼重象數、義理，然其心力尤表現在象數上。在《易》象解釋上，不僅擴充《說卦傳》及《九家逸象》之內容，亦引入卦變、卦主觀念，提出「卦變說」、「卦主說」之理論。在《易》數方面，除深入探討《繫辭傳》的「天地數」與「大衍數」外，亦肯定邵雍《易》數，包括八卦十數；於《易纂言外翼》亦探究邵雍皇極數與聲音數。

　　此外，吳澄亦重視象數《易》學中的圖書之學，承繼朱子肯定河圖、洛書及伏羲、文王《易》圖，並以先天圖畫出「互體圖」。吳澄重視圖書之學，其用意在交待《易》經傳的成書歷程。首先交待伏羲《易》，由「易道」為開端，引邵雍「加一倍法」說明卦畫之發展，由一畫到二畫四卦、三畫八卦，伏羲畫出先天八卦圖，進而發展成四畫、五畫到六畫的六十四卦，伏羲畫出六十四卦先天方、圓圖。繼而放入夏《易》——《連山》、商《易》——《歸藏》之簡介，其後方是《周易》。可見吳澄重視圖書學，實基於此套學說能說明《周易》的演變歷程。

　　至於吳澄釋《易》不廢義理，則可由〈大過〉、〈遯〉、〈大壯〉三卦闡發聖人對陰、陽關係之看法見出。此外，對於聖人論君子、小人之卦爻辭，亦多所發揮。

　　吳澄《易》學有著鮮明元代《易》學色彩，以纂註體形式，一方面承繼程、朱等前賢之說，亦加入個人之創見，深得後代《易》學家之重視，並援引其說。個人在深究相關《易》著後，深感稱吳澄為元代《易》學大家，可謂實至名歸。

緒　論 ……………………………………………………………… 1

目

次

第一章　宋易之繼承與開展 ………………………………………… 7
　　第一節　吳澄與宋元《易》學 ………………………………… 7
　　第二節　吳澄解《易》之消極目標與積極目標 ……………… 14
　　第三節　吳澄解《易》之原則與方法 ………………………… 21

第二章　易辭解釋——校勘、訓詁之表現 ……………………… 35
　　第一節　改經態度與作法 ……………………………………… 35
　　第二節　校勘方法與原則 ……………………………………… 43
　　第三節　句讀判斷與訓詁方法 ………………………………… 71

第三章　易象解釋之理論基礎 …………………………………… 99
　　第一節　以六子、十消息卦及陰陽、內外結構建立「卦
　　　　　　變說」 ………………………………………………… 99
　　第二節　結合卦變、反對之「卦主說」 …………………… 118

第四章　卦爻辭解釋與通例之建立 ……………………………… 129
　　第一節　釋象之原則與特色 ………………………………… 129
　　第二節　「象例」之分類及內容 …………………………… 140
　　第三節　「占例」及輔助占辭之建立 ……………………… 151
　　第四節　解經之占及致用之占 ……………………………… 159
　　第五節　「辭例」之內容與理論基礎 ……………………… 171

第五章　《易傳》之解釋與發揮 ………………………………… 185
　　第一節　補充《象傳》之易象解釋 ………………………… 185
　　第二節　論易與太極 ………………………………………… 196
　　第三節　以「卦統說」、「卦對說」羽翼《序卦傳》、《雜
　　　　　　卦傳》 ……………………………………………… 204

第六章　圖書之學之延續與發揚 ………………………………… 213
　　第一節　辨河圖、洛書之發生義與理論義 ………………… 213
　　第二節　以「先天圖」爲基礎之「互體圖」 ……………… 223

第七章　《易》數之理解與應用 ………………………………… 233
　　第一節　論「天地數」與「大衍數」 ……………………… 233
　　第二節　以邵子八卦十數解釋《易經》數象 ……………… 240
　　第三節　對邵子皇極數與聲音數之理解與發揮 …………… 245

第八章　結論——吳澄《易》學之定位與意義 ………………… 253

參考書目 ………………………………………………………… 259

附錄：吳澄與來知德易象解《易》之比較研究 ……………… 271

後　記 …………………………………………………………… 315

緒　論

　　吳澄（1249～1333）字幼清，晚字伯清，撫州崇仁人，先生所居草屋數間，程鉅夫題曰「草廬」，故學者稱爲草廬先生。吳澄十三歲便已博覽群書，熟稔應舉文章；十五歲便厭棄舉業，致力聖賢之學；十九歲作「道統圖」、《皇極經世續書》，並校正《孝經》；二十三歲始於書院授徒，三十三歲編纂諸經及完成《孝經》注釋，三十四歲校訂《易》、《書》、《詩》、《春秋》，修訂《儀禮》，並完成注疏《小戴記》，四十歲奉朝廷之命校訂《易》、《書》、《詩》、《春秋》、《儀禮》、《大戴記》、《小戴記》，四十一歲將所校諸經進呈朝廷，五十三歲任仕郎同知制誥兼國史院編修，五十六歲任將仕郎江西等處儒學副提舉，而於十月除官；五十七歲校訂《邵子》、《葬書》，五十八歲赴任原職，五十九歲校訂《老子》、《莊子》、《太玄》，六十歲至京任官，六十三歲授文林郎國子司業，七十歲完成《書纂言》，七十四歲《易纂言》成書，七十五歲授翰林學士太中大夫知制誥同修國史，七十六歲蒙皇帝賞賜銀兩、錦帛，並於京師開講；八十歲完成《春秋纂言》，八十一歲《易纂言外翼》成書，八十四歲完成《禮記纂言》，八十五歲去世，元順帝至正五年（1345 年）追封爲臨川郡公，諡曰文正。〔註1〕

　　吳澄之經學研究承繼朱子，《易纂言》是延續朱子《周易本義》作開展，吳澄於《詩》雖未有專著，然其解詩是直承《詩集傳》；《禮記纂言》則參考朱子及黃榦合著，尚未完成之《儀禮經傳通解》〔註2〕；至於《春秋纂言》，

〔註1〕此處所論參考《吳文正公集》卷首所附之《元史·列傳·吳澄》、揭傒斯〈神道碑〉、危素撰〈年譜〉、虞集〈吳文正行狀〉（亦收錄於虞集《道園學古錄》）。

〔註2〕此書名乃《四庫全書》刊錄之名，據南康舊刊張虙之序指出此書之初名爲《儀

－1－

因朱子未有專著，故參考唐陸淳（避諱改名質）所本趙匡、啖助之說所作《春秋集傳纂例》、《春秋集傳辨疑》、《春秋微旨》諸書。

朱子經學之三大核心著作：《詩集傳》、《周易本義》、《儀禮經傳通解》，雖然禮書尚未完成，然已能見出朱子禮學之核心。朱子認爲《詩經》表現「其忠厚惻怛之心，陳善閉邪之意」，〔註3〕《易》之大義「卦、爻、彖、象之義備，而天地萬物之情見」，〔註4〕至於《禮》，朱子認爲「今所集《禮》書，也只是略存古之制度，使後人自去減殺，求其可行者而已」「看《禮》書，見古人極有精密處，事無微細，各各有義理，然又須自家工夫到，方看得古人意思出」。〔註5〕由此可見朱子認爲此三經之重要性爲：《詩》表現人倫之情、《易》展現天地萬物自然之理、《禮》建構人倫秩序，朱子經學便由此三者架構而成。

吳澄對朱子經學三大架構之繼承與開展，關於《易》將於論文中詳述，此處僅論《詩》與《禮》。在《詩經》部分，吳澄肯定朱子廢〈詩序〉，直接解釋經文之作法，吳澄言道：「詩自詩，序自序，序非經本旨者，學者猶可考見。及其分以寘諸篇之首也，則未讀經文先讀詩序，序乃有似詩人所命之題，而詩文反若因序以作；於是讀者必索詩於序之中，而誰復敢索詩於序之外者哉？……至朱子始深斥其失而去之，……今因朱子所定，去各爲之序，使不淆亂乎詩之正文，學者因得以詩求詩，而不爲序說所惑。」〔註6〕吳澄認爲《詩集傳》最大貢獻在於免於〈詩序〉對詩旨掌握之限制，強調「以經解經」直探本義。在開展方面，則將詩篇編次則作了更動，其編排原則有三：其一，依年代次序，將文王之「二南」中有平王以後之詩，及成王之「雅」、「頌」有康王之詩者作了變動；其三，風、雅、頌之分，〈七月〉與「商頌」爲夏、商異代之詩，故分居「風」與「頌」之末；並將周公居東所作之詩，附於「豳風」，因其非擬朝廷樂歌之故；另外，吳澄認爲「風」因詩而爲樂，「雅」、「頌」因樂而爲詩，然「變風」、「變雅」有不依此理者，亦因性質仍屬「風」（民歌）、

禮經傳與集傳集註〉，然此須進一步考察此爲一書《儀禮經傳集傳集註》或二書《儀禮經傳》、《儀禮集傳集註》，因朱子文集、語錄所言均以「禮書」通名稱之，目前無法斷定確實名稱爲何。在吳澄《吳文正公集·三禮敍錄》中已出現「經傳通解」之名，亦可見《儀禮經傳解》之名在宋末元初已出現，足說明此書名嘗數度更易。

〔註3〕 朱子《詩集傳·序》，學海版，頁2。
〔註4〕 朱子《周易序》，《周易本義》卷首。
〔註5〕 《朱子語類·禮一·論修禮書》，卷84，頁2185、2186。
〔註6〕 《吳文正公集·四書敍錄》（臺北：新文豐出版社，1985年），卷1，頁72。

「雅」（朝廷樂）之類，故仍歸於此。其三，正、變之分，變雅之中有類正雅之辭者，須加以辨別，然因證據不足，故不強分。〔註7〕雖然吳澄於《詩》並未有專著，然如虞集所言：「《詩》則以朱氏《傳》得其七、八，其有餘論，則門人傳其言，未及集錄」，〔註8〕可見吳澄釋《詩》大抵宗《詩集傳》，至於其特殊見解，因無書可見，故無法得知。

　　在《禮》的部分，朱子禮書之編排方式是禮經之後，附上大、小戴《禮記》及經史雜書有關《儀禮》者，〔註9〕吳澄認爲此編排方式並非朱子之定論，彼論道：「五經之中，其未爲諸儒所亂者，惟二禮經，然三百、三千不存蓋十之八九矣，朱子補其遺闕，則編類之初，不得不以《儀禮》爲綱，而各疏其下，脫稿之後，必將有所科別，決不但如今稿本而已。」「若執稿本爲定，而以後記、補記、補傳分隸於其左也，與《彖》、《象》傳之附《易經》者，有以異乎？否也。經之篇也，而以傳篇、記篇、補篇錯處於其間也，與《左氏傳》之附《春秋經》者，有以異乎？否也。夫以《易》、《書》、《詩》、《春秋》之四經，既幸而正，而《儀禮》一經又不幸而亂，是豈朱子之所以相遺經者哉？徒知尊信朱子草創之書，而不能探索未盡之意，亦豈朱子之所望於後學者哉？」〔註10〕此段文字極爲重要，可眞切見出吳澄之卓見，吳澄認爲禮書爲朱子未竟之作，自當以草稿視之；並由朱子《周易本義》經傳分立、廢〈詩序〉、〈書序〉之作法，再加上朱子對《春秋》經、傳之區分，〔註11〕認爲朱子理想的禮書，當是依經、傳分立的方式編排。

　　基於經、傳分立之原則，吳澄《禮記纂言》於篇章之編次上，將朱子之禮書加以更動，以鄭玄本《儀禮》十七篇居首，《儀禮逸經》八篇居次，而以傳十篇居末。《儀禮逸經》之出處，〈投壺〉、〈奔喪〉出自小戴《禮記》，〈公冠〉、〈諸侯遷廟〉、〈諸侯釁廟〉取自大戴《禮記》，〈中霤〉、〈禘于太廟〉、〈王

〔註7〕　出處同前註。
〔註8〕　虞集〈吳文正行狀〉，《吳文正公集》卷首，頁35。
〔註9〕　對此編排，朱子自道：「《禮》非全書，而《禮記》尤雜，今合取《儀禮》爲正，然後取《禮記》諸書之說以類相從，更取諸儒剖擊之說各附其下，庶便搜閱。」《朱子語類・春秋・經》，卷83，頁2176。
〔註10〕　《吳文正公集・三禮敘錄》，卷1，頁75。
〔註11〕　朱子言道：「以三傳言之，《左氏》是史學，《公》、《穀》是經學，史學者記得事卻詳，於道理上便差；經學者於義理上有功，然記事多誤。」由朱子對三傳性質之分析，可說明朱子對《春秋》之經與傳是有區別的。《朱子語類・春秋・經》，卷83，頁2152。

居明堂〉出於鄭註；傳十篇，除大、小戴二記外，並補以清江劉氏之〈聘義〉、〈公食大夫義〉，另將朱子所輯、黃榦〈喪禮〉、楊復〈祭禮〉名爲「朱氏記」。全書通禮九、喪禮十一、祭禮四、通論十二，共三十六篇。

經由吳澄對朱子《詩》學、《禮》學之理解與開展，可歸出幾個重點：其一，吳澄承繼朱子經、序分列及經、傳分立之見解；其二，將篇章次序混亂處加以重整；其三，標舉「以經解經」直探經旨之解經法。

至於朱子由三經研究而架構之三大體系：《詩》表現人倫之情、《易》展現天地萬物自然之理、《禮》建構人倫秩序，亦爲吳澄所承繼。對於《詩》之本意，吳澄認爲自朱子《詩集傳》作，後人始知《詩》不爲美、刺而作，而能回歸作品，理解詩人作詩本意。〔註12〕至於《禮》之精神，吳澄言道：「古人制禮之意，必有在而未易以淺識窺也。夫實之無所不降者，仁之至；文之有所或殺者，義之精，古人制禮之意蓋如此。」〔註13〕吳澄區分禮之實與文，實爲禮之經，文爲禮之變，經者常也，可變者文也，與朱子所言後人可針對古時制度作減殺之理相同。至於《易》理，吳澄言道：「易者，天地鬼神之奧，而五經之原也」〔註14〕整部《易經》所展現的便是天地陰陽變易之理，亦與朱子之認知一致。此三經便能涵蓋人類社會之一切活動——人情之抒發，理想社會制度之建立、自然變化之掌握，此便是經學之爲常道、及經世致用之實現。而吳澄之《易》學、《禮》學便是繼承朱子之教發展而成。

至於吳澄另部著作《春秋纂言》亦爲吳澄自豪之作，嘗言：「若《春秋》不爲褒貶作，則朱子無論著矣。」「邵子曰：『聖人之經，渾然無跡，如天道爲，《春秋》書實事而善惡形乎其中矣。』至哉言乎！朱子謂：『據事直書而善惡自見』其旨一也。唐啖、趙，宋孫、劉而下，不泥於傳，有功於經者，奚啻數十家，然褒貶之蔽猶未悉除，必待宋末李、呂而後不大惑。」〔註15〕吳澄認爲《春秋》書時、書人皆有定法，並非聖人刻意標舉褒貶，故不採過去所認定的特定褒貶，而直接探究經文之實事實理。此作法無疑應用朱子不以〈詩序〉解詩之作法，不受《左傳》、《公》、《穀》對《春秋》解釋之限制，直接理解經文本意。

〔註12〕《吳文正公集・春秋諸國統紀序》，卷12，頁236。
〔註13〕《吳文正公集・服制考詳序》，卷10，頁211。
〔註14〕《吳文正公集・周易本說序》，卷12，頁236。
〔註15〕《吳文正公集・春秋諸國統紀序》，卷12，頁236。

綜合上述，吳澄之經學受朱子影響至鉅，吳澄延續朱子重視經文本意，強調「以經解經」之作法，不僅在五經篇章之編次上嚴格要求經、傳分立，並將經傳內容之錯簡、重出、闕漏之處加以更訂，在解經上則以理解作者本意作爲指導原則。無論在五經之整理與解釋上，吳澄均作出重大貢獻，故以朱子之後的元代經學大家視之，吳澄的確實至名歸。瞭解吳澄經學之一貫主張後，將順此就吳澄之《易》學成果作考察。

《易》爲五經之首，爲諸子百家之源。《易》學研究分三大類：《易》學史研究、專家研究、專題研究。《易》學史重在瞭解歷來《易》學之變遷，專家研究重在掌握個別之特色，專題研究側重某《易》學議題；其中，專題研究亦或具有歷時性，然有別於《易》學史之性質。此三方面可密切關聯，《易》學史助於瞭解專家的背景，對《易》學專題的發展亦有大致交待。專家研究爲《易》學史之基礎，有助於恰當地論斷各家、各代之特色；透過專家對重要概念的見解，亦助於專題之研究。各種專題研究可豐富並深化《易》學史的內容，亦爲專家研究提供極佳的背景知識。

鑑於現今《易》學史對元代《易》學介紹過於簡略，加上元代《易》學之專家研究亦顯不足，而吳澄《易纂言》爲朱子後重要傳注，遂以吳澄爲研究對象。一來以《易纂言》爲核心瞭解其《易》學特色，二來藉此考察《易》學史之變遷，並反思《易》學史之重要觀念，例如漢易、宋易之判別，或象、數、義理之關聯，同時檢討重要《易》學專題如卦變、卦主、易數之觀點。

自漢至宋之《易》學發展，馬融（字季長，79～166）、鄭玄（字康成，127～200）以章句訓詁解《易》，京房（字君明，前77～前37）、荀爽（字慈明，128～190年）、虞翻（字仲翔，164～233年）強調分析卦體結構，荀、虞亦重經傳易象之解釋，王弼（字輔嗣，226～249）、程子（字正叔，1033～1107）採義理解《易》，劉牧（字先之，1011～1064）、李之才（字挺之，？～1045）、朱震（字子發，1072～1138）發展出圖書易，朱子（字元晦，1131～1200）標舉恢復《易》本義，提出象占理論。朱子後之《易》學，多以發揮朱子《易》與會通程《易》、朱《易》爲主。

由此發展歷程衍出數個重要議題：（1）程、朱《易》學之關聯，（2）如何掌握漢易以卦氣解《易》、重章句訓詁，及宋易圖書之學二者之特色；（3）象、數及義理之關聯。吳澄爲朱子後之《易》學大家，其《易》學之特色爲本文研究之重心；若僅申述朱子之說，則當化歸朱子一系；若能提出新見，

則爲元代《易》學開出新局。現今《易》學史著作多視元代《易》學爲宋易之附庸，爲宋至明之過渡期。若能由吳澄《易》學發掘其價值，便能助於《易》學史之研究，而予吳澄及元代《易》學應有之定位。

吳澄終生致力於古籍之校勘、注疏，以及經典之講習；在《易》學方面，吳澄自三十四歲校訂《易經》，八十一歲完成《易纂言外翼》，其間近五十年。欲解決上所提《易》學史之重要議題，便須直探吳澄之所言與所以言，藉著對比宋、元及漢、魏（晉）、唐之著作以突顯特色。在所言處主要研究《易纂言》、《易纂言外翼》，《易纂言》以傳注體例表現，《易纂言外翼》爲其解《易》通例之整理，此二書爲吳澄《易》學之核心。至於所以言，則考察吳澄之易學觀，包括對《易經》本身之認定、對後世解《易》之反省，以及研究《易經》之消極與積極目的，均爲論析之範圍。

第一章 宋易之繼承與開展

第一節 吳澄與宋元《易》學

　　本文透過《易纂言》與《易纂言外翼》瞭解吳澄之解《易》原則與方法及其易學觀。在吳澄之前的經學發展，漢儒鄭玄、馬融重章句訓詁，魏晉盛行玄理解經，宋儒則以儒理解經。吳澄對此歷程嘗作如斯之評論：

> 漢儒專門傳授，守其師說，不爲無功於經，而聖人之意則未大明於世也。魏、晉而唐，注義漸廣，至宋而經學之極盛矣。程子之《易》立言幾與聖人並，然自爲一書則可，非可以經注論：若論經注，則朱子《詩集傳》之外，具不能無遺憾也。〔註1〕

漢儒治經嚴守家法（師法），西漢重微言大義，東漢重章句訓詁，〔註2〕文中所指聖人之義未明當指東漢章句之學而言。吳澄認爲從漢至宋，是一連續之發展，至宋臻至極盛，理由在於宋代既延續前代之成果，又能較前代更眞切掌握聖人之意。而宋代經學之代表爲程子《易傳》與朱子《詩集傳》，前者爲發明經義之翹楚，後者爲解釋經義之代表作。

　　單就《易》學的發展，吳澄認爲占筮運用可溯自《左傳》、《國語》，易象解釋見於唐李鼎祚《周易集解》收錄荀爽、虞翻諸子之說法，對伏羲八卦、六十四卦及先天後天圖的解釋，邵子（字堯夫，1011～1077）爲重要人物，之

〔註1〕　《吳文正公集・六經補注序》，卷11，頁328。

〔註2〕　參考皮錫瑞《經學歷史・經學昌明時代》（臺北：漢京文化事業，1983年），頁75、77、89。

後朱子與蔡元定（字季通，1135～1198）合撰之《周易啓蒙》進一步解釋邵子之說；以人事義理解《易》則以程子爲代表，朱子《周易本義》則就程子未及處加以開展。吳澄言道：

> 邵子於義卦之畫，極乎天道之微；程子於周經之辭，該乎人事之顯；《啓蒙》明邵之已明，《本義》啓程之未啓。占法初見於《春秋》内外傳，象例略露於李氏所集虞翻等說；若夫窮神知化之奧，夫子發之，朱子釋之，亦既粗且詳焉。〔註3〕

其中吳澄指出朱子能瞭解並解釋《易》「窮神知化之奧」，則是指朱子將《易》恢復卜筮之書的身分，直接就經文之象占作解釋，而其解釋表現出「粗且詳焉」之特色。「粗」是指朱子對經文的解釋極爲簡略，「詳」則是指聖人之意掌握的深刻度，如此則個人之私意少而聖人本意愈明矣。

吳澄肯定朱子對《易》本意的理解，對此可引朱子的一段文字爲證，朱子嘗言：

> 據某解一部《易》只是作卜筮之書，今人說得太精，便入麤不得；如某之說雖麤，卻入得精，精義皆在其中。若曉得某一人說，則曉得伏羲、文王之《易》，本是作如此用，原未有許多道理在，方不失《易》之本意。今未曉得聖人作《易》之本意，便先要說道理，縱饒說得好，只是與《易》原不相干。……《易》只是說箇卦象，明吉凶而已。〔註4〕

朱子將《易》視爲卜筮之書，修正程子以義理角度視《易》，認爲《易》之本意在說卦象，明吉凶，不在說許多道理；程子《易傳》將道理說得太多，反使人將《易》之作用限定在義理，甚至誤將程子的解釋當成《易》之原意，例如「體用一源，顯微無間」乃程子之說也，即使說得再巧仍有別於《易》。《周易本義》便直接解釋經傳本身，道理反說得粗疏，主要爲彰顯《易》本意。

吳澄對程子《易》的評論與朱子一致，嘗論道：

> 蓋《易》之道，廣大悉備，無所不包。程子被之於人事，所謂一天下之動者，由王輔嗣、胡翼之、王介甫至此極矣。朱子直謂可與三聖並而爲四，非過許也。楊先生（萬里）又因程子而發之以精妙之

〔註3〕 《吳文正公集・送樂順序》，卷17，頁329。

〔註4〕 《朱子語類・易二・綱領上之下・卜筮》（臺北：文津出版社，1986年），卷66，頁1629。

　　文，間有與程子不同者，亦足以補其不足；然皆推行易道之用，而
　　經之本旨未必如是。人以《國語》爲《春秋》外傳，非正釋經而實
　　相發明，今先生於《易》亦然。〔註5〕

程子嘗教人讀《易》當讀王弼、胡瑗（字翼之，993～1059）、王安石（字介
甫，1021～1086）三子之書，三子均以義理解《易》，吳澄認爲程子爲三子後
發揮《易》理之極致，故朱子尊稱程子可與三聖並列。楊萬里（字廷秀，1124
～1206）的《誠齋易傳》亦屬義理發揮，並非釋經之作。

　　對於吳澄以程子《易傳》與朱子《詩集傳》爲宋代經學之代表作，何以選
取《詩集傳》而非《周易本義》？其實朱子亦肯定《詩集傳》，而不滿意《周易
本義》，《朱子語類》記道：「先生於《詩傳》自以爲無復餘恨，……而意甚不滿
於《周易本義》，蓋先生之意，只欲作卜筮用，而先儒說道理太多，終是翻這窠
臼未盡，故不能不致遺恨。」〔註6〕朱子對《周易本義》的不滿主要是說道理
處仍多之故也，因朱子認爲「譬之此燭籠，添得一條骨子，則障了一路明。若
能盡去其障，使之體統光明，豈不更好！蓋者不得詳說故也。」〔註7〕

　　既然《易》爲卜筮之書，而非義理之書，朱子強調《易》本意，自當以
經文之疏通爲要，相較《詩集傳》對詩旨的掌握度，認爲《周易本義》說道
理處仍多，妨礙本意之掌握。吳澄對《詩集傳》稱讚道：「強詩以合序，則雖
曲生巧說，而義愈晦，是則序之有害於詩爲多，而朱子之有功於詩爲甚大也。
今因朱子所定，去各爲之序，使不淆亂乎詩之正文，學者因得以詩求詩，而
不爲序說所惑。」〔註8〕吳澄認爲朱子廢〈詩序〉，直接以詩解詩，助於理解
詩之本旨，以此肯定《詩集傳》之價值。

　　可見二子均強調解釋經義當以經文本意之掌握爲主，欲能彰顯本意的傳
注便是上乘之作，既然吳澄強調《易纂言》是補朱子《周易本義》之不足而
作，其間的差異，將於本章第三節詳加論述。

　　綜論吳澄與宋代《易》學之關係，可引虞集（字伯生，1272～1348）〈吳
文正行狀〉所言：「其於《易》學之五十餘年，其大旨宗乎周、邵，而義理則
本諸程傳，其校定用東萊呂氏之本，而修正其闕衍謬誤。其《纂言》纂古人、

〔註5〕　《吳文正公集・跋誠齋楊先生易傳草稿》，卷38，頁485。
〔註6〕　《朱子語類・易三・綱領下・朱子本義啓蒙》，卷67，頁1655。
〔註7〕　《朱子語類・易三・綱領下・朱子本義啓蒙》，卷67，頁1655。
〔註8〕　《吳文正公集・四書緒錄》，卷1，頁73。

今人之言之有合於己之所自得者，大概依朱子象、占之說而益廣其精微；若項安世《玩辭》等說，則因之益致其潔靜；至於自得之妙，有非學者所能遽知。而通其類例以求之者，則在《外翼》。」〔註9〕

　　虞氏所言反應吳澄與宋儒之關係，其一，吳澄對羲皇《易》之理解繼承邵子；其二，在義理上本諸程子；其三，版本則據呂祖謙（字伯恭，1137～1181）之修訂本；其四，對卦爻辭解釋大抵本朱子象占之說；其五，在易象解釋上參考了項安世（字平甫，1153～1208）的說法。其中第一點與第三點須加以申述，其他則與之後各章再作討論。

　　虞氏所謂大旨宗乎周、邵應是指源流上的繼承，因周、邵二子為宋易之宗祖；若就實際關係而論，邵子對吳澄的影響更大，尤其是邵子對羲皇《易》之研究。《易纂言》之編排，依次是羲皇《易》（包含羲皇畫卦及「先天圖」）、夏《連山易》、商《歸藏易》、周《周易》；《易纂言》異於其他注疏只就《周易》本身作解釋，而將《周易》溯源至羲皇《易》，吳澄嘗解釋此作法之用意：

　　　　伏羲之圖鮮或傳授，而淪沒於方伎家，雖其說見於夫子之〈繫辭〉、
　　　　〈說卦〉，而讀者莫之察也。至宋邵子始得而發揮之，於是人乃知
　　　　有伏羲之《易》，而學《易》者不斷自文王、周公始也。今於《易》
　　　　之一經首揭此圖，冠於經端，以為伏羲之《易》而後以三《易》繼
　　　　之，蓋欲使夫學者知《易》之本原，不致徇流逐末而昧其所自云爾。

　　　　〔註10〕

吳澄於《易纂言》卷首所列羲皇《易》，包括卦畫的形成過程、及六十四卦方圓圖，以此作為《周易》之源頭；並強調欲研究《周易》必須將羲皇《易》與《周易》關聯起來，方能深切理解文王、周公對羲皇卦畫的解釋，而對《易》有更完整的理解。也因此吳澄在《周易》的解釋上將羲皇卦畫與卦爻辭緊密結合，這正是《易纂言》一貫的原則，即卦爻辭便是為解釋羲皇卦畫而作，故解經時必須說明卦爻辭與卦畫的聯結依據，吳澄的釋象便是以羲皇卦畫與《周易》經文的密切關係為立論基礎，亦使得象與義理之間得到適當的聯繫。

　　在版本上依呂祖謙之考訂，並肯定呂氏所提《易》經傳分立之觀點，吳澄言道：「自魏、晉諸儒分《彖》、《象》、《文言》入經，而《易》非古註疏；

〔註9〕　《吳文正公集・行狀》，頁34，此出於虞集《道園學古錄・吳文正行狀》。
〔註10〕　此段文字既見於《易纂言》卷首，頁25～26；亦復見於《吳文正公集・四書敘錄》，卷1，頁71。

宋東萊呂氏始考之以復其舊，而朱子因之第」，〔註11〕宋儒恢復古《易》之意義在於強調「以經解經」之作法。正如朱子所言：「然自諸儒分經合傳之後，學者便文取義，往往未及覷心全經而遽執傳之一端，以為定說；於是一卦一爻僅為一事，而《易》之為用反有所局而无以通乎天下之故，若是者某蓋病之。」〔註12〕由此可見，朱子採呂祖謙《古周易》將經傳區分之作法，與其「以經解經」之態度密切相關。吳澄承繼朱子之觀點，其用意亦同於此，可印證於《易纂言》之作法，亦採取「以經解經」之方式，就此而言，吳澄所採取「以經解經」之作法乃直承朱子。

　　若將吳澄與同時期元代《易》學家比較，〔註13〕《周易本義附錄纂注》、〔註14〕《周易本義通釋》、《周易本義集成》，均是疏解《周易本義》之著作，董真卿之《周易會通》（又名《周易經傳集程朱解附錄纂注》）、趙采《周易程朱傳義折衷》、龍仁夫《周易集傳》、梁寅《周易參義》則為合會程朱之作；其中，《周易本義附錄纂注》、《周易本義集成》、《周易會通》、《周易程朱傳義折衷》屬於「纂疏」體例。所謂「纂疏」，可引董真卿、熊良輔語明之，董氏云：「《程子易傳》、《周易本義》兩家全文稱程子曰、朱子曰，以相識別，而總謂之『集解』；……是書以程、朱二家為主，故凡語錄諸書應有與《易經》相關者，悉加蒐集；……是編雖以程、朱子二家全書為主，然於理之所聚而不可遺，理之可行而無所礙者，歷代諸家之說，莫不究攬，故總名之曰《周易會通》。」〔註15〕熊良輔亦云：「顧以篇帙繁大，眾說紛錯，時有得失，乃以己意採輯成編，以朱子《本義》為主，如《語錄》，如《程傳》，以及諸家

〔註11〕《吳文正公集・四書敘錄》，卷1，頁71。
〔註12〕見於呂祖謙《古周易》，《通志堂經解》（1）（揚州：江蘇廣陵古籍刻印社，1996年），頁489。
〔註13〕依《通志堂經解》所編選者有十一部，分別為：王申子《大易輯說》、李簡《學易記》、許衡《讀易私言》、俞琰《俞氏周易集說》、胡一桂《周易本義附錄纂注》與《周易發明啟蒙翼傳》、胡炳文《周易本義通釋》、熊良輔《周易本義集成》、董真卿《周易經傳集程朱解附錄纂注》（一名《周易會通》）、張理《易象圖說》（內外篇）、梁寅《周易參義》。
〔註14〕「通志堂經解」稱胡一桂《周易本義附錄纂注》，《四庫全書》則稱《周易本義附錄纂疏》，今人馬宗霍《中國經學史》採《四庫》本《周易本義附錄纂疏》之名，此處所據乃《通志堂經解》之用法，理由在於，若就體例來看，程《易》、朱《易》均為《易》注，纂程、朱之說，當以「纂注」稱之為善。
〔註15〕《周易會通・凡例》（臺北：成文出版社，1976年《無求備齋易經集成》第41、42冊），頁16～20。

之說與《本義》合者，亦有與《本義》不合而似得其旨者，備錄以相發，名曰『集疏』。」〔註16〕

從董氏、熊氏的說法，此些「纂疏」著作是以朱子《周易本義》或加入程子《易傳》爲主幹，輔以程、朱語錄或其他著作有關《易》的論述，及歷代諸家的說法，標以「附錄」、「纂注」、「集疏」之名作區分，彙整成篇，用以解釋《易》經傳；因各家編選之原則不同，致使選取內容有所差異。理解這些著作時，須先瞭解編選者樹立之編選宗旨與原則，方能掌握此書之特色。

以胡一桂《周易本義附錄纂注》及董眞卿《周易會通》爲例，從篇名可明確見出書之體例分爲三大部分：《周易本義》（董氏本多加了《程傳》）、附錄、纂注，二書在性質上極爲類似，唯董氏多加入《程傳》、附錄與纂注，編選內容各有不同。從著作形式來看，二者差異不大；但深究後發現，董氏加入《程傳》正突顯其欲會通程、朱二子的《易經》解釋，正因用意不同，遂使二子在編選內容有差異。

其他非「纂疏」體之著作，大抵是順程、朱《易》作理解。若《易纂言》與上述著作相較，單從《易纂言》的命名來看，「纂言」與「纂注」看似相近，但其實不同。《易纂言》並未明確標舉朱子《周易本義》或程子《易傳》爲核心，亦無「附錄」、「纂注」、「集疏」之體例；而吳澄的重點在實際解釋《易》經傳，故全書以吳澄自己的見解爲主，而異於其他《易》學家重在解釋《周易本義》或《程傳》。〔註17〕雖說《易纂言》重在以己意解經，但其中亦有多處引諸家之說法來證成己說。

前所引虞集語「其《纂言》纂古人、今人之言之有合於己之所自得者」，便說明吳澄《易纂言》以個人理解爲主，並取與己說相符者輔助說明。《易纂言》釋經部分，大多引程子、朱子、項安世之說；其他如蔡淵、范大性、虞翻、鄭玄、陸德明（字元郎，550？～630）、晁公武、毛璞、王弼、劉牧、邵子、丁易東、徐幾、王肅（字子雍，195～256）、鄭剛中（字亨仲，1088～1154）、

〔註16〕《周易本義集成・自序》，通志堂經解本（4），頁115。

〔註17〕馬宗霍《中國經學史》亦作如斯之評論。馬氏云：「元儒解經，則仍不出朱子之範。如胡一桂《易本義附錄纂疏》、《易學啓蒙翼傳》，胡炳文《周易本義通釋》、熊良輔《周易本義集成》，此皆墨守朱子之《易》者也；趙采《周易程朱傳義折衷》、龍仁夫《周易集傳》、梁寅《周易參義》則兼採程、朱而掠書己見者也。」，對於吳澄則言：「惟有黃澤、吳澄所資較博，不爲朱學所囿。」《中國經學史》（臺北：臺灣商務印書館，1992年），頁129。

孔穎達（字仲達，574～648）、崔憬、胡瑗諸子之說法。雖然吳澄引了漢至宋諸儒之解釋，但整部著作以表現吳澄對《易》之理解爲主。吳澄認爲凡著述必須能成爲一家之言，彼嘗言道：

> 人之著述筆削，各有其意，若先儒好言語都要寫盡，豈可謂之成一家言。澄不引用程子此言者，自是用不著，非以其言爲有病不取之也。……後見雲間田疇《易解》作「江豚魚」，聲然有當於愚心；長而泛大江，親見所謂江豚魚者，又聞舟人呼之爲「風信」，於是確然從田疇之說。……王巽卿一部《易》純是宗程，其間與程不同者甚多，亦可指之以爲罪乎？〔註18〕

吳澄指出一家之言必須有個人之見地，此既表現於自己特殊見解，亦表現於對前賢之說的選取上。以解《易》而言，藉參考他說，配合個人理解，對諸說加以檢別，並就缺誤處提出新說，經過嚴密構造，完成一家之言。既然重在實際解經，當以經文內容爲主，而非以某家的傳注爲限；只要與己說相合，助於經文理解，便合於援引的原則，所舉田疇之例便是此理。

綜論上述，元代《易》學著多是朱《易》之再詮釋，而吳澄《易纂言》重在開展朱子的解經觀點，就《周易本義》不充盡處作修正，其重心在理解《易》本身，因此《易纂言》當與朱子《周易本義》同列爲《易》之傳注。這部著作可謂吳澄《易》學研究之精華，耗費近四十年之心力，歷經四次易稿而成書。〔註19〕透過《周易本義》、《易纂言》可完整見出宋元傳注傳統之變遷。

至於《易纂言外翼》，「外翼」二字便知此書作爲《易纂言》之輔助、補充，能展現吳澄的易學觀點及理論體系，因爲《易纂言》爲解經之書，故須配合經傳文字，不宜過度發揮，遂將發揮的部分保留在《易纂言外翼》。如〈卦統〉、〈卦對〉是針對《序卦》、《雜卦》作體系性解釋，〈卦變〉、〈卦主〉、〈變卦〉、〈互卦〉是吳澄象占解釋的理論基礎之體系性論述，〈象例〉、〈占例〉、〈辭例〉則是象占解釋的體系性說明，〈變例〉則是說明揲蓍方法，〈易原〉辨析河圖、洛書的問題，〈易流〉介紹邵雍的「皇極經世」。

上述內容又可簡明分爲三部分：一、對六十四卦符號體系的解釋；二、對卦爻辭象、占、辭通例之提出；三、《易》學源流之反省，如圖書、易數之類。

〔註18〕 《吳文正公集・答田副使第三書》，卷3，頁113。
〔註19〕 《易纂言・後跋》，吳澄弟子譚觀生作，指出：「先生著是書幾四十年，其間稿成改易者凡數四。」，頁447。

第一部分是對六十四卦符號關係的說明，此意味著卦與卦間或為反卦，或為對卦，或成交易卦，而兩兩相關之符號其卦爻辭亦存在某種關聯。第二部分是將《易纂言》釋占、釋象、釋卦爻辭之內容予以系統化，第三部分則是吳澄釐析前人之觀點，此可說明吳澄《易》學之淵源。而《易纂言外翼》中「卦變說」、「卦主說」、「互體圖」完全為明代朱升（字允升，1299～1370）所承繼，明代梅鷟亦採用其「卦主說」，〔註20〕亦可視為吳澄對後代《易》學影響。

第二節　吳澄解《易》之消極目標與積極目標

　　上一節重點在說明吳澄於宋易的興革，及與元代《易》學之比較，本節將探討吳澄解《易》的目標，並將之區分為消極目標與積極目標。在吳澄解《易》的消極目標方面，亦即作《易纂言》的目的，吳澄言道：

> 《漢志》：《易》十二篇，蓋經二傳十也。自魏晉諸儒分《彖》、《象》、《文言》入經，而《易》非古註疏，……宋東萊先生呂氏，始考之以復其舊，而朱子因之。第其文字闕衍謬誤，未悉正也：故今重加修訂，視舊本頗為精善，於大義不能有所損益，而於羽翼遺經，亦不為無小補云。〔註21〕

此段文字說明《易纂言》成書之目的在「羽翼遺經」，並將書的性質定位在傳注體例，同時強調《易纂言》極重視訂正經傳文字之缺誤。吳澄指出校勘雖無助於《易經》大義，但卻是疏通經文之首務。

　　校勘、訓詁能助於正確理解經文之字義、詞義，但更進一步的要求必須能掌握義理。經之重要性便在於傳達聖人之道，如何穿透文字而掌握聖人之道，吳澄有番說法：

> 請言書之為用。通天地人曰儒，一物不知，一事不能，恥也。洞觀時變不可無諸史，廣求名理不可無諸子，遊戲詞林不可無諸集，旁通多知亦不可無諸雜記錄也。而其要唯在聖人之經，聖人之經非如史、子、文集、雜記、雜錄之供涉獵而已，必飲而醉其醇，食而飽其蔵，我與

〔註20〕見於朱升《周易旁註卦傳前圖》（上海：上海古籍出版社，1995 年，《續修四庫全書》，據首都圖書館藏明刻本影印），梅鷟《古易考原・卦主》（臺北：成文出版社，1976 年《無求備齋易經集成》第 112 冊），此問題將於第三章提出討論。

〔註21〕《吳文正公集・雜著・四書敍錄》，卷 1，頁 71。

經一，經與我一，使身無過行，心無妄思，其出可以經世。〔註22〕

吳澄認為經為聖人所作，故研究方式與態度異於史、子、集、雜記，必須將身心與經相融為一，將聖人之道落實於自家身心，進而發展經世致用。

此觀點亦見於吳澄六十三歲任文林郎國子司業時所寫定的〈教法〉一文，文中列舉了四大項目：經學、行實、文藝、治事，〔註23〕吳澄將經學與另三事並論，此合於經學原本之定位。對於六經之作用，吳澄嘗言：「先聖王之教士也，以《詩》、《書》、《禮》、《樂》為四術，《易》者占筮之繇辭，《春秋》者侯國之史記，自夫子贊《易》修《春秋》之後，學者始以《易》、《春秋》合先王教士之四術而為六經。」〔註24〕又言：「文王之道何在？近則在周公，遠則在孔子；周、孔之遺文傳于後，有《易》有《書》有《詩》有《禮》以及《春秋》，……能求諸此而得其道，即是師文王也。」〔註25〕吳澄對經學所採取的態度，就理想義而言，希望從六經中體察聖人之道；就實用義而論，冀能具體落實於經世致用，這兩個立場均是經學原本的精神所在，因為「經」本身包含了常道與經世兩重意義，而吳澄面對經學所採取的態度便與此原始精神相符。

既然經包含了常道義與經世義，體道、致用便是治經的積極的目標，吳澄依治經不同方式之表現，區分「明經」之三種不同含義，吳澄言道：

余謂明經之名一也，而其別有三：心與經融，身與經合，古之聖人如在于今，此真儒之明經也；句分字析，辭達理經，後之學者得稽于古，此經師之明經也；簾窺壁聽，涉獵剽掠，以澤言語，以釣聲利而已，此時流之明經也。〔註26〕

除卻貶抑時流之明經外，真儒之明經與經師之明經均為吳澄所肯定，而又以真儒之明經為尚。經師之明經是就經文本身作深究，使後人得依此瞭解古代的典制或歷史；真儒之明經則是用心體證聖人之言，實踐聖人之道，如同聖人猶存于今。

雖然同是明經，然經師與真儒的表現並不相同，經師仍執限於理解聖人之言，而真儒則能實現聖人之言。吳澄嘗舉出實例說明：

漢、唐未暇論，三代而下經學之盛莫如宋，其有裨於經，可傳於後

〔註22〕　《吳文正公集・題楊氏志雅堂記後》，卷29，頁499。
〔註23〕　《吳文正公外集・教法》，卷1，頁115。
〔註24〕　《吳文正公集・六經補注序》，卷11，頁229。
〔註25〕　《吳文正公集・贈襄陽高凌霄鵬翼序》，卷16，頁309。
〔註26〕　《吳文正公集・明經書院記》，卷20，頁372～373。

者，奚翅數十家。泰山之孫、安定之胡其尤也，所宗所行不失儒行
之常，固其天資之異，抑其學術之正，於經可謂明矣，而未離乎經
師也。必共城邵子，必舂陵周子，必關西張子，必河南二程子，而
後爲眞儒之明經。蓋其所明，匪經之言，經之道也。嗣邵、周、張、
程者，新安朱子也，《易》、《詩》、四書之説，千載以來之所未有，
其書衍溢乎天下。〔註27〕

「蓋其所明，匪經之言，經之道也」是眞儒與經師最大之分別所在。即使如孫
復、胡瑗者，其所宗所行合於儒行，對聖人之經有深入之理解，但吳澄認爲此
乃天生資性或後天學術之正，故仍屬於經師。所謂資性，如全祖望（字紹衣，
1704～1755）所言：「安定沉潛，泰山高明；安定篤實，泰山剛健，各得其性稟
之所近。」〔註28〕至於學術之正，指孫、胡二人所講之學爲六經，此乃正學。

吳澄指出明經師與眞儒根本之分野在於能傳遞文化道統者便是眞儒。
邵、周、張、程、朱五子與孫、胡二子之別便在於，五子所傳非止經學，而
是聖人的道統。吳澄言道：

道之大元出於天，聖神繼之。堯、舜而上，道之元也；堯、舜而下，
其亨也；洙、泗、魯、鄒，其利也；濂、洛、關、閩，其貞也。分而
言之，上古則羲皇其元，堯、舜其亨乎？禹、湯其利，文、武、周公
其貞乎？中古之統，仲尼其元，顏、曾其亨，子思其利，孟子其貞乎？
近古之統，周子其元，程、張其亨也、朱子其利也，孰爲今日之貞乎？
未之有也，然則可以終無所歸哉？蓋有不可得而辭者矣。〔註29〕

吳澄將上古至宋代的道統傳承以《易經》「元、亨、利、貞」作四階段的區分，
吳澄將元、亨屬上古，利屬中古，貞屬近古，而此四階段內部又可細分爲另
個元、亨、利、貞；其中，近古因尚未發展完成，僅至利的階段，故吳澄以
繼承朱子後之貞自期。

吳澄明經之積極理想在於實現眞儒，不僅瞭解聖人之所言，尚須體察聖
人之所以言，並具體實踐聖人之道，進而延續聖人之道統。既然眞儒貢獻在
於發揚道統，自然無法單由著作看出，若僅考察周子（字茂叔，1017～1073）
《通書》與《太極圖說》、邵子《皇極經世書》、程子《易傳》、朱子《周易本

〔註27〕《吳文正公集‧明經書院記》，卷20，頁372～373。
〔註28〕《黃宗羲全集（三）‧宋元學案‧安定學案》，卷1，頁55。
〔註29〕《吳文正公外集‧雜識（十）‧道統》，卷2，頁113。

義》與《詩集傳》很可能將五子認定爲經師，然此五子皆以發揚聖人內聖外王之道自期並具體實踐，而爲世人及後儒之肯定，而以眞儒尊之。

　　吳澄是否實現繼承朱子爲近古道統之貞，亦無法由吳澄之著作及教學活動中見出，只得由吳澄自道及弟子之記載作出評斷。吳澄對於自己嘗作如斯之評論：「澄也鑽研於文義，毫分縷析，每猶以陳爲未精，饒爲未密也，墮此科臼之中垂四十年，而始覺其非，……自今已往……常見吾德性之昭昭如天之運轉，如日月之往來，不使有須臾之斷間，則於尊之之道，殆庶幾乎！於此有未能則問於人，學於己，而必欲其至。若其用力之方，非言之可喻，亦味於《中庸》首章，〈訂頑〉終篇，而自悟可也，夫如是則齊於賢，躋於聖。」〔註30〕吳澄對於四十歲前雖致力於解經，然於修身仍有不足，而勉勵後學當於修養處用功，實行《中庸》首章所言「天命之謂性，率性之謂道，修道之謂教」之理及「愼獨」、「中和」之工夫，時時自勉，自能超凡入聖。

　　由吳澄自我反省之語來看，是否意味四十歲前後產生大逆轉？非也。從吳澄十五歲至力聖賢之學，十九歲作「道統圖」以自勉，便可見出吳澄自年少便堅持此理想，而上述之反省只是說明聖賢之道必須兢兢業業，黽勉從事，死而後已，不似學問文章能較易見功，可見吳澄自我期許之謹嚴。

　　弟子之相關記載，吳澄任仕郎國子監丞時在課堂上依次授經，退堂後，面對學生之問難，虞集記道：「先生懇懇，循循其言，明白痛切，因其才質之高下，聞見之淺深，而開導誘掖之，使其刻意研窮，以究乎精微之蘊，反身克治，以踐乎進修之實；講論不倦，每至夜分，寒暑不廢。」〔註31〕吳澄將夫子因材施教、學不厭、誨不倦、循循善誘的精神充分實踐，此豈不正是「古之聖人如在於今」之眞儒？且吳澄身處異族統治之元代，與許衡將儒學推廣於朝廷，雖任官不滿三年卻能實現「施教成均，師道尊重，勸講內廷」，〔註32〕就此而論，吳澄亦有挽道統於不墜之功，能不稱爲眞儒乎？而吳澄對經典之研究與講習亦延續儒學之生機，此亦有功於聖學。

　　如何由《易》以明聖人之道，實現聖人之學？吳澄言道：

　　　　易之爲易，具於心，備於身，反而求之在我，不在書。邵子於羲卦
　　　　之畫，極乎天道之微；程子於周經之辭，該乎人事之顯；《啓蒙》明

〔註30〕《吳文正公集‧尊德性道問學齋記》，卷22，頁393。
〔註31〕《吳文正公集‧吳文正行狀》，卷首所附，弟子虞集撰，頁30。
〔註32〕《吳文正公集‧吳文正行狀》，頁34。

邵之已明,《本義》啓程之未啓。占法初見於《春秋》內外傳,象例
略露於李氏所集虞翻等說;若夫窮神知化之奧,夫子發之,朱子釋
之,亦既粗且詳焉。總是數家,信其是,訂其非,融會貫通,殊萬
同一,本之於身心,證之於天地,非學入聖域,與造化同流者,未
易至此。烏乎!此豈可以偽爲哉?〔註33〕

吳澄認爲易道並不限定於《易經》之中,歷來諸儒由《易經》中體察易道之
所存:邵子由羲皇之卦畫窺得隱微之天道,程子由卦、爻辭見出鮮明的人事
之理;《啓蒙》又由邵子所得加以發揮,《周易本義》則就程子未及的象占處
作開展;《集解》則蒐羅諸家的易象解釋。這其中又以朱子最能掌握《易經》
窮神知化的精髓,因朱子能回復《易》作爲卜筮之書的本來面目,以此掌握
聖人作《易》之本旨並加以解釋。若能由前賢精心之所得加以辨明是非,進
而融會通貫,但還須進一步向內反求於身心,向外證之於天地自然,如此方
是臻於聖學之道,而參贊天地之化育,而這正是聖人所以作《易》之大宗旨。
若非如此,而只局限在經傳文字本身,實非治《易》之道!

既然吳澄是以求得「易理」爲目標,而其對《易經》的定位與根本義理
的理解又是如何?吳澄認爲《易經》乃占筮之繇辭,〔註34〕至於「易」的意
義則是指:「易者,陰陽變易也。」〔註35〕「易」有兩重義,一者指天地萬物
陰陽變化的現象,一者指以卦畫明萬物陰陽之變化;吳澄論道:「伏羲畫卦所
以明陰、陽之變易也,然伏羲未畫卦以前,陰、陽未嘗不變易。」〔註36〕因
此,「易」既可指天地萬物之理,此在伏羲畫卦之先便已存在;亦可指伏羲仰
觀俯察天地萬物之理,藉卦畫以明陰陽變化之理。對此發展過程,吳澄言道:

上古包羲氏見天地萬物之性情、形體一陽一陰而已,於是作一奇畫
以象陽,作一耦畫以象陰:見一陽一陰之互相易也,故自一奇一耦
而爲四象、八卦,極於六十四卦是爲卦畫之象。又作揲著之法教民,
以卦而占吉凶,自一變而極於十有八變,是爲著數之變。卦象、著
變皆以陰陽相易,故名之曰易。〔註37〕

卦畫之象是伏羲將天地萬物之變化,以一陰一陽的符號相互變易來呈現,一

〔註33〕《吳文正公集‧送樂順序》,卷17,頁329。
〔註34〕《吳文正公集‧六經補注序》,卷11,頁229。
〔註35〕《易纂言》,頁1。
〔註36〕《吳文正公集‧答田副使第二書》,卷3,頁105。
〔註37〕《易纂言》,頁1。

陰一陽的符號變化表現紛紜的萬象；揲蓍之法是聖人之用易，以此教民透過十又八變的占筮法，用所畫之卦來占卜吉凶。

　　對天地間「道」與陰陽的關係，吳澄認爲陰陽變化所以如此，是因「道」的作用，但「道」本身無可見，僅得由陰陽變化中具現。吳澄言道：「理無形象，變易者陰陽之氣也，陰陽所以能變易者理也，非是陰陽變易之外別有一物爲理而爲易之體也。」〔註38〕

　　而這層「道」與陰陽的關係，又是如何展現於卦畫與揲蓍之法中？首先就卦畫的部分，吳澄言道：「陽畫變而生陰，陰畫變而生陽，互相變易，生生不窮，故曰『易』。……易者，陰、陽變易之體也；其所以生生者，道也。」〔註39〕卦畫的陰、陽變化表現出萬物之變化，而卦畫的無窮變化，便呈現天地生生不息的現象；而所以能生生不息，便是「道」作用於其間。

　　在《文集》中田澤質疑吳澄將「易」理解爲陰、陽變易之易，且將易連屬於陰陽，認爲此乃將整部《易》書只作爲陰、陽變易來說。此論點是基於認爲吳澄對「易」的解釋簡約了《易經》的豐富義涵，對此質疑吳澄回應道：

> 八卦者，正是十二陽畫、十二陰畫而已；六十四卦者止是百九十二陽畫、百九十二陰畫而已，除陽畫陰畫外，別無之（之當作隻）句言語，亦無秘密傳授，即此陽畫陰畫之中，包括天地萬物之理，更無遺者，故可以通神明之德，可以類萬物之情。〔註40〕

吳澄認爲羲皇《易》是以八卦爲基礎發展成六十四卦，共三百八十四爻，除陰、陽之符號外，並無其他言語文詞及秘傳，此些符號便足以涵蓋一切天地萬物之理，可以實現孔子所言通神明之德，類萬物之情。整部《易經》便是由六十四卦中的陰陽變化來說明變易之理，以符號描述及說明現象界複雜的變化。

　　在揲蓍的部分，吳澄言道：「數有九、六、七、八之陰陽不可測知其爲九、六、七、八也，變有五、九、四、八之陰陽不可測知其爲五、九、四、八也。……數者變之已成，變者數之未定，占在事之先，事在占之後，數、變、占、事之陰陽，而主之者陰陽不可測之神，神者陰、陽神妙之用也，其所以不測者，道也。」〔註41〕揲蓍之法用以占測未來之事，其範圍可涵攝萬端，吳澄指出

〔註38〕《吳文正公集・答田副使第二書》，卷3，頁106。
〔註39〕《易纂言》，頁341。
〔註40〕《吳文正公集・答田副使第二書》，卷3，頁105。
〔註41〕《易纂言》，頁341。

「一卦可變六十三卦，充之則六十四卦可作四千九十六卦，唯筮者所值何如耳，夫自八而六十四，六十四而四千九十六，足以該括天下之動，凡人所能為之事盡在是矣。」〔註42〕因其變化萬端，正顯陰陽神妙之用，而所以成就此神用者便是所謂的「道」。

就上述所論卦畫與蓍數，二者最大的差別在於「變易之道在乎未有卦畫之先，而神妙之道行乎已有蓍數之後也。」〔註43〕生生不息的變易之道是在畫卦之先便已存在，而蓍數的神妙之道，則出於伏羲教民蓍變之法後。因此，伏羲畫卦是表現現象界變化之萬象，而蓍變之法則是將《易經》卦畫所涵蓋之理具體應用於人事。

由上可見吳澄對於《易經》中的「易」與「神」有其獨到之解釋，「乾坤法象，此指畫卦之陰、陽而言，易則陰、陽之總也，故主此陰與陽者謂之易；占與事蓍數之未定、已定者，神則占與事之總也，故主此占與事者謂之神。」「凡陰陽變易，道理便在其中，元不相離，直以道字解易字則不可，而易之所以易者道也。」〔註44〕

吳澄對於《易經》中的「易」有二解，一指陰、陽相易之義，見前所引「卦象、蓍變皆以陰陽相易，故名之曰易」；一為此處所指作為卦畫陰、陽之總稱，卦畫陰、陽相互變易的現象即所謂易也。二者之別在於，前者涵蓋的範圍較大，包含卦畫與蓍變二者；後者則將卦畫與蓍變分開，單就卦畫而言，將「易」與「神」對舉視為同級概念。無論將「易」合卦與蓍或將「易」與「神」對舉，「道」均是作為更根源，更高一層的概念。

吳澄解「易」為「陰、陽相變易也」，不同於程子解釋為「易者，陰陽之道也」，〔註45〕程子將「易」等同於「道」，而吳澄則認為「易」之上有所謂的「道」。相較於朱子的說法：「『易』只消道陰、陽二字括盡。」〔註46〕「其卦本伏羲所畫，有交易、變易之義，故謂之易。」〔註47〕「交易是陽交於陰，陰交於陽，

〔註42〕《易纂言》，頁 349。

〔註43〕《易纂言》，頁 341。

〔註44〕《吳文正公集‧答田副使第三書》，卷 3，頁 114。

〔註45〕《易程傳‧周易程氏傳序》，《二程集》（下）（臺北：漢京文化事業，1983 年），卷 1，頁 690。元儒董真卿《周易會通》指出此篇序在元代並未收於伊川《文集》，然此文在當時便廣傳為程子所作，董氏依辭義認為非程子不能及此。見於《周易會通》，頁 83。

〔註46〕《朱子語類‧易一‧綱領上之上‧陰陽》，卷 65，頁 1605。

〔註47〕《周易本義‧上經》（臺北：華聯出版社，1989 年），頁 1 之 1。

是卦圖上底；……變易是陽變陰，陰變陽，老陽變少陰，老陰變少陽此是占筮之法。」〔註48〕吳澄的說法與朱子的立場一致，將「易」以陰、陽解之，不等同於所以然之「道」；但朱子對於著數「陰陽不可測謂之神」的解釋「張子曰『兩在故不測』」，〔註49〕意即占筮結果或陰或陽故不可測，此說法只說明了現象，但吳澄卻進一步指出「神者陰、陽神妙之用也，其所以不測者，道也」，陰、陽之神用不測，實因道之作用其間故也。綜觀上述，吳澄對於「易」、「神」、「道」諸概念的界定明顯不同於程子，然與朱子一致且更周全而深入，對《易經》的基本義理「易以道陰陽」（莊子語）有清楚而深刻地說明。

　　吳澄所以強調羲皇畫卦作《易》之心，便是希望能瞭解《易》本意，先確立此目標，方能畫定解《易》之方向與原則；亦即吳澄解《易》並非爲解經而解經，更根本的是藉由此瞭解聖人作《易》之用心，及所傳達聖人之道。雖然就《易纂言》的表現來看與經師解經頗類似，但若瞭解解經只是過程，眞正的目的是爲了體察聖人之道，是爲了生命實踐，如此方能理解吳澄作《易纂言》之深切用心。

第三節　吳澄解《易》之原則與方法

　　上一節指出吳澄治經之積極目標是希望成爲眞儒，雖然眞儒的養成未必經由治經，亦可反身內求而得，然完全由自身而體道者，唯生而知之者，大多數爲中材之資，學習是必要歷程，研習經典便是認識聖道之不二法門。故吳澄所言「總是數家，信其是，訂其非，融會貫通，殊萬同一，本之於身心，證之於天地」便是指點由治《易》以臻聖道之途徑。

　　既然治經具有重大意義，故研究過程必須謹愼，吳澄於〈教法〉一文指出，經學部分以《易》爲首，並舉出主要的三家《易》學著作——註疏、伊川、晦庵，及附屬的項平庵、蔡節齋；〔註50〕註疏指的是唐代的《周易正義》，吳澄認爲當從主要的三家中選擇一家，而旁通諸家。〔註51〕從吳澄所選取的三家《易》學著作發現，此三家各具特色，《周易正義》蒐羅了漢《易》與魏王弼《易》注，然以王弼注爲本，正如〈周易正義序〉所說「義理可詮，先

〔註48〕《朱子語類·易一·綱領上之上·陰陽》，卷65，頁1605。
〔註49〕《周易本義·上傳》，頁3之6。
〔註50〕《吳文正公外集·教法》，卷1，頁116。
〔註51〕《吳文正公外集·教法》，卷1，頁116。

以輔嗣爲本。」〔註52〕既然《周易正義》本於王弼注，自以王注爲核心，故吳澄所言三家易實指王弼《易》、程《易》、朱子《易》，此三家各各有勝場。王弼與程子同屬以「理」解《易》者，王弼本玄理解《易》，程子則以儒理解解《易》。

朱子的重要性則在於將《易經》定位還原爲卜筮之書，將《易》經文區分爲象與占兩部分；〔註53〕而主要貢獻在於明占，吳澄嘗言：「明占自朱子而始」，〔註54〕便是肯定朱子始將《易》定位在占筮之書，及將經文象占之區分與對占辭之解釋。

在輔助著作上，若選擇治程《易》者可參考項安世之《周易玩辭》，吳澄言道：「項氏平甫宗程而明辭，蓋得其六七」；〔註55〕若選擇朱《易》者，則可參考蔡淵（字伯靜，1156～1236）之《周易卦爻經傳訓解》、《易象意言》，吳澄言道：「蔡氏（蔡淵）所解卦、爻、彖、象，多有發明朱子未到處，澄《纂言》中亦取其說。」〔註56〕至於選擇王弼《易》者，因《周易正義》以收錄漢魏南北朝諸儒之說法，如馬融、董遇、何晏（字平叔，？～249）、向秀（字子期，227？～272）、顧懽（字景怡，420～483）、莊氏《易疏》之說法，可作爲王弼《易》之輔助。

吳澄認爲王弼《易》、程《易》、朱《易》均爲《易》學重要著作，故指爲治《易》者之進路。雖說吳澄列出三家，但對義理解《易》的王、程二子，當以程《易》之評價爲高，理由在於程子的義理解釋較合於聖人之道，吳澄言：「若程子之傳，則因文王、周公之辭，以發其眞知實踐之理，推之爲修齊治平之用，宜與三古聖人之《易》而爲四，非可以傳注論。」〔註57〕故予程子與三聖並立的高度肯定。

雖說吳澄與朱子《易》學關係最直接，但朱子與王弼《易》仍有淵源，舉一例來說，朱子修正王弼論義不論象之看法，而主張理不離象；〔註58〕另

〔註52〕《周易正義》，學生書局本，頁24。
〔註53〕《朱子語類‧易二‧綱領上之下‧卜筮》：「《易》本爲卜筮而作。」，卷66，頁1620。《朱子語類‧易三‧綱領下‧辭義》：「《易》有象辭，有占辭，有象占相混之辭。」，卷67，頁1669。
〔註54〕《吳文正公集‧送趙仲然赴循州長樂縣主簿序》，卷19，頁347。
〔註55〕《吳文正公集‧送趙仲然赴循州長樂縣主簿序》，卷19，頁347。
〔註56〕《吳文正公集‧答田副使第二書》，卷3，頁103。
〔註57〕《吳文正公集‧石晉卿易說序》，卷10，頁215。
〔註58〕《朱子語類‧易二‧綱領上之下‧象》：「王輔嗣、伊川皆不信象，如今卻不

方面，以實際發展來看，王弼、程子至朱子是一連續性的發展，不可截斷視之。甚至宋易與漢易當以相承續之關係看待，例如程《易傳》、朱子《周易本義》亦引用漢儒之章句訓詁成果。故吳澄雖以宋易爲主，然其實已包含漢易於其間，並無所謂漢、宋之判分。總括而言，吳澄的解《易》所採諸家說法之認定判準是合於自己對聖人本意之理解，不執於特定之說。

　　就吳澄與朱子之承繼來看，吳澄肯定朱子視《易》爲卜筮之書、三聖相繼作《易》、以「象」、「占」解經之特殊觀點，認爲合於《易經》的本來宗旨。〔註59〕對於《易》爲卜筮之書及將經文區分爲「象」、「占」，朱子之說法是：「《易》只是說箇卦象，以明吉凶而已，更無他說；如乾有乾之象，坤有坤之象，人占得此卦者，則有此用以斷吉凶，哪裏說許多道理？」〔註60〕朱子將《易》視爲卜筮之書，其內容便是象與占，並無許多道理。至於《易》歷三聖，朱子言道：

> 如伏羲畫八卦，那裏有許多文字言語？只是說八箇卦有某象，乾有乾之象而已，其大要不出於陰陽剛柔，吉凶消長之理；然亦未嘗說破，只是使人知卜得此卦如此者吉，彼卦如此者凶。……及文王、周公分爲六十四卦，添入「〈乾〉元亨利貞」、「〈坤〉元亨利牝馬之貞」，早不是伏羲之意，已是文王、周公自說他一般道理了；然猶是就人占處說，如卜得〈乾〉卦，則是大亨而利於正耳。及孔子繫《易》，作《彖》、《象》、《文言》，則以「元亨利貞」作〈乾〉之四德，又非文王《易》矣；到得孔子盡是說道理，然猶就卜筮上發出許多道理，欲人曉得所以凶，所以吉。〔註61〕

朱子認爲，《易》雖歷三聖，然均將《易》視作卜筮之書，唯所重各異：伏羲

　　　敢如此說，只可說道不及見這箇了；且從象以下說，免得穿鑿。」，卷66，頁1640。

〔註59〕關於易爲卜筮之書，見於《吳文正公集·四書敘錄》：「秦焚書，《周易》以占筮獨存。」，頁71。關於四聖相繼作《易》，吳澄言道：「《易》，伏羲之《易》，昔在皇義始畫八卦，因而重之爲六十四。當是時《易》有圖而無書也。……《周易》上下經二篇，文王、周作，《彖》、《象》、〈繫辭〉上下、〈文言〉、〈序卦〉、〈雜卦〉，傳十篇，夫子作。」（同前）至於將經文區分爲「象」、「占」，吳澄言道：「程之說義理，朱之說象、占，即義文周孔之旨，捨程朱則何以能探四聖人之奧？」（《吳文正公集·答海南海北道廉訪副使田君澤問》），頁107。

〔註60〕《朱子語類·易二·綱領上之下·卜筮》，卷66，頁1629。

〔註61〕《朱子語類·易二·綱領上之下·卜筮》，卷66，頁1629～1630。

畫八卦說易象，用此教民；文王、周公既重八卦爲六十四卦，並加入卦、爻辭；而夫子作十翼，針對卜筮加入許多儒理，《易》歷三聖以成。

朱子強調欲探求《易》本意，須還《易》作卜筮之書的身分，只是單純說個卦象與明吉凶；此見解助於遮撥後來《易》學家加諸《易》之種種說法，直接回到經文本身，甚至直接從卦畫中去體察萬端變化。

對於《易》爲卜筮之書及《易》歷三聖，吳澄之看法與朱子一致，他認爲整部《易經》是以羲皇《易》爲核心，卦、爻辭便是爲了解釋這些符號所關聯的自然、人事之理，而十翼又是解釋羲皇畫卦及文王、周公作卦、爻辭之用意，這便是吳澄所提出整部《易經》之體系架構所在。吳澄言道：

> 上古聖人作卦象以先天，而其體備於八八；作蓍數以前民用，衍於七七。八八之象本於一，而一無體；七七之數始於一，而一不用。合卦與蓍是之謂「易」。中古聖人體卦用蓍，繫之《彖》，繫之〈爻〉，其辭雖爲占設，然擬議所言，理無不貫，推而行之，占云乎哉？〔註62〕

《易》作爲卜筮之書，卦、爻畫便是《易》之主體，而卜筮便是《易》的實用價值；因此吳澄指出故合卦與蓍謂之「易」；至於卦、爻辭是由文王、周公「體卦用蓍」後所作，體卦是指體察卦、爻之畫，用蓍是指實際占筮；雖然卦、爻辭是爲占筮目的而設，但擬議的卦、爻辭背後是以易理貫通之。

從卦、爻畫純粹符號產生，發展到符號與卦、爻辭的結合，吳澄指出占筮用易並不難，困難處在於《易》所涵括之理。吳澄言道：

> 夫《易》未易明也，羲皇始畫一奇一耦，二而八，八而八八，其圖大不盈尺，而天地萬物悉具其中。學不至知天者，未之或知，以之而筮，則其用之一端也。文王、周公本諸其畫，繫之以辭，雖爲占筮設事則民用，言則聖蘊，是以如天如海，莫可窺測。夫子「十翼」以來，明之者幾何人哉？〔註63〕

吳澄認爲伏羲、文王、周公作《易》均爲占筮而設，然占筮只是「易」之一端，即夫子《繫辭傳》所稱「以言者尙其辭，以動者尙其變，以制器者尙其象，以卜筮者尙其占」。至於辭與象，其義深遠，不易測知，故夫子作「十翼」闡發文王、周公作卦、爻辭之意，而後代能明聖人深蘊者幾希。

既然吳澄解《易》明顯受宋儒影響，而其所提出成一家之言的理想如何

〔註62〕《吳文正公集·石晉卿易說序》，卷10，頁215。

〔註63〕《吳文正公集·送趙仲然赴循州長樂縣主簿序》，卷19，頁347。

落實？從《易纂言》之體例可發現幾個特點，其一，吳澄於各卦畫之下明確指出一卦於六十四卦之定位，以〈乾〉、〈坤〉爲例，〈乾〉☰之下標出「一之一，上之一，經，八純父，六陽辟，主上九」，〈坤〉☷之下標爲「八之八，上之二，經，八純母，六陰辟，主上六」。「一之一」、「八之八」是指乾☰於伏羲先天數爲一，坤☷爲八，故乾下乾上爲一之一，坤下坤上爲八之八；「上之一」、「上之二」是指〈乾〉爲上經第一卦，〈坤〉爲上經第二卦；「經」是指〈乾〉、〈坤〉均爲上篇之經卦，「八純父」、「八純母」即〈乾〉☰、〈坤〉☷爲乾☰父、坤☷母之重；「六陽辟」、「六陰辟」是就卦變而論，「主上九」、「主上六」則是指〈乾〉之卦主爲上九、〈坤〉之卦主爲上六。其餘六十二卦之體例仿此。

其二，吳澄對每個卦之卦、爻辭明確標出象、占，將《周易本義》與《易纂言》對照，以〈乾〉卦來看，初九「潛龍」、九二「見龍在田」、九三「君子終日乾乾，夕惕若」九四「或躍在淵」、九五「飛龍在天」、用九「見群龍无首」朱子之用語爲：故其象爲某某、有某某之象、故其象如此；釋卦辭「元亨利貞」、初九「勿用」、九二「利見大人」、九三「厲，无咎」、九四「无咎」、九五「利見大人」、用九「吉」，朱子之解釋爲：其占爲某某、故其占如此、其占能如是則如何。至於上九「亢龍有悔」，朱子之用法爲故其象占如此。

吳澄作法則異於是，先於卦、爻辭標明象與占，如卦辭「元亨」、「利貞」，初九「勿用」、九二「利見大人」、九三「厲」與「无咎」、九四「无咎」、九五「利見大人」、上九「有悔」、用九「吉」，均標明「占也」，初九「潛龍」、九二「見龍在田」、九三「君子終日乾乾，夕惕若」九四「或躍在淵」、九五「飛龍在天」、用九「見群龍无首」均標出「象也」。二者作法之差異在於，吳澄較朱子將經文之象辭與占辭作極明確之界定，此在歷來解《易》作法極爲特殊。

對象、占之認定方式上，對於象，吳澄嘗言：「象、爻辭中言龍、言馬等，又是指出所象之物而爲言也」，〔註64〕至於占，則言「伏羲既畫卦之後，……教民以所畫之卦，占吉凶而處事」，〔註65〕故凡卦、爻所象徵自然、人事之物便界定爲象辭，而吉凶禍福者即歸爲占辭，此爲分判象、占之大原則。

上述兩種作法，意味吳澄希望爲每個卦及各卦之卦、爻辭作出清晰而明確之說明，在區分象辭、占辭之後，進而尋得解釋之通例，提出「象例」、「占例」。

〔註64〕《吳文正公集‧答海南海北道廉訪副使田君澤問》，卷3，頁107。
〔註65〕同前註。

　　雖然朱子認為象為《易》之重要部分，然與釋占相較，或就朱子釋象成果與荀、虞，甚至吳澄相較，均稍嫌簡略，與朱子對《易》象之理解有極大關係，其一，基於體察聖人作《易》以有限之象明無窮之理，若解象過於明確，便無法見出卦、爻畫所表現出的豐富義涵。朱子言道：「聖人作《易》有說得極疏處，甚散漫。如爻象，蓋是汎觀天地萬物取得來闊，往往只彷彿有這意思，故曰『不可為典要』」〔註66〕

　　其次，基於許多易象不易解釋之故，朱子認為：「《易》之取象，固必有所自來，而其為說，必已具於太卜之官；顧今不可考，則姑闕之，而直據詞中之象，以求象中之意，便足以為訓誡而決吉凶。」〔註67〕朱子認為《易》象在創作之初是可以理解的；然年代一久，許多象無法可考。

　　既然因年代久遠，許多《易》象已無法解釋，故朱子強調解《易》象時不可牽強附會以求其通，有所據則為說，否則闕之不論。吳澄卻認為《周易本義》未能就卦爻辭取象作充分說明，朱子所認為不可解之象並非完全無法解，故吳澄自言就釋象處彌補朱子之不足，其所言「予補朱義者」，〔註68〕便是指此。

　　雖然批評朱子釋象之不足，但吳澄亦能體察朱子重象卻不詳解之原委，曾言道：「朱子非不知象之當明，《本義》惟〈大壯〉說象，他卦則否，以其不易言而不言歟？」〔註69〕吳澄所指「唯〈大壯〉釋象」，是指〈大壯〉六五「喪羊于易」，朱子解為：「卦體似〈兌〉，有羊象焉，外柔而內剛者也。」，吳澄認為朱子僅此處以複體釋象，〔註70〕在釋象方面明顯不足，或許因《易》象解釋不易之故。

　　鑑於朱子釋象之不足，《易纂言》便以《繫辭傳》「聖人之道四焉」中的「辭」與「象」之解釋為研究重心，對這兩部分歷代的研究成果，吳澄提出總評：

〔註66〕《朱子語類‧易三‧綱領下‧朱子本義啟蒙》，卷67，頁1655。
〔註67〕《朱文公文集‧易象說》（臺北：藝文印書館，1975）。
〔註68〕《吳文正公集‧石晉卿易說序》，卷10，頁215。
〔註69〕《吳文正公集‧送趙仲然赴循州長樂縣主簿序》，卷19，頁347。
〔註70〕蔡元定（字季通）將朱子所言之「似兌」理解成「這箇是夾住底兌卦，兩畫當一畫。」將大壯解釋成複體兌，見於《朱子語類‧易八‧大壯》，卷72，頁1825。吳澄亦認為「大壯者，複體之兌」，《易纂言》，頁128。顧炎武不取複體而採互體，彼言道：「朱子《周易本義》不取互體之說，惟大壯六五云『卦體似兌，有羊象焉』，不言互而言似，似者合兩爻為一爻，……不如言互體矣。」《原抄本顧亭林日知錄》（臺北：文史哲出版社，1979年），頁6。

魏晉至唐，註釋非一，李鼎祚集三十餘家，其大概可睹已。宋代諸
儒，漢唐所未有。皇羲之畫，邵子明之矣；文王，周公之易則亦各
明其所明，明理至程子而極，明占自朱子而始；項氏平甫宗程而明
辭，蓋得其六七，朱子發祖虞而明象，十僅得其一二也。〔註71〕

李鼎祚的《周易集解》蒐羅了漢、魏、晉三十餘家的訓詁、解義、釋象的說
法。至於宋儒的成果，對義皇卦畫之研究以邵子爲最，文王、周公之卦、爻
辭，程子重在義理發明，朱子重在占義之闡釋，項安世則標舉由辭以明象，
朱震強調易象解釋。

　　上述宋儒中，邵子偏重義皇畫卦過程的說明及對卦圖的解釋，程子重由辭
以明義，唯朱子、項安世強調「辭」與「象」的連結。吳澄《易纂言》以「辭」、
「象」的解釋爲主，並主張由辭以明象，這兩點與項安世的觀點一致。項氏認
爲：「易之道四，其實則二，象與辭是也。變則象之進退也，占則辭之吉凶也；
不識其象何以知其變，不通其辭何以決其占。然而聖人因象以措辭，後學因辭
而測象，則今之讀《易》所當反復抽繹，精思而深味者，莫辭若也。」〔註72〕

　　然項氏對「變」與「占」的解釋與吳澄不同，吳澄認爲「變謂著策四營
之變」「占謂所斷事情之可否」〔註73〕吳澄將「變」與「占」均視爲用易，「辭」
與「象」方爲《易經》之主體。至於項氏所言「聖人因象而措辭，後學因辭
而測象」及讀《易》當以「辭」爲主的觀點，則與吳澄相同。

　　對朱子所指出卦爻辭取象多不可解的問題，吳澄所憑藉之方式便是發現卦
爻辭內容之重出現象，而由卦爻辭中找出取象通例。例如〈小畜〉䷈卦辭「密
雲不雨，自我西郊」，〈小過〉䷽六五爻辭亦同，此一類也；〈履〉䷉九五爻辭
「夬履」，取他卦之卦名爲象，此又一類；〈履〉六三「眇能視，跛能履」，〈歸
妹〉䷵初九「跛能履」、九二「眇能視」，又是另一類，此些重出之辭，在六十
四卦中屢見不鮮，此些重出之文對通例來說頗爲重要。吳澄嘗言：「吾於《易》
書用功至久，下語尤精，其象例皆自得於心，亦庶乎文王、周公繫辭之意。」
〔註74〕「象例」即吳澄發現之釋象通例，憑藉此方能化解朱子釋象之難題。

　　以下將以朱子所認定難解之象，配合吳澄之解釋，以見出吳澄方法之可

〔註71〕　《吳文正公集·送趙仲然赴循州長樂縣主簿序》，卷 19，頁 347。
〔註72〕　《周易玩辭·序》，《通志堂經解》本（2）（揚州：江蘇廣陵古籍刻印社，1996
　　　　　年），頁 26。
〔註73〕　《易纂言》，頁 351。
〔註74〕　《易纂言·後跋》，吳澄弟子譚觀生引吳澄語，頁 447。

行與否。對於無法理解之象，朱子曾舉例論道：第一例「如『田有禽』，須是此爻有此象，但今不可考」，第二例《易》之象理會不得，如『乾爲馬』，而〈乾〉之卦卻專說龍，如此之類皆不通」，第三例「《易》畢竟是有象，只是今難推。如〈既濟〉『高宗伐鬼方』在九三，〈未濟〉卻在九四；〈損〉『十朋之龜』在六五，〈益〉卻在六二，不知其象如何？又如〈履〉卦、〈歸妹〉皆有『跛能履』，皆是兌體，此可見。」〔註75〕

就朱子所舉三例，第二例是〈說卦〉指「乾爲良馬、爲老馬、爲瘠馬、爲駁馬」，統言之即「乾爲馬」，但〈乾〉卦卻專稱龍，二者無法關聯。就朱子所指之疑難，在朱子的體系仍是可化解的。〈說卦〉指出「乾爲馬」，朱子於〈乾〉之下加入《逸象》「乾爲龍」的說法，可見朱子亦能接受乾可象徵馬與龍之事實，此一證也。另外，雖然〈乾〉卦☰無乾爲馬之象，然由〈乾〉卦☰所組合之正體、互體則或可以乾爲馬解釋之，〈乾〉卦☰乃由乾組合之一端耳，未可遽以爲乾卦有龍無馬，便認爲乾爲馬之說法非是。故朱子所提第二例之疑難自當解消。

第三例則是相同或相似的爻辭卻出現在不同的卦爻中，當如何解釋？朱子指〈損〉☲六五、〈益〉☲六二「十朋之龜」不知象之由爲何，但朱子曾說過：「凡卦說龜底，不是正得一箇〈離〉卦，必是伏箇〈離〉卦」〔註76〕就此來說，「十朋之龜」並非不可解之象。

在第一例及第三例不同卦爻辭卻有相同或相似取象之問題，吳澄依取象通例加以化解。首先就第三例〈既濟〉☲、〈未濟〉☲來看，〈既濟〉九三，吳澄言道：「離爲戈兵也，九三離之終，南方之窮處也，故象鬼方之國。」「高宗指九五而言」〔註77〕離有征伐之意，且離在方位上代表南方，而九三居離之上畫；既有關於征伐，又有南方邊陲之意，故有伐鬼方之象。而九五陽剛而居尊位，有帝王之象，故高宗指九五而言。

〈未濟〉九四「震用伐鬼方」，吳澄言道：「四變爲柔，二、三、四成震。……有離之戈兵爲伐，居離下畫之陽，故爲鬼方。」「〈既濟〉伐鬼方，九三爲天子伐之也；〈未濟〉伐鬼方。九二爲諸侯而伐之也。震，諸侯象。」〔註78〕此

〔註75〕《朱子語類》（臺北：文津出版社，1986年），卷66，頁1640～1641。
〔註76〕《朱子語類》，卷66，頁1642。
〔註77〕《易纂言》，頁209。
〔註78〕《易纂言》，頁212。

處吳澄利用「爻變」及「互體」指出二、三、四有震☳象，震爲諸侯；至於離☲爲戈兵，爲鬼方，其解釋依據與〈既濟〉相同。並且提出何以〈既濟〉言高宗，而〈未濟〉言諸侯的合理性的解釋，前者基於九五之爻，後者因於九二爲互震☳之下畫。

在〈損〉䷨、〈益〉䷩爻辭重出的部分，〈損〉六五「十朋之龜」，吳澄言道：「自二至上肖離，有龜象；然因陽自三往上而成此象，故十朋之龜專指上九而言；謂二償益五，則非但二益之，而上亦從其謀也。」〔註79〕此處運用了「互體」及「卦變」原理，〈說卦傳〉「離爲龜」，二至上互離，故有龜象。至於「十朋之龜」是指上九，吳澄作出的說明是，二爲陽，五爲陰，二者相應，自然二助五也。除此，對〈損〉卦之義，《象傳》指出「損下益上」，吳澄解釋爲「損下之陽，益上之陰」，即〈損〉卦是從〈泰〉卦䷊而變，由〈泰〉九三往歸於上而成；故上之陽亦能助五之陰也，即六五能同時得到應爻九二與比爻上九之助。此是將「十朋之龜」與上句「或益之」並連解釋。

〈益〉䷩六二的「十朋之龜」，吳澄言道：「二得益於初，而初至五有龜象，十朋之龜指初九而言；謂五當來益二，則非特五益之，而初必從其謀也。」〔註80〕此處亦是就「互體」與「卦變」論之，言互體處與〈損〉卦同均爲〈離〉，而卦變來源則異。〈益〉之卦義，《象傳》釋爲「損上益下」，吳澄理解爲：「卦自〈否〉而變，上損九四之陽，下益初六之陰。」因此，六二與九五應，故能得九五之助；而〈益〉自〈否〉䷋變，初九從〈否〉之九三下來助之，故六二能得應爻及比爻之助。

二卦中「十」字之象如何見出，在《易纂言外翼·象例》中的「十」例言道：「凡十者，坤也。」〔註81〕此是參考邵子《易》數的說法，而〈損〉與〈益〉在卦體中皆有坤☷象，〈損〉六五與〈益〉六二皆在互體坤象之中，十之數出於此。

對於〈損〉六五與〈益〉六二之爻辭有重出的現象，吳澄解釋爲：「〈益〉六二即〈損〉六五也，故爻辭同。」〔註82〕此是即〈損〉與〈益〉互爲「反體」說明二卦之結構關係，以此解釋何以爻辭重出之故。

〔註79〕《易纂言》，頁148。
〔註80〕《易纂言》，頁150。
〔註81〕《易纂言外翼》（臺北：成文出版社，1976年，《無求備齋易經集成》第149冊），卷4，頁141。
〔註82〕同前註。

　　由此可見，以朱子所舉的第三例來看，朱子既能見出〈履〉☱、〈歸妹〉卦☳所以同樣具有「跛能履」之象，是因卦體中均有兌☱象，且〈說卦〉言「兌爲毀折」，即跛之象也；朱子亦是將取象相同的卦畫作考察，歸結二者之共通處，而指出二卦均有兌☱之象，並引〈說卦〉作理據；既然朱子能以此法解釋「跛能履」之象，卻何以無法運用此法解釋「田有禽」、「高宗伐鬼方」、「震用伐鬼方」、「十朋之龜」諸卦、爻之取象？

　　而吳澄所採取的方式，與朱子解釋「跛能履」及「龜」取離☲之象並無太大差別，亦是從取象相同或相似之卦、爻辭找出共通點，並以〈說卦〉、《九家逸象》作理據；此正說明了，朱子所言難解之象，並非眞正無法解釋，只是朱子未能徹底就《易經》取象作全盤解釋，而吳澄所作的，並非提出一套新的解釋系統，而是順著朱子解象不徹底處作全面解釋。

　　吳澄所以能以通例來解釋卦爻辭取象，實深受項安世《周易玩辭》的啓發。《通志堂經解·周易玩辭序》指出吳澄與項安世之關係：「吳草廬爲學得力於《易》，自注疏程朱外，惟取是書。」在《易纂言》援引諸家說法，除程朱的見解外，在卦、爻辭的解釋上，引項氏之說甚多。吳澄引用程子的說法，主要是辭義解釋方面；引用朱子的講法，則重在「占」義上的說明；而「象」的部分是吳澄用心之所在，項氏在這方面已有不錯的成果，故項氏爲吳澄提供了極佳的參考資源。

　　在引用項氏的說法部分，其中，有直接引用者，亦有作爲補充己說者，以下舉實例說明。在直接引用部分，以〈屯〉☵上六「乘馬班如，泣血漣如。」作說明。吳澄引項氏之說：「凡稱馬者皆陰爻，惟〈大畜〉九三特舉乾本象稱良馬，他馬皆陰也。」「〈屯〉稱馬者，卦中四陰也，四馬之中獨六三居剛，故無虞而逩進，二、四、上居柔，皆班而不行也，〈屯〉之時柔者不能行也。」〔註83〕

　　項氏分析卦、爻辭中取馬之象者，除〈大畜〉☶外，均是陰爻：〈賁〉☶六四「白馬」、〈晉〉☲卦辭「錫馬」、〈明夷〉☷六二與〈渙〉☴初六「拯馬」、〈中孚〉☴六四「馬匹」、〈大畜〉☶九三「良馬」，以此指出凡言馬者皆爲陰爻的取象條例；至於〈大畜〉因卦體中有乾象，〈說卦傳〉：「乾爲良馬」，故卦中的「良馬」是指乾體而言。

　　項氏進一步就〈屯〉☵卦六二、六四、上六皆用「乘馬班如」之象作解

釋，指出〈屯〉卦中的馬象是卦體的四陰爻，唯六三以陰居陽位，故取無虞而馬逡行之象；其餘三陰爻皆以陰居陰，無法勇健前行，故皆取班如不行之象。〔註84〕從此例可見，項氏釋象是從整個卦的結構及六十四卦之間作整體考察，找出卦、爻辭取象的通則。

再以〈頤〉䷚初六「舍爾靈龜，觀我朵頤」爲例，吳澄引項氏之說：「〈頤〉卦肖離爲龜」，「靈龜伏息而在下，初九象之；朵頤在上而下垂，上九象之。卦唯有二陽，上九在上爲所養之主，初九在下爲自養之賢。上九卦主故稱我，群陰從我而求養，⋯⋯初九本無所求，乃亦養而觀我聖人，⋯⋯以明自養之道。」〔註85〕

項氏以〈頤〉卦六畫爲複體離而取龜象，此是從整個卦體之象來說明。接著從六爻之整體結構來分析：初、上二陽爻，中含四陰爻；整個卦以初、上二陽爻爲主，而上畫又爲〈頤〉之卦主，故上爻爲四陰爻求養之對象，初爻在下而無位，只能仰觀上爻之德，唯求自養耳。

吳澄釋此爻之象，採納了項氏的見解，並加以發揮言道：

> 此爻與彖辭「觀頤」、「自求口實」相表裏，皆初九觀上九也。彖爲初九言之，則言初九既觀上九之養人者，而又自求其養己者；爻爲上九言之，則言上九謂初九舍爾之養己者而觀我之養人者。

> 蓋陽實能自養而養人，陰虛不能自養而資養於人。⋯⋯上九居上，當養人之任，故爲朵垂向下之頤，以養在下之群陰。初九處下，不當養人之任，故爲靈智自養之龜而無求於外；然卦有觀之象，初雖下伏而猶上觀，是羨上九之能養其下，而不無舍己爲人之意也。〔註86〕

吳澄順著項氏之見解，進一步將卦辭與爻辭之取象相關聯，發揮卦、爻辭「觀」及「自養」之涵義。既然初九仰觀上九，上九必有可觀，可觀處在於養人之德；但初九與上九均爲陽爻，皆足以自養，只是所居之位不同。吳澄強調初九除了自養及仰觀上九之德，其實是希望能效法上九之作爲。

吳澄與項氏解釋之差異在於，吳澄區分了卦辭與爻辭不同之表達，卦辭陳述初九「觀」與「自養」之事實，而初九爻辭則是上九對初九之指示，期望初九和自己一樣擔負養人之責，能夠捨己爲人。

〔註84〕《周易玩辭》，頁 73。
〔註85〕《易纂言》，頁 107。
〔註86〕同前註。

　　至於作爲補充己說之例，例如，〈剝〉☶六五「以宮人寵」，吳澄解釋道：
「后爲宮人之主，五統群陰，如后統眾妾；眾陰戴陽，如后以眾妾進御於王
而獲寵愛之象。」並引項氏之說作補充，「六五君位，五爲王后，與君同處；
四爲夫人，佐后者也；三爲九嬪，以主九御，下卦之長也；二爲世婦，初爲
御妻。」〔註 87〕吳澄解釋重在「以宮人寵」的王后，而項氏則以爻位之高下
論斷其身分之貴賤，分析下四陰之宮人各爲何指，依次區分爲夫人、九嬪、
世婦、御妻四種女官等級。項氏的分析，正說明了爻辭中宮人的詞義。

　　再以〈訟〉卦☵之卦、爻辭爲例，對於九五一爻之象，吳澄於卦辭、九
二爻辭有所論及。在卦辭「利見大人」，解釋爲「大人者，〈乾〉之九五也。」；
九二「不克訟」，言及：「五剛中正居尊位，非可勝者。」在九五爻辭，吳澄
只就「訟元吉」作占義的解釋；至於占象，則引引項氏之說作爲補充，「人稱
九五爲聽訟之君，非也。爻象皆稱訟，何謂聽訟？」「但〈訟〉五爻皆不正，
唯九五一爻，既中且正，……此訟之最善者，或爲德之尊，或爲位之尊，不
必專指人君也。」〔註 88〕

　　吳澄認爲九五爲剛中正居尊位之大人，與項氏所言一致，項氏對《易》
象的解釋強調應合於經、傳的原意，不可任意增減。爻辭及《象傳》既無聽
訟的涵意，又未言九五必有君王之象，故不得以九五爲聽訟之君；朱子《周
易本義》將九五解爲聽訟者，乃屬不當的解釋。項氏亦指出，「諸家爲君位所
惑，故謂君無訟理，遂以聽訟解之，殊不思君豈有聽訟哉？」〔註 89〕項氏明
確指出，釋象應隨所釋之內容不同而更異，並且對象義的解釋須合於常理。
既然爲君者不可能牽涉爭訟，但亦不可能涉及爭訟的處理，爭訟之事，自當
由主事的官長負責。藉由經、傳的內容，加上常理的推斷，便可以評斷歷來
傳注的解釋是否恰當。吳澄釋象時，亦常運用此法。

　　從項氏的釋象方式最大的特點是，以整體性的觀點來釋象。不僅將一卦
本身視爲一個整體，更將六十四卦視爲更大的整體，從卦體、爻位、爻性找
出取象之通則，此方式可解決《易》象不易解釋之難題。直接從卦、爻辭與
卦畫間找尋邏輯性，可免於牽強附會之偏敝。

　　項氏雖然意識到以整體性觀點釋象之可行性，但是實行上並不徹底，因

〔註 87〕《易纂言》，頁 95。
〔註 88〕《易纂言》，頁 47～48。
〔註 89〕《周易玩辭》（臺北：廣文書局，1974 年），卷 2，頁 104。

其仍採程子重義理解釋之方式。例如，〈需〉卦 ䷄ 六爻，項氏並未說明初九「需于郊」、九二「需于泥」、九三「需于沙」、九五的「需于酒食」、上九的「入于穴，有不速之客三人來敬之。」諸卦之取象，僅解釋六四「需於血，出自穴」取象之來由。對下卦三爻僅解釋占義，對於上卦，九五一爻重在說明九五既中且正，故能作主人以招待嘉賓；上六一爻則以上六為六四之反，「上六入于穴，反六四之出也；不速之客，反六四之需也。」〔註90〕此例可見項氏對於同一卦之各爻辭取象並非全面解釋，而對爻辭的解釋不免仍延續程子偏重義理的分析；到了吳澄方全面針對卦、爻辭的取象作全盤解釋，但項氏釋象的觀念和方式，在吳澄處得以沿用與發揚。

易象解釋必須避免穿鑿之弊，吳澄對此嘗出反省：「近世有丁有、范博，極諸家兼總眾說，搜括無遺矣；然或失之鑿，或失之泛，俱未得為至當也。」〔註91〕穿鑿之弊的產生之主要原因，未能對卦、爻辭義、義理作恰當理解。為免此弊，吳澄的方式是先對卦、爻辭辭義作詳盡訓詁，並對義理有清楚理解，進而解釋卦、爻辭取象之由；如此藉著辭、象、義理之聯結，便能對易象作合理解釋。在嚴密的訓詁及易象解釋，義理解釋也能更扣緊經文，能貼近聖人本意。

因此，吳澄一貫之解《易》原則與方法是由章句訓詁以明辭義，辭義明則象義明，結合辭與卦象便能解釋取象之由。既然明象、明義理必先明辭，而章句訓詁，甚至校勘均是明辭之重要步驟，故下一章擬就吳澄之校勘及章句訓詁成果作考察，以見其明辭之功。

回應前面吳澄所提《易》學教法，以後人的角度來看、亦可加入吳澄的《易纂言》，將吳澄視為與三家並立，理由何在？因為吳澄與三子以理、以占解《易》不同，而主以象解《易》，而此又正可與王弼發展至程子，由程子到朱子，從朱子到吳澄，正可見出明確之發展脈絡。

〔註90〕《周易玩辭》，卷2，頁91～96。
〔註91〕《吳文正公集・黃定子易說序》，卷11，頁234。

第二章　易辭解釋——校勘、訓詁之表現

第一節　改經態度與作法

經學史評論宋代經學之特色，多指出宋儒有疑經、改經之風，皮錫瑞（字鹿門，1850～1908）就曾評論道：「宋人不信注疏，馴至疑經；疑經不已，遂至改經、刪經，移易經文以就己說，此不可爲訓者也。」〔註1〕皮氏指出宋儒疑經，進而刪經、改經、移經的現象，此行爲本身並非不當，若以己意妄改經則非治經該有之行徑。皮氏並非認爲不可修正經文，而是反對無理據地妄改經文。皮氏言道：

> 世譏鄭康成好改字，不知《鄭箋》改《毛》，多本魯、韓之說；尋其依據，猶可徵驗。注《禮記》用盧、馬之本，當如盧植所云『發起紕繆』；注云『某當爲某』，亦必確有憑依。《周禮》故書，不同《儀禮》，今古文異，一從一改，即以《齊》、《古》考《魯論》之意。《儀禮》之〈喪服傳〉、《禮記》之〈玉藻〉、〈樂記〉，雖明知爲錯簡，但存其說於注，而不易其正文。先儒之說經，如此其愼，豈有擅改經字者乎！……吳澄《禮記纂言》，將四十九篇顛倒割裂，私竄古籍，使無完膚。〔註2〕

皮氏之說可歸出兩個重點：一、改動經文須有可靠的根據，二、經文的錯簡可於注中標明，不可混入正文。皮氏認爲欲指出經文的謬誤、錯簡、脫漏之處，必須持之有據，不可任意論斷；所作修正只能放入傳注中作補充，不得

〔註1〕　《經學歷史・經學變古時代》，頁264。
〔註2〕　《經學歷史・經學變古時代》，頁264。

混入經文，對吳澄《禮記纂言》將經文割裂、移易的作法，頗不以爲然。

對於皮氏所言可作如斯之反省，其一，疑經、改經未必代表挑戰經典之崇高地位；宋儒疑經、改經也可視爲尊經的表現，何以言之？由於戰火之肆虐、文字的變遷、手民的差誤諸多因素，造成經書的脫誤產生；若治經者對經文謬誤不加訂正，反而以訛傳訛，如何稱爲尊經？若從此角度來看待宋儒之作法，反倒當視爲認眞面對學問之態度，但必須附帶言之有據，論之成理之前提。

吳澄對經典非常尊重，並主張對經文之謬誤當以嚴審態度提出更正。吳澄言道：

> 予少時讀經書，疑其有誤字、錯簡處，必博考詳訂而是正之。……
> 第古書自秦火之餘，炎漢之初，率是口授；五代以前，率是筆錄。
> 口授者寧無語音之訛？筆錄者寧無筆畫之舛？爲經之害大矣！
> 不訂正循襲其訛舛，強解鑿說，不幾於侮聖言與？予之訂正也，豈
> 得已而不已者哉？
> 況一一皆有按據，曰某本作某字；或先儒曾有論議曰某字當作某字，
> 未嘗敢自用己意點竄也。先生長者不領予說，予亦不能從其言而遂
> 止，然於此每兢惕謹愼而不敢苟。〔註3〕

吳澄指出經書流傳的過程，不免存在著錯簡、脫誤的狀況，使得訂正經文成了治經之首務，以避免穿鑿強解，曲解文義。吳澄也強調，校訂經文是不得已的作法，必須以敬謹的態度與方式面對。

其二，宋儒改經之作法與否定漢唐經學是否相關？以宋儒、吳澄改經爲例，《四庫總目·經部總敘》論道：「洛、閩繼起，道學大昌，擺落漢、唐，獨研義理，凡經師舊說俱排斥，以爲不足信，其學務別是非，及其弊也悍。」底下有一行小字：「如王柏、吳澄改駁經文，動輒刪改之類。」〔註4〕此處先批評了宋儒排斥漢、唐舊說，務求新義；並且以吳澄、王柏作爲代表。對這番論斷，印證事實並非如此。例如程子《易傳》採取許多王弼的講法，朱子《周易本義》亦參考了漢儒的《九家逸象》，吳澄亦嘗言：「漢儒專門傳授，守其師說，不爲無功於經；而聖人之意，則未大明於世也。……魏晉而唐，注義漸廣。」〔註5〕

〔註3〕 《吳文正公集·經傳考異序》，卷12，頁244。
〔註4〕 《四庫總目·經部總敘》，《四庫全書總目》（北京：中華書局，1995年），卷1，頁1。
〔註5〕 《吳文正公集·六經補注序》，卷11，頁229。

　　吳澄指出漢儒於經本義之掌握雖未充盡，但在章句、訓詁上的貢獻值得肯定，從魏晉到唐代更強調了經文本旨的重要，此番評論表示吳澄並沒有否定漢、唐的成就；甚至吳澄指出，自魏晉至唐，已開始重視經義的理解，而宋儒不過在前代基礎上向前邁進罷了，焉能說宋儒擺落漢、唐而自立新說呢？其次，對宋儒「務辨是非，其弊也悍」之批評，學術研究必須不斷生長，不能只是嚴守舊說，拾人牙慧，而學問之洞察力便表現在對眾家說法作恰當判斷與抉擇，如果務明是非也成弊病，那學術便缺乏前進之動力。

　　至於《四庫總目》對吳澄動輒妄改經文的批評，吳澄自言其改經是以嚴謹的態度，藉可信文獻與合理推斷而作出結論，若真如此，實不應得此惡評。雖然吳澄對自己修正經文的立場作了明確的宣示，但仍須配合考察吳澄實際作為，與其所說原則檢驗是否一致，方能作出判斷。

　　其三，皮氏所稱將改動經文標於注中的作法，雖然吳澄直接將改動的部分放正文，然於注中均作清楚標明，仍不失負責任之作法。

　　屈萬里先生嘗對宋儒疑經作了描述：「一是懷疑經義的不合理，二是懷疑先儒所公認的經書的著者，三是懷疑經文的脫簡、錯簡、訛字等。而由於懷疑經義的不合理，便常牽連到經書的著者問題，所以一、二項往往不易分別敘述。」〔註6〕對於第三項，前已論及；第一、二項，吳澄倒是未懷疑此，反而批評宋儒因第一項、第三項而懷疑經書的作者，並針對宋儒之質疑作出回應。

　　以下將考察吳澄對《繫辭傳》、雜卦傳、《說卦傳》、《序卦傳》相關問題的思考與修正。在《繫辭傳》部分其一，「子曰」之用語；其二，分章的問題；其三，部分解釋各別卦爻辭的文字。吳澄於《說卦傳》加入「逸象」之內容，《雜卦傳》則討論內容搬動的部分，《說卦傳》、《序卦傳》則討論吳澄的分章作法，其中《繫辭傳》問題較複雜，故所占篇幅較廣。

　　歐陽修（字永叔，1007～1072）曾因《繫辭傳》出現「子曰」之用語而懷疑此傳非夫子所作，於《易童子問》言道：「至于何謂『子曰』者，講師之言也。」〔註7〕若為夫子自作，便不當加「子曰」二字，如《論語》為夫子弟子所記方加「子曰」，故歐陽修推斷此傳乃漢經師為解釋經文而作，非出於夫子之手。

〔註6〕《書傭論學集·宋人疑經的風氣》（臺北：臺灣開明書店，1980年），頁238。
〔註7〕《易童子問》3卷，既見於《歐陽修全集》（臺北：河洛出版社，1975年）卷3，《居士外集》（二）；亦見於《黃宗羲全集·宋元學案·廬陵學案》（浙江：浙江古籍出版社，1993年）頁254。二者經對照內容是相同的。

　　吳澄對質疑提出解釋，他認為《繫辭傳》「子曰」二字非《繫辭傳》所本有，而是後人所加，主要是為了分章、使文脈順暢之故，既為後人所加，故主張盡予刪去。吳澄言道：

> 舊本有「子曰」者六，先儒以為後人所加；今考之，「易其至矣乎」、「知變化之道者，其知神之所為乎」皆是前章之結語，後之分章者欲以此為後章之起語；「書不盡言」、「〈乾〉、〈坤〉其《易》之門邪」皆是連上文共為一章，後之分章者欲分截自此別為一章，故四處各加「子曰」字以別之。「易有聖人之道四焉者」是再提章首起句為結句，「聖人立象以盡意」是以答語答上文問語，故兩處亦各加「子曰」字；今併刪去，庶俾讀者不致生疑，而妄謂《繫辭傳》非夫子所作云。〔註8〕

吳澄所舉《繫辭傳》中有「子曰」者六處，其實漏了一則「夫易何為者也」，當予補之。既然後人加「子曰」二字是為了篇章結構的標明，自當去除以還其原貌。吳澄的說法，明顯是為回應歐陽修的質疑。

　　上文所引《繫辭傳》內容，乃經吳澄改訂後的篇章，吳澄將《繫辭傳》部分文字搬移至《文言傳》，遂與舊本的編排不同。除此，亦將《繫辭傳》的分章作了更動。

　　關於《繫辭傳》有分章與不分章兩種方式，《周易正義》採取的是周弘正《周易講疏》分《上繫》、《下繫》為十二章與九章的說法，《正義》指出其分章理由〔註9〕是以篇旨、結構來評斷。在宋代，司馬光《易說》採取《正義》的分法，但朱震《漢上易傳》、王宗傳《易傳》、朱子《周易本義》雖然亦採分章，但章數並不相同。而韓康伯（名伯，字康伯，332～380）《周易注》及李鼎祚《周易集解》則採不分章的方式，此方式亦出現在宋代張載《橫渠易說》、張浚《紫巖居士易傳》、李衡《周易義海撮要》。

　　如上所言，可作出三個推論：其一，依王弼、李鼎祚採取不分章的方式，

〔註8〕　《易纂言・繫辭下傳第六》卷末附語，頁386。

〔註9〕　《周易正義・繫辭上》：「馬季良、荀爽、姚信等又分『白茅』章後取『負且乘』更為別章，成十三章；案：『白茅』以下歷序諸卦，獨分『負且乘』以為別章，義無所取也。」「虞翻分為十一章，合『大衍之數』，并『知變化之道』共為一章；案：『大衍』一章，總明撰著策數，及十有八變之事，首尾相連，其『知變化之道』已下別明知神及唯幾之事，全與大衍章義不類，何得合為一章？」，學生書局版，卷7，頁582。又《周易正義・繫辭下》：「此篇章數諸儒不同，劉瓛為十二章，以對《上繫》十二章也，周氏、莊氏並為九章，今從九章為說也。」，卷8，頁667。

此或爲《繫辭傳》原本面目，若《繫辭傳》原本便分章節，何以自漢至魏、晉並無確定之分法？其二，《繫辭傳》分章當是後起，依《正義》所言馬融將《上繫》分爲十三章，可見東漢便出現將《繫辭傳》分章之情事；既然前已言《繫辭傳》原本並不分章節，何以後人卻行分之？因此筆者推斷，分章當爲解說之方便之故。如朱子將〈大學〉、〈中庸〉自《禮記》中抽離，並爲之作章句，並自言其用意在「實始尊信此篇而表章之，既又爲之次其簡編，發其歸趣，……聖經賢傳之指，粲然復明於世。」〔註 10〕亦即《繫辭傳》的篇帙極大，分章可以便於說解聖人之旨。其三，但受限於對篇旨、結構的認定，遂使各家所分之章數有所不同。

吳澄將《繫辭傳》作了分章，但分章的章數與《周易正義》並不相同，主要原因有二，一、吳澄將部分《繫辭傳》的文字搬至《文言傳》，遂牽動了《繫辭傳》的整體結構；二、吳澄已刪除「子曰」起首的句子，遂使分章結果不同。

至於歐陽修曾指出《繫辭傳》部分內容繁衍重出，朱子亦嘗質疑《繫辭傳》與《文言傳》有重出之處，於《周易本義》釋《繫辭傳》「亢龍有悔」至「是以動而有悔」指出：「釋〈乾〉上九爻義，當屬《文言》，此蓋重出。」；〔註 11〕吳澄亦指出另一重出實例，「易曰：『自天祐之，吉無不利。』至『是以自天祐之，吉無不利也。』」〔註 12〕此段文字亦出現在另章「是以自天祐之，吉無不利。」吳澄言道：「『通則久』下舊本有『是以自天祐之，吉無不利。』十字，繫《文言傳》釋〈大有〉上九爻辭，錯簡重出。」〔註 13〕吳澄將此章「自天祐之，吉無不利」與「傳五之二」的內容重出，而後者已移至《文言傳》「七之三章」，此例亦正好說明《繫辭傳》確實有文字重出的現象。

面對此問題，吳澄的作法是徑將衍出的文字自《繫辭傳》抽離，移至《文言傳》。吳澄將《繫辭傳》與《文言傳》編整後的結果爲：《繫傳》五之八章「鳴鶴在陰，其子和之」至「《易》曰：負且乘，致寇至，盜之招也。」吳澄言道：「此章後，舊本有《文言傳》錯簡，釋〈中孚〉九二、〈同人〉九五、〈大過〉初六、〈謙〉九三、〈乾〉上九、節初九、解六三爻辭七節。」〔註 14〕「鳴

〔註 10〕　《四書章句集注・大學序》（臺北：長安出版社，1991 年），頁 2。
〔註 11〕　《周易本義・上傳》，頁 3 之 9。
〔註 12〕　《易纂言》，頁 360。
〔註 13〕　《易纂言》，頁 370。
〔註 14〕　《易纂言》，頁 345。

鶴在陰，其子和之」至「可不慎乎？」吳澄歸入《文言傳》七之四章釋〈中孚〉九二爻辭；「同人先號咷而後笑」至「其臭如蘭」吳澄歸入《文言傳》七之三章釋〈同人〉九五爻辭；「初六藉用白茅」至「其無所失矣」吳澄歸入《文言傳》七之三章釋〈大過〉初六爻辭；「勞謙君子有終」至「致恭以存其位者」吳澄歸入《文言傳》七之三章釋〈謙〉九三爻辭；「亢龍有悔」至「是以動而有悔」與《乾文言》重出，均釋〈乾〉上九爻辭；「不出戶庭，無咎」至「是以君子慎密而不出也」吳澄歸入《文言傳》七之四章釋〈節〉初九爻辭；「子曰作易者其知盜乎」至「盜之招也」吳澄歸入《文言傳》七之四章釋〈解〉六三爻辭，但吳澄略去「子曰」二字。

　　《繫辭傳》解釋諸卦卦爻辭的內容，與〈乾〉〈坤〉《文言》合爲一傳，此實發先儒所未發。而吳澄將《繫辭傳》釋諸卦卦爻辭者移至《文言傳》的依據主要有兩點：其一，《繫辭傳》的體例，吳澄認爲《繫辭傳》是「夫子述此篇，以釋文王、周公所繫象、爻辭之意，故曰繫辭傳」，吳澄亦引朱子的說法指出：「以其通論一經之大體凡例，故無經可附，而自分上、下云」〔註15〕其二，就《繫辭傳》內容中釋卦爻辭的部分來看，與〈乾〉、〈坤〉《文言》體例相近，吳澄指出《文言傳》的體例是「文言者，象爻之辭也。案《繫辭傳》曰『其辭文』，謂象爻之辭文其言而不質直言之也。此篇夫子所以釋文王、周公之文言。……《繫辭傳》者統論聖人繫辭之意，《文言傳》者，釋經中文言之辭也」〔註16〕

　　由吳澄於《文言傳》題辭末將二傳之體例並舉，明顯見出吳澄此作法眞正的理由在於《繫辭傳》與《文言傳》傳體性質之差異，既然《繫辭傳》是統論聖人繫辭之意，便不當混入對卦爻辭的解釋，這點質疑頗有力道。舊本只有〈乾〉☰、〈坤〉☷二卦有《文言》，雖然朱子的解釋是：「此篇申《彖傳》、《象傳》之意，以盡〈乾〉、〈坤〉二卦之蘊，而餘卦之說，因可以例推云。」〔註17〕但吳澄並不認爲《文言傳》僅限於〈乾〉、〈坤〉二卦，嘗言道：

　　　夫子既釋〈乾〉、〈坤〉二卦，其餘六十二卦三百七十二爻之辭不能
　　　遍釋，故上經釋九爻，下經釋九爻，以發其例，而他爻可以類推，
　　　是爲《文言傳》。後人以所釋〈乾〉、〈坤〉二卦之辭附入本卦，於是

〔註15〕《易纂言》，頁331。而所引朱子語見於《周易本義‧繫辭上傳》，頁3之1。
〔註16〕《易纂言》，頁387。
〔註17〕《周易本義‧上經》，頁1之5。

所釋上、下經十六卦爻辭十八節，不能成篇，遂散入《繫辭傳》，離
爲三處，顚倒紊亂特甚。〔註18〕

吳澄認爲夫子所以未就六十四卦全面作《文言》，乃因諸卦可由上、下經共十
八卦《文言》之例類推即可。對於此些散亂於《繫辭傳》中的《文言》，元儒
胡炳文（字仲虎，1250～1333）亦指出此些內容的特殊性：

夫子於〈乾〉、〈坤〉皆有《文言》以申《彖傳》、《象傳》之文意，
其於《象傳》蓋亦有之，如〈履〉與〈豫〉釋卦辭已畢，復曰「剛
中正履帝位而不疚，光明也。」「天地以順動，故日月不過，而四時
不忒，聖人以順動則刑罰清而民服，豫之時義大矣哉！」此類皆是
也。然則《繫辭》此數卦即《象傳》之文言也，學《易》者可以觸
類而通其餘矣。〔註19〕

胡氏亦將《繫辭傳》釋數卦的內容與〈乾〉、〈坤〉《文言》併舉。與吳澄不同
的是，胡氏將此段內容視爲諸卦《象傳》之文言，而吳澄則視之爲釋卦、爻
之辭的文言，基於二子對《文言》之性質不同認定；但將《繫辭傳》釋諸卦
之文與〈乾〉、〈坤〉《文言》合觀，二子的看法則是一致的。

吳澄由二傳性質、體例之殊異，而將《繫辭傳》釋卦爻辭的內容獨立出來，
此實《易》學史上極特殊的，既屬空前，至今亦尙未有人續之，故爲《易纂言》
之一項獨特處。歐陽修因《繫辭傳》部分文字而否定出於夫子之手，但吳澄的
方式則是先肯定《繫辭傳》爲夫子所作，再將增字、錯簡之處作出修正；二人
雖然同屬疑經，在立場上歐陽修因內容而疑作者，吳澄因作者而疑內容。

然正如全祖望對於吳澄批評：「及愚諦觀其書，如以《大傳》所釋諸卦爻
辭爲《文言傳》之錯簡合作一篇，……俱未免武斷之失。」〔註20〕吳澄的作
法雖然可以回應歐陽修對《繫辭傳》非夫子所作的質難，但卻仍須資料性的
論據作直接印證，否則與歐陽修同屬於理論上的論證，只能作出合理的推論，
但仍須事實作爲證據方能作出最後的評斷。

吳澄將《繫辭傳》部分文字移至《文言傳》後，亦針對其中脫簡、衍文
處作補正，其中如上所指出《繫辭傳》「子曰」之衍文，亦出現在修訂版的《文

〔註18〕《易纂言》，頁405。
〔註19〕胡炳文《周易本義通釋》，《通志堂經解》本（4）（揚州：江蘇廣陵古籍刻印
社，1996年），頁49。
〔註20〕《宋元學案・草廬學案》頁587～588。

言傳》中。如《乾文言》吳澄指出：「舊本『何謂也』六句之下，各有『子曰』共十二字，蓋後人所加。」〔註21〕《文言傳》七之三章「釋〈否〉九五、〈豫〉六二、〈噬嗑〉初九、〈復〉初九四處，併增『子曰』字發端；釋〈同人〉九五、〈大有〉上九、〈謙〉九三、〈大過〉初九四處，併增『子曰』字在所引經文之下；唯釋〈噬嗑〉上九一節未增其所增者，今刪去。」〔註22〕及《文言傳》七之四章吳澄：「舊本釋〈咸〉九四、〈解〉上六、〈困〉六三、節初九、〈中孚〉九二五處，併增『子曰』字在所引經文之下；釋〈解〉六三、〈益〉上九、〈鼎〉九四三處，併增『子曰』字發端；唯釋〈損〉六三一節，未增其所增者，今刪去。」〔註23〕將《文言傳》中「子曰」全數去除，與《繫辭傳》採取的理由相同，因「子曰」二字乃後人所加，且此二字易使人誤以《文言傳》非夫子所作，故予全數刪除。

　　吳澄將荀爽《九家易》「逸象」附於《說卦傳》末章，吳澄言道：「凡八卦之逸象共三十，荀爽《九家易》有之，皆附前各章之末。」〔註24〕朱子《周易本義》僅將「逸象」附於《說卦傳》之注中，而吳澄卻進而將此篇獨立於《說卦傳》之末篇，此作法頗為特殊，可見吳澄對「逸象」之重視，雖然如此，但恐人誤將此視為傳文，仍應如朱子放入注中較恰當。

　　在《雜卦傳》的內容上，吳澄亦作了些更動，即將〈大過〉以下數卦排列次序加以改動。在朱子《周易本義》書末已先提出疑難指出：「自〈大過〉以下，卦不反對，或疑其錯簡」，而吳澄則就朱子所疑，將原本的次序：〈大過〉、〈姤〉、〈漸〉、〈頤〉、〈既濟〉、〈歸妹〉、〈未濟〉、〈夬〉，重新排訂為：〈大過〉、〈頤〉、〈既濟〉、〈未濟〉、〈歸妹〉、〈漸〉、〈姤〉、〈夬〉，將此八卦依《雜卦傳》兩兩反對之體例，以合於〈大過〉之前的諸卦。

　　其實此作法早見於蔡淵，蔡淵認為：「自〈大過〉以下有亂簡，案《雜卦》例皆反對協韻為序，今以其例改正。〈大過〉顛也，〈頤〉養正也，〈既濟〉定也，〈未濟〉男之窮也，〈歸妹〉女之終也，女歸待男行也。〈姤〉遇也，柔遇剛也；〈夬〉決也，剛決柔也，君子道長，小人道憂也。」〔註25〕此說法元董

〔註21〕《易纂言》，頁 396。
〔註22〕《易纂言》，頁 406。
〔註23〕《易纂言》，頁 413。
〔註24〕《易纂言》，頁 432。
〔註25〕 蔡氏的說法，屢見於元儒的著作中，如董真卿《周易會通》，頁 1195；胡一桂
　　　　《周易本義附錄纂注》《通志堂經解》第三冊（揚州：江蘇廣陵古籍刻印社，

眞卿評曰：「蘇氏（蘇軾）亦有改正自〈頤〉、〈大過〉而下數卦，然不若蔡氏之妥」〔註26〕可見蔡氏的說法已爲董氏所肯定，吳澄雖未言其承蔡氏之說，但卻明顯可見與蔡氏的觀點一致，因蔡氏提出在前，故不得稱爲吳澄所創。

　　吳澄對《說卦傳》、《序卦傳》的分章亦與前儒稍異，如《說卦傳》的分章，從韓康伯《周易注》及李鼎祚《周易集解》考察，推斷《易經》原本當是不分章節的，《周易正義》卻將《說卦傳》分成十七章，而《周易本義》則分爲十一章，吳澄則將《說卦傳》分成十八章，並另外加入《九家易》中的「逸象」，朱子將「逸象」附於《本義・說卦傳》末章之下的解釋，而吳澄則於末章後獨立成一篇。

　　至於《序卦傳》，無論韓康伯《周易注》及李鼎祚《周易集解》、《周易正義》、《周易本義》均是不分章的，但《易纂言》卻將內容依上、下經區分爲二章。前面已指出分章並非古易原貌，但從各家分法之不同，亦可對顯各家對篇義、篇旨之不同理解，吳澄的分章法可視爲眾分章法的其中之一，可聊備一格作爲參考。

第二節　校勘方法與原則

　　在上章第一節提到吳澄認爲呂祖謙、朱子所修定《易》古本，在文字關衍謬誤的更訂尚有未盡，故致力彌補此方面不足；本節重點便是考察吳澄校勘方面的成果，上一節已論及《易》傳的校勘，故此處不再贅述。

　　校勘對於治經爲首要的工作，而校勘與訓詁的關係又極爲密切，正如岑溢成先生所言：「從起因來看，訓詁與校勘都源於古籍在閱讀和理解上的困難；從目的上看，也都是克服這些困難。」〔註27〕從解決文本理解的困難這個角度而論，訓詁與校勘的目標是一致的。但根本的差異在於：「校勘問題，在很大的程度上要依賴版本……；訓詁方面，主要依賴解經者的語言水平和理解能力。」〔註28〕校勘主要是依據可靠的版本來校訂字辭的訛誤，訓詁主

1996 年），頁 379。亦見於熊良輔《周易本義集成》，《通志堂經解》第 4 冊（揚州：江蘇廣陵古籍刻印本），頁 174。
〔註26〕董眞卿《周易會通》，《易經集成》本，頁 1195。
〔註27〕《訓詁學與清儒訓詁方法・訓詁方法學的兩個方面》，新亞研究所博士論文，1984 年 12 月，頁 376。
〔註28〕見於岑溢成先生《詩補傳與戴震解經方法》（臺北：文津出版社，1992 年），頁 124。

要重在字辭、文義的解釋上。

以校勘與訓詁的先後次序而論，校勘具有優先性。在從事訓詁之前必須將採用較可信的版本，將文本中的訛誤加以訂正，如此可免於錯誤的訓解。如果校勘所依賴的可靠版本不存在時，校勘與訓詁便產生糾葛，訓詁便兼具輔助校勘的角色。

以《易經》的版本來說，《漢書‧藝文志》論道：

> 及秦燔書，而《易》為卜筮之事，傳者不絕。漢興，田（何）傳之，迄於宣、元，有施、孟、梁丘、京氏列於學官，而民間有費、高二家之說。劉向以中古文《易經》校施、孟、梁丘經，或脫去『無咎』、『悔亡』，唯費氏經與古文同。〔註29〕

依班固的說法，在漢宣帝、元帝之時，治《易》者已有官、私共六家，而劉向曾經校勘過施、孟、梁丘三家的本子。此說明了，在西漢《易經》的版本已有今、古文之別，而此二派各家又有所區別；加上劉向的校勘本，《易經》的版本已有許多異本。

到了東漢又有新的發展，《後漢書‧儒林傳》又記道：「京兆陳元、扶風馬融、河南鄭眾、北海鄭玄、潁川荀爽並傳費氏《易》。……後漢費氏興而高氏遂微。永嘉之亂，施氏、梁丘之《易》亡，孟、京、費之《易》無人傳者，唯鄭康成、王輔嗣所注行於世。」鄭玄及王弼注本是屬於古文的費氏《易》，但真正的費氏原本卻已無從得見，今文的《易》本已完全亡佚，甚至連現今所見的鄭氏本亦非完整版本，乃後人所輯佚。

《易經》版本在漢代已出現紛亂現象，原始版本已無由得見，自然後人在研究《易經》時，必須先致力校勘工作。唯有完善的校勘工作，方使之後的文本解釋不致產生穿鑿附會之偏弊。

校勘之論斷，必須建立在可靠的依據上，所謂可靠依據包含了，可靠之文獻與可信之說法，以及合理推論。可靠之文獻是最直接的證據，包括先秦、漢代、魏晉、唐代的《易經》版本，尤以時間較早者為可信。可信之說法則是指前代經學家對《易經》的見解，如虞翻、馬融、鄭玄、王弼、朱子的說法。前人的說法雖然未必優於後人，但他們的優勢在於（若排除現代在考古上的成果這項因素），所見的版本距離原版時代較近，可信度較高；至於說法之高下，則未必與時代先後相關。在前兩種依據不足的情況，最後才是採取

〔註29〕《漢書‧藝文志》，卷30，頁1704。

合理的推論，依據相關的資料，針對假設作出有效的推論。

　　對此，岑溢成先生稱之為「確立的程序」。關於「確立的程序」，岑先生言道：

> 所謂『確立』就是通過論證，使假說在充分理據的支持下成立。因
> 此，確立之程序以提出理據為主要工作。理據可分為兩種：資料性
> 的和理論性的理據。舉凡所提出的假說，可以應用其上的，或與假
> 說相關的資料，都是假說之資料性理據；與所提出的假說相關的、
> 已確立的理論或假說，都是理論性的理據。〔註30〕

依岑先生的說法，當發現文本出現錯誤文字時，便將此視為問題，並嘗試提
出假說加以解決，而假說的成立須賴可靠論據來確立，相關文獻提供資料性
的支持，相關理論則屬理論上的依據，這是完整的客觀學術研究。吳澄的校
勘與訓詁是否出於主觀臆測，便可由此程序加以檢證，若是經由此合理說明
所下的論斷，則所作的結論是具有參考價值的。

　　在版本校勘方面，因西漢《易經》今文版本已全散佚，僅存王應麟（字
伯厚，1223～1296）的鄭玄輯佚本及王弼注的費氏本，若要採取校勘的「對
校法」〔註31〕已不容易，必須配合其他三種方法處理：「本校法」、「他校法」、
「理校法」。所謂的「本校法」是指「以本書前後互證，則知前後之謬誤」，「他
校法」則謂「以他書校本書。凡其書有採自前人者，可以前人之書校之；有
為後人所引用者，可以後人之書校之；其史料有為同時之書所並載者，可以
同時之書校之。」此二者乃「對校法」無法運用時的輔助辦法，「本校法」則
從同書之用語、用例找出其通則，以此來校書；「他校法」則憑藉他書引本書
之文句作為校勘之資料，這兩種方法仍具有相當的可信度。最後一種「理校
法」，則是前三種方法無法施用時的不得已辦法。「遇無古本可據，或數本互
異，而無所適從之時，……此法須通識為之，否則鹵莽滅裂，以不誤為誤。」
〔註32〕此法不僅彌補前三種之不足，更是一種斷定各種不同說法時的判準；
由於無可信的資料作為依據，主觀的識見便成為關鍵。以下將對吳澄的校勘

〔註30〕《訓詁學與清儒訓詁方法・訓詁方法學的兩個方面》，頁336。
〔註31〕陳垣《校勘學釋例》（臺北：學生書局，1970年），卷6，頁144～149。陳氏
　　　　言道：「一為對校法，即以同書之祖本或別本對讀，遇不同之處，即注於其
　　　　旁。……其主旨在校異同，不校是非。」關於校勘方法亦可參考王叔岷先生
　　　　《斠讎學》（臺北：臺聯國風出版社，1972年）。
〔註32〕《校勘學釋例》，卷6，頁144～149。

成果作番考察，以見出其特色及限制所在。

　　吳澄強調恢復《易經》原始面貌，故對於版本的問題極為重視。前已論及，西漢的今文《易經》本已無從得見，吳澄所見的版本是王弼所傳的費氏《易》，此本是以傳附經的形式。宋初的呂大防（字微仲，1027～1097）、晁說之（字以道，1059～1129）、程迥（字沙隨）致力於恢復古《易》；之後的呂祖謙（字東萊）參考了晁氏的版本，訂為經二篇傳十篇之古《易》；朱子《周易本義》便是沿用呂祖謙的定本，吳澄的《易纂言》也承繼朱子採用呂祖謙的版本。對於這段歷史，吳澄作了簡單的交待：

> 《漢志》：『《易》十二篇』，蓋經二傳十也。自魏、晉諸儒分《彖》、《象》、《文言》入經，而《易》非古註疏，……宋東萊先生呂氏始考之，以復其舊，而朱子因之。第其文字闕衍謬誤未悉正也，故今重加修訂，視舊本頗為精善，雖於大義不能有所損益，而於羽翼遺經，亦不為無小補云。〔註33〕

既然《易經》的原本自漢之後已不得見，但從王弼所傳的費氏《易》，可加以還原成原本經、傳區分的形式，宋儒及吳澄均以此為《易經》的原貌。既然經、傳分開的問題得到解決，但仍存在文字衍羨、闕誤的問題，此部分吳澄認為宋儒所作仍未盡善，遂致力於文字的勘誤，使逐漸恢復《易經》的原樣。

　　在吳澄經、傳文字的校勘方面，以下分別依刪字、增字、移字、改字、並存異說共五部分來論述；每一部分又區分經文與傳文，並指出吳澄是參考前人之說或出於自己之論斷，並說明吳澄抉擇的理由。〔註34〕正如朱子自言其改經：「某所改經文字者，必有意，不是輕改，當觀所以改之之意。」〔註35〕因此除了指出吳澄改定的文字外，更重要的是當觀其改定之理由。

第一部分：刪　字

　　一、經文刪字部分共四例：前三例為參考前賢之說，末例為吳澄自己的見解。

〔註33〕《吳文正公集・四書敘錄》，頁71。
〔註34〕本節所舉諸例所以看似繁複，實因幾將吳澄所校勘處予以羅列，用意在全面檢驗吳澄論點之合理與否，方有效回應後人對吳澄校勘之批評。
〔註35〕《朱子語類・朱子二・論自注書・總論》，卷105，頁2626。

例一：因他卦爻辭誤置於此而刪

〈否〉☰☷卦辭「之匪人」，吳澄言道：「舊本卦名下有『之匪人』三字，朱子曰：『疑衍文，由〈比〉六三而誤也。』今從其說。」〔註36〕朱子認爲「之匪人」是誤用〈比〉☵☷六三之爻辭，理由有二，首先，若將〈泰〉☷☰、〈否〉☰☷兩卦卦辭對照來看，〈泰〉卦爲「小往大來，吉亨。」，〈否〉與〈泰〉，二者既爲反卦、對卦，又爲兩象易，且卦義亦兩相對反，故卦辭在用例上自當相關。〈否〉卦卦辭「不利君子貞，大往小來」，正好與〈泰〉卦辭對反，故「之匪人」三字爲衍文。其次，就「之匪人」三字的句法來看，並不完整，因爲缺乏動詞；〈比〉六三的「之匪人」上有「比」字作動詞，這樣方爲完整的句子。故朱子論斷疑衍，吳澄順從其說。——此爲參考前賢之說

例二：依經文用例與上下文脈作判斷

〈萃〉☱☷卦辭「亨」，吳澄言道：「舊本卦名下有亨字，程子曰：『羨文也』，陸氏曰：『馬、鄭、虞、陸績並無此字。』晁氏曰：『王昭素謂當無。』」〔註37〕此處所言陸氏是指陸德明，《釋文》雖言「馬、鄭、虞、陸績並無此字」，然亦言王肅本有「亨」字。〔註38〕朱子亦承程子之說，認爲「亨」字宜衍。〔註39〕程子的理由是：「『亨』字自在下，與〈渙〉不同。〈渙〉乃先言卦才，〈萃〉乃先言卦義」。〔註40〕程子是從〈萃〉與〈渙〉☴☵的卦辭的句法形式相近，均有「王假有廟」，而〈渙〉之「亨」列於卦名之下，但從意義上分析，一先言卦才，一先言卦義。程子的說法是從文脈上亦可判斷卦名下的「亨」字宜衍，因「利貞」之上已有「亨」字之故也；並且以〈渙〉卦辭之用例對比，而作出論斷，此處採用「本校法」從文本本身的用例作考察而得。——此爲參考前賢之說

此處有一問題存在，《釋文》指出鄭玄本卦名下無「亨」字，但在李鼎祚的《集解》卻引道：「鄭元曰：『萃，聚也。坤爲順，兌爲悅，臣下以順道承事其君，悅德居上待之，上下相應，有事而和通，故曰：萃，亨也。』」〔註41〕此處引鄭玄之說，卦名之下實有「亨」字。然《釋文》並未實際引

〔註36〕　《易纂言》，頁66。
〔註37〕　《易纂言》，頁162。
〔註38〕　《經典釋文・周易音義》（臺北：學生書局，1984年），頁810。。
〔註39〕　《周易本義》，頁2之23。
〔註40〕　《周易程氏傳》，卷4，頁929。
〔註41〕　《周易集解》，臺灣商務印書館，卷9，頁221。

出鄭玄的原文，二者相較，當以《集解》較爲可信。

例三：將經傳文對照而判定衍文

〈鼎〉 ䷱ 卦辭「元吉亨」，吳澄言道「元亨，舊本作『元吉亨』，程子曰：『羨吉字』，朱子亦云。」〔註42〕程子的理由是：「《彖》〈復〉止云『元亨』，此羨明矣。」〔註43〕程子從《彖傳》：「是以元亨」說明卦辭中當只有「元亨」，而非「元吉亨」也。——此爲參考前賢之說

再以《易經》占辭的用例來看，有許多「元吉」、「元亨」的例子，前者有十四例，後者有十一例，但「元吉亨」之例僅〈鼎〉卦一則，可見此例屬於孤例，並不合於通則。依此而論，必爲「亨」字或「吉」字衍，此可作爲程子說法的另條輔證。

例四：依文字重出而認定衍文

〈震〉 ䷲ 卦辭「〈震〉來虩虩，笑言啞啞」吳澄認爲：「彖辭『亨』字下有『〈震〉來虩虩，笑言啞啞』八字，初九爻辭重出也，今正之。」〔註44〕吳澄經考察後發現，卦辭與初九爻辭的內容有重出，在《彖傳》與初九《象傳》亦有此現象，均有「〈震〉來虩虩，恐致福也；笑言啞啞，後有則也」一句。既然《彖傳》、初九《象傳》均有這段文字，實無法即此斷定《彖傳》之文爲重出；若《彖傳》有這段文字，自然是解釋卦辭，《象傳》之文則解釋爻辭。——此爲吳澄自己之見地

從《易經》的文例來看，卦辭、爻辭重出的現象，除〈震〉卦之例僅見於：〈屯〉 ䷂「利建侯」（與初九爻辭同），〈大過〉 ䷛「棟橈」（與九三爻辭同），〈未濟〉 ䷿「濡其尾」（與初六爻辭同）三例，此三例之《彖傳》、《象傳》之文卻未有重出者。依上述考察，若《彖傳》已言，則無須於《象傳》重述，即使卦、爻辭有內容相同者，《彖傳》、《象傳》的解釋上仍應有別矣。

吳澄的推論當是由〈震〉之《彖傳》、《象傳》有重出之文，而認定《彖傳》有衍文，既然《彖傳》有衍文，所釋之卦辭自然亦是衍文，加上爻辭內容不可能只有一個「吉」字，遂以此斷定卦辭重出的文字當刪。但此推論並不具絕對性，實因這種卦、爻辭與《彖傳》、《象傳》同時重覆的現象在經文中不曾見，無法找出通例證成之，故只能說是一種合理的解釋耳。

〔註42〕《易纂言》，頁175。
〔註43〕《周易程氏傳》，卷4，頁957。
〔註44〕《易纂言》，頁176。

二、傳文刪字部分有三例，共舉十一實例說明：參考前賢說法者有七例，採《魏志》之說一例，吳澄自己之見地有三例：

例一：依文義之通順與否作論定

（1）〈同人〉☲☰《象》「曰同人」吳澄：「『曰同人』下舊本有『同人曰』三字，胡氏、程子皆曰衍字。」〔註45〕朱子《周易本義》亦云：「衍文。」〔註46〕此是就文義的通順與否而將「同人曰」刪去。——此爲參考前賢之說

（2）〈賁〉☶☲《象》「亨」吳澄言道：「賁下舊本有亨字，朱子曰：『疑衍』，今刪去。」〔註47〕「亨」字刪去的理由是，「柔來而文剛」之下已有「故亨」字，故舊本「賁」下之「亨」字爲衍文。——此爲參考前賢之說

（3）〈旅〉☲☶《象》「小亨」吳澄言道：「柔得中之上，舊本有『小亨』二字，衍。」〔註48〕其實吳澄所採取的理由是，既然《象》「而柔得中乎外而順乎剛，止而麗乎明」便是解釋下句「是以小亨，〈旅〉貞吉也」，如此文意已足；何須於「柔得中」之上又加「小亨」二字，反顯畫蛇添足，故吳澄刪略之。——此爲吳澄自己之見地

（4）〈坤〉☷☷初六《象》「履霜堅冰」吳澄：「初六履霜，舊本作履霜堅冰，今依《魏志》所引。」〔註49〕就〈坤〉初六《象》文脈觀之，「陰始凝也」是說明「履霜」，「馴至其道」是說明「堅冰」，二句各有所指，若舊本「履霜」下加「堅冰」字，則有重複之嫌。——此爲採《魏志》之說

（5）《繫辭上》五之十一章「夫易開物成務」，吳澄言道：「舊本再有『夫易』二字，陸氏曰：『一本無』，今從之。」〔註50〕吳澄以「夫易」二字使文義繁複，故予刪之。——此爲參考前賢之說

（6）《繫辭上》五之十二章「是故夫象」，吳澄言道：「『聖人有以見天下之頤』上，舊本有『是故夫象』，東萊呂氏《音訓》曰『衍文』，」〔註51〕吳澄參考呂祖謙之說，認爲「聖人有以見天下之頤」，其下已有「是故謂之象」，且此句正與「聖人有以見天下之動」相對，若其上有「是故夫象」，則於文義

〔註45〕《易纂言》，頁224。
〔註46〕《周易本義・上經》（臺北：學生書局，1984年），頁1之32。
〔註47〕《易纂言》，頁230。
〔註48〕《易纂言》，頁255。
〔註49〕《易纂言》，頁263。
〔註50〕《易纂言》，頁357。
〔註51〕《易纂言》，頁360。

不順，故吳澄刪之。──此為參考前賢之說

（7）《繫辭下》六之二章「以濟不通，致遠以利天下」，吳澄指出：「『以濟不通』下，舊本有『致遠以利天下』六字，陸氏曰：『一本無』」，〔註52〕陸氏是指陸德明《經典釋文》所言，〔註53〕朱子《周易本義》亦言：「致遠以利天下，疑衍」，〔註54〕三子之理由在於，因下句已有「服牛乘馬，引重致遠，以利天下，蓋取諸〈隨〉」之文，依文義不應於前面再重出，故吳澄刪之。──此為參考前賢之說

（8）《繫辭下》六之八章「能說諸心，能研諸侯之慮」，吳澄言道：「王氏略例無之，晁氏曰：『王昭素、司馬溫公皆以為衍字』」，〔註55〕除王弼、王昭素、司馬光、晁氏主張「侯之」為衍字外，朱子亦主此說。〔註56〕就上下文義考察。「能說諸心」、「能研諸慮」，句法一致，文義相連，故吳澄刪此二字。──此為參考前賢之說

（9）《文言》七之一章，即通行本之《乾文言》吳澄指出：「『德博而化』之下有『易曰：見龍在田，利見大人，君德也。』十三字，蓋下文重出。」「『知得而不知喪』之下，有『其唯聖人乎』五字，亦下文重出，安定胡氏以為羨文。」〔註57〕「《易》曰：見龍在田，利見大人，君德也」既見於「九二曰：見龍在田，利見大人，何謂也」之下，亦見於「君子學以聚之，問以辯之」一句之下，既然已出現「九二曰：見龍在田，利見大人，何謂也」，以下之文便是解釋此問，自無須再加《易》曰：見龍在田，利見大人，君德也」一句；而「君子學以聚之，問以辯之」一句，則說明前面數句是為了解釋「《易》曰：見龍在田，利見大人，君德也」，故吳澄刪前句而保留後句。──此為吳澄自己之見地

（10）《文言》七之一章「『知得而不知喪』之下，有『其唯聖人乎』五字，亦下文重出，安定胡氏以為羨文。」〔註58〕通行本之原句為「亢之為言也，知進而不知退，知存而不知亡，知得而不知喪，其唯聖人乎！知進退存亡而不失其正者，其唯聖人乎！」吳澄認為前面的「其唯聖人乎」與前數語

〔註52〕《易纂言》，頁370。
〔註53〕《經典釋文・周易音義》（臺北：學生書局，1984年），頁831。
〔註54〕《周易本義》，頁3之19。
〔註55〕《易纂言》，頁386。
〔註56〕朱子言「『侯之』二字衍」，《周易本義》，頁3之28。
〔註57〕《易纂言》，頁396。
〔註58〕《易纂言》，頁396。

之意相違，眞正的聖人當是指後句「知進退存亡而不失其正者」，故依文意而刪前句。——此爲參考前賢之說

例二：以經文作爲判定依據

〈比〉䷇《象》「吉」吳澄言道：「『比吉』下舊本有也字，王昭素云：『多也字』。」〔註59〕朱子《周易本義》釋「比，吉也」則云：「此三字疑衍文。」〔註60〕吳澄採取王昭素的說法認爲多也字，此與朱子所見微異，朱子認爲「比，吉也」三字均衍，吳澄的解釋是順著卦辭僅言「吉」而未加也字，使得《象傳》「吉」之下，「比，輔也」是解釋卦名，「下順從也」是解釋「吉」字，故吳澄不採朱子之說，而仍保留「吉」字。吳澄說法的特色在於一來合於卦辭的用字，二來能將「比，輔也」與「下順從也」作區隔，既能說明卦名，並解釋卦辭所以言吉之意；而去「也」字，正同於卦辭的用法。——此爲參考前賢之說

例三：因經文而誤增者刪之

〈否〉䷋《象》「之匪人」吳澄言道：「〈否〉下舊本有『之匪人』三字，因經文衍而誤增也。」〔註61〕既然經文已刪去此三字，故《象》亦當去之；〈震〉䷲《象》「震來虩虩，恐致福也；笑言啞啞，後有則也。」吳澄指出：「亨下舊本有『震來虩虩，恐致福也；笑言啞啞，後有則也。』十六字，今案：此因象辭重出初九爻辭，故後人於《象傳》亦重引初九《象傳》以釋之，宜衍。」〔註62〕在經文所引第四例已指出卦辭重出初九爻辭故當刪去，再加上《象》所引「震來虩虩，恐致福也；笑言啞啞，後有則也」與初九《象》所引完全相同，依這兩個理由，吳澄認爲當將此十六字刪去。——此爲吳澄自己之見地

第二部分：增　字

一、經文增字部分僅一例，以經文用例爲論斷，乃參考前賢之說：

〈比〉䷇六三「之匪人」吳澄注：「比之匪人下，舊本無凶字，今從王肅本。」〔註63〕王肅的說法見於《經典釋文・周易音義》〈比〉卦「匪人」：

〔註59〕《易纂言》，頁221。
〔註60〕《周易本義・上經》，頁1之23。
〔註61〕《易纂言》，頁223。
〔註62〕《易纂言》，頁251。
〔註63〕《易纂言》，頁55。

「王肅本作匪人凶。」〔註64〕吳澄參考了王肅的說法認爲「比之匪人」下當增「凶」字，然而《釋文》未記錄王肅的論據爲何，吳澄亦未作出補充，其理由何在？依其他五爻爻辭觀之，初六的占辭爲「無咎」、「有他吉」，六二「比之自內」下有「貞吉」，六四「外比之」的占辭爲「貞吉」，上六「比之無首」占辭爲「凶」。從用例上判斷，五個爻辭均有占辭，故「比之匪人」下亦當有占辭；且此占辭的內容，依六三〈象辭〉所言：「不亦傷乎？」，則占辭當爲凶也。

二、傳文增字部分有四例，共舉十實例說明。吳澄之見有三例，參考他書之說僅一例，餘例均爲參考前賢之說。

例一：依句義完備與否作判斷

（1）〈復〉☳☷《象》「剛反」，增字後成「剛反也」，吳澄言道：「舊本無也字，今補之。」〔註65〕此依文氣通順而增。——此爲吳澄之見

（2）〈升〉☷☴《象》「以高大」增字後成「以成高大」，吳澄言道：「『以成高大』舊本無『成』字。陸德明、王昭素皆云：『一有成字』，今從之。」〔註66〕此例則依文氣通順而增字，「積小」與「高大」有因果關係，故加「成」字使二者關聯，使文氣通順也。——此爲參考前賢之說

（3）〈漸〉☶☴《象》「善俗」增字成「善風俗」，吳澄言道：「『善風俗』舊本無『風』字，今依王肅本。」〔註67〕朱子言道：「疑『賢』字衍，或『善』下有脫字。」〔註68〕吳澄與朱子的看法一致，「居賢德」、「善風俗」正爲對句，若脫一「風」字語法便不順矣；故朱子認爲若非「賢」字衍，始「居德」、「善俗」成對，便是「善」下脫字。吳澄參考王肅之說增以「風」字，使語句完足。——此爲參考前賢之說

（4）《繫辭上》五之十一章「立成器」增字成「立象成器」，吳澄言道：「『立象成器』舊本無『象』字，朱子曰：『疑有闕文』，荀悅《漢紀》引此文作『立象成器』，今增補。」〔註69〕「立成器」一句文義不通，故朱子疑有闕文，吳澄則據史書《漢紀》增補，使文句足矣。——此爲參考前賢之說

〔註64〕《經典釋文・周易音義》，頁786。
〔註65〕《易纂言》，頁232。
〔註66〕《易纂言》，頁311。
〔註67〕《易纂言》，頁318。
〔註68〕《周易本義・下經》，頁2之37。
〔註69〕《易纂言》，頁357。

例二：以上、下文義作論斷依據者

（1）〈賁〉䷕《彖》「天文也」之上增「剛柔交錯」，吳澄言道：「『天文也』上舊本無『剛柔交錯』四字，胡氏曰：『蓋遺脫』，朱子曰：『或然也』。澄案：王弼註『天文也』三字自爲一節，不與上文連，而註云：『剛柔交錯而成天文』，則疑若當時此四字未遺脫，然今從胡氏說補之。」〔註70〕吳澄依上、下文義判斷有脫字，而據王弼註而增補之，使文義貫串。——此爲參考前賢之說

（2）《文言》七之三章「吉之先見」增字成「吉凶之先見」，吳澄言道：「舊本無『凶』字」〔註71〕依文義「幾者動之微」此不當僅是「吉」之先見，於「凶」亦然。朱子《周易本義》亦言道：「《漢書》『吉之』之間有『凶』字」，〔註72〕此說法正好爲吳澄增字之佐據。——此爲吳澄之見

（3）《繫辭上》五之二章「明吉凶」之下加「悔吝」，吳澄言道：「『明吉凶』下舊本無『悔吝』字。……今併依虞翻本。」〔註73〕所以於「吉凶」下加「悔吝」，乃據下文「吉凶者失得之象也，悔吝者憂虞之象也，變化者進退之象也」，此三句乃前兩句之說明，故「吉凶」下當有「悔吝」二字，否則後三句不必出現對「悔吝」的說明，故虞翻、吳澄增字之意以此。——此爲參考前賢之說

（4）《說卦》八之六章「水火相逮」增字成「水火不相逮」，吳澄言道：「『水火不相逮』，或無不字者，非。」〔註74〕以文義來說，舊本「水火相逮」、「雷風不相悖」與此章強調八卦所象之物各居其位，各司其職之意不合；且與第三章所言「水火不相射」之意不合，如就篇義來判定，當以吳澄之說法爲是。——此爲吳澄之見

例三：以卦辭作對應來判斷之例

〈震〉䷲《彖》之例，「懼邇也」之下增「不喪匕鬯」，吳澄言道：「『懼邇』下舊本無『不喪匕鬯』，晁氏曰：『王昭素案：徐氏云：出字上脫此四字。』程子亦以爲文脫，而朱子從之，今增補。」〔註75〕吳澄認爲《彖傳》的內容乃針對卦辭「震驚百里」與「不喪匕鬯」而設，「出可以守宗廟社稷」一句是就「不喪匕鬯」而言，如此文義方足矣。——此爲參考前賢之說

〔註70〕《易纂言》，頁230。
〔註71〕《易纂言》，頁406。
〔註72〕《周易本義・繫辭下傳》，頁3之23。
〔註73〕《易纂言》，頁336。
〔註74〕《易纂言》，頁422。
〔註75〕《易纂言》，頁251。

例四：增字不當之例

（1）〈序卦〉九之一章「故受之以履」之下增「履者，禮也」，吳澄：「『故受之以履』下舊本無『履者，禮也』四字，韓註有之。今案：王弼《略例》引此四字，蓋是後人誤以正文書作註字。」〔註76〕吳澄於「受之以〈履〉」下加「履者，禮也」，此四字見於韓康伯注及王弼之《略例·卦略》，吳澄認爲舊本略此四字，乃因誤此四字爲注文之故。若從《序卦傳》的用例來看，雖然有些卦運用「屯者盈也」、「蒙者蒙也」之解法，但並非全然如此，如上經中便有〈乾〉、〈坤〉、〈訟〉、〈小畜〉、〈否〉、〈同人〉、〈大有〉、〈謙〉、〈豫〉、〈隨〉、〈觀〉、〈復〉、〈无妄〉、〈大畜〉、〈大過〉十五卦並非用此例，故用「某者某也」之例在上經僅半數耳，故無法以此用法作爲通例。既然此非通例，便無直接論據說明此四字爲原本之經文，既然見於韓注、王弼之說，自當爲二子之說法，不可即此認定爲傳文，實因缺乏有力之論據耳。——此爲參考他書之說

第三部分：移　字

經文無移字部分，傳文移字部分有二例，均爲吳澄個人之見。

例一：以篇義完整與否作判定

吳澄將〈乾〉《彖》「大明終始，六位時成，時乘六龍以御天」從「品物流行」下移至「萬國咸寧」下。並言：「此言聖人之利貞也。」〔註77〕吳澄更動的理由是，整篇文字分爲兩段，前段言天道之元亨利貞，而這個部分則屬後段，言聖人之元亨利貞。此是以篇旨作爲更動之理由，雖然看似成理，但卻不具必然性；因爲若將「大明終始」一句亦理解成天道，亦無不可，如此吳澄藉以移經的理據，則不免稍嫌薄弱。

例二：以句義完整與否作判定

《說卦》八之十五章「爲曳，其於輿也」吳澄言道：「『其於輿也，爲曳』，舊本『爲曳』二字在『其一輿也』之上。」〔註78〕吳澄對此句之校訂，乃尋前句「其爲人也，爲加憂」之用例，若依舊本「其於輿也」之後連著「爲多眚」，於文義不通，故吳澄將「爲曳」置於「其於輿也」之後，則無此弊矣。

在上述吳澄對經傳文字的刪字、增字、移字的成果中，可發現除了傳文

〔註76〕《易纂言》，頁436。
〔註77〕《易纂言》，頁216。
〔註78〕《易纂言》，頁428。

增字的後兩例及移字的第一例較缺乏可靠的論據外，其餘皆言之成理。無論對前賢之說的採用或自己的論斷，均容易由經傳文字中找出證據，故對吳澄說法不難論斷是非。可見吳澄所提出經傳文字的錯誤是極爲明顯的，或從句義，或由篇章脈絡，或經傳對比，經由簡單的觀察，便可見出其闕衍謬誤，而吳澄所以改經傳之意便不難理解。

第四部分：改　字

一、經文改字部分有三例，舉九實例說明，除了從字詞之義及用例之外，尚憑藉著卦畫之象作爲重要佐證，此爲吳澄校勘運用的特殊解法，值得注意。吳澄個人之見僅一例，餘皆參考前賢之說。

例一：依誤字而改定之例

（1）〈師〉☷☵「貞丈人吉」吳澄認爲：「舊本作『丈人』，崔氏憬曰：『《子夏傳》作大人』。今案：《子夏傳》雖後人附託之書，然此象作『貞大人吉』，與〈困〉卦象辭同，皆以內卦坎中畫九二爲大人，其義爲得。『丈』字蓋『大』字之訛。又案：《太玄》眾首擬〈師〉卦，其贊辭曰：『丈人摧孚』，蓋用《易》語，則『大』之訛爲『丈』，在先漢已然矣。王弼解『丈人』爲『嚴莊之稱』，陸績：『丈人者，聖人也。』澄案：《論語》、《莊子》等書，稱『丈人』者謂老人無力，以老而扶杖，故曰『丈人』。解爲嚴莊，固未當；若績之意，則是而無且訓義。今定從崔說作『大』。」〔註79〕

此可作爲吳澄校勘的代表例，得以見出他其論斷的方式。吳澄引崔憬之說，接納了《子夏傳》的說法，但亦瞭解《子夏傳》的版本並非原本，乃後人所偽託，可見吳澄極重視資料來源的可信度。雖然無法以《子夏傳》作爲「他校法」的依據，而進一步採取了「本校法」，以《易經》中相同的文例作爲輔證。吳澄以「丈人」即「大人」的假說，其所依靠的理據，其一、〈困〉卦☱☵卦辭爲「貞大人吉」，與〈師〉☷☵相似，並且找到二者的共通點，「丈人」與「大人」均是指主爻九二，且在《易經》中多有以九二爲大人之例，〈乾〉☰九二、〈升〉☷☴與〈困〉的卦辭，而丈人之例僅〈師〉九二這一例。其二、據《論語》、《莊子》對「丈人」一詞的使用，是指年老之人，放入〈師〉九二中，意義並不相當。因此吳澄推斷：「丈」爲「大」的訛字，當改爲「貞大

〔註79〕《易纂言》，頁 49～50。

人吉」，方與卦義合。

李鼎祚亦有同樣的看法，李氏認為：「此《彖》云：『師，眾也；貞，正也。能以眾正，可以王矣。故《老子》曰：『域中有四大，而王居其一焉』，由是觀之，則知夫為王者必為大人也，豈以丈人而為王哉？」〔註 80〕李氏從《彖傳》對卦義的解釋，以及大人與丈人的詞義判斷，認為能正眾者當為大人而非丈人。

從上述所引諸家如王弼、陸績、吳澄、李鼎祚的說法，無論以「丈人」或「大人」均認為是指有才有德有位之人。所不同的是，王、陸以「丈人」於經中的用義合於此，而吳、李則認為「丈人」並不合於此義。但從「丈人」一詞的本義來看，實不具嚴莊、聖人之意，而是指上了年紀的老者。且「丈」與「大」字在聲音上並無相關，並非「大」之假借字，且者亦非引申義的關係。〔註 81〕故吳澄及李鼎祚認為當改「丈人」為「大人」是合理的論斷。

（2）〈小畜〉䷈九三「輿說輻」吳澄注：「『輹』舊作『輻』。晁氏曰：『案：《說文》作輹。』澄案：輻因音近而誤也。輻者輪轑，非可說者，作輹字乃與〈大畜〉九二同。」〔註 82〕吳澄所以改「輻」為「輹」，乃因「輻」之本義不合於句義，當以「輹」正之。此可見出，吳澄所改定之字幾乎是本義字。

對於「輻」與「輹」之本義可見於《說文》，輹為固定車軸的東西；而輻則是車輪以車轂為中心的細骨架。吳澄依經文之義指出，唯有作為固定車軸的輹才可能脫落，而輪轑是不容易脫落的，此是就經驗事實所做出的推斷。

然而我們可進一步分析「輻」與「輹」的關係。《經典釋文》〈小畜〉九三「輻」言道：「音福，本亦作輹，音服。馬云：『車下縛也。』鄭云：『伏菟。』」〔註 83〕於〈大畜〉䷙九二「輹」言道：「音服，又音福，蜀才本同，或作輻。一云車旁作复，音服，車下縛也；作㱏者，音福，《老子》所云：『三十輻共一轂』是也。《釋名》云：『輹似人屐』，又曰：『伏菟上軸上似之』，又曰；『駙伏於軸上』。」〔註 84〕

〔註 80〕《周易集解》（臺北：臺灣商務印書館，1996 年），卷 3，頁 56。

〔註 81〕對於本義、假借義、引申義，黃季剛先生曾作出這樣的區分：「凡字於形、音、義三者完全相當，謂之本義。於字之聲音相當，意義相因，而於字形無關者，謂之引申義。於字之聲音相當，而形、義皆無關者，謂之假借義。」見於《文字聲韻訓詁筆記》，頁 47。

〔註 82〕《易纂言》，頁 56。

〔註 83〕《經典釋文．周易音義》，頁 787。

〔註 84〕《經典釋文．周易音義》，卷 3，頁 797。

依陸德明的講法，「輹」有兩個音讀，一音爲服，一音爲福，讀爲福者，其義同於「輻」。然而作爲伏兔的字義（在軸之上承輿者），當是讀爲服的「輹」字。但「輻」與「輹」字二者音讀相近，有聲音上的關聯，此二音讀在「古音十七部」中均屬第一部。〔註85〕「輻」可視爲「輹」的假借字。

因此可以確定的是，輻是輹的假借字，並非輪輮之義。或者亦可如吳澄所說是出於音近而誤，既然輻與輹是車輪不同的部分，當明確作出區分。雖然吳澄指出兩字在音讀上相近，字義不同，但未指出二者爲本字與假借字的關係，原因何在？其理由在於，對照〈大畜〉九二的用字來認定，〈大畜〉用本字，〈小畜〉不當另用假借字，故指出「輻」當改爲本字「輹」。

（3）〈大畜〉䷙九三「日閑輿衛」吳澄認爲：「『日』舊本作『曰』，鄭、虞皆作『日』，晁氏曰：『陸希聲謂當作日』，程、朱併從之。」〔註86〕《集解》本作「日」，並引虞翻語：「離爲日，二至五體師象，坎爲閑習，坤爲車輿，……故曰『日閑輿衛』」。〔註87〕《釋文》引鄭注：「人實反，云：『日習車徒』」。〔註88〕程子之意亦同於鄭玄：「當自日常閑習其車輿與其防備。」〔註89〕吳澄的講法與諸家一致，吳澄認爲「三、四、五、上肖離爲日」指出「日」自三至上爻爲複體離取象，其義則爲「每日」。〔註90〕

（4）〈睽〉䷥六三「其人天且劓」吳澄：「『而』舊本作『天』，安定胡氏謂：『當作而，蓋古篆而與天，字體相似而誤也』。」〔註91〕吳澄對於「而」在句義中的意思是「去須之刑」，此乃從卦體之象見出「上體離有頤象，三在其下，須也。三變爲剛是去其須矣，故爲『而』。」〔註92〕《說文》：「而，須也。」〔註93〕吳澄將「而」的本義放入句中，並引申爲去鬚之刑。

吳澄所以將「天」改爲「而」，是從此句句義的解釋中論斷的，既然「天」與「劓」字有個連接詞「且」，代表二者的意義是相關聯的，但「天」與「劓」

〔註85〕《說文解字·古十七部諧聲表》：「服」的聲符與「福」的聲符，均在第一部。頁827。《說文解字》（臺北：書銘出版社，1990年）。
〔註86〕《易纂言》，頁106。
〔註87〕《周易集解》，卷6，頁139。
〔註88〕《經典釋文·周易音義》，頁798。
〔註89〕《周易程氏傳》，卷2，頁830。
〔註90〕《易纂言》，頁104。
〔註91〕《易纂言》，頁141。
〔註92〕《易纂言》，頁141。
〔註93〕《說文》第9篇下，頁458。

無法連繫在一起，故改以「而」字，「而」與「天」在小篆字形相近，故斷爲形近而訛，此乃從字形的演變提出論據。既然「劓」爲刑罰，「而」的意義由須（鬚）引伸爲去須之刑，如此方能以「且」作連結詞。此正好說明，吳澄區分了「字本義」與「經文用義」之不同；由對字的本義的掌握，進到訓詁的層面，而以此對本句進行校勘。〔註94〕

　　雖然吳澄從句義、象義解釋「而」爲去須之刑，但仍須從典章制度上作考察，看古代是否有所謂去須之刑。依《尚書·呂刑》所言的五刑有：「墨辟」（刺面之刑）、「劓辟」（割鼻之刑）、「剕辟」（斷足之刑）、「宮辟」（宮刑）、「大辟」（死刑），另外尚有五罰，依罪刑輕重，處以不同罰鍰。〔註95〕從《尚書·呂刑》所載周代的刑罰並無所謂去須之刑。在《荀子·正論》另外記錄了「象刑」，「黥」（鯨面）、「草嬰」（戴凶冠之飾）、「艾畢」（衣蒼白色的蔽膝祭服）、「對屨」（著麻鞋）、「赭衣而不純」（以赤土染衣緣），〔註96〕以此五種刑法替代五刑。無論從五刑或象刑，均未見去鬚之刑，不知吳澄所據之文獻爲何？在解經時除了考慮訓詁的部分外，亦須將典章制度的部分加以考慮，否則所解釋的內容會出現荒謬的說法，此不可不慎。

例二：恐詞義遭誤解而改字之例

　　（1）〈小畜〉☰☴上九「尚德載」：吳澄注「『得』舊作『德』，晁氏曰：『京房、《子夏傳》皆作『得』。』今從之。」並進一步從卦象對「尚得載」作解釋：「載者，車中所載之物也。坎爲輿，上九坎之上畫，而實其中，象車之有載，故曰『尚得載』。」〔註97〕《周義集解》亦作「尚得載」。

　　吳澄將「德」改爲「得」是以本義釋之，朱子《周易本義》將「德」釋爲道德義的「陰德」，〔註98〕《說文》：「得，行有所彶也。」段注引《左傳》：「凡

〔註94〕此說法參考陳智賢先生的說法：「以《說文》一書的性質而言，它釋的是以形說義的『字本義』。然『字本義』是固定的，而文字的意義卻因實際的運用而不斷地豐富，不可能僅局限在『字義』。換言之，《說文》釋的是『字義』，而這個文字在經傳的用義（即所謂『詞義』），可能與『字義』相同或相近，但也可能迥然不同，甚至彼此互異。」引自《清儒以『說文』釋『詩』之研究—以段玉裁、陳奐、馬瑞辰之著作爲依據》，政治大學中研所博士論文，1997年5月。

〔註95〕《尚書正義》（臺北：藝文印書館，1989年），卷29，頁295～304。。

〔註96〕《荀子·正論》（臺北：華正書局，1988年）。王先謙《荀子集解》，卷12，頁218。

〔註97〕《易纂言》，頁57。

〔註98〕《周易本義》，頁1之26。

獲器用曰得」〔註99〕吳澄所取之義同於《左傳》獲器用之義；並與上卦之卦象配合，上九當坎之上畫，然變陰爲陽，有載物之象，與獲器物之義相合。

　　「德」與「得」的關係，二字聲音相同，段注：「多則切，一部。」清人李富孫（字既訪，1764～1843）言道：「《說文》云：『德，升也』，……蓋古不以德爲道德字。《樂記》云：『德者，得也』，故德與得，經傳多通用。」〔註100〕既然「德」與「得」音同義同，當屬異字同義。不得將以訛字或假借字、引申義視之。依此而論，吳澄或以異文存之即可，無須加以改定。而吳澄改定之原因，或因「德」之本義不行，而以道德之義行之，故吳澄爲顯本義，故將德改爲得。

　　（2）〈鼎〉䷱九四「其形渥」吳澄：「『刑劓』舊本作『形渥』，陸氏曰：『鄭作刑劓』，晁氏曰：『京、虞、荀悅、九家、陸希聲、一行併作刑劓』，今從之。」〔註101〕其中晁氏所指虞翻、《九家易》之說法，印證於《集解》並不相符。《集解》引虞翻語：「兌爲刑，渥，大刑也。」引《九家易》：「渥者，厚大，言罪重也。」〔註102〕雖然虞、《九家易》仍用「渥」字，但均將「形」改成「刑」，將二字解爲重刑。

　　吳澄則解釋成：「劓者，刖足之刑，鼎之折其足，猶人之刖其足，故曰其刑劓。」〔註103〕將重刑具體化爲刖足之刑。《說文》有「渥」無「劓」，「渥」：「渥，霑也。」〔註104〕諸家對「形渥」二字，均認爲「形」當訓爲「刑」，至於「渥」，則有重刑、屋誅之刑、刖足之刑三說。「屋誅」見於《周禮·司烜氏》，鄭玄：「屋讀如其刑劓之劓，劓誅謂所殺不於市而以適甸師氏者也。」〔註105〕而「甸師」之義，疏云：「甸師氏在疆場多有屋舍，以爲隱處，故就而刑焉。」〔註106〕故「形渥」成了誅罪人於屋之刑。

　　吳澄將「形」改成「刑」，在古時，二字爲通用字，吳澄取其本字。至於「渥」，吳澄改「劓」，並釋爲劓刑，其理據是依「鼎折足」之象，而象徵人

〔註99〕《說文》二篇下，頁77。

〔註100〕《易經異文釋》（一）（《續經解易類彙編》，臺北：藝文印書館，1992年），頁637。。

〔註101〕《易纂言》，頁175。

〔註102〕《周易集解》，卷10，頁248～249。

〔註103〕《易纂言》，頁174。

〔註104〕《說文》11篇上2，頁563。

〔註105〕《周禮正義》（臺北：藝文印書館，1989年），卷36，頁550。

〔註106〕《周禮正義·甸師》卷4，頁64。

之刖其足。但「劓」即是「劓刑」的用法，並未見於古經及漢人經傳中。倘使依鄭玄的說法，若「劓」即「屋誅之刑」，則與劓刑更無關聯。

　　如果訓解本身仍有爭議，則校勘改字必會遭致質疑。但可以確定的是「渥」、「劓」、「屋」三字有聲音上的關聯，可互為假借字，但《易經》的用字確切之意義，尚不得而知。

　　（3）〈泰〉䷊九二「包荒」吳澄改為「包宂」：「『宂』與荒『通』，血也。九二變為柔，互坎之陽畫為血。……《禮記》曰：『郊血至敬，不饗味而貴氣臭也。』包宂謂包裹牲血以進，而達誠於天也。二、五正應，五，天之位也，而陰上升以交乎天；二，地之位也，而陽下降以交乎地，此《禮》所謂升中于天，饗地于郊者。陽象天神，陰象下地主祭之人，二之交五，必包裹祭天之血，以達誠于上也。」又「『宂』諸本作『荒』，今依許慎《說文》及虞翻本作『宂』。考義當作衁，諧聲字從省，故云血；其後傳寫訛，宂下去血而上加草，則失其義矣。」〔註107〕——此為吳澄個人之見

　　吳澄從象義上認為「荒」之義為血，但「荒」依《說文》釋為：「蕪也，……一曰艸掩地也。」段注認為：「此艸掩地，引申之義也。」〔註108〕無論本義、引申義均與血無關。「宂」《說文》：「水廣也，《易》曰：『包宂用馮河』。」〔註109〕雖然《說文》引《易》作「宂」，但其義卻作為水廣解，亦非吳澄所言的血義。

　　查閱《說文》可發現另一字「衁」，其義同於吳澄的解釋。《說文》「衁」：「血也，……《春秋傳》曰：『士刲羊，亦無衁』。」〔註110〕《說文》所引的這段文字見於《左傳》僖公十五年的記載：「晉獻公筮嫁伯姬於秦，遇『〈歸妹〉』之〈睽〉，史蘇占之曰：『不吉，其繇曰：士刲羊，亦無衁也。……』」《正義》曰：「《易》言血，而此言衁，知衁是血也。」〔註111〕由此確定，作為血解者當為「衁」而非「宂」與「荒」。吳澄雖知依象義當作「衁」，但卻仍改成「宂」，當直接改以「衁」字，否則字義仍不符句義。

　　對於「荒」字，歷來有數解：《釋文》用「荒」字：「『本』亦作『宂』，鄭注《禮》云：『穢也』，……鄭讀為康，云：『虛也』」。〔註112〕鄭玄的解法，

〔註107〕《易纂言》，頁61。

〔註108〕《說文解字》第1篇下，頁40。

〔註109〕《說文解字》第11篇下，頁574。

〔註110〕《說文解字》第5篇上，頁215。

〔註111〕《春秋左傳正義》（臺北：藝文印書館，1989年），卷14，頁233。

〔註112〕《經典釋文·周易音義》，頁788。

是解釋「荒」之本義，與《說文》同。《集解》用「宄」、「荒」二字：「翟元曰：『宄，虛也』」，但在「虞翻曰：『荒，大川也』」。由此可見，在漢代、魏晉「荒」與「宄」二字混用，其義或解爲虛、穢、水廣。

　　但依《易》中「包」字用例，「包有魚」、「包無魚」、「包瓜」均以包裹爲義，而非作包容解；且所包之物均爲具體實物，依此而論若解爲虛、穢、水廣，均無法與包之用例相合。加上《左傳》有「宖」作爲血之例，故當以吳澄的詁訓爲是。所可議者，吳澄既然改字，當逕改成「宖」，否則可將「荒」視爲「宖」之假借字，加以保留；不然「宄」字仍屬「宖」之假借字，亦非本字，故吳澄改動此字，意義不大。

　　（4）〈困〉䷮九五「劓刖」吳澄言道：「『臲卼』舊本作『劓刖』。陸氏曰：『荀、王肅、陸績作臲卼。鄭云：當爲倪仉。』即臲卼之省文也，與上六字同。」〔註113〕吳澄將「臲卼」解釋爲：「高而不自安之象」，並認爲取象自「五居互巽之上，巽爲高，居高不安，故臲卼。」〔註114〕《說文》：作「槷㔁，不安也。《易》曰：『槷㔁』。」段注：「槷與隉、臲、劓（劓）、倪同，㔁與杌、㔾、卼、仉同。」〔註115〕

　　由此可得出，「劓刖」並非「合義複詞」即名詞與名詞的結合，《集解》中所引虞、崔二家說法，均將這個詞當作「合義複詞」，如虞翻解爲：「割鼻曰劓，斷足曰刖」，崔憬釋爲：「劓刖，刑之小者」。〔註116〕明顯取劓、刖之本義，而以合義的組成加以解釋。但事實上這個詞當屬「疊韻雙音節衍聲複詞」，〔註117〕「臲卼」的詞義既不取於上字，亦不取於下字，須二字相連而取義，

〔註113〕《易纂言》，頁167。
〔註114〕《易纂言》，頁166。
〔註115〕《說文》第6篇下，頁275～276。
〔註116〕《周易集解》，卷9，頁232～233。
〔註117〕此用法參考許世瑛先生《中國文法講話》第2章第2節。許氏言道：「複詞可分爲兩大類：（甲）衍聲複詞，（乙）合義複詞。先談衍聲複詞，構成這類複詞，不是以意義相結合的，它們純粹由於聲音的關係。……這類複詞又可分爲三類：（子）雙音節衍聲複詞，就是古人所謂的『連綿字』。古人給它的定義是：『合二字而成一語，其實猶一字也。』……所謂單一的意義，就是兩個字合在一起，只代表一個意義，不能再加以分析的了。……（ㄅ）雙聲雙音節衍聲複詞，……（ㄆ）疊韻雙音節衍聲複詞，……凡同韻（注意：不必同韻母）的雙音節衍聲複詞，就是疊韻的雙音節衍聲複詞。……（ㄇ）非雙聲疊韻的雙音節衍聲複詞，……（丑）疊字衍聲複詞……（寅）帶詞頭的衍聲複詞……。」又「合義複詞，這類複詞的拼成，不是由於聲音的關係，而是以義相合的。」《中

故可因聲之故，衍生不同的寫法。埶與陧、虒、劓（劓）、倪以臬爲讀音，與
机、黜、硊、仉讀爲兀音，「兀」聲與「臬」聲均在「古十七部諧聲表」的第
十五部，〔註118〕故「虒硊」在聲音屬同韻，故有疊韻的關係。既然此二字爲
「衍聲複詞」，凡與此二字音讀相同或相近者均可用之，故「劓劓」、「虒硊」
可相通也，均取不安之意，吳澄實無需改定之。

但吳澄改訂之目的何在？因吳澄從九五與上六爻辭的對比，認爲在句法
上極爲相似，九五「困于赤紱」、上六「困于葛藟」，九五用「劓劓」、上六用
「虒硊」，「劓劓」與「虒硊」爲同義異字，然聲音相近，實爲同一詞語，當
將二字統一以一種字形表達即可，以免造成解釋上的困難。其中「劓劓」一
詞易遭誤解，故一致改成「虒硊」，使「居高而不自安」之意能明白顯現，此
或許正是吳澄改字之用意所在。

例三：依篇義、用韻而改定之例

〈漸〉☶☴ 上九「鴻漸于陸」吳澄認爲：「『逵』舊作『陸』，安定胡氏曰：『當
作逵，字體相類，傳錄誤也。』程子從之，朱子曰：『以韻讀之，良是。蓋因襲
之訛辵爲目也，路九達曰逵，容九軌曰逵，路也。天上風高之處，胡鴻翼戾天，
飛過九逵，九達之逵。』」〔註119〕程子的解釋是：「上九在至高之位，又益上進，
是出乎位之外，在他時則爲過矣；於〈漸〉之時，居巽之極，必有其序，如鴻
之離所止而飛于雲空。」〔註120〕程子的解法強調，〈漸〉卦上九居位之極，與
鴻由停居於干、磐、陸、木，最後離其所止而飛入雲霄。此講法強調鴻之行動
與爻位的由低至高是相關聯的，既然九三鴻已漸于陸，至上九則不當仍止于
陸，故認爲「陸」當作「逵」。朱子進而考察「逵」是否爲協韻，發覺與「干」、
「磐」、「陸」、「木」之韻合。〔註121〕

從《詩經・九罭》：「鴻飛遵陸」，《毛傳》指出：「陸非鴻所宜止」，〔註122〕
此可證明胡氏諸子之說法，將「陸」改「逵」是可以成立的。吳澄又輔以象
的解釋「震爲大塗，下艮乃震之倒體。自上視下倒是爲鴻漸在天際，下視人
間地上之大塗，所謂漸于逵也。」「逵」之義爲九達之路，此乃自震☳取象，

國文法講話》（臺北：臺灣開明書店，1985年）頁15～34。
〔註118〕《說文》，頁837。
〔註119〕《易纂言》，頁184。
〔註120〕《周易程氏傳》，卷4，頁977。
〔註121〕《周易本義》，頁2之38。
〔註122〕《毛詩鄭箋》（臺北：新興書局，1990年，影印「校相臺岳氏本」），頁58。

然因鴻已飛入雲霄，故自上視下，遂取震之倒體。吳澄在字義、字韻上參考了胡、程、朱三子的說法，並配合卦體之象，認爲「陸」乃「逵」之誤，因字形相類而誤，遂改「陸」成「逵」，此校勘是以訓詁爲基礎的。

二、傳文改字部分有四例，舉十七實例說明，全部參考前人說法而加以檢擇而得。

例一：據用語通例而改訂

（1）〈隨〉䷐《象》舊本作「天下隨時」、「隨時之義」吳澄言道：「天下隨之，舊本『之』作『時』；『隨之時義』，舊本作『隨時之義』。朱子依王肅本。」〔註123〕朱子《周易本義》亦云：「王肅本『時作之』，今當從之。釋卦辭，言如是，則天下之所從也。」「王肅本『時』字在『之』字下，今當從之。」〔註124〕舊本作「天下隨時」於文義不通，其上句爲「大亨貞，無咎」，因〈隨〉卦如此，遂使天下隨之；若解成「隨時」，於文義則差矣！至於舊本「隨時之義」，朱子與吳澄改定之據爲乃依《象傳》「時」之用例，連同〈隨〉卦共十二處。〔註125〕其用法均爲卦名之後即連著「之」字，而「之」字後則連著「時義」、「時用」或單一「時」字，由此用例可知，「隨時之義」當校訂成「隨之時義」也。

（2）〈噬嗑〉䷔《象》「雷電」吳澄言道：「『電雷』舊本作『雷電』。程子曰：『象無倒置者，疑文互也。』朱子曰：『當作電雷』，今從之。」〔註126〕此言甚確，吳澄採此說是因程子所言乃據《象傳》釋一卦二體之象的通例而來，故吳澄從之。

例二：依經（傳）之文為據而改訂

（1）〈艮〉䷳《象》「艮其止」吳澄言道：「『艮其背』，舊本作『止』。晁氏曰：『當依卦辭作背』，今從之。」〔註127〕吳澄取晁氏說法之主要理由是依據卦辭「艮其背」，況且卦爻辭中並無「艮其止」一辭，加上以文義來看，此句之下爲「止其所也」，「止」是釋「艮」，「其所」則是指「背」也，依這三點論據，晁、吳二子的說法是可以成立的。

〔註123〕《易纂言》，頁 227。

〔註124〕《周易本義・上經》，頁 1 之 38。

〔註125〕此十二卦分別是〈豫〉、〈隨〉、〈頤〉、〈大過〉、〈坎〉、〈遯〉、〈睽〉、〈蹇〉、〈解〉、〈姤〉、〈革〉、〈履〉。

〔註126〕《易纂言》，頁 285。

〔註127〕《易纂言》，頁 252。

（2）〈漸〉䷴《象》「漸之進也」「女歸吉也」吳澄言道：「『漸，漸進也』，舊本作『漸之進也』。朱子曰：『之字疑衍，或是漸字』，澄案：因寫下漸字作二，遂譌爲之。」「漸」爲進之意，亦見於《序卦傳》「漸，進也」，而此進非急進而是漸進之意，故《象》舊本作「漸之進」則「之」字明顯爲衍文，故吳澄取朱子之說是也。至於「女歸下舊本無利貞字，有也字，今從王肅本也。」〔註128〕吳澄所據則依卦辭改成「女歸吉，利貞」言之有據矣。

（3）〈小過〉䷽《象》「小事吉」吳澄言道：「『可小事』舊本作『小事吉』，項氏曰：『脫可字，羨吉字』，《石經》云：『是以可小事也』，沙隨程氏亦云然，今從之。」〔註129〕吳澄依項安世、《石經》、程沙隨的說法將舊本「小事吉」改成「可小事」，主要亦是以卦辭爲據，卦辭云「可小事不可大事」，《象》「柔得中」便是釋「可小事」，「剛失位而不中」是說明「不可大事」，故諸子之說是也。

（4）〈小畜〉䷈上九《象》「德積載」吳澄言道：「『得積載』舊本『得』作『德』，因經文誤而誤也。」〔註130〕此乃依經文而改定也。

（5）〈解〉䷧六三《象》「自我致戎」吳澄言道：「『自我致寇』，舊本『寇』作『戎』。晁氏曰：『其失自虞始，虞前皆依爻辭作寇解。』」〔註131〕朱子言道：「『戎』古本作『寇』。」〔註132〕吳澄依晁氏之說，將「戎」改「寇」，乃依六三爻辭「致寇至」而定，朱子的見解亦與晁氏同，三子的見解是也。

（6）《文言》七之四章「形渥」吳澄言道：「其『刑剭』，俗本作『形渥』，說見經註。」〔註133〕吳澄依自己於經文之考訂，於此處亦予以修正。在經文改訂處乃參考京、虞、荀諸子之用法，故此處亦可歸爲參考前賢之說而提出修正。

例三：依上下文義而定

（1）《繫辭上》五之二章「易之序也」吳澄言道：「『易之象也』舊本『象』作『序』。……今併依虞翻本。」〔註134〕依上下文義考察，此句言「君子所居而安者，易之象也」與「所樂而玩者，爻之辭也」，正好與下句「君子居則觀其象而玩其辭」相對應，舊本言「易之序」於文義則非也。

〔註128〕《易纂言》，頁 253。
〔註129〕《易纂言》，頁 258。
〔註130〕《易纂言》，頁 271。
〔註131〕《易纂言》，頁 305。
〔註132〕《周易本義‧下經》，頁 2 之 16。
〔註133〕《易纂言》，頁 413。
〔註134〕《易纂言》，頁 336。

（2）《繫辭下》六之二章「守位曰仁」、「耒耨」吳澄言道：「舊本『人』
作『仁』。陸氏曰：『王肅、卞伯玉、桓玄、明僧紹作人』。」「舊本『耜』作
『耨』，晁氏曰：『王昭素云：諸本或作耜，乃合上文。』」〔註135〕吳澄將「仁」
改「人」是將「人」理解為眾人，而非德性之「仁」。就文義而言，此說是也，
因聖人得天下之大位，欲守此位，唯有得民也。至於「耒耜」一詞，依上下
文考察，上文有「斲木為耜，揉木為耒」，下文自當為「耒耜」也，所以誤以
「耜」為「耨」者，吳澄認為恐後人因「耜」之右偏旁所訛誤也。

（3）〈蒙〉☷☶ 六三《象》「行不順也」吳澄言道：「『行不慎』，舊本『慎』
作順。朱子曰：『順、慎古字通用，《荀子》順墨作慎墨，作慎於經義尤切，
今從之。』」〔註136〕關於「慎」、「順」古字通用之說為訓詁之定說，吳澄據朱
子之言改訂，言之有據矣。

（4）《文言》七之二章「順」吳澄言道：「『蓋言慎也』，舊本『慎』作
『順』。朱子曰：『古字順、慎通用，此當作慎言，當辯之於微也。』今從之。」
〔註137〕此二例可併觀。

（5）《文言》七之四章「死期將至」吳澄言道：「『死其將至』，『期』作
『其』，」〔註138〕《周易本義》用「死期」，〔註139〕吳澄改「期」為「其」，當
是改定《周易本義》之用法，《周易集解》作「死其將至」，〔註140〕《經典釋
文》指出：「『死其』，『其』一作『期』，」〔註141〕可見「期」與「其」二者兼
存，吳澄採「其」字，或據《周易集解》、《經典釋文》之用法，而將「其」
解釋為「將然之辭」，即死將至之義，而不取「期」之實詞用法，此亦為參考
前賢之用法，而依「其將至」之句法而予改訂。

例四：為特殊義理解釋而改訂

（1）《繫辭上》五之九章「可與祐神矣」吳澄言道：「『佑』舊本作『祐』
今依荀氏作『佑』。」〔註142〕吳澄的理由是「雖人之所行，而可以贊助神之所為

〔註135〕《易纂言》，頁 370。
〔註136〕《易纂言》，頁 265。
〔註137〕《易纂言》，頁 400。
〔註138〕《易纂言》，頁 413。
〔註139〕《周易本義》，頁 3 之 22。
〔註140〕《周易集解》，卷 15，頁 373。
〔註141〕《經典釋文・周易音義》，卷 8，頁 788。
〔註142〕《易纂言》，頁 350。

矣。蓋所行皆人之所教訓，則是以人代神之所爲也，故曰佑」〔註143〕此說明了吳澄從荀氏改「祐」爲「佑」是就文義而言，「祐」字從「示」部爲神助人也，「佑」依段注爲「又」「右」之後起字，〔註144〕此乃就人之助而言。雖然吳澄以義理爲論據，但就文字之發展而言，「佑」字爲極後起之字，甚至《說文》有「祐」字而無「佑」字，故無更訂之必要，維持原字即可，僅於解釋時注明其義即可。

（2）《文言》七之一章「性情」吳澄言道：「情性也作性情，今依鄭本。」〔註145〕吳澄將舊本「利貞者性情也」中「性情」改成「情性」，其解釋爲「利貞者其情無所不利於性之貞也」〔註146〕其所以採鄭玄之說的理由是基於義理的解釋，認爲「貞」是就「性」而言，「利」是就「情」而言，情須以順勢利導之，而性則須貞定工夫。吳澄是從義理解釋的立場採用鄭玄之說。

例五：以押韻方式而改訂：

（1）〈艮〉☶六五《象》「以中正」吳澄言道：「『正中』當如《文言傳》『龍德而正中』，舊本作『中正』，朱子曰『正字羨文』，項氏曰『姚小彭氏云當作以正中於韻爲協』，今從之。」〔註147〕吳澄順著項氏採姚氏之說，一本於《文言》之用語，二則以協韻作依據，自〈艮〉六二至上九之《象傳》內容，「聽」、「心」、「躬」、「終」均押平聲韻，若六五改爲「正中」則協韻矣。此二理由尤以後者以押韻解釋最具說服力。

（2）《文言》七之四章「民不與也」吳澄言道：「則『民不興也』，興作與。今案：『與』字與下文重，『興』字則『興』、『應』韻協。」吳澄從押韻判斷「與」乃「興」之誤也。〔註148〕

第五部分：並存異說

經文無並存異說，傳文並存異說部分共有五例。

例一：本於經文而不予改動，僅聊備一說

〈坎〉☵六四《象》「樽酒簋貳」吳澄言道：「『樽酒簋』下舊本有『貳』

〔註143〕《易纂言》，頁350。
〔註144〕《說文·右》許慎：「助也，從口又」，段注：「又者手也，手不足，以口助之，故曰助也。……今人則又製造佐佑爲左右字。」，2篇上，頁59。
〔註145〕《易纂言》，頁396。
〔註146〕《易纂言》，頁393。
〔註147〕《易纂言》，頁317。
〔註148〕《易纂言》，頁413。

字。案：陸氏《釋文》無之，今世所行，張弧、陸希聲皆同。」〔註149〕朱子《周易本義》：「晁氏曰：『陸氏《釋文》本無貳字』，今從之。」〔註150〕朱子與吳澄均見《釋文》無「貳」字，然仍依舊本未予改動，未改動的理由是因爻辭有「貳」字故也。

例二：不當增字則勿妄增

〈蹇〉▤▤初六《象》「宜待」吳澄言道：「鄭本『宜待』下有『時』字，蓋以協韻故，然《離騷》『逗待』與『爲期』協，則不添『時』字亦協韻。」〔註151〕吳澄認爲鄭玄因協韻之故而增字，但卻發現即使不增字亦能協韻，故不採鄭玄之說。

例三：無直接證據，故僅於注中錄己之猜測語

（1）《繫辭上》第四章「旁行而不流」吳澄言道：「『不流』下闕五字，詳其文勢，蓋如老氏所謂『獨立而不改，周行而不殆』。」〔註152〕吳澄所以不逕自增字入傳文，蓋因缺乏直接證據，故僅於注中列入猜測之語。

（2）另外尚有《繫辭上》第四章「旁行而不流，□□□□□」吳澄言道：「下闕一句，其意若曰中立而不滯，蓋中立如地，而不滯如天；謂蓍之濟天下者，其仁無少偏倚，而因人之問，其事多端，不拘滯執一也。」〔註153〕此例與上例原因相同。

例四：以《漢書》證明魏晉、唐本之失，而肯定宋儒的校訂：

《繫辭上》第九章「天一」至「地十」吳澄言道：「『天一』至『地十』舊本在第十一章首，程子、張子併云：『此二十字宜在天數五上』，而朱子從之。又案：《漢書·律歷志》引此章『天一地二』至『行鬼神也』六十四字相連，則是班固時此簡猶未錯也。」〔註154〕吳澄認爲「天一、地二」至「天數五地數五」一直至「天地之數五十有五，此所以成變化而行鬼神也」亦完整摘錄於《漢書·律歷志》中，此說明後來所見之舊本，如《周易集解》、王弼注（含韓康伯）將「天一地二……天九地十」置於「子曰『夫易何爲而作也』」

〔註149〕《易纂言》，頁294。
〔註150〕《周易本義·上經》頁1之57。
〔註151〕《易纂言》，頁305。
〔註152〕《易纂言》，頁339。
〔註153〕《易纂言》，頁338。
〔註154〕《易纂言》，頁350。

之前，已明顯異於《漢書‧律歷志》所引。此錯誤後經宋儒修正，已復原貌。由此亦可見出即使吾人所見之魏晉、唐本與漢儒所見版本已有出入。

從《繫辭》「天一地二」這段文字在魏晉所見已與漢代本子不同的現象來看，《易經》舛訛的情形是可能存在的，對《易經》的校勘活動是可以成立的。《易經》經歷代的傳衍版本上不免會有錯誤產生，或因手民之誤，或傳注誤入其間，亦即吳澄所言「第古書自秦火之餘，炎漢之初，率是口授；五代以前，率是筆錄。口授者寧無語音之訛？筆錄者寧無筆畫之舛？爲經之害大矣！」因此吳澄的改經並非任意妄爲，而是鑑於經傳中某些文字錯誤過於明顯，故藉助前賢的校勘成果，加上自己新發現的部分，以合理的推論作爲判斷之依據。除了少部分的論斷有爭議外，大抵是值得採信的。

由以上吳澄對經文的校勘可發現，《易經》的校勘有幾點困難處：其一，在校勘方法上，吳澄的校勘方法是利用「本校法」與「理校法」，前者是藉著《易經》的用例，對字詞進行校勘；後者則先從上下文脈，由訓詁作出論斷，在輔以易象作說明，以此作爲校勘之理據。但「理校法」的限制在於，不同的訓詁與易象解釋，對字詞便產生不同的理解，若依此來進行校勘，仍具極高程度的不確定性。依「理校法」所得出的論斷，並無所謂絕對的對錯，只有相對的優劣；如果僅憑著此法，便對經文作出改訂，難免不遭致非議，故須謹慎爲之。

其二，在前面所舉吳澄改訂經文的實例中，許多是「本字」與「假借字」，或「本字」與「俗字」的關係，既然並非訛誤之字，只需於註中標明即可。畢竟古時文字數量不多，不免使用許多假借字；更重要的是欠缺可靠的版本，說明《易經》本來的用字爲何。對於訛字的認定，亦無法全確定，此牽涉到訓詁的問題，有可能是假借、引申的用法，或古今字，或本字與俗字等關係，認定頗爲不易。

全祖望對於吳澄的刪經、改經、移經，曾嚴厲批評：「刪〈震〉《象辭》『震來虩虩』八字爲爻辭所重出，增『履者，禮也』一句於《序卦傳》，俱未免武斷之失。……若改〈屯〉初之『磐桓』爲『盤桓』，〈師〉《象》之『丈人』爲『大人』，〈否〉二之『包承』爲『包羞』，……然則草廬之所以爲自得者，殆其所以爲自用也。」〔註155〕

對全氏批評的回應，首先考察全氏所稱「改〈屯〉初之『磐桓』爲『盤桓』，〈師〉《象》之『丈人』爲『大人』，〈否〉二之『包承』爲『包羞』」，此

〔註155〕《宋元學案‧草廬學案》頁587～588。

批評與事實不盡相符，除〈師〉卦外，吳澄並未改動〈屯〉初九、〈否〉六二之文，其失一也；至於改「丈人」爲「大人」，除認定「丈人」之義不合於文義，並依《易》「大人」之用例，方予改訂，此解釋頗爲合理，故全氏之批評並不諦當。

　　而全氏的其他二點批評，確實點出吳澄之不足。先從吳澄的說法來看：其一，刪〈震〉卦辭的作法，吳澄是由〈震〉之《彖傳》、《象傳》有重出之文，而認定《彖傳》有衍文，既然《彖傳》有衍文，所釋之卦辭自然亦是衍文，加上爻辭內容不可能只有一個「吉」字，遂以此斷定卦辭重出的文字當刪。其二，吳澄以王弼《略例》之文入經，是仿《序卦傳》「屯者盈也」、「蒙者蒙也」之用例。全氏對這三點的批評，其實正指出吳澄的說法仍須資料性理據作爲輔證方具說服性，畢竟《繫辭傳》與《文言傳》的體例認定未必如此明確，而〈震〉卦之例又無他例可尋，以「履者，禮也」入經亦未合於通例，此實爲吳澄說法的不足處。

　　除了全祖望的批評外，吳澄校勘表現的不足，亦出現在改字的原則未能一貫。其實有些字無需改動經文，只需於注中說明即可；但吳澄的作法有的則依此原則而行，有些則否。例如，〈屯〉䷂六三：「即鹿無虞，惟入于林中。」吳澄注：「虞翻、王肅作麓，山足也。三，互艮下畫，山之足也。」〔註156〕虞翻、王肅的說法，分別見於《集解》與《釋文》。〔註157〕吳澄採取王肅、虞翻將鹿作爲麓字解，並接受虞翻由艮䷳爲山的卦象作爲鹿字解爲麓的理由。《說文》：「麓，一曰林屬於山爲麓」，段注：「蓋凡山足皆得稱麓也，亦假借作鹿，《易》：『即鹿無虞』，虞翻曰：『山足稱鹿，鹿，林也。』」〔註158〕由此得見，「鹿」乃「麓」之假借字，但吳澄並未將「鹿」改成「麓」，僅從訓詁上將「鹿」訓爲山足之「麓」。

　　又如〈噬嗑〉䷔上九「何校滅耳」與〈大畜〉䷙上九「何天之衢」之例，吳澄將「何校滅耳」之「何」釋爲：「負也，謂負之於首也。」〔註159〕對於「何天之衢」則解釋爲：「何與〈噬嗑〉上九『何校』之何同。後漢王延壽〈魯靈光殿賦〉云：『荷天衢以元亨。』何作荷。以人身而言，上爲首，何謂以首戴

〔註156〕《易纂言》，頁40。
〔註157〕虞翻：「艮爲山，山足稱麓。麓，林也。」，《周易集解》，頁40。
　　　　《經典釋文・周易音義》卷2，屯「即麓」：「王肅作麓，云山足。」
〔註158〕《說文》，6篇上，頁274。
〔註159〕《易纂言》，頁89。

之也。……何天之衢，其辭猶《詩》言：『何天之休』、『何天之龍』，其意猶《莊子》言『鵬之背負青天，而飛於九萬里之上也』。」〔註160〕

王弼將「何」釋爲「何，辭也」，〔註161〕即作爲語詞的「何」，此屬義轉而注的轉注字。「何」的本義見於《說文》：「何，儋也。」作爲負荷的荷，段注：「何俗作荷。」〔註162〕因此「何」與「荷」爲本字與俗字的關係。吳澄以負釋之，蓋取「何」之本義也。既然「何」已是本字，故吳澄以本義釋之，並未改字。

既然此二例均僅於注中標明，而未改動經文，然於「尙德載」與「劓刖」二例，亦當依「即鹿無虞」與「何天之衢」之原則，只作於注中作訓詁說明，無須改動經文。雖然吳澄爲了使詞義容易解釋不致產生誤解，而將「德」改爲「得」，「劓刖」改爲「臲卼」，其實只須於注中標明即可，如此便可使人瞭解其詞義，實不必改動經文也；而吳澄將「尙德載」與「劓刖」二例改動，致使造成校勘原則運用不一之弊

此外，「其人天且劓」及「形渥」二例，吳澄將「天」改「而」，「渥」改成「劓」，並訓解成古代的去鬚及刖足之刑，但考證經籍中有關典章制度的記載，並無所謂的去鬚之刑，亦無以劓作爲刖足之刑，故訓詁上已出現錯誤，依此而作的校勘，自然可議。此正好說明，經典的詁訓有關典章制度的內容，必須加以確實考證，否則言之無據，便成了穿鑿附會，不可不愼！

雖然吳澄的校勘仍有不足，但整部《易經》經吳澄的整理後，繁衍叢脞的現象不復存在，呈現出清晰明朗的面貌，對後學者無疑有極大助益；而吳澄的校勘方式，多以簡易直截的方法從事，值得後人從事校勘活動的參考。另外，吳澄結合訓詁與易象的校勘作法對於《易經》的校勘而言頗值得推廣。就吳澄的校勘成果來看，綜合漢至宋易的研究成果，經過合理的推論，加上個人之新解，對《易》學校勘之貢獻不可謂不大矣！

經由對吳澄校勘成果詳盡的析理後，正可與上節所引吳澄自言改經的一段話相印證：「不訂正循襲其訛舛，強解鑿說，不幾於侮聖言與？予之訂正也，豈得已而不已者哉？」「況一一皆有按據，曰某本作某字；或先儒曾有論議曰某字當作某字，未嘗敢自用己意點竄也。先生長者不領予說，予亦不能從其

〔註160〕《易纂言》，頁105。
〔註161〕《周易‧老子王弼注校釋》（臺北：華正書局，1983年），頁349。
〔註162〕《說文》8篇上，頁375。

言而遂止，然於此每兢惕謹慎而不敢苟。」

第三節　句讀判斷與訓詁方法

　　前一節已就吳澄的校勘成果作番剖析，在校勘時，吳澄已大量運用訓詁方法，而本節則純粹就訓詁部分論析。訓詁不免關聯句讀，二者相互影響，故先討論吳澄之句讀方法，繼而考察其訓詁方法及成果，並論斷其理據是否有效。故本節之論述分為三大部分，第一部分為考察吳澄之句讀方法，第二部分介紹吳澄之訓詁方法，第三部分為吳澄訓詁成果之檢討。

　　首先就吳澄對經文的句讀作考察。句讀不同會影響句義的解釋，句義的理解不同亦能影響句讀的判斷，正如岑溢成先生所言：「個別字詞的訓釋在一些情況之中是會直接影響句讀之決定。」「閱讀古籍時，若不能確定從那裏到那裏是一個句子，要說明其意義是相當困難的；就此而言句讀與句義是有一定關聯的。但即使困難，有時只要根據前後文義，雖未能確定句讀，也可大致理解這句子之意義。」「另一方面，即使句讀十分明確，完全沒有問題，也並不等於說這句子的意義十分明顯。因此，雖然字詞之訓釋在某些情況下對句讀有決定性的影響，但這對於句義並沒有直接而積極的貢獻。個別的字詞與句義有直接的關係，對句義有積極的貢獻的，首推一些虛詞。」〔註163〕岑先生認為句讀與句義有一定的關聯，會互相影響；至於單詞的解釋與句讀、句義之關係，某些實詞的解釋是會影響句義、句讀，但還是以虛詞的影響較大。

　　《易經》的句讀較其他經典為難，因經文並非有條理的陳述句，無法完全依上下文脈作判斷；且經文又牽涉與卦畫之關聯，故《易經》經文的斷句容易產生歧異。吳澄對於《易經》經傳文字之句讀運用兩個重要方法：一、考察經傳用例；二、結合卦畫之象作判斷，以下分別以具體實例說明。

第一部分：句讀方法之考察

一、考察經傳用例

　　王引之（字伯申，1766～1834）在《經義述聞》指出：「經文數句平列，義多相類；其類而解之，則較若畫一，否則，上下參差而失其本指矣。」〔註164〕

〔註163〕《訓詁學與清儒訓詁方法・訓詁方法學的兩個方面》，頁595～596。
〔註164〕《經義述聞・通說下・經文數句平列上下不當歧異》（臺北：藝文印書館，1992

以下舉六實例作說明。

第一例，〈坤〉䷁六二「直方大不習無不利」

　　吳澄的句讀是「直方，大不習，無不利」，其解釋為「天氣自下而上故曰直，初、三兩耦畫象地之方，故曰方」「其大無可與比，故曰『不習』，習，重也」〔註165〕朱子的斷句則是「直方大，不習無不利」，其解釋為「柔順正固，坤之直也；賦形有定，坤之方也；德合無疆，坤之大也；六二柔順而中正，又得坤道之純者，故其德內直外方而又盛大，不待學習而無不利。」〔註166〕吳澄與朱子之殊異在於對「習」的解釋不同，朱子解為「學習」，而吳澄解為「重」，吳澄的理據主要是從〈坎〉《象傳》「習坎」之用例，「習」釋為「重」也，遂將「大不習」連句，此解釋雖異於朱子，然亦能成立。

第二例，〈訟〉䷅「有孚窒惕中吉」

　　吳澄的句讀是：「有孚，窒惕，中吉。」並解釋道：「二以中實感人而人應之。」「雖有孚者，然猶窒塞未通而惕懼。」「中之時吉者，訟至中半而止則吉。」〔註167〕朱子的斷句則是：「有孚窒，惕中吉。」並言道：「九二中實，上無應與，又為加憂；且於卦變自〈遯〉而來，為剛來居二，而當下卦之中，有有孚而見窒，能懼而得中之象。」〔註168〕

　　就句義來看，吳澄與朱子的解釋在大部分是相同的，小部分有差異。相同的部分是對有孚、見窒、惕懼、中吉的詞義解釋上。相異處則是朱子將「有孚窒」解釋成人的處境，「惕中吉」解釋為面對的態度；吳澄的解釋則是「有孚」與「窒」是人的處境，「惕」則是面對「窒」的態度，「中吉」是與卦辭「終凶」對言，「中」與「終」是指爭訟之時，若爭訟發展至一半便停止，則吉；若一直進展到最後而不止，結果便凶。

　　朱子將這兩句視為對九二一爻的說明，「終凶」則是對九五而言；吳澄亦將「有孚」、「窒惕」視為對九二的解釋，但「中吉」、「終凶」則是就爭訟一事作立論，無關於九二、九五。

　　對於二者之分判，可以《易經》之用例作判準。經文中有多處使用「有

〔註165〕《易纂言》，頁37。
〔註166〕《周易本義》，頁1之11。
〔註167〕《易纂言》，頁47。
〔註168〕《周易本義》，頁1之20。

孚」之例：〈需〉卦辭、〈比〉初六、〈小畜〉六四、〈坎〉卦辭……有二十四例，吳澄、朱子多以「有孚」爲句；另有兩例極特殊，解六五「有孚于小人」，〔註169〕〈未濟〉上九「有孚于飮酒」〔註170〕二子皆如此斷句。

就〈未濟〉而論，因爲「于」之作爲連結作用的虛詞，故將「有孚」與「于」名詞相連結。由此觀之，吳澄與朱子均承認「有孚」之用例，否則便如〈未濟〉以「于」作爲連接詞的用法；就此來看訟例，自當以吳澄之說法因合於「有孚」之用例而優於朱子之斷句。

第三例，〈謙〉䷎初六「謙謙君子，用涉大川，吉。」、九三「勞謙君子，有終吉。」

〈謙〉初六爻辭，吳澄的句讀是「謙謙，君子用涉大川吉。」並解釋道：「陰柔處至下，謙而謙者也。」「君子筮得此爻，而用之以涉大川則吉也。」〔註171〕而朱子的斷句「謙謙君子，用涉大川，吉。」朱子之意爲「以柔處下，謙之至也，君子之行也；以此涉難，何往不濟？故占者如是，則利以涉川也。」〔註172〕

〈謙〉九三爻辭，吳澄句讀爲「勞謙，君子有終吉。」並釋爲「有功勞而能謙」「與《象》同。九三，一卦之主，象辭之占以九三言之也。筮得此爻者，其占如《象》；又加一吉字，以明其占之極善也。」〔註173〕朱子的斷句「勞謙君子，有終吉。」其意所指「有功勞而能謙，尤人所難，故有終而吉。」〔註174〕

吳澄的句讀是依〈謙〉卦、爻辭找出其用例，謙謙、鳴謙、勞謙、撝謙，故在斷句初六、九三爻辭時便依此例；而朱子則直接就初六、九三本爻爻辭作解釋。單就初六、九三之爻辭觀之，二子之句讀皆可通；但就整篇文脈來看，吳澄注意經文之用例，而不止單就一爻作解釋。

吳澄提出謙謙、鳴謙、勞謙、撝謙這些用例，是將諸詞視爲謙德的不同形態表現；而依朱子的講法鳴謙、撝謙屬於謙德，但謙謙、勞謙因與君子連用，故其用法是爲了形容君子之特質。在二者均能合理解釋章句之義的前提下，欲判定二子說法之高下，吳澄的解釋較能呈現篇章句法結構，並展現義

〔註169〕《周易本義》，頁1之42；《易纂言》，頁145。

〔註170〕《周易本義》，頁2之54；《易纂言》，頁212。

〔註171〕《易纂言》，頁71。

〔註172〕《周易本義》，頁1之35。

〔註173〕《易纂言》，頁72。

〔註174〕《周易本義》，頁1之36。

理的系統性，以此來說是優於朱子的。

或許有人質疑，朱子之句讀與〈象傳〉初六：「謙謙君子，卑以自牧也。」九三「勞謙君子，萬民服也。」相符，而吳澄則否。其實，〈象傳〉除了這種斷句法，以吳澄的方式亦能通，「謙謙，君子卑以自牧」「勞謙，君子萬民服也」，仍將謙謙、勞謙視爲謙德的表現，君子卑以自牧用以具象說明謙謙之德，君子萬民服用以說明因勞謙之德（因）使君子足以服萬民（果）。因此若以〈象傳〉來質疑吳澄的句讀是不成立的，直接以經文本身評斷，吳澄之說實優於朱子。

第四例，〈渙〉䷺上九「渙其血去逖出」

吳澄的斷句：「渙其血，去逖出。」，並解釋句義爲「上應三，三坎體之陰血也，上居渙之終，去三遠，爲渙其血之象。……上去三遠，猶人去其禍害而遠出，則禍害不能及之也。」〔註175〕〈小畜〉䷈六四的爻辭與此相近，吳澄斷句爲「血，去惕出。」並言：「血，陰之傷也，四與三不和故有傷。」「去惕出謂惕懼以出也。」〔註176〕

朱子的斷句是「渙其血去，逖出。」並解釋爲：「上九以陽居渙極，能出乎渙。」「血謂傷害，逖當作惕，與〈小畜〉六四同。言渙其血則去，渙其惕則出也。」〔註177〕〈小畜〉六四朱子斷句爲「有孚，血去，惕出。」其義爲「以一陰畜眾陽，本有傷害憂懼；以其柔順得正，虛中巽體，二陽助之，是有孚而血去惕出之象。」〔註178〕

朱子將〈渙〉「血去惕出」視爲相關的句子，但忽略了〈渙〉各爻辭的句法，渙奔其机、渙其躬、渙其群、渙汗大號，渙其血正好與這些語詞相應，吳澄的解法，正合於〈渙〉爻辭之用例。

吳澄的解釋並未將「惕」與「逖」兩字的關聯，其理由在於爻位的不同。在〈小畜〉因四在坎險之中，加上四與三不和，故有血傷之象，當離去以上合於五；且四位於二陽之間，遂有惕懼之象。而〈渙〉之上九，在卦之終位，上與三有應，三爲坎血，然上離三遠，故有渙散其血之象。既然上遠於三，便有遠險難之象。因此，針對所居爻位之不同，所呈現出來的象自然有別。

由此見出，吳澄對句義的解釋，除了重視同卦中的用例外；對於異卦間

〔註175〕《易纂言》，頁 200。
〔註176〕《易纂言》，頁 56。
〔註177〕《周易本義》，頁 2 之 47。
〔註178〕《周易本義》，頁 1 之 26。

的用例作極細部的區分與說明，而不任意混同解釋，如此處以卦位對「逖」
與「惕」作明確分辨，這點是值得參考與學習的。

第五例，〈乾〉☰《象》：「天行健」、〈坤〉☷《象》：「地勢坤」

　　吳澄的斷句是「天行，健。」關於「天行」，吳澄曰：「乾之畫象天，上
下二乾者，二天也。天一而已，安得有二？故曰天行。天之行一日繞地一匝，
一天自西而下降，一天又自東而上升，是二乾爲天行之象。」「朱子曰：『昨
日行一天也，今日行又一天也。其實一天而行不已也。』」至於「健」，吳澄
曰：「當曰乾而曰健，健即乾也。陽之性健，而成象之大者天也，故羲皇以三
畫純陽之卦爲〈乾〉，其德爲健而象天。因而重之，下上皆乾，則象天之行一
日一周，健而又健者也，故文王亦名之爲〈乾〉。」〔註179〕

　　對於《象傳》用「健」而不用「乾」，似與其餘六十三卦不同。對此吳澄指
出：「以卦德易卦名者，以其居六十四卦之首，故特異其辭以別於他卦。如《春
秋》首年不曰一年而曰元年，首月不曰一月而曰正月也。」朱子的斷句與解釋
則爲——天行健」朱子釋道：「天之運轉不窮，所以爲天行健。」〔註180〕

　　從吳澄與朱子對天行健一詞之解釋並無差異，何以在斷句上卻不相同？
關鍵在於吳澄於《象傳》中見出句法的通例。例如，「雲雷，屯。」「山下出
泉，蒙。」「天與水違行，訟。」均是就重卦中上下兩卦之象來解釋這個卦，
故其通例先說明上下兩卦之象，再列出卦名。甚至我們可將範圍縮小在六子
相重所形成的六個卦對照來看：「水洊至，習坎」、「明兩作，離」、「洊雷，震」、
「隨風，巽」、「兼山，艮」、「麗澤，兌」，所謂「水洊至」、「明兩作」、「洊雷」、
「隨風」、「兼山」、「麗澤」均是針對上下兩體之象的解釋。依此而論，健、
習坎、離、震、兌自然是卦名，只不過以乾以卦德代之耳。

　　既然六十二卦（〈坤〉卦暫且保留）皆有此例，如何將乾卦排除在外？
相較之下，吳澄的斷句較朱子爲優。對於地勢坤之斷句，承順前面的說法，
自當以吳澄的說法爲尙，吳澄作「地勢，坤。」關於「地勢」的解釋，吳
澄言道：「地之勢有下有高，下一級一地也，高一級又一地也，是二坤爲地
勢之象。」

　　既然吳澄解釋天行、地勢是順著《象傳》通例而論，但可再作深入的說明。
王引之《經義述聞》卷二言及：「《爾雅》：『行，道也。』天行謂天道也。〈晉語〉：

〔註179〕《易纂言》，頁261。
〔註180〕《朱子語類、易四、乾上》，卷68，頁1702。

『歲在大梁，將集天行。』韋昭注曰：『集，成也。行，道也。言公將成天道也。』是古人謂天道爲天行也。」「天行健，地勢坤相對爲文，言天之爲道也健，地之爲勢也順耳。《傳》言純卦之象文皆相對，『水洊至，習坎。』與『明兩作，離。』相對，『洊雷，震。』與『兼山，艮。』相對，『隨風，巽。』與『麗澤，兌。』相對，是其例也。若解爲運行之行，則與地勢之勢，文不相當矣。」因此，王氏之說可作爲吳澄說法的進一步修正與補充，吳澄注意到「天行」「地勢」當與「健」「坤」分開斷句，但在文義的解釋上不免仍順著程朱的說法，未能進一步分析出純卦的《象傳》有兩兩相對之例，而藉此認識到「天行」與「地勢」在句法上有對應關係，故於此引王氏之說作爲補正。

第六例，〈觀〉▤▤ 卦辭「盥而不薦」

　　吳澄言道：「卦名連彖辭，與〈履〉、〈同人〉、〈艮〉三卦同例，舊以卦名自爲句者，非。」〔註181〕吳澄認爲「觀盥而不薦」與〈履〉卦▤▤「履虎尾不咥人」、〈同人〉卦▤▤「同人于野」、〈艮〉卦▤▤「艮其背」爲相同之用例，卦名連著卦詞爲句。

　　就〈履〉、〈同人〉、〈艮〉三例，各家說法是一致的，唯獨〈觀〉卦，卻將卦名與卦辭分開，如王弼、程、朱均如此，王弼的解釋是「宗廟之可觀，莫盛於盥也。至薦，簡略不足復觀，故觀盥而不觀薦也。」〔註182〕程子的解釋「盥謂祭祀之始，盥手酌鬱鬯於地，求神之時也；薦謂獻腥獻熟之時也。盥者事之始，人心方盡其精誠，嚴肅之至也；至既薦之後禮數繁縟，則人心散，而精一不若始盥之時矣。居上者，正其表儀，以爲下民之觀，莊嚴如始盥之初，勿使誠意少散，如既薦之後。」，〔註183〕朱子說法與此相近。〔註184〕王弼的解法，雖然未將卦名連卦辭爲句，但解釋卦辭時附加入「觀」這個動詞，而有所謂觀盥而不觀薦之意；程子亦將卦名、卦辭分開，但不同於王弼，未將「觀」的動作加入卦辭解釋，而將「盥而不薦」釋爲上位者當端正的舉止，方足以使民敬且信，而化風俗，此方是〈觀〉卦上爲下所觀的意義；因此，「盥而不薦」是解釋「觀」的意義。

　　吳澄將卦名與卦辭並連爲句，句義爲「盥，潔手；……薦，進也，進祭

〔註181〕《易纂言》，頁84。
〔註182〕《周易‧老子王弼注校釋》，頁315。
〔註183〕《二程集、周易程氏傳》，卷2，頁798。
〔註184〕朱子的解釋：「盥，將祭而潔手也；薦，奉酒食以祭也。……言致其潔清而不輕自用。」《周易本義》，頁1之42。

物以獻神也。……下之所觀莫大於敬，上之所敬莫大於祭。盥者祭之始，薦者祭之盛，觀盥謂觀其盥也，不薦謂不觀其薦也。」〔註185〕吳澄對於「盥」與「薦」的解釋與程、朱相同；在「觀盥而不觀薦」的說法上與王弼一致。但因王、程、朱三子未將卦名連卦辭解釋，故程、朱二子雖以「盥而不薦」說明下觀上之道，但在句義解釋上少了「觀」這個動詞；而王弼雖另以附加的動詞「觀」解釋句義，屬「增字解經」。王引之言道：「經典之文自有本訓，則文義相符合，不煩言而已。……乃於文字之閒，增字以足之，多方遷就而後得申其說，此強經以究我，而究非經之本義也。」〔註186〕因此，吳澄將卦名連卦辭的說法，能化解三子在句義解釋上的不足，而此用法亦可與〈履〉、〈同人〉、〈艮〉用例相通，頗具合理性。

二、結合卦象作判斷之例

〈師〉䷆ 初六「師出以律否臧凶」

　　吳澄的斷句是「師出，以律否臧」，並解釋道：「師出之初，宜以律而否臧之。……蓋謂聽吹律之聲，以占師之或否或臧也。」「初柔弱在下而不正，非出師之義，柔弱非出師之才，故凶。然聖人先教戒之，俾師出之初，定其否臧於律，因律聲之不吉而師不出，則不致於凶也。」〔註187〕朱子斷為「師出以律，否臧凶」，其意為「出師之道當謹其始，以律則吉，不（否）臧則凶。」〔註188〕

　　此二種句讀方式表現出對句義不同的理解，依吳澄的說法，從卦畫觀之，初六陰柔而位不正，不宜出師，故出師必凶；但所以聖人所以提出「以律否臧」是為了指引出師者必先正音律，以此便知出師之勝負結果，如果能先正軍隊之音律，便知初六因時位不當，所得之律聲不吉，不宜輕易出師，如此便不致於凶。若對舉吳澄與朱子對句義的解釋，吳澄的解釋是出師之初，須先正音律，由吹律之聲判斷出師之結果或吉或凶。經文中的「凶」字是說明初六若出師，其結果必遭致凶。一方面說明正音律對軍隊之重要，如此不致冒然出師；另方面以「凶」指出若出師前卜得此爻，其結果為凶；此可由卦畫中見出，因時位不當所致。朱子的解釋並不將初六視為凶，而是就

〔註185〕《易纂言》，頁 84。
〔註186〕《經義述聞・通說下・增字解經》，頁 1214。
〔註187〕《易纂言》，頁 50。
〔註188〕《周易本義》，頁 1 之 22。

出師之常則指出嚴正軍律之重要，此爻之吉凶，取決於守軍律與否。朱子則將「律」釋為軍令，出師之始當先確定軍令，若不守軍令，則出師必凶矣。

　　二者對句義的解釋，不僅對於「律」的解釋不同，對「凶」所指的內容亦不同，對於「律」與「凶」關係的解釋亦不相同；朱子將「凶」與「律」之關係釋為必然關聯，不以律便有所謂「凶」；而吳澄則認為初六之「凶」與「律」並非必然關係，只是從吹律中可聽出初六之凶，初六之凶是因時、位不當及才不足之故，非與「律」相關。何以會有如此之差異，吳澄將文句與卦畫相關聯，得出初六以柔居初，不利於出師，故爻辭言凶也；朱子僅取初六居卦之下，為出師之始，而認為此時當以嚴定軍律為重，故所得出的解釋有所不同。

　　若將二說印證於《象傳》「師出以律，失律凶也」，吳澄的解釋雖與《象傳》斷句不同，以「師出」、「以律否臧」為句，視為二個完整的行為句，至於「凶」則是卜得此爻則凶也，原因在於失律。朱子的斷句與《象傳》同為「師出以律」，但《象傳》「失律凶也」的解釋，「師出以律」則吉；「否（不）臧（善也）」則凶。

　　吳、朱二子之說於經、傳之意皆可通，因解釋所重之偏向異耳，吳澄重在出師之際當重其時與位是否恰當，而朱子則重在守軍律上。由此例可見出吳澄將卦、爻辭與卦畫結合作出的解釋，其內容之深刻便是特色所在。上述的句讀，已利用了單字的訓詁，正說明了句讀與訓詁間有其相通關係，不同的句讀常因不同的訓詁所致，以下將進一步就吳澄在單詞訓詁的成果作考察。

　　岑溢成先生曾提出訓詁學的內容，並區分為確立部分與評價部分，其中與本節相關的是確立部分。岑氏認為確立部分是指「提出理據，進行論證」，而理據又可分為三類：資料性理據、理論性理據、文脈性理據。

　　資料性理據是指「用例歸納、異文對勘；異文對勘乃鑑定通假字之基礎」，理論性理據則是「把其他學問的成果應用到訓詁論證中。……訓詁學實踐中主要有六種科學：文字學（證字本義）、古音學（鑑別通假字）、考古學（證名物）和民俗學（明禮俗）、修辭學和語法學（通過行文和構詞慣例以證義）。」；這兩種理據的運用「主要針對單詞、或單詞與單詞之關係來立論」。文脈性理據是指「以前後文句，甚至整個篇章為據以證義」，這種理據已超出單詞的範圍。〔註189〕吳澄在從事訓詁活動時亦運用了這三種理據，尤其是理論性理據應用最多，亦有混用之例。

〔註189〕《訓詁學與清儒訓詁方法·訓詁方法學的兩個方面》，頁 676～677。

第二部分：訓詁方法之考察

一、使用資料性理據之實例

例一，〈晉〉 ䷢ 九四「鼫鼠」

　　吳澄言道：「鼫與碩同。《子夏傳》、鄭氏皆作碩。」「說者因鼫字指爲五技而窮之鼠，遂謂之螻蛄，失之僻矣。」〔註190〕吳澄所指說者乃是陸德明的說法，陸氏云：「鼫鼠五技鼠也，《本草》螻蛄一名鼫鼠。」〔註191〕

　　吳澄認爲「鼫鼠」即「碩鼠」，「碩」，大也，故「鼫鼠」指大鼠，並非專有名詞，故認爲非陸氏所認爲的五技鼠。吳澄的說法與鄭玄解釋《詩經・碩鼠》中的「碩鼠」相同，鄭玄云：「碩，大也」〔註192〕

　　若將「鼫鼠」當作專名，則同於《荀子》書中所言「梧鼠五技而窮」（楊倞注：梧鼠當爲鼫鼠），〔註193〕《說文》亦言：「鼫，五技鼠也，能飛不能過屋，能緣不能窮木，能遊不能渡谷，能穴不能掩身，能走不能先人此之謂五技。」〔註194〕若將「鼫鼠」視爲專名，自當指稱五技鼠。吳澄反對陸氏的說法，並非反對將「鼫鼠」視爲專名，而是不贊成「鼫鼠」即是「螻蛄」。《爾雅・釋獸》「鼫鼠，……鼠屬。」郭璞（字景純，276～324）注：「形大如鼠，頭似兔，尾有毛，青黃色，好在田中食粟豆。」〔註195〕從《說文》所言五技鼠的特徵，當屬鼠類；而《爾雅》明確指出「鼫鼠」是鼠類，郭璞亦明確指出其特徵，如此證明「鼫鼠」與昆蟲類的螻蛄，生物科別明顯不同。若將二者混同，實屬不倫，此爲吳澄所無法接受。可見吳澄對於經文中名詞所指稱的對象，其考證是詳實的。

例二，〈師〉 ䷆ 初六「師出以律否臧凶」

　　吳澄對「律」的解釋異於前賢的說法：「蓋謂聽吹律之聲以占師之或否或臧。案：《周官・春官》：『大師之職，執同律以聽軍聲而詔吉凶』。鄭註引兵書云：『王者行師出軍之日，授將弓矢，大師吹律合音。』……又案：《春秋傳》：『晉人聞有楚師，師曠曰：吾驟歌北風，又歌南風；南風不競，多死聲，

〔註190〕《易纂言》，頁131。
〔註191〕《釋文》第4，頁804。
〔註192〕《毛詩鄭箋》，頁41。
〔註193〕《荀子・勸學》，王先謙《荀子集解》，頁6。
〔註194〕《說文》，10篇上，頁483。
〔註195〕《爾雅・釋獸》（臺北：藝文印書館，1992年），卷10，頁191。

楚必無功。』杜註云：『歌者吹律以詠八風。』又案：《史記・律書》曰：『六律爲萬事根本，其於兵械尤所重。』……司馬氏索引：『古者師出以律，凡出軍皆聽律聲。』澄謂：『律自坎取象。』《九家逸象》：「坎爲律」，上下空而陽氣實其中也。」〔註196〕

　　吳澄將「律」釋爲音律，其理據源自《周禮》、《史記》、《春秋左傳・襄公十六年》的說法。古時作戰的準備過程，軍律（音律）的調和是重要的步驟，清代惠棟（字定宇，1697～1758）便採取相同的解法，見於《周易述》：「律者，同律也」。〔註197〕

　　王弼的訓解爲法令律條，〔註198〕程子謂律爲「號令節制」〔註199〕朱子亦謂「律，法也」〔註200〕在《左傳・宣公十二年》記載：「知莊子曰：『《周易》有之，在師之臨曰："師出以律，否臧凶"執事順成爲臧，逆爲否，眾散爲弱，川壅爲澤，有律以如己也，故曰："師出以律，否臧凶"』」，〔註201〕此處明確將「律」解釋爲法條律則之意。三子以「法律」來解釋的見解與《左傳》相同，然而卻與吳澄以「音律」解之有明顯不同。

　　古時作戰的準備過程，軍令的樹立與軍律（音律）的調和均是重要的步驟，二者均載於經典中，故二解均可通。歷來均單指「律」爲軍令，吳澄以律呂釋之，屬於另類亦具有解釋效力的見解。

二、理論性理據之運用

例一，〈屯〉䷂六二「乘馬班如」

　　吳澄訓爲：「班，分也，猶班師之班」，此說法據卦象而來，「卦四陰，四馬之象；下二陰，震馬也，上二陰，坎馬也。四陰爲五所間隔，四馬分散之象，一車有二服、二驂則行，四馬分散則不行也。」〔註202〕吳澄訓「班」爲分，乃取「班」之引申義。「班」之本義依《說文》爲「分瑞玉」，〔註203〕由此可引申

〔註196〕《易纂言》，頁50。
〔註197〕《周易述》（臺北：藝文印書館，1992年，《皇清經解易類彙編》）卷331，頁394。
〔註198〕《周易・老子王弼注校釋》，頁256。王弼言道：「律不可失，失律而臧，何異於否？失令有功，法所不赦，故師出不以律，否臧皆凶。」
〔註199〕《周易程氏傳》，卷1，頁734。
〔註200〕《周易本義》，頁1之21。
〔註201〕《左傳・宣公十二年》，卷23，頁392。
〔註202〕同前註。
〔註203〕《說文》1篇上，頁19。

爲分也。此則從文字學找到「班」之本義，再由此提出引申義作分字解。

《正義》引馬融的說法解爲：「班，班旋不進也。」〔註204〕此則將「班」
視作「盤」的假借字，其義同於「磐桓」，皆止而不進之意。此二解之差異在
於，吳澄取「班」之引申義，而馬融取其假借義，放入文脈中，二說均能解
通，故得併存異說。

例二，〈晉〉䷢六三「眾允」

此例吳澄利用文字學的成果，從《說文》找出經文中所用之字爲某字之
省文，而以未省之字的本義來解釋。〈晉〉䷢六三「眾允」吳澄釋爲：「坤爲
眾，允與𨔵通，進也。三在坤眾之先，率眾同進，故曰眾允。」「《說文》引
〈升〉初六爻辭爲𨔵。升其字本屮諧允聲，本者進趨也，屮亦進而上徹之意。」
「古者鍾鼎銘用諧聲字多只用偏旁，蓋從省也。此爻允字亦當依《說文》所
引〈升〉初六之辭作𨔵，乃協象義。」〔註205〕

考察吳澄所言於《說文》：「𨔵，進也。……《易》曰：『𨔵升大吉』」，段注：
「𢇛部下𣂑下曰：『導車所載，全羽以爲允。允，進也。』許意謂即𨔵之省也。」
〔註206〕《說文》所引〈升〉卦䷭爻辭，將「允」作「𨔵」，且依段注所指《說
文》的確將「允」作「𨔵」之省文而釋爲進。吳澄的說法實本於此。

「允」之字義，《說文》：「允，信也。」〔註207〕「信」《說文》釋爲：「誠
也。」段注：「古多以爲屈伸之伸」。〔註208〕此與《爾雅・釋詁》：「允，信也。」
「允，誠也。」相同。〔註209〕就信（伸）與誠與進三種字義的親疏關係，信
（伸）與進的意義是較接近的。

歷來對於〈晉〉、〈升〉二卦中的「允」字，有不同訓解。《集解》「眾允」
引虞翻語：「允，信也。土性信，故眾允」，〈升〉初六「允升」引荀爽曰：「謂
一體相隨，允然俱升」，又引《九家易》：「謂初失正，乃與二陽允然合志，俱
升五位」〔註210〕虞翻、荀爽、《九家易》將「允」均釋爲誠信。

從文義來看，吳澄將「眾允」釋爲眾進，「允升」釋爲進升，其理據依卦

〔註204〕《周易注疏》卷1，頁107。
〔註205〕《易纂言》，頁130～131。
〔註206〕《說文》，10篇下，頁502。
〔註207〕《說文》，8篇下，頁409。
〔註208〕《說文》，3篇上，頁93。
〔註209〕《爾雅・釋詁》卷1，頁9。
〔註210〕《周易集解》，卷7，頁175；卷9，頁227。

象、卦變而得，〈晉〉六三率下二陰同進，〈升〉初六為〈臨〉䷒初九升於三，六三之陰退於初所致。將「允」訓爲進，不僅合於文義，亦與卦象相合。

而吳澄對「眾允」的解釋亦合於《象傳》：「眾允之志，上行也」，若依虞翻的解釋——眾信（誠），則無法說明上行之意。若將信（誠）之意，放入〈升〉初六「允升」中，與《象傳》：「上合合志也」併觀，信（誠）同於「合志」之意。就進與信（誠）二義來論斷，吳澄的說法可適用於「眾允」及「允升」的解釋，虞、荀的說法僅適於「允升」一例，從《易經》的用詞通例來評斷，吳澄的講法較具普遍適用性。除了將「允」釋爲進之外，作屈伸的伸亦能相通，二者可兼而存之。

三、兼用資料性與理論性理據之實例

〈小畜〉䷈上九「月幾望」

吳澄言道：「幾，孟、荀、一行作『既』。今案：『幾』亦有『既』音。《左氏傳》『庸可幾乎？』『幾』、『既』古字蓋通用。」〔註211〕吳澄認爲「月幾望」即「月既望」。一方面參考了孟、荀、一行的異文，另方面應用聲韻學來論證「既」與「幾」爲同音字，故同時運用資料性與理論性的理據。

四、兼用理論性理據與文脈性理據之實例

吳澄有時兼用理論性理據與文脈性理據，此方式在解釋單詞時頗常運用，因爲單詞的解釋往往須放入文脈中考察並作爲檢證。

〈夬〉䷪九五「莧陸夬夬」

吳澄言道：「項氏曰：『莧音丸，山羊也。……』澄案：項說是也。莧字上從茻，羊之角也；中從目，羊之目也；下從凡，象羊之足。莧字協莧聲，舊誤作莧，從艸從見，竟解作草名。」「九五變爲柔，成〈大壯〉，爲互體之兌，象羊之群行。」〔註212〕

吳澄認爲「莧」所指稱的對象是山羊，而非莧菜。「莧陸夬夬」其義爲山羊群行於山路，其象見於九五爻變後成互體兌☱，有羊之象。吳澄對「莧」的解釋可見於《說文》，「莧，山羊細角者，從兔足從苜聲，……讀若丸，寬字從此。」〔註213〕此則運用《說文》找到「莧」爲「莧」之本字，因二者

〔註211〕《易纂言》，頁 57。
〔註212〕《易纂言》，頁 155。
〔註213〕《說文》，10 篇上，頁 43。

字形相近，故後人誤將前者當作後者解釋；又從九三「君子夬夬」及《象傳》「剛決柔也」的文脈中，並配合卦象指出「兌爲羊」，以這三點作爲立論依據。

以其他說法作爲對比來看，《釋文》記載諸家對「莧陸」的不同解釋，馬融、鄭玄云：「莧陸，商陸也」，宋衷云：「莧，莧菜也；陸，當陸也」，蜀才作「睦，親也，通也」。〔註214〕《集解》引荀爽、虞翻的說法，荀爽云：「莧者，葉柔而根堅且赤，……陸亦取葉柔而根堅也，……莧根小，陸根大」，虞翻云：「莧，說也，讀夫子莞爾而笑之莧；睦，和睦也」〔註215〕從諸家說法可發現，宋衷、荀爽將「莧陸」釋爲植物，即所謂莧菜；所不同者，荀爽將「陸」釋爲莧菜所生之處，而宋衷則釋爲另種植物。蜀才與虞翻則將「陸」釋爲和睦，虞翻將「莧」訓解成莞爾之意。至於馬、鄭以「商陸」釋之，則不過展示「莧陸」的另種寫法，並未解釋其義。

由此可歸納出「莧陸」的三種說法：山羊群行於陸、莧菜與陸菜之葉柔根堅也（或莧菜生於陸也）、和樂和睦的狀態。欲考察此三義何者爲是，須與「夬夬」併解。第一種依吳澄則認爲：「夬夬者，行而不息也」〔註216〕即山羊不停地群行於山路。第二種依王弼的說法：「莧陸，草之柔脆者，決之至易，故曰夬夬。夬之爲義，以剛決柔。」〔註217〕此以「夬夬」二連詞說明以剛決柔之至易。第三種虞翻的講法：「震爲笑，言五得正位；兌爲說，故莧陸夬夬」，實不易瞭解其所指爲何。既然虞翻之意旨不明，僅就前二種說法作論斷。愚意當以吳澄的說法較合理，其義以羊之群行不止，象徵君子決柔不止之決心。至於以莧菜之柔說明決柔之至易，似乎無法從卦、爻辭中得出小人之易除。然而我們卻可從「君子夬夬」見出君子除惡之決心，故以此論斷吳澄的說法較高明。

五、資料性、理論性、文脈性理據三者兼用之實例

〈否〉☲☷六二「包承」、六三「包羞」、〈姤〉☰☴九五「以杞包瓜」

吳澄釋爲：「承當作脀，牲之正體也，古字通用，故作承。」「六二坤體爲牛，牲居中爲正體，與九五應，以九五之陽包之也。小人當否而求通，豈能守道俟命，唯以包苴饋遺爲事而已。《曲禮》曰：『以包苴簞笥問人。』《莊

〔註214〕《釋文》第4，頁809。

〔註215〕《周易集解》卷9，頁215。

〔註216〕《易纂言》，頁155。

〔註217〕《周易·老子王弼注校釋》，頁436。

子》曰：『小夫之知不離乎包苴竿牘。』」〔註218〕

　　吳澄將「承」釋爲「脀」之假借字，指牲禮。此義從卦象而得，下卦坤爲牛，且六二居下卦之中，故爲正體，此乃相對六三而言。而所謂的「包」自九五陽爻得義，六二、九五並言，得「包承」之意。

　　對於「包羞」之「羞」，吳澄訓爲：「羞者，脀、胾、膾、炙、醢醬之屬，食之加品，非食之正品也。」「六三亦牛牲，然位不居中，又不得正，非牲之正體也，故象羞。九四之陽在外包之，以包苴遺人，而其遺非正饌，又非中正之二可比矣。」〔註219〕

　　吳澄將「羞」與「承」關聯來論，六三亦屬坤體，然而位不中正，相對六二，爲食之輔撰；而「包」自九四得義，二者合言即成「包羞」之意。

　　關於「包」的解釋，吳澄從〈姤〉䷫九二「包有魚」、九四「包無魚」找到使用通例。吳澄言道：「初與四爲正應，而與二比近，故先爲二所有。古人魚肉包之以草，《詩》曰：『野有死麕，白茅包之』是也。魚，陰物，謂初；二能得之，猶包苴之中，有此魚也。二，陽畫連互，有包之象；巽爲魚，魚者，巽下畫之陰也。」〔註220〕由此認爲凡「包」的取象均得自陽爻。「魚」與「承」、「羞」均爲「包」的受詞。

　　此乃將「包承」、「包羞」一併解釋，一方面引《曲禮》、《莊子》「包苴」的用法，又自《易經》中「包」字的用例，作爲其依據，此屬資料性的理據；另方面利用文字學成果，找到「脀」爲「承」之本字，而採「脀」之本義爲釋；再方面又將「包承」、「包羞」併觀，從文脈上進行整體解釋，並從卦象找到二者取象之由；由這三方面證成「包承」當釋爲「包脀」之理由。

　　相較於歷來的說法，則明顯異於此，王弼釋爲：「居否之世，而得其位，用其至順，包承於上」，「俱用小道以承其上，而位不當，所以包羞也。」〔註221〕王弼的說法順著《象傳》而來，「包羞，位不當也」，從六二、六三的卦位來看，六二當位，六三不當位，「包承」、「包羞」均是小人順承於上，所異者在於當位、不當位，不當位則蒙羞也。朱子的解法亦與王弼相似，朱子釋爲「包容承順」、「以陰居陽而不中正，……故爲包羞之象」〔註222〕以承順、致羞之義訓之，以

〔註218〕《易纂言》，頁 64

〔註219〕《易纂言》，頁 64。

〔註220〕《易纂言》，頁 157～156。

〔註221〕《周易・老子王弼注校釋》，頁 281～282。

〔註222〕《周易本義》，頁 1 之 31。

位中正與否得義。

　　將吳澄與王、朱子二子的說法對照來看，王、朱二子將「包承」的「包」釋為包容，將「承」訓為承順；但「包羞」的「包」則無法確定其義，僅將「羞」解成羞辱；將此二詞語解釋成小人所表現的態度及所遭致的後果。吳澄則強調小人行事的方式──贈禮，以此討好上位之人。故「包承」、「包羞」均指小人餽贈他人禮物，「包」指包裹於外，「承」與「羞」是指贈禮的內容有正品與加品之別。

　　從文脈意義上來說二說均可通，但吳澄的說法能明確解釋「包」之字義，又能與《易經》有關「包」的用例相配合；對「包承」、「包羞」的詞義解釋的較王、朱二子精確，就此二論，吳澄的說法無論在詞義訓詁結合句義解釋，表現的比朱、王二子深刻，更具說服性。

　　吳澄解釋〈姤〉☰☰九五「以杞包瓜」的「包」字，指九二之杞包初六之瓜。但王弼的解釋則大異，「包瓜為物，繫而不食者也。」〔註223〕此沿承《論語・陽貨》：「子曰：『予豈匏瓜也哉？焉能繫而不食』。」但從上下文句法判斷，若「包瓜」即「匏瓜」，則與「杞」是何種關係？《正義》引馬融對「杞」的講法：「杞，大木也」，對王弼所言的「杞」，《正義》指為「枸杞」，又引薛虞記語：「杞，杞柳也，杞性柔刃，宜屈撓似匏瓜。」〔註224〕《詩經・南山有臺》「南山有杞」「南山有枸」孔疏指出：「杞音起，《草木疏》云：『其樹如樗，一名狗骨』」，「枸，〈釋木〉『無文』，宋玉賦曰：『枳枸來巢』，則枸木多枝而曲，所以來巢也。陸機疏云：『枸木高大似白楊，有子著枝，端大如指，長數寸，噉之甘美如飴，八月熟』」〔註225〕從孔疏所引的說法，「枸」與「杞」似乎為兩種不同的植物。

　　由此說明「杞」到底為何種植物，眾說紛紜。但若將「杞」與「匏瓜」並解，則當依薛氏之語較為妥切，因「杞」與「匏瓜」本不相同，以「匏瓜」之蔓生形容「杞」。然而就文句上來看並不通順，「以杞」則不代表任何意義，此說法亦不成立。雖然《論語》有「匏瓜」一詞，但以此解《易》之辭義並不相符，仍以吳澄以包裹這個動詞解之，較為妥切。

　　經由以上的分析可得出兩個重點，一，藉著岑溢成先生所提出訓詁學上運

〔註223〕《周易・老子王弼注校釋》，頁441。
〔註224〕《周易正義》，頁431。
〔註225〕《詩經正義》，《十三經注疏》本，頁347。

用的三種理據概念：資料性理據、理論性理據、文脈性理據，考察吳澄在訓詁上的成果，發現在論證方式運用上，有僅用一種者，有兼用其中二種，甚至有三者兼用的現象；這說明了吳澄的訓詁說法是有論證依據而非任意解釋。

二，吳澄的訓詁並非僅作單詞或單詞與單詞關係作解釋，而是關連著卦象一併考察，意即卦、爻辭的解釋不得與卦象截然分開，因為從發生面來說，卦、爻辭是對卦畫的解釋，而非獨立存在。這也正是吳澄不同於鄭玄、王弼僅從文字部分作解釋，亦不同於虞翻不免偏於卦象作解釋；而吳澄能在文字與卦畫之間作詳細而深刻的解釋並加以融合，與他所強調發掘卦爻辭與卦畫間關聯的意圖是一致的。

瞭解吳澄《易纂言》的特殊句讀及訓詁方法後，將針對詞義與句義及篇章義關係部分作進一步分析。傳注對詞義解釋的差異，常關聯對句義、篇章之義不同的理解；但若能利用句義、篇義便能將詞義解釋清楚，則此事尚不難，但對《易經》來說，問題便不似此簡易，何故？因《易經》的內容連篇義均不甚明確，遑論句義、詞義了，因《易》本是卜筮之書，其內容為卜筮之詞，並非完整的論作，這正解《易經》之難處所在，故歷來《易》學家及吳澄均致力於卦爻辭的解釋上。《易纂言》對經文某些詞義的解釋與前賢殊異，便是在句義、篇義的掌握有所不同，以下將以實例作考察，並藉著異說的對比，判斷吳澄的解釋是否合理，並見出吳澄解法的特殊處。

對於句義，岑溢成先生指出：「綜合王引之在《經傳釋詞》中有關各虛詞之功能的說明，可以把虛詞粗分為四大類。第一大類大致上是沒有表意功能的，其中以王氏所說的『語助』或『語詞』為主，大抵只有『足句』之用。」「第二大類的功能，主要在於標示句讀，……尤其標示句子之終結，功能與標點符號之句號頗為接近。這雖與句子有關，卻無特別的表意功能。」「第三大類的功能主要在於表現句子的邏輯結構。」「第四大類的功能主要在於標示『語言行為』之種屬。……那些標示一個句子所體現的語言行為的虛詞，顯然是具有表達句子某方面意義的功能。」〔註226〕

「假如把第三類虛詞對句義的貢獻叫做句子之『形式意義』，把第四類虛詞對句義的貢獻叫做句子之『語行意義』，那麼，一個句子之意義就可以分成三個方面，內容意義、形式意義和語行意義。句子之內容意義基本上是由實詞及其聯立方式構成。對於結構比較複雜的句子來說，形式的因素對句義的

〔註226〕《訓詁學與清儒訓詁方法·訓詁方法學的兩個方面》，頁 599～607。

影響比較大；但對於結構簡單的句子，對其中實詞及其聯立關係的訓釋可能直接影響句義。」〔註227〕

　　依岑先生的說法，虛詞的解釋對句義的理解極為重要，主要表現在「形式意義」與「語行意義」，前者運用在較複雜的句子，後者則用在含有語言行為意義的語句；對於較簡單的句子，則解釋實詞及詞語與詞語間的連結關係。

　　以《易經》經文來說，主要以簡單的語句為主，因此理解句義重在實詞與語詞間的連結關係的解釋上；內容意義是語句的主要部分，少部分為形式意義及語行意義。

第三部分：訓詁特色與限制

　　一、訓詁特色部分：此部分主要就吳澄之特殊訓詁作考察，以見出其說法優於他家之處。

例一：以卦、爻義解釋實詞

　　〈履〉☰☱ 上九「視履考祥其旋」之「考」與「祥」

　　吳澄的斷句「視履，考祥其旋」，並解釋道：「人之行莫大於孝，養生之孝未為大，喪死之孝最為大。上爻當乾父之終，父死稱考，祥者父喪既終之時也，旋反還也，居喪在外，旋者祥後復寢之時也。視其所履於親之終者，當視其所履於喪之終。」，〔註228〕此乃因「考」作為名詞，父死曰考，故「祥」解釋為名詞，父喪之終之時。

　　依王弼的斷句「視履，考祥，其旋」，並解釋為「禍福之祥，生平所履，處履之極，履道成矣，故可視履而考祥也。居極應說，高而不危，是其旋也。」〔註229〕王弼將「考」解釋為動詞考察，「祥」解釋成名詞的福與凶。〔註230〕

　　吳澄的解釋是將「考祥其旋」解釋成父喪既終而反歸於家。其中，將「祥」釋為專有名詞，此可見於《禮記》，在〈喪服四制〉載道：「父母之喪，……期十三月而練，冠三年而祥。」〔註231〕「祥」即三年之喪畢矣。至於對「旋」的解釋，亦可從《儀禮·既夕禮》：「居倚廬」，鄭注：「倚木為廬，在中門外」

〔註227〕　《訓詁學與清儒訓詁方法·訓詁方法學的兩個方面》，頁 609～610。
〔註228〕　《易纂言》，頁 60。
〔註229〕　《周易·老子王弼注校釋》，頁 274。
〔註230〕　《說文》：「祥，福也」段注：「凡統言則災亦謂之祥，析言則善者謂之祥。」1 篇上，頁 3。
〔註231〕　《禮記、喪服四制》（臺北：藝文印書館，1989 年），卷 63，頁 1034。

〔註 232〕此說明服喪期間，外居於中門外，不居於家室。以詞義而論，吳澄的解釋是可以成立的。

若以句法來分析，「考祥其旋」其義同於其旋於考祥，許世瑛先生《中國文法講話》中論及：「說明一個事件在某時發生，通常把時間補詞說在最前，不用關係詞連繫。」並舉《岳陽樓記》一句爲例「慶曆四年春，滕子京謫守巴陵郡」〔註 233〕套用許氏的說法，「考祥」則屬於「時間補詞」，用以說明「其旋」的發生時間，而「其旋」則指一個事件。

吳澄的解釋，結合了〈履〉卦的卦象與卦義，從卦象說，上九爲乾之終，故稱「考」也；以卦義來說，「履」之義以孝爲大，而孝又以送死爲大，而送死又須觀於是否能愼終。從句義的解釋王弼的說法亦可通，但王弼只就上九居卦之終作發揮；而吳澄則結合卦象、時位、與卦義作全面而深入的分析，就句義解釋的深度、廣度而論，吳澄的解釋優於王弼，頗具參考價值。

例二：以卦、爻辭內容之區分解釋實詞

〈艮〉☶ 卦辭「艮其背」的「背」

吳澄釋爲：「背音佩，舊讀爲人身之背。今案：爻辭『其趾』、『其腓』、『其限』、『其身』、『其輔』，是就人身取象；彖辭『其背』與『其庭』爲對，是就宮室取象，舊讀爲非。」〔註 234〕《集解》引鄭玄的解釋：「艮爲山，山立峙各於其所，無相順之時」，〔註 235〕鄭玄將「背」釋爲山之對立，故「艮其背」只是說明群山並峙的狀態。

王弼的解釋：「施止於背，不隔物欲，得其所止也。背者，無見之物也。……相背者，雖近而不相見」〔註 236〕所謂的「無見之物」，《正義》理解爲：「夫無見則自然靜止，夫欲防止之法，宜防其未兆；既兆而止，則傷物情，故施止於無見之所。」〔註 237〕此將王弼所謂的「無見之物」解釋成物欲未萌之際，此是以道家的思想對「艮」的卦德作發揮。王弼將「背」從背面，引申爲物欲未發的狀態，既然未發則無從見矣；此解法是發揮了《彖傳》「時止則止」的義理，指出當止於物欲未萌之時。

〔註 232〕《儀禮》（臺北：藝文印書館，1989 年），卷 41，頁 481。
〔註 233〕《中國文法講話》，開明版，頁 120。
〔註 234〕《易纂言》，頁 179。
〔註 235〕《周易集解》，卷 10，頁 254。
〔註 236〕《周易·老子王弼注校釋》，頁 479～480。
〔註 237〕《周易正義》，頁 472。

朱子的看法則是：「蓋身動物也，唯背爲止，艮其背則止於所當止也。止於所當止，則不隨身而動矣。」〔註238〕朱子將「艮其背」與「不獲其身」關聯解釋，將「背」釋爲人身之背，身主動而背靜止。

對於鄭玄、王弼、朱子的論點，鄭玄的說法無法將群山並峙與「不獲其身」的意思關聯在一起，而王弼的說法又屬義理上的發揮，與卦辭的本義有些出入；相較之下，朱子的說法是較可取的，因爲對整個卦辭的意義掌握的較貼切，從止於背便不隨身而動，如此則行止各得其所。

但吳澄又稍加修正，認爲「背」並非人身之背，而是宮室之背，音讀亦不相同，前者讀爲倍音，後者讀爲佩。此是依卦辭句法所作的區分，「背」與「庭」相對，「身」與「人」相對；並引《詩經·伯兮》：「焉得諼草，言樹之背」，《毛傳》：「背，北堂也。」而將「艮其背」之「背」釋爲「北堂」，正好與「庭」相對。此種訓解相較諸子的解法，更顯得順當明白。

例三：依句法及經文用例解釋「形式意義」虛詞

〈頤〉䷚ 六二「拂經于丘頤征凶」

吳澄的斷句：「拂經于丘頤，征凶。」，並解釋道：「拂謂舉手摩拭其上，……經，過也，歷也；丘謂六五」「六二拂上則必經于丘以求頤，故曰拂經于丘頤。」「下比於初可資其養，行而求上則凶也。」〔註239〕朱子的斷句則是「拂經，于丘頤，征凶。」並解釋爲：「求養於初，則顛倒而違於常理；求養於上，則往而得凶。」〔註240〕

吳澄將拂經于丘頤視爲一個動作，而朱子則將拂經和顛頤連在一起，而將于丘頤和征凶的意思連結；既然對文義的解釋不同，斷句自然迥異。依朱子之意是將「于丘頤，征凶。」解釋成「征于丘頤，凶。」的意思。這樣解釋不免過於曲折，且在《易經》經文中，「征凶」常是作爲獨立的語詞使用；而吳澄將于當作經的介詞，在解釋上較爲平順自然。

王引之《經義述聞》亦言道：「家大人曰：『凡易言同人于野、同人于門、同人于宗、伏戎于莽、同人于郊、拂經于邱、遇主于巷，末一字皆實指其地。』」〔註241〕此乃依《易經》用例及合理的句法而論，足以支持吳澄的論點。

〔註238〕《周易本義》，頁 2 之 35。
〔註239〕《易纂言》，頁 107～108。
〔註240〕《周易本義》，頁 1 之 54。
〔註241〕《經義述聞·周易上·喪牛于易·喪羊于易》，頁 634。

例四、以篇義解釋「語行意義」之虛詞

〈家人〉☲☲ 九三「婦子嘻嘻」之「嘻嘻」

吳澄釋爲：「嘻嘻，嘆聲，字與譆通，苦熱痛呼之聲也，亦於離火取象。」
〔註242〕吳澄將「嘻」當作「譆」的假借字，「譆」《說文》：「譆，痛也。」〔註243〕
吳澄參考了項安世的說法，將「嘻」訓爲痛呼之聲，並認爲此義自離取象。

王引之《經傳釋詞》言道：「嘻，歎聲也。《禮記·檀弓》：『夫子曰嘻』，
鄭注曰：『嘻，悲恨之聲』；《僖公元年傳》：『慶父聞之曰嘻』，何注曰：『嘻，
發痛語首之聲』。……《說文》：『譆，痛也』，《莊子·養生主》篇作『譆』，……
並字異而義同。」〔註244〕

但《釋文》引馬融之說：「悅樂自得貌」，引鄭玄之語：「驕佚喜笑之意」。
〔註245〕王弼亦認爲：「婦子嘻嘻，乃失其節也。」〔註246〕《集解》引侯果云：
「嘻嘻，笑也。」〔註247〕無論是悅樂自得或驕佚喜笑，雖然喜樂程度不同，
但均是將「嘻嘻」訓爲喜樂之意。

以詞義訓詁而言，此二義均可通，然這兩種訓解的差異主要是對三爻辭
的理解有所不同。將「嘻」解爲喜樂，是將「家人嗃嗃，悔厲吉」與「婦子
嘻嘻，終吝」分成兩個不同現象的敘述，前者以治家嚴厲，後者持家不謹；
吳澄以痛呼訓釋「嘻」，則是指占者面對的是同一件事，即治家過嚴這件事，
若悔改則吉，反則終吝。這二種對「嘻嘻」的解釋均能成立。

例五：以篇義界定實詞與虛詞

〈比〉☷☵ 卦辭「後夫凶」

吳澄將「夫」視爲實詞。但王弼、朱子的解法則異於是。王弼釋爲：「將
合和親，而獨在後，親成則誅，是以凶也。」〔註248〕此則將「夫」解成虛詞，
作因果的說明，因爲後至，是以有凶的結果，有「是以」的意味。朱子與王
弼的義旨相同，認爲「若又遲而後至，則此交已固，彼來已晚，而得凶矣。」

〔註242〕《易纂言》，頁136。
〔註243〕《說文》，3篇上，頁98。
〔註244〕《經傳釋詞·嘻》（臺北：藝文印書館，1992年，《皇清經解·諸經總義類彙
　　　　編》），頁1257。
〔註245〕《釋文》，卷4，頁805。
〔註246〕《周易·老子王弼注校釋》，頁402。
〔註247〕《周易集解》，卷8，頁185。
〔註248〕《周易·老子王弼注校釋》，頁260。

〔註249〕但朱子亦不否定將「夫」釋爲實詞，朱子言道：「『後夫』只是說後來者，古人亦曾說『先夫當之』，也有喚作夫婦之夫底。」〔註250〕

　　吳澄與王、朱二子解法之異在於，吳澄對卦辭中的占辭，區分爲王者之占與婚姻之家所占得的結果；「不寧方來」爲王者再筮所得之卦，「後夫凶」爲婚姻之家再筮而得之卦。而王弼所重在於說明〈比〉卦親附之意，諸陰爭相親附於九五一爻；朱子則側重在君王親輔萬民之意，筮者再筮而得此象，無論爲人所比附，或欲比附他人，均後至則凶。二子解釋卦辭僅論〈比〉之通義，而吳澄則將指稱的對象限定在君王及欲婚之女子；因二子與吳澄對「夫」的解釋不同，使得整個句義的掌握亦截然不同。

　　吳澄是由〈比〉卦的卦義爲親附，及卦體之象爲眾陰親附一陽，而確定篇義爲：在國家爲諸侯朝貢於王或眾民擁戴一君，在家庭爲女之事一夫。故「不寧方來」指諸侯朝貢於王；「後夫凶」指女事一夫則吉，後夫則凶。

例六：以篇義解釋詞義

　　（1）〈恆〉䷟ 初六「浚恆」

　　吳澄言道：「恆者，夫婦居室之常也；內卦巽女爲婦，外卦震男爲夫，故爻辭內三爻言婦道，外三爻言夫道。」〔註251〕此段文字依卦義、卦體之象指出〈恆〉卦之篇義，卦義指夫婦居室之常道，即男主外，女主於內；而此與卦體之象，內爲巽爲婦，外爲震爲夫相應；故內三爻爻辭言婦道，外三爻言夫道。

　　若單從初九「浚恆，貞凶，無攸利」、九二「悔亡」、六五「恆其德，貞婦人吉，夫子凶」、上六「振恆，凶」，實難見出其確指爲婦道或夫道；唯九三「或承之羞」與九四「田無禽」可較清楚所指之事。但吳澄由卦義及卦體之象確定篇義後，便以此解釋六爻爻辭，使其所指稱之事得以明確。

　　（2）〈復〉䷗ 上六「迷復」

　　吳澄言道：「舊註皆謂上六終迷不復。案：爻辭言迷復，註謂迷而不復，似與經相戾。」就「迷復」取象來論，吳澄認爲「迷」的取象，在於上畫居卦位之極，處冥昧之位，六爲陰柔之質。

　　而「迷復」二字相連的意義，吳澄的見解與舊註不同，此處所指的舊註，

〔註249〕《周易本義》，頁1之23。
〔註250〕《朱子語類、比》，卷70，頁1754。
〔註251〕《易纂言》，頁123。

是指程子、朱子的說法，二子將「迷復」皆釋為迷而不復；〔註252〕吳澄認為從「復」的初爻至第五爻均言能復，上六雖迷，但仍能至終而復。依諸家的解釋乃認為〈復〉卦以能復為善，上九之「凶」「有災眚」是因迷而不復之故。吳澄卻認為此必須建立在行正道的前提上，否則不行正道，雖復亦不善也；因此上九之占所以不吉，是因迷失誤入歧途，即使後來欲悔改，然為時已晚矣。此乃對同一卦中的意義不確定的爻辭，可由其餘諸爻歸出共通義，來確定其涵義。

二、訓詁限制部分：此處指出吳澄訓詁不可取處並加以修正。

例一：缺乏文獻依據之實詞解釋

〈震〉☳ 六二「億喪貝」的「億」

吳澄釋為：「億者，古有詭億之戲，億度錢貨之數，較其中否，以相賭賽也。《後漢梁冀傳註》云：『若今攤錢也』」，「二、五皆以陰柔居中為敵應，有相對較利之象。……初、二、三、四肖離，有貝象。」〔註253〕

吳澄將「億」解為賭錢遊戲，「貝」即六二之賭資，至於何以喪貝，則因被初九雷震驚散之故。〈震〉六五「億無喪」，吳澄的解釋是：「五與二對億者也，二居柔而志氣餒，故逢初九之震而喪其貝；五居剛而持守堅，故逢九四之震而無所喪失也。陰柔之為億，一也；然二有所喪，五無所喪者，居剛居柔之異也。」〔註254〕吳澄因二與五之位對應，而釋為二人對億，但結果是二喪貝，五無喪，因五居剛位，其志較堅，不受雷擊的影響。

王弼的訓解：「震之為義，威駭殆懈，肅整惰慢者也。初幹其任，而二乘之，震來則危，喪其資貨，亡其所處矣。……億，辭也；貝，資貨、糧用之屬也。」〔註255〕王弼的解釋是以六二為怠惰之人，初為震☳之主爻，為任整肅之責者，二之位乘初之上，成為初九整肅的目標，故資貨及地位均不保。

朱子的解釋：「六二乘初九之剛，故當震之來而危屬也。億字未詳，又當喪其貨貝而升于九陵之上。」〔註256〕朱子與王弼均指出六二的危難是因以柔

〔註252〕程子云：「以陰柔居復之終，終迷不復者也。迷而不復，其凶可知。」《周易程氏傳》，卷2，頁821。朱子亦曰：「以陰柔居復終，終迷不復之象，凶之道也。」《周易本義》（臺北：華聯出版社，1989年），頁50。

〔註253〕《易纂言》，頁176。

〔註254〕《易纂言》，頁177。

〔註255〕《周易·老子王弼注校釋》，頁475。

〔註256〕《周易本義》，頁1之34。

乘剛之故，而遭致資產、地位的喪失。

王弼將「億」釋爲語詞，實將「億」作「噫」解，王引之《經傳釋詞》指出「噫」有嘆聲、傷痛之聲、心不平之聲、恚聲諸義，並言噫、意、懿、抑爲字異但義同。〔註257〕「億」與噫、意字異但音近，故王弼或因此將「億」作「噫」解；若此論成立，則「億」放在句中可表示歎息或傷痛、不平之聲、怒氣的語言行爲。

朱子則言其義不詳，而吳澄卻將「億」當作實詞，用以指稱臆錢之戲。在《論語‧先進》：「賜不受命，而貨殖焉，億則屢中。」此「億」字亦作臆測解，吳澄的解法近於此，但將臆測與錢貝關聯而解成賭錢之戲。雖然在句義上解得通，但仍須進一步考證，是否古時已有這項活動；若無可靠的文獻作支持，此論點是無法成立的。吳澄與王弼句義解釋的差異便在於，吳澄將「億」釋爲實詞，故句義爲在億錢的活動中喪失資產；王弼則將「億」釋爲表達語行意義的虛詞，即不僅指出喪失資產這件事，並表達對這件事產生的情緒。

例二。誤將時間副詞拆解成動作與足句虛詞的組合

（1）〈離〉☲☲九四「突如其來如焚如死如棄如」

吳澄的斷句是「突如，其來如焚如死如棄如。」其句義解釋爲「（突如）此言下體之象，突，庍突也。……焚如取火象，則突如亦當取火象；三、四當繼明之時，而二剛相值傳繼之不善者也。」「（其來如，焚如，死如，棄如）此言上體之象，舊火上升，三以接乎四，如火氣之出於突。新火下來四以逼乎三，其猛烈如火之焚，繼承之際不善如此，必至身殞國亡；九四變爲柔成坎成艮，火入坎水而滅死也，火滅成灰而歸于艮山之土棄也。」〔註258〕

王弼的解釋「處於明道始變之際，昏而始曉，沒而始出，故曰『突如其來如』；其明始進，其炎始盛，故曰『焚如』；逼近至尊，履非其位，欲進其盛，以炎其上，命必不終，故曰『死如』；遠離之義，無應無承，眾所不容，故曰『棄如』。」〔註259〕王弼的斷句是「突如其來如」以下與吳澄相同。

吳澄所以與王弼說法不同處，主要在於對「突」的解釋殊異。吳澄將「突」解釋爲實詞的「煙突」，此義之得源於「焚如」均取火象，故「突如」之義是指如火出於煙突；而王弼則就所處之位與時指出九四爲始變之際，將變下體

〔註257〕《經傳釋詞‧噫》，頁1257。

〔註258〕《易纂言》，頁117。

〔註259〕《周易‧老子王弼注校釋》，頁370。

之離 ☲ 爲上體之離 ☲，故九三之昏變爲九四之明，九三之沒自九四始出，依此而論「突如其來如」，突作爲虛詞（副詞），用以指時間。

從《易經》用例來看，〈屯〉六二「屯如，邅如」「乘馬班如」的如字，吳澄釋爲「如，語助」，「屯」、「邅」（遲回不進）、「班」（分）吳澄均釋爲動詞，〔註260〕而此句「來」、「焚」、「死」、「棄」亦爲動詞；從用例可見，「如」均作爲語尾的語氣詞，屬於足句作用。

「突如」之「突」若釋爲名詞的煙突，則「突如」一詞並不通，雖然吳澄釋爲如火出煙突之狀，但依句法來說並不恰當，因名詞之後不宜加語助詞；但在詞義的解釋，仍將「突如」理解成與「來如」、「邅如」作爲動作的描述，而解釋成火從煙突竄出的狀態，「如」亦作爲足句的虛詞。而王弼「突如其來如」的句讀與解釋較爲的當，關鍵在於此句法是合理的；「突如」是一結合詞不可分開，「突如」即「突然」，是時間副詞，此處用作「其來如」這個動作的副詞。

（2）〈渙〉☴ 六四「匪夷所思」

吳澄釋道：「四上同於五，自五言之則曰，四自二升而有丘匪遭傷夷者也，乃吾所思者爾。卦之五畫俱變而惟四之一畫不變，則爲〈明夷〉，故曰『匪夷』；四上同於五，而五當心位，故四爲五之所思也。」〔註261〕

吳澄將「匪」釋爲實詞丘匪，「夷」爲傷夷之意，合言之爲遭傷夷之丘匪；「所思」是指爲吾所思，整個句義是吾所思者爲遭傷夷之丘匪。並且指出「夷」與〈明夷〉☷ 有關，若〈渙〉卦五畫俱變唯四不變則成〈明夷〉，既然卦畫不成〈明夷〉，故稱「匪夷」。而「所思」，是四爲五所思，五所以能思，因居心位之故。

王弼的解釋爲「丘虛匪夷之慮」，《正義》：「有丘墟未平之慮，爲其所思」〔註262〕王弼將「匪夷」釋爲不平，連著「丘」而言。程子的解釋則是：「夷，平常也；非平常之見所能思及也。」〔註263〕朱子亦同於此。〔註264〕王弼與程朱解釋之別在於，王弼將「夷」釋爲平，程、朱釋爲平常。

就吳澄、王弼、程朱三種解釋，吳澄對「匪」「夷」的解釋與後二說異，王弼與程朱對「夷」的解釋殊異。「匪」有實詞匪徒、虛詞不兩種解釋，此二

〔註260〕《易纂言》，頁 39。
〔註261〕《易纂言》，頁 199。
〔註262〕《周易注疏》，卷 6，頁 536。
〔註263〕《周易程氏傳》，卷 4，頁 1003。
〔註264〕《周易本義》，頁 2 之 46。

義均曾出現於經注中；「夷」則有傷、平、常三種解法；段玉裁對「夷」嘗言道：「夷，平也，即易之假借；……夷，常也者，謂夷即彝之假借；凡注家云夷，傷也，謂夷即痍之假借。」〔註265〕

正因對「匪夷」二字有不同的解釋，使得句義產生不同的理解。但從句法上來評斷，吳澄以「匪夷」作為「所思」之受詞，但「夷」作為「匪」之形容詞，當居名詞之前，故句法與句義無法相合。王弼將「匪夷」解釋為不平，不平是對「丘」而言；但就斷句來說是採「匪夷所思」為句，若「匪夷」是所思的內容，但此二字又不成句，勢必引入「丘」方為足義，才有王弼所謂「丘墟未平之慮為其所思」的解釋；然而增字為訓是不好的訓詁方式，故王弼的解釋仍有瑕疵。

程、朱的解釋「非平常之見所能思及也」，「思」為動詞，「匪夷」則為副詞，「所」的作用是連接副詞與動詞；從句法上說，此種解釋較合理。吳澄的限制便是因牽就用例，將「夷」與〈明夷〉關聯，而將「夷」釋為遭傷之人，以假借字「痍」的字義來解釋；忽略「匪夷」的句法與遭傷之丘匪的解釋不相應，故當採取程、朱的解釋，將「匪」釋為否定義的虛詞，「夷」解釋為平常，作為所思的副詞，方為合理的句義解釋。

例三：誤以合義複詞解釋衍聲複詞

〈屯〉䷂ 初九「磐桓」

吳澄釋為：「磐，石也。桓，杙也。四，坎之下畫為石，互艮之中畫為木。四下應初，初，地之下也，象磐石之根著於地，桓木之埋豎於地也。」〔註266〕吳澄將「磐桓」解為「合義複詞」，即磐石與小木樁；此解法源自卦體之象，上體為坎，中有互艮，以此得義。

但漢、魏晉諸儒的解釋則迥異於是，《釋文》引馬氏的說法：「槃桓，旋也。」〔註267〕《集解》引虞翻、荀爽的說法，虞氏云：「震起艮止，動乎險中，故盤桓。」荀氏亦云：「盤桓者，動而退也。」〔註268〕無論馬融、虞翻、荀爽均將這個詞語解為「疊韻雙音節衍聲複詞」，一來槃與桓為同韻，且此二字有數種書寫形式，磐桓、盤桓、槃桓；加上詞義為徘徊不進，須二字連用，方得此義。

〔註265〕《說文》，10篇下，頁498。
〔註266〕《易纂言》，頁39。
〔註267〕《經典釋文‧周易音義》，卷1，頁782。
〔註268〕《周易集解》，卷2，頁39。

　　吳澄將「磐桓」與「利居貞」併解，認為：「震為足，初剛變為柔，則足弱不能動，猶磐石、桓杙之在地而不可動也。」「居者靜處也，既未可動，但利於居而貞。」〔註269〕「磐桓」是強調止而不得行之意，並將「磐桓」與〈漸〉䷴六二「鴻漸于磐」歸於「磐」之用例均釋為石，均自坎取象。〔註270〕但在〈屯〉卦經文之末，又加入「磐俗本作盤」一語，〔註271〕既然標出俗本作「盤」，則說明「磐桓」與「盤桓」相通，二者字異音同義同，而此亦說明了「磐桓」是「衍聲複詞」，而非「合義複詞」。故將詞義解為如磐石與小木椿固定於地，實未能正確理解此詞語之性質，而產生釋義之誤。

　　但在《外翼・辭例》列有一項「以連字為義者」，其中有「磐桓」之例，吳澄言道：「磐，石也；……桓，木之植於地中者，連二字為義，以言其不可動也。」〔註272〕雖然仍與《易纂言》一般將「磐」與「桓」分別釋義，但在用法上卻認為當將二者連用，就此說法而言仍屬不當；因「衍聲副詞」只取其聲，不取其義，唯「合義副詞」方各具其義。因此，只須就「磐桓」二字一併釋義即可，如此便同於馬、荀、虞三子解釋為徘徊不前，則「磐桓」便與「班如」的取義相同，強調既行且止之意較為尚。

　　綜合以上數例，吳澄對〈艮〉卦辭「艮其背」、〈頤〉六二「拂經于丘頤」較前賢的解釋為優，將「艮其背」的「背」釋為「北堂」，「堂」正好與「不見其庭」的「庭」相應；「拂經于丘頤」吳澄將「于」當作介詞，與《易經》「于」之用例相合，故這兩個解釋是較諸儒之解釋為優者。

　　〈履〉上九「考祥其旋」釋為父喪既終而歸反於家，將「考」釋為父考，「祥」釋為專名，指三年之喪畢矣，此與王弼將「考」釋為動詞考察，「祥」為名詞指吉凶禍福，解釋上明顯不同，然於文義皆可通；〈家人〉九三「婦子嘻嘻」則將「嘻」釋為「譆」指痛呼之意，而與「嗃嗃」為同義詞，如此則與前賢以「嘻嘻」之本字解釋對句義的理解有所不同。吳澄的說法雖無法代替前賢的解釋，但卻可聊備一說，仍值得參考。

　　但吳澄亦有解釋不充全之處，〈屯〉初九「磐桓」一詞解為「合義複詞」並不恰當，而當改為「疊韻雙音節衍聲複詞」，其義為徘徊不前也；〈震〉六

〔註269〕《易纂言》，頁 39。
〔註270〕《易纂言外翼・象例》，頁 45。
〔註271〕《易纂言》，頁 41。
〔註272〕《易纂言外翼・辭例》卷 6，頁 220。

－96－

二「億喪貝」將「億」釋爲賭戲於文義可通，然須文獻證明在周初即有此遊戲存在；〈離〉九四「突如」吳澄誤將「突」釋爲實詞「煙突」，而當修正「突」爲時間副詞（虛詞）。〈渙〉六四「匪夷所思」吳澄誤將「匪」釋爲丘匪，「夷」釋爲傷夷，當修正爲非平常之見所能思及也，對於此些欠缺證據或明顯錯誤處當予補充或訂正，不可直接採用。

　　如〈比〉卦辭「後夫凶」，〈恆〉初六「浚恆」、〈復〉上六「迷復」，對於經文中文詞過於簡短，句義不甚明確的部分，吳澄便藉著篇義的掌握來確定句義的內容。對於句義與篇章之間的關連，王引之指出「經文上下兩義不可合解」認爲「經文上下兩義者，分之則各得其所，合之則扞格難通。如〈屯〉六二『匪寇昏媾』謂昏媾也，『女子貞不字，十年乃字』謂妊娠也；而解者誤以『女子貞不字』遲昏媾言之，則云許嫁笄而字矣。〈師〉六五『田有禽』謂田獵也，『利執言』謂稟命也，『長子帥師，弟子輿尸』謂行軍也；而解者以『田有禽』與『利執言』誤合爲一則云：物先犯己故可以執言，以『田有禽』與『長子帥師』誤合爲一則云：二帥師禽五矣。」〔註273〕

　　再以〈比〉、〈蒙〉二卦爲說，〈比〉☷ 卦辭「不寧方來」、「後夫凶」，吳澄分別釋爲：「王者再筮而得此卦，其占爲前時不寧之國，繼今以後，方且來朝貢也。」「其占爲女子所嫁之後夫則凶，蓋夫不可再也。〈比〉卦眾陰所從一陽而已，如民之戴一君，女之事一夫，不可以二。」〔註274〕同一卦辭卻分別論及事君與事夫不同事項。又如〈蒙〉☶ 卦初六「利用刑人」、「用說桎梏以往吝」，吳澄言道：「上以施刑之人占，……此爲受刑之人占。」〔註275〕同一爻辭，所指涉之對象不同。

　　經由上述二例便可見出卦爻辭解釋之複雜性，同一卦辭、爻辭其所指有不同的對象、範圍，遂使篇義之理解，及詞義、句義、篇義間關係之解釋，呈現多元化。故歷來《易》學家對於經文篇義，及詞義、句義、篇義間關係之說明有各種不同的解法，各自提出合理之解釋。

　　經由對吳澄句讀、訓詁之考察，再反過來回應全祖望的批評，全氏指出：「〈坤〉之二以『大不習』句，〈師〉之初以『以律不（否）臧』句，〈小畜〉之四以『去惕出』句，〈履〉之上以『考祥其旋』句，皆未見其有所據也。……

〔註273〕　《經義述聞・通說下・經文數句平列上下不當歧異》，頁 1209。
〔註274〕　《易纂言》，頁 53。
〔註275〕　《易纂言》，頁 43。

而以『億喪貝』後世意錢之戲，則經師家亦豈有信之者？」〔註276〕在句讀方面，〈坤〉「大不習」，吳澄以《易經》「習」之用例解釋是可以成立的；〈師〉「以律否臧」，吳澄的解釋是指出師之初，當以音律辨吉凶，此解釋無論以句義、句法來看均合於理；小畜『去惕出』的斷句是對應〈渙〉上九「渙其血，去逖出」來看，而以「去惕（逖）出」為用詞通例，不僅於句義能相合，且可以此為通例矣；而〈履〉「考祥其旋」，因吳澄將「考」與「祥」理解為專名，此解釋於句法、句義均能相合，雖說與傳統的句讀、訓詁不同，但此不同正是吳澄解釋的可貴處，因為開啟了新解釋的可能。正因《易經》有的文字過於簡略，不易解釋，而吳澄藉著經傳文字的通例以及《易》象作為解釋的重要理據，此豈如全組望所批評的「未見其所據也」？至於〈震〉「億喪貝」一例的質疑則較具有效性，吳澄將「億」訓解為「臆錢之戲」，此解釋確實缺乏文獻上的證據，故須加以存疑。

我們可發現歷來《易經》之訓詁頗多歧異，原因便在於許多各卦之卦、爻辭的文義並不明確，故吳澄在解釋卦爻辭時只得試著從字義、詞義、句義、篇義間的關係發現端倪，並且嘗試尋出用字通例，方能見出眉目；除此，吳澄亦藉卦畫之象輔助印證，以確定字、詞之義。吳澄訓詁的原則是希望找出所謂的《易》本義，藉由對字義、詞義、句義、篇義及整個經文全盤深入的理解，配合可信的文獻及前賢的成果，加上個人對卦象的解釋，提出屬於自己的訓詁成果，對於恰當與否之論斷及特色之說明已於實例中詳盡分析，吾人可汲取吳澄《易經》訓詁的方法，並參考具獨特的說法，可於此基礎上繼續從事《易經》訓詁的工作。

〔註276〕《宋元學案・草廬學案》頁 587～588。

第三章　易象解釋之理論基礎

第一節　以六子、十消息卦及陰陽、內外結構建立「卦變說」

　　上一章已析論吳澄《易》經傳的校勘、訓詁成果，此處將進一步說明吳澄釋卦爻辭取象所提出的理論，以「卦變說」與「卦主說」爲其重要之創見。

　　卦變是《易經》象數解釋中重要的部分，所謂的卦變是指卦與卦之間的變化關係，就歷代卦變理論而言，主要分爲三大類，第一類以卦爻「升降」爲義例，以荀爽、虞翻、李之才、朱子、吳澄諸人爲代表；第二類以卦體「反對」爲義例，如俞琰（字玉吾，？～1314）、黃宗羲（字太沖，1610～1695）、胡渭（字朏明，1633～1714）、江永（字愼修，1681～1762）、等人所主張；第三類以「〈乾〉〈坤〉」相交爲義例；以蜀才（一名范長生，？～318）、程子、蘇軾（字子瞻，1037～1101）爲代表。

　　卦變的形成，從《易》學史的發展來看，《左傳》、《國語》是從占筮上運用卦變，若占筮結果出現九或六，必然產生卦變，須視變化狀況決定以本卦或之卦來占斷。到了漢代，從京房、荀爽，到魏晉虞翻，卦變便發展成理論系統，卦變已從占筮之用轉爲解經之用。朱子更進一步認爲：「今所謂『卦變』者，亦是有卦之後，聖人見得有此象，故發於彖辭。」[註1] 卦變並非用以說明六十四卦的形成，而是彖辭藉著卦變解釋卦畫。顧炎武（字寧人，1613～1682）亦持相同看法：「卦變之說不始于孔子，周公繫〈損〉䷨之六三已言之

[註1]　《朱子語類》卷67，頁1667。

矣！曰：『三人行則損一人，一人行則得其友。』」﹝註2﹞依朱子、顧氏的說法，卦變在經文中便已出現，而非始自《象傳》。

漢儒及後世的卦變理論是承繼《象傳》的說法而成，《象傳》多處論及剛柔、往來、上下，以此爲基礎建立出不同的卦變體系。以黃宗羲《易》學象數論‧卦變》所列的內容有虞翻、李之才、程子、朱子、朱升、來知德（字矣顯，1525～1604）諸子的見解，對各家「卦變說」的優點及限制有深入的說明。胡渭的《易圖明辨‧卦變》亦討論此議題，但多順承黃宗羲的說法。黃宗羲與胡渭對以升降與〈乾〉〈坤〉建立的卦變義例有深刻的反省批判，同時主張以另一類反對義例來取代之。

這兩類義例歷代主張者甚夥，且「〈乾〉、〈坤〉」交易的義例，朱子、黃宗羲已作出深刻的評斷，﹝註3﹞故本文不再贅述。吳澄的「卦變說」屬於升降義例，並且自荀、虞、李之才、朱子的系統演進而成。以下將尋此發展，對顯出吳澄論點之特色。

在討論虞翻的卦變理論之前，先交待作爲其理論源頭的京房及荀爽的論點。京房對後來「卦變說」產生的影響主要是八宮卦說，其內容是以八卦爲主，又將一卦六爻區分爲六世，﹝註4﹞以此解釋六十四卦之形成。﹝註5﹞八宮

﹝註2﹞　《日知錄‧卦變》，頁5。

﹝註3﹞　黃宗羲指出：「程子亦專以〈乾〉☰、〈坤〉☷言卦變，本之蜀才，曰：『此本〈乾〉卦☰』，『此本〈坤〉卦☷』，荀爽曰：『〈謙〉䷎是〈乾〉☰來之〈坤〉☷。』非創論也。但三陰、三陽之卦，此往彼來，顯然可見，其他則來者不知何來，往者不知何往。……故朱子曰：『程子專以〈乾〉、〈坤〉言卦變，然只是上、下兩體皆變者可通，若只一體變者則不通。』蓋已深中其病矣。」《易學象數論‧卦變三》《黃宗羲全集（第九冊）》（浙江：浙江古籍出版社，1993年），頁59～60。

﹝註4﹞　京房言道：「孔子云：『易有四易：一世、二世爲地易，三世、四世爲人易，五世、六世爲天易，游魂、歸魂爲鬼易。』」，見《京房易傳》（臺北：臺灣商務印書館，1983年《景印文淵閣四庫全書》），卷下，頁466。

﹝註5﹞　京房之八宮卦內容爲：「〈乾〉☰宮〈姤〉䷫、〈遯〉䷠、〈否〉䷋、〈觀〉䷓、〈剝〉䷖、〈晉〉䷢、〈大有〉䷍。〈震〉䷲宮：〈豫〉䷏、〈解〉䷧、〈恆〉䷟、〈升〉䷭、〈井〉䷯、〈大過〉䷛、〈隨〉䷐。〈坎〉䷜宮：〈節〉䷻、〈屯〉䷂、〈既濟〉䷾、〈革〉䷰、〈豐〉䷶、〈明夷〉䷣、〈師〉䷆。〈艮〉䷳宮：〈賁〉䷕、〈大畜〉䷙、〈損〉䷨、〈睽〉䷥、〈履〉䷾、〈中孚〉䷼、〈漸〉䷴。〈坤〉䷁宮：〈復〉䷗、〈臨〉䷒、〈泰〉䷊、大壯䷡、〈夬〉䷪、〈需〉䷄、〈比〉䷇。巽䷸宮：〈小畜〉䷈、〈家人〉䷤、〈益〉䷩、〈无妄〉䷘、〈噬嗑〉䷔、〈頤〉䷚、〈蠱〉䷑。〈離〉䷝宮：〈旅〉䷷、〈鼎〉䷱、〈未濟〉䷿、〈蒙〉䷃、〈渙〉䷺、〈訟〉䷅、〈同人〉䷌。〈兌〉䷹宮：〈困〉䷮、〈萃〉䷬、〈咸〉䷞、〈蹇〉䷦、〈謙〉

卦中的四十八卦是利用八卦的爻變作爲說明，其中一至五爻，分別以初爻變作爲一世，二爻變作爲二世，餘此類推。〔註6〕

　　京房利用〈乾〉☰、〈震〉☳、〈坎〉☵、〈艮〉☶、〈坤〉☷、〈巽〉☴、〈離〉☲、〈兌〉☱ 八卦六爻之爻變的作法影響後來的卦變理論，後來的升降卦變以乾、坤與六子作爲解釋基礎，並將爻變之法轉變成陰陽爻的升降變化。

　　關於荀爽的論點，保存於李鼎祚所輯《周易集解》。荀爽提出重要的「升降」原理，嘗言道爲：「陽升陰降，天道行也。」〔註7〕此是將陰、陽爻之升降與自然界天氣上升，地氣下降之理配合，陽升陰降的原理影響後來升降義例的發展。荀爽有關卦變的內容，羅列如下：〈屯〉䷂「此本〈坎〉卦☵」、〈蒙〉䷃「此本〈艮〉卦☶也」，〈訟〉䷅「陽來居二，而孚於初」，〈泰〉䷊「坤氣上升以成天道，乾氣下降以成地道，天地二氣若時不交，則爲閉塞，今既相交，乃通泰。」，〈謙〉䷎「乾來之坤故下濟」，〈隨〉䷐「〈隨〉者，〈震〉☳之歸魂」，〈咸〉䷞「乾下感坤，故萬物化生於山澤」，〈恆〉䷟「〈震〉☳世也」、「乾氣下終，始復升上居四也；坤氣上終，始復下降居初也」，〈大壯〉䷡「乾剛震動，陽從下升，陽氣大動，故壯也。」，〈晉〉䷢「陰進居五，處用事之位」，〈蹇〉䷦「乾動往居坤五，故得中也」，〈解〉䷧「乾動之坤而得眾」、「乾坤交通，動而成解」，〈損〉䷨「損乾之三居上」，〈萃〉䷬「此本於否卦䷋」，〈困〉䷮「此本否卦䷋」，〈井〉䷯「此本泰卦䷊」，〈旅〉䷷「謂陰升居五，與陽通者也」，〈渙〉䷺「謂陽來居二，在坤之中」，〈既濟〉䷾「天地既交，陽升陰降」，〈未濟〉䷿「柔上居五，與陽合同」。

　　其中，〈泰〉、〈否〉、〈大壯〉爲消息卦，由乾、坤所變；〈損〉、〈井〉、〈既

䷽、〈小過〉䷽、〈歸妹〉䷵。」目前所見《四庫全書》本《京房易傳》便依此次序排列，惠棟（字定宇，1697～1758）《易漢學》亦曾整理京房「八宮卦次序圖」，，《易漢學》，卷4，頁62。

〔註6〕至於其他的十六卦則以「游魂」、「歸魂」解釋，所謂「游魂」、「歸魂」，以晉、大有爲例，京房言：「晉，陰陽反復，進退不居，精粹氣純，是爲游魂。……乾道變化，萬物通矣，六爻交通：至於六卦陰陽相資相反，相剋相生，至游魂復歸本位爲大有，故曰火在天上大有爲歸魂。」《京房易傳》，卷上，頁443。

〔註7〕《周易集解》，卷1，釋乾文言「以御天也」，頁18。以下所引荀爽之說分別出自《周易集解》卷2，頁38、卷2，頁43、卷3，頁51、卷4，頁76、卷4，頁92、卷4，頁92、卷7，頁160、卷7，頁163、卷7，頁170、卷7，頁174、卷8，頁192、卷8，頁195與196、卷8，頁200、卷9，頁225、卷9，頁229、卷10，頁236、卷11，頁274、卷12，頁287、卷12，頁303、卷12，頁307。

濟〉由〈泰〉所變，〈咸〉、〈萃〉〔註8〕、〈困〉、〈旅〉、〈未濟〉由〈否〉所變；〔註9〕〈訟〉由四陽二陰之卦〈大壯〉、〈觀〉所變，〈晉〉則爲二陽四陰之卦〈臨〉、〈觀〉所變，與前諸卦同爲消息卦所變。〈謙〉、〈蹇〉、〈解〉則爲〈乾〉、〈坤〉所變，而〈屯〉、〈蒙〉、〈隨〉、〈恆〉本六子卦所變，〈隨〉與〈恆〉是利用京房的八宮世應說。

焦循（字理堂，1763～1870）對荀爽的說法評論道：

> 荀爽謂：〈屯〉本〈坎〉卦，初六升二，九二降初；〈蒙〉本〈艮〉卦，二進居三，三降居二，則本六子矣。〈謙〉〈乾〉來之〈坤〉，則謂〈乾〉上之〈坤〉三；〈解〉，〈乾〉動之〈坤〉，謂〈乾〉〈坤〉交通，動而成〈解〉，則本於〈乾〉、〈坤〉矣。〈訟〉陽來居二則本〈遯〉，〈旅〉陰升居五則本〈否〉，〈晉〉陰居五則本〈觀〉，損〈乾〉之三居上則本〈泰〉，是又本十二辟矣。乃〈萃〉則云，此本〈否〉卦上九陽爻，見減遷移，是則用《易林》之法，所謂〈否〉之〈萃〉矣。
> 〈隨〉爲〈震〉之歸魂，〈蠱〉者〈巽〉也，〈解〉者〈震〉世也，
> 是又用京房『世應』之說也。〔註10〕

焦循對荀爽批評是解釋論點不能統一，既包含乾、坤、六子、十辟（消息卦），有《易林》之法〔註11〕、京房世應之說，解釋頗爲混亂，無法提出通則。

至於虞翻卦變內容，〔註12〕正如錢大昕（字曉征、辛楣，1728～1804）所言：「虞仲翔說《易》專取旁通與之卦。旁通者，乾與坤、坎與離、艮與兌、震與巽，交相變也。之卦則以兩爻交易而得一卦，〈乾〉、〈坤〉者，諸卦之宗，

〔註8〕 對於〈萃〉☷☰ 由〈否〉☰☷ 所變，見於下焦循的說法。

〔註9〕 除〈萃〉☷☰、〈困〉☱☵、〈井〉☵☴ 三卦荀爽直接指出本於〈否〉☰☷、〈泰〉☷☰ 之外，其餘諸卦與泰、〈否〉之關係則是：〈損〉「乾☰之三居上」即〈泰〉☷☰ 之九三往上，〈泰〉☷☰ 之上六來初；〈既濟〉☵☲「天地既交，陽升陰降」即〈泰〉☷☰ 之九二往五，〈泰〉☷☰ 之六五來二；〈咸〉☱☶「乾☰下感坤☷」，是指〈否〉☰☷ 之六三居上，上九來居三；〈旅〉☲☶「陰升居五」是指〈否〉☰☷ 六三往居五，九五來居三；〈未濟〉☲☵「柔上居五，與陽合同」則是指〈否〉卦☰☷ 六二上居五，九五來居二。

〔註10〕 《易圖略·論卦變上第二》（臺北：藝文印書館，1992年，《皇清經解·易類彙編》），卷7，頁1205。

〔註11〕 焦延壽的《易林》，以六十四卦爲貞，變卦爲悔，變出四千零九十六卦，此由《左傳》「貞屯悔豫」加以擴衍，展現占筮的無窮變化，亦可視爲變卦諸多可能的充分呈現。

〔註12〕 虞翻的卦變內容完整保存於《周易集解》中，文中所引相關文字均出自此書。

〈復〉、〈臨〉、〈泰〉、〈大壯〉、〈夬〉，陽息卦；〈姤〉、〈遯〉、〈否〉、〈觀〉、〈剝〉，陰消卦，皆自〈乾〉、〈坤〉而來，而諸卦又生消息卦。」〔註13〕

虞翻所言的旁通是指陰陽相對之卦，藉由旁通與消息兩種方式解釋六十四卦的形成，前者影響後來的反對卦變，後者則形成消息卦變。在消息卦變的內容經整理後為：

（1）二陰、二陽之卦自〈臨〉䷒、〈遯〉䷠、〈大壯〉䷡、〈觀〉䷓而變者：〈明夷〉䷣、〈解〉䷧、〈升〉䷭、〈震〉䷲四卦自〈臨〉䷒而變，〈訟〉䷅、〈无妄〉䷘、〈家人〉䷤、〈革〉䷰、〈巽〉䷸五卦自〈遯〉卦䷠而變；〈需〉䷄、〈大畜〉䷙、〈睽〉䷥、〈鼎〉䷱、〈兌〉䷹五卦自〈大壯〉䷡而變，〈晉〉䷢、〈蹇〉䷦、〈萃〉䷬、〈艮〉䷳自〈觀〉卦䷓而變。

（2）三陰、三陽之卦自〈泰〉䷊、〈否〉䷋而變者各九：〈蠱〉䷑、〈賁〉䷕、〈恆〉䷟、〈損〉䷨、〈井〉䷯、〈歸妹〉䷵、〈豐〉䷶、〈節〉䷻、〈既濟〉䷾自〈泰〉䷊而變，〈隨〉䷐、〈噬嗑〉䷔、〈咸〉䷞、〈益〉䷩、〈困〉䷮、〈漸〉䷴、〈旅〉䷷、〈渙〉䷺、〈未濟〉䷿自〈否〉䷋而變。〔註14〕

〔註13〕《潛研堂文集・答問》（臺北：藝文印書館，1992 年，《皇清經解・諸經總義類彙編》，第 2 冊），頁 2246。

〔註14〕對於虞翻卦變內容，黃宗羲、錢大昕、焦循有不同的認定。錢大昕所列的內容：（1）二陰二陽之卦自〈臨〉卦䷒來者四，〈明夷〉、〈解〉、〈升〉、〈震〉䷲；自〈遯〉卦䷠而來者四，〈訟〉、〈无妄〉䷘、〈家人〉、〈巽〉䷸；自〈大壯〉䷡而來者四，〈需〉、〈大畜〉、〈睽〉、〈兌〉䷹；自〈觀〉卦䷓來者四，〈晉〉、〈蹇〉䷦、〈萃〉、〈艮〉。（2）三陰三陽之卦自〈泰〉卦䷊來者九卦，〈蠱〉䷑、〈賁〉、〈恆〉、〈損〉、〈井〉䷯、〈歸妹〉䷵、〈豐〉䷶、〈節〉䷻、〈既濟〉；自〈否〉䷋來者九卦，〈隨〉䷐、〈噬嗑〉、〈咸〉、〈益〉、〈困〉、〈漸〉、〈旅〉、〈渙〉、〈未濟〉䷿。（《潛研堂文集・答問》，《皇清經解・諸經總義類彙編》，第 2 冊，頁 2246）焦循所列內容相較錢氏，在遯來者多列個革卦，自大壯來者多列了鼎卦。（《易圖略・論卦變上第二》，《皇清經解・易類彙編》，頁 1205）黃氏《易學象數論》所列內容較繁複，乃經黃氏整理後的結果，其內容為：（1）一陰一陽之卦各六，自〈復〉䷗變者，〈師〉、〈謙〉、〈豫〉、〈比〉、〈剝〉䷖；自〈姤〉䷫變者，〈同人〉、〈履〉、〈小畜〉、〈大有〉、〈夬〉䷪。（2）二陰二陽之卦各九，自〈臨〉䷒變者，〈升〉䷭、〈解〉、〈坎〉、〈蒙〉䷃、〈明夷〉、〈震〉䷲、〈屯〉、〈頤〉䷚；自〈遯〉䷠變者，〈无妄〉、〈家人〉、〈離〉、〈革〉、〈訟〉、〈巽〉、〈鼎〉、〈大過〉䷛。（3）三陰三陽之卦各十，自〈泰〉䷊變者，〈恆〉䷟、〈井〉、〈蠱〉、〈豐〉䷶、〈既濟〉䷾、〈賁〉、〈歸妹〉䷵、〈節〉、〈損〉䷨；自〈否〉䷋變者，〈益〉、〈噬嗑〉䷔、〈隨〉、〈渙〉、〈未濟〉、〈困〉、〈漸〉、〈旅〉、〈咸〉。（4）四陰四陽之卦各九，自〈大壯〉䷡變者，〈大壯〉䷡、

　　在孟喜卦氣說指出，十二消息卦中的〈姤〉䷫至〈坤〉䷁爲陰息陽消的變化，而〈復〉䷗至〈乾〉䷀爲陽息陰消的過程，因此自〈遯〉䷠、〈觀〉䷓、〈否〉䷋而變之卦，是以陰升陽降的方式變化，自〈臨〉䷒、〈大壯〉䷡、〈泰〉䷊而變之卦，則是採陽升陰降的方式變化。在二陰、二陽之卦便可藉著爻畫升降的方式作出區隔，二陽之卦自〈臨〉䷒而變者是採陽爻上升的方式，自〈觀〉䷓而變者，則以陽爻下降的方式變化；二陰之卦自〈遯〉䷠而變者，爲陰爻上升的方式，自〈大壯〉䷡而變者，則爲陰爻下降的方式變化。三陰、三陽之卦的變化方式同此。

　　其他諸卦則成爲特例，如一陽、一陰之卦，〈師〉䷆：「坤䷁爲眾，謂二失位，變之五爲〈比〉䷇」〔註15〕〈比〉䷇：「〈師〉䷆二上之五得位」，小畜䷈：「〈需〉䷄上變爲巽☴」，〈履〉䷉：「謂變〈訟〉䷅初爲兌☱」，〈同人〉䷌：「旁通〈師〉卦䷆」，〈大有〉䷍：「與〈比〉䷇旁通」，〈謙〉䷎：「〈乾〉䷀上九來之〈坤〉䷁」，〈豫〉䷏：「〈復〉䷗初之四」，〈剝〉䷖：「陰消〈乾〉也，與〈夬〉䷪旁通」、「此本〈乾〉卦䷀，群陰〈剝〉陽，故名爲〈剝〉也」，〈復〉：「陽息〈坤〉䷁，與〈姤〉䷫旁通」，〈夬〉䷪：「陽決陰，息卦也，……與〈剝〉䷖旁通」，〈姤〉䷫：「消卦也，與〈復〉䷗旁通」、「陰息〈剝〉陽」。虞翻未將諸一陽、一陰之卦以消息卦變化呈現，其中，除〈師〉、〈比〉、〈豫〉是以爻畫之升降來論，此尚合於消息卦變正例外，其餘頗爲紊亂；〈同人〉、〈大有〉僅論旁通，〈謙〉卦由乾、坤所變，〈小畜〉、〈履〉由〈需〉、〈訟〉所變，則爲變例矣。焦循嘗批評道：「〈謙〉則乾上九來之坤，與荀氏同，所謂自乾、坤來；……〈豫〉則〈復〉初之四，〈比〉則〈師〉二之五，說者以爲從兩象易之例，非乾、坤往來；而〈履〉則變〈訟〉初爲兌，小畜則〈需〉上變爲巽，此亦荀氏〈萃〉本〈否〉卦之說，於卦變中別一義矣。」〔註16〕

　　焦循認爲虞翻說法之不足在於解釋通例未能建立，或本於乾、坤往來，或本兩象易、或本焦氏《易林》之法，而修正之法，焦循言道：「彭城蔡景君：

〈大過〉䷛、〈鼎〉䷱、〈革〉䷰、〈離〉䷝、〈兌〉䷹、〈睽〉䷥、〈需〉䷄、〈大畜〉䷙：自〈觀〉䷓變者，〈觀〉䷓、〈頤〉䷚、〈屯〉䷂、〈蒙〉䷃、〈坎〉䷜、〈艮〉䷳、〈寋〉䷦、〈晉〉䷢、〈萃〉䷬。（5）變例之卦二，〈中孚〉䷼、〈小過〉䷽。（《黃宗羲全集》，第9冊，62～66）

〔註15〕《周易集解》，卷3，頁56；卷3，頁61；卷3，頁66；卷3，頁69；卷4，頁85；卷4，頁88；卷4，頁91；卷4，頁96；卷5，頁123；卷6，頁130；卷9，頁211；卷9，頁216。

〔註16〕同前註。

『〈謙〉，〈剝〉上來之三』，蜀才謂：『〈師〉本〈剝〉卦，〈同人〉本〈夬〉卦。』則一陽一陰、二陽二陰之例通矣。然一陽之卦有四，皆可兼自〈復〉、〈剝〉來；一陰之卦有四，皆可兼自〈夬〉、〈姤〉來。」〔註17〕焦循認為〈師〉䷆、〈謙〉䷎、〈豫〉䷏、〈比〉䷇一陽之卦可歸於〈復〉䷗、〈剝〉䷖所變，〈同人〉䷌、〈履〉䷉、〈小畜〉䷈、〈大有〉䷍則歸於〈夬〉䷪、〈姤〉䷫所變，如此則與二陽、二陰與三陽、三陰之例一致；若欲細論之，〈師〉與〈謙〉自〈復〉而變，〈豫〉與〈比〉自〈剝〉而變；〈同人〉與〈履〉自〈姤〉而變，〈小畜〉與〈大有〉自〈夬〉而變，此據前所言陰陽升降之原理而區分。

　　除一陽、一陰之卦外，其他自紊其例者有：〈屯〉䷂：「〈坎〉䷜二之初」〔註18〕〈蒙〉䷃：「〈艮〉䷳三之二」，此二例屬自六子而變之例；〈頤〉䷚：「〈晉〉䷢四之初」，〈頤〉由〈晉〉所變，此例與消息卦之通則不合；〈大過〉䷛：「〈大壯〉䷡五之初，或〈兌〉䷹三之初」，既言〈大過〉自〈大壯〉所變，〈復〉言由〈兌〉所變，乃自亂其例；〈坎〉䷜：「〈乾〉䷀二五之〈坤〉䷁」、〈離〉䷝：「〈坤〉䷁二五之〈乾〉䷀，與〈坎〉䷜旁通；於爻，〈遯〉䷠初之五」此處言〈坎〉、〈離〉自〈乾〉、〈坤〉所變，亦不合於通例，且〈離〉又言自〈遯〉所變，與〈大過〉一般是卦變有二源，與單一來源之通例相違，由此可見，虞翻並無一貫的卦變原則。

　　近人屈萬里先生對荀爽、虞翻的卦變理論指出其限制，在荀爽的部分：其一為荀氏易例莫大乎陽升陰降，而〈屯〉、〈蒙〉、〈訟〉、〈晉〉、〈旅〉諸卦皆陰升陽降，違於通例；其二，〈萃〉為二陽之卦，而稱本諸三陽之〈否〉卦，於理不通。〔註19〕以第一點來說，〈屯〉、〈蒙〉之卦變為六子卦，此異於消息卦所變，故不適用陰陽升降之例；〈訟〉本之〈遯〉、〈晉〉本之〈觀〉、〈旅〉本之〈否〉，〈遯〉、〈觀〉、〈否〉為陽息陰消之卦，是以陰升陽降的方式變化。〔註20〕而〈萃〉之例即焦循所稱本諸《易林》，此則為荀爽自問其例之一證。對虞翻的限制，屈氏指出：「惟是卦變之說，本於《彖傳》往來、上下之文，而《彖傳》所謂往來、

〔註17〕《易圖略・論卦變上第二》，頁 1205。

〔註18〕《周易集解》，卷 2，頁 37；卷 2，頁 42；卷 6，頁 141；卷 6，頁 145；卷 6，頁 148；卷 6，頁 153。

〔註19〕見於屈萬里先生《先秦漢魏易例述評》，《屈萬里全集》（臺北：聯經出版社，1984 年），頁 120～121。

〔註20〕荀爽的升降是本諸孟喜的卦氣說，陽升陰降是就復至乾陽息之卦而論，姤至坤陰息之卦則是陰升陽降，因此，陽升陰降並非荀爽之升降及卦變易例。

上下者，皆就前卦之倒轉而言，本不合於虞氏之說」〔註21〕屈萬里先生是以反對義例來否定虞翻的升降義例，此批評屬系統外的批評，未能就理論本身作討論。是否《象傳》所謂往來、上下者，皆就卦之反對而言，尚有爭議，容後於反對義例處作討論。

李之才的卦變圖〔註22〕有二，一是變卦反對圖，一是六十四卦相生圖。此二圖分別依據不同的概念，變卦反對圖是以〈乾〉☰、〈坤〉☷作為其餘六十二卦變化的基礎，將所變生之卦分為：不反對者六卦、一陰一陽反對者各六、二陽二陰反對者各十二卦、三陽三陰反對者各十二卦；六十四卦相生圖則由〈乾〉☰、〈坤〉☷相交成〈姤〉、〈復〉，〈乾〉〈坤〉再交成〈臨〉、〈遯〉，三交則成〈泰〉、〈否〉；再由此六卦變生出其餘五十六卦。為了順前面消息卦變的討論，先就相生圖作考察。

李之才相生圖的內容如下：以〈乾〉☰、〈坤〉☷交索產生六辟卦，

（1）〈坤〉一交〈乾〉得〈復〉、〈乾〉一交〈坤〉得〈剝〉；〈復〉初畫陽爻上升，五變依序得出得〈師〉、〈謙〉、〈豫〉、〈比〉、〈剝〉，〈剝〉初陰逐漸上升，五變依次得出得〈同人〉、〈履〉、〈小畜〉、〈大有〉、〈夬〉。

（2）再交〈乾〉得〈臨〉，〈乾〉再交〈坤〉為〈遯〉；以〈臨〉卦而言，由〈明夷〉至〈艮〉的變化，〈臨〉二之三成〈明夷〉，〈臨〉初之三成〈升〉，〈臨〉初之三、二之四成〈小過〉，〈臨〉初之三、二之五成〈蹇〉，〈臨〉初之三、二之上成〈艮〉，形成五變。

（3）〈泰〉卦、〈否〉卦則分別由〈坤〉三交〈乾〉與〈乾〉三交〈坤〉所形成；以〈泰〉卦來論，從〈歸妹〉至〈恆〉卦，〈泰〉三升四成〈歸妹〉，〈泰〉二升四成〈豐〉卦，〈泰〉初升四成〈恆〉卦，形成三變。

在〈臨〉、〈遯〉的五變，又各自有變化，〈明夷〉至〈頤〉為〈臨〉初不變，第二爻升三逐漸至上畫為四變；〈升〉至〈蒙〉為〈臨〉九二不變，初畫升三漸至上畫為四變；〈小過〉至〈觀〉，〈臨〉二陽爻皆變，由三四、四五、升至五上，為三變；〈蹇〉至〈晉〉亦為二陽爻皆變，由三五升至五上；至於〈艮〉則單屬一變。〈遯〉卦的變化與

〔註21〕見於屈萬里先生《先秦漢魏易例述評》，頁 145。

〔註22〕李之才的卦變圖見於朱震《周易卦圖》，《通志堂經解》（1）（揚州：江蘇廣陵古籍刻印社，1996 年）卷上，頁 1，亦見於《易學象數論》及胡渭《易圖明辨》。

〈臨〉卦䷒不同處，〈臨〉卦以陽爻上升爲主，〈遯〉卦則以陰爻的上升爲主，變化規律相同。在〈泰〉䷊、〈否〉䷋的三變，各自的變化爲：〈歸妹〉䷵至〈損〉䷨爲〈泰〉䷊初、二不變，由三升至四逐漸趨上，形成三變；〈豐〉䷶至〈賁〉䷕爲〈泰〉䷊初、三不變，二由四升至五，此又爲三變；〈恆〉䷟至〈蠱〉䷑爲〈泰〉䷊之二、三不變，初由四升至上畫，又爲三變。〈否〉卦䷋與〈泰〉卦䷊相反，以陰爻上升的變化爲主。

此圖主要特色在〈臨〉䷒、〈遯〉䷠所變二陽、二陰之類。李氏將虞翻由〈觀〉䷓所變之卦〈萃〉䷬、〈晉〉䷢、〈蹇〉䷦、〈艮〉䷳及〈觀〉䷓本身歸入〈臨〉卦䷒，並加入〈小過〉䷽；由〈大壯〉䷡所變之卦〈大畜〉䷙、〈需〉䷄、〈睽〉䷥、〈兌〉䷹及〈大壯〉䷡本身，另加入〈中孚〉䷼，歸入〈遯〉卦䷠。其中，原本在虞翻的理論中由〈觀〉䷓、〈大壯〉䷡所變之卦均得以一爻變解釋，但李氏畫入〈臨〉䷒、〈遯〉䷠所變之列，則成爲二爻主變；至於〈中孚〉䷼由〈訟〉䷅所變、〈小過〉䷽由〈晉〉䷢所變這兩變例，在李氏的系統中亦得以二爻主變歸入〈臨〉䷒、〈遯〉䷠所變。

依李氏的體系，將〈大壯〉䷡、〈觀〉䷓併入〈臨〉䷒、〈遯〉䷠，解決了虞翻卦變來源重出的問題；至於變例，則分別併之於〈臨〉䷒、〈遯〉䷠之類，變例便轉成正例；對於屬一陰、一陽變生的卦，亦有所安頓。經李氏的修正後，解決虞翻上述三點缺失。

李之才的卦變理論是否解決了虞翻的難題？非也。關鍵在於四陽、四陰之例，出現了兩爻變動的現象，與其他諸卦一爻變動的情況不同，使得系統出現兩種原則，使通則無法成立。李氏雖欲解決虞翻卦變來源重出及變例的問題，但其實李氏加入兩爻變動的方式，與虞翻所採取一爻變動的通例，已產生質的變化。黃宗羲對對此嘗批評道：「〈臨〉、〈遯〉自第二變以後，主變之卦，兩爻皆動，在《象傳》亦莫之適從，又不如虞氏動以一爻之有定法也。」〔註23〕

虞翻的卦變除兩變例外均以一爻主變，而以此爲通例；但畢竟仍有變例及卦變來源重出的限制存在，代表此套說法並不能涵蓋所有的對象，完整性不足。此說明了一爻主變並不足以作爲通例，必須有另套方式來解決變例及重出之卦，而李氏的卦變圖便是以二爻主變的方式作出解釋，而將此些例外重新畫歸體系之中；將一爻主變與二爻主變的方式並存，便是李之才繼虞翻之後的新發展。

〔註23〕《易學象數論》，頁59。

　　朱子卦變圖仍是承繼荀爽陰、陽升降的觀點，將消息卦依陰息陽消與陽息陰消作區分，陽息之卦陽爻上升，陰息之卦陰爻上升，以此考察卦畫的變化。以一陰、一陽之卦為例，從〈復〉至〈剝〉便是〈復〉之初九逐漸上升的結果，〈師〉卦由〈復〉之初升二而來，〈比〉由〈復〉之初升至五所致；〈姤〉至〈夬〉則是〈姤〉至陰爻逐漸上升的結果，〈大有〉即〈姤〉初升五所變。

　　雖然朱子亦延續李之才「六十四卦相生圖」的觀點，不同的是：李氏僅用了六消息卦（〈姤〉▤、〈復〉▤、〈臨〉▤、〈遯〉▤、〈泰〉▤、〈否〉▤）作變化之基礎，而朱子則用了十消息卦（增加〈大壯〉▤、〈觀〉▤、〈夬〉▤、〈剝〉▤）。在朱子卦變圖中，一陰之卦即五陽之卦（〈師〉、〈比〉、〈謙〉、〈豫〉、〈剝〉、〈復〉），一陽之卦即四陰之卦（〈小畜〉、〈履〉、〈同人〉、〈大有〉、〈夬〉、〈姤〉）；二陰之卦即四陽之卦（〈屯〉、〈蒙〉、〈臨〉、〈觀〉、〈頤〉、〈坎〉、〈晉〉、〈明夷〉、〈蹇〉、〈解〉、〈萃〉、〈升〉、〈震〉、〈艮〉、〈小過〉），二陽之卦即四陰之卦（〈需〉、〈訟〉、〈无妄〉、〈大畜〉、〈大過〉、〈離〉、〈遯〉、〈大壯〉、〈家人〉、〈睽〉、〈革〉、〈鼎〉、〈巽〉、〈兌〉、〈中孚〉）；三陰之卦即三陽之卦（〈泰〉、〈否〉、〈隨〉、〈蠱〉、〈噬嗑〉、〈賁〉、〈咸〉、〈恆〉、〈損〉、〈益〉、〈困〉、〈井〉、〈漸〉、〈歸妹〉、〈豐〉、〈旅〉、〈渙〉、節、〈既濟〉、〈未濟〉），由於這個原因，朱子的卦變圖出現一百二十四個卦，每個卦（除〈乾〉、〈坤〉外）皆有兩個卦變來源。

　　朱子的卦變圖〔註24〕與李之才的六十四卦相生圖有些不同，李氏的相生圖

〔註24〕此圖見於《周易本義》前附圖，其內容如下：「（一）凡一陰、一陽之卦各六，皆自〈復〉▤、〈姤〉▤而來：〈剝〉▤、〈比〉▤、〈豫〉▤、〈謙〉▤、〈師〉▤、〈復〉▤，〈夬〉▤、〈大有〉▤、〈小畜〉▤、〈履〉▤、〈同人〉▤、〈姤〉▤。（二）凡二陰、二陽之卦各十五，皆自〈臨〉▤、〈遯〉▤而來：（1）〈頤〉▤、〈屯〉▤、〈震〉▤、〈明夷〉▤、〈臨〉▤，（2）〈蒙〉▤、〈坎〉▤、〈解〉▤、〈升〉▤，（3）〈艮〉▤、〈蹇〉▤、〈小過〉▤，（4）〈晉〉▤、〈萃〉▤，（5）〈觀〉▤；（1）〈大過〉▤、〈鼎〉▤、〈巽〉▤、〈訟〉▤、〈遯〉▤，（2）〈革〉▤、〈離〉▤、〈家人〉▤、〈无妄〉▤，（3）〈兌〉▤、〈睽〉▤、〈中孚〉▤，（4）〈需〉▤、〈大畜〉▤，（5）〈大壯〉▤。（三）凡三陰、三陽之卦各二十，皆自〈泰〉▤、〈否〉▤而來：（1）〈損〉▤、〈節〉▤、〈歸妹〉▤、〈泰〉▤，（2）〈賁〉▤、〈既濟〉▤、〈豐〉▤，（3）〈噬嗑〉▤、〈隨〉▤，（4）〈益〉▤，（5）〈蠱〉▤、〈井〉▤、〈恆〉▤，（6）〈未濟〉▤、〈困〉▤，（7）〈渙〉▤，（8）〈旅〉▤、〈咸〉▤，（9）〈漸〉▤，（10）〈否〉▤：（1）〈咸〉▤、〈旅〉▤、〈漸〉▤、〈否〉▤，（2）〈困〉▤、〈未濟〉▤、〈渙〉▤，（3）〈井〉▤、〈蠱〉▤，（4）〈恆〉▤，（5）〈隨〉▤、〈噬嗑〉▤、〈益〉▤，（6）〈既濟〉▤、〈賁〉▤，（7）〈豐〉▤，（8）〈節〉▤、〈損〉▤，（9）〈歸妹〉▤，（10）〈泰〉▤。（四）四陰、四陽之卦各十五，皆自〈大壯〉▤、〈觀〉▤

明確指出每個卦單一的卦變來源，而朱子卻對同一卦指出兩個不同來由；依常理判斷，朱子當知曉標舉一陰、一陽之卦與五陰、五陽之卦，二陽、二陰之卦與四陽、四陰之卦必然出現重疊，何以朱子仍會設計出如此繁複的卦變圖？且此卦變圖又不適用於解經，而朱子在解經時亦未依據此圖，到底此圖之作用何在？正如黃宗羲所所批評的：「既有重出，則每卦必有二來，從其一，則必舍其一，以《彖傳》附會之，有一合必有一不合。就其所謂一來者，尚有兩爻具動，並其二來，則動者四爻矣。」〔註25〕又言：「朱子雖為此圖，亦自知其決不可用。」〔註26〕朱子又何須著此圖而將其置於《周易本義》書前？

由此便可見出朱子欲藉此圖呈現六十二卦陰陽升降所有變化，此乃獨立於經、傳之外，純粹從符號的變化關係來思考的。正如朱子於卦變圖下所標明的：「《彖傳》以卦變為說，今作此圖以明之。蓋《易》中之一義，非畫卦作《易》之本指也。」朱子明確指出此圖並非《易》本身的宗旨，但卻是對《易》卦的一種合理解釋；朱子依據《彖傳》提出卦變的概念，將六十二卦各種變化的可能充分展現；此非用以解釋經文，而是展示六十四間經由爻畫升降產生的各種聯結。既明於此，將朱子卦變圖與解經所用的卦變作區分是極重要的；黃宗羲將此圖與朱子解經時採用的卦變併觀，實未能揭示此圖真正的意涵。

以反對〔註27〕說卦變，是另一套迥異於升降的概念架構，反對義例重在卦本身，由卦的變化導致爻的改變；升降義例重在爻的變化，認為爻的改變造成卦的變化。前者將主變權落在兩相對反的卦體上，後者則落在爻的升降上，形成兩種不同的概念架構。

反對是六十四卦顯見的關係，孔穎達言道：「今驗六十四卦，二二相耦，非覆即變。覆者，表裏視之遂成兩卦，〈屯〉䷂、〈蒙〉䷃，〈需〉䷄、〈訟〉䷅，

而來：（1）〈大畜〉䷙、〈需〉䷄、〈大壯〉䷡，（2）〈睽〉䷥、〈兌〉䷹，（3）〈中孚〉䷼，（4）〈離〉䷝、〈革〉䷰，（5）〈家人〉䷤，（6）〈无妄〉䷘，（7）〈鼎〉䷱、〈大過〉䷛，（8）〈巽〉䷸，（9）〈訟〉䷅，（10）〈遯〉：（1）〈萃〉䷬、〈晉〉䷢、〈觀〉䷓，（2）〈蹇〉䷦、〈艮〉䷳，（3）〈小過〉䷽，（4）〈坎〉䷜、〈蒙〉䷃，（5）〈解〉䷧，（6）〈升〉䷭，（7）〈屯〉䷂、〈頤〉䷚，（8）〈震〉䷲，（9）〈明夷〉䷣，（10）〈臨〉䷒。（五）凡五陰、五陽之卦各六，皆自〈夬〉䷪、〈剝〉䷖而來：〈大有〉䷍、〈夬〉䷪、〈小畜〉䷈、〈履〉䷉、〈同人〉䷌、〈姤〉䷫，〈比〉䷇、〈剝〉䷖、〈豫〉䷏、〈謙〉䷎、〈師〉䷆、〈復〉䷗。」。

〔註25〕同前註，頁 60。

〔註26〕同前註，頁 61。

〔註27〕此處所用「反對」概念是總稱，其細部包含了反卦、對卦與兩象易（上卦、下卦位置對調）。

〈師〉䷆、〈比〉䷇之類是也；變者，反覆唯成一卦，則變以對之，〈乾〉䷀、〈坤〉䷁，〈坎〉䷜、〈離〉䷝，〈大過〉䷛、〈頤〉䷚，〈中孚〉䷼、〈小過〉䷽之類是也。」〔註28〕孔氏所稱六十四卦的關係爲「非覆即變」，經考察發現，六十四卦中反卦有二十八對，其餘八個卦共成四組對卦，即孔氏所舉〈乾〉䷀與〈坤〉䷁、〈坎〉䷜與〈離〉䷝、〈大過〉䷛與〈頤〉䷚、〈中孚〉䷼與〈小過〉䷽，如此便將六十四卦變成三十二組關係項。

首先將反對應用在卦變解釋上的當屬前面提過的李之才，虞翻雖提出「旁通」，但旁通僅是論對卦，且虞氏論卦變仍以消息卦的升降爲主。李之才的「變卦反對圖」是結合升降與反對，並不全然以反對論卦變。眞正全面以反對論卦變者當始自俞琰。俞琰的「剛柔上下往來圖」〔註29〕將《彖傳》言及卦變的內容，配合反對圖式作說明。例如〈復〉《彖》：「剛反」，俞琰認爲此乃自〈剝〉取義「〈剝〉倒轉即成〈復〉」，〈晉〉「柔進而上行」，俞氏言自〈明夷〉取義「以六二進爲六五」，至於〈中孚〉：「柔在內而剛得中」，〈小過〉：「柔得中，……剛失位」，俞氏認爲「此兩卦不可倒轉者也，……就兩卦之相比對說，不拘卦之先後也」〔註30〕俞氏依《彖傳》所言整理出相關的圖：〈復〉䷗與〈剝〉䷖、〈訟〉䷅與〈需〉䷄、〈渙〉䷺與〈節〉䷻、〈隨〉䷐與〈蠱〉䷑、〈无妄〉䷘與〈大畜〉䷙、〈賁〉䷔與〈噬嗑〉䷔、〈睽〉䷥與〈家人〉䷤、〈鼎〉䷱與〈革〉䷰、〈晉〉䷢與〈明夷〉䷣、〈漸〉䷴與〈歸妹〉䷵、〈恆〉䷟與〈咸〉䷞、〈中孚〉䷼與〈小過〉䷽共十二組。除〈中孚〉與〈小過〉這組爲對卦外，均爲反卦關係。俞琰以《彖傳》言及卦變的十三卦，〔註31〕發現以反對能作出合理的解釋，便依此認定卦變是以反對爲義例。

清儒黃宗羲、江永、胡渭亦主張以反對論卦變，黃宗羲指出：「卦之體兩相反，爻亦隨卦而變。顧有於此則吉，於彼則凶；於彼則當位，於此則不當位。從反對中明此往來倚仗之理，所謂兩端之執也。行有无妄之守，反有天衢之用；時有豐亨之遇，反有羈旅之凶，是之謂卦變；非以此卦生彼卦，又非以此爻換彼爻也。」〔註32〕江永亦言道「五十六卦之中，有因反易之理，

〔註28〕《周易注疏・序卦》，頁752。
〔註29〕《讀易舉要》，頁617～619。
〔註30〕引文出處同前註。
〔註31〕十三卦是指：〈復〉、〈訟〉、〈渙〉、〈隨〉、〈无妄〉、〈賁〉、〈睽〉、〈鼎〉、〈晉〉、〈漸〉、〈恆〉、〈中孚〉、〈小過〉䷽。
〔註32〕《易學象數論・卦變二》，頁54～55。

而〈彖辭〉有曰往曰來者，自是《易》中所有之義，往來不出相反之卦，似亦易見之理，何以先儒於卦變，紛紛有異論耶？」〔註33〕胡渭認爲：「六十四卦兩兩相比，無不反對，其陰陽相背者八卦，雖無變體，亦反對也。反對實文王演卦之一義，《彖傳》本此以釋經，剛柔之往來，上下一覽而得，不可謂孔子之說非文王之說也。」〔註34〕

從黃宗羲、江永、胡渭對卦變的看法，可歸出幾點重點：一、卦變是以卦體變化爲主，二、反對是《易》中本有之理，三、卦變以卦體兩兩反對的變化解釋即可，無須援引其他理論；升降非《易》原有之理，以「反對」解釋便能解通經、傳往來、上下之義。無論俞琰，或之後的黃宗羲、江永、胡渭，他們對於以反對義例的看法是極爲一致。

然而有個重要問題必須提出，反對義例看似一套完整的卦變理論，但卻有一重要限制存在：反對義例無法說明各卦卦變之通則。何以見之？就俞琰「剛來柔來上下圖」考察可發現兩重要特色：其一，在所有十二組卦中，其中十組是反卦關係，一組（〈泰〉、〈否〉）既是反卦又是對卦，一組（〈中孚〉、〈小過〉）是對卦關係；其二，以〈需〉與〈訟〉、〈節〉與〈渙〉爲例，俞琰稱「〈訟〉以前卦取義，〈渙〉以後卦取義」；〈睽〉、〈鼎〉、〈漸〉、〈晉〉四組亦有同樣的現象，俞氏言：「〈睽〉、〈鼎〉以前卦取義，〈晉〉、〈漸〉以後卦取義」；〈中孚〉與〈小過〉、〈泰〉與否之例，俞氏均言：「皆就兩卦相比對取義，不拘卦之先後也」，卦變來源不以卦序先後爲限。

就上述兩點來看，既然反對義例包括反卦及對卦，加上無先後卦序之限制，如此一來，對於其他《彖傳》未及之卦，例如，〈豐〉卦☳☲當以反卦〈旅〉☲☶爲卦變，或以〈渙〉☴☵爲卦變？〈咸〉卦☱☶當以〈損〉☶☱或〈恆〉☳☴爲卦變？既然反、對均能成立，又無先後限制，似乎產生認定上的困難。此說明了，反對義例並未建立卦變通則。

其實整個反對義例是由《彖傳》言卦變之內容逆推而得，正巧發現以卦與卦的反對關係正可作爲傳文的解釋；但若換個角度思考，到底各卦之卦變是以反卦、對卦何者爲主？若一卦既有反卦又有對卦，甚至兩象易時，卦變當如何認定？對於這個問題，反對義例是無法回答的。作爲一個嚴謹的理論系統，必

〔註33〕《河洛精蘊・總論》（臺北：武陵出版社，1995 年），頁 170。

〔註34〕《易圖明辨・卦變》（臺北：成文出版社，1976 年，《無求備齋易經集成》第145 冊），頁 394。

須建立一明確之通例，否則便稱不上嚴謹；就此而論，反對義例尚未完備。

　　既然反對義例不盡周全，而升降義例在虞翻、李之才的系統中又不免有變例，到了吳澄的「卦變說」，〔註35〕似乎露出一線曙光。將虞翻、李之才、朱子的卦變圖對照來看，一陰一陽與五陰五陽、三陰三陽的部分爭議不大，均可以一爻升降來變化，關鍵在於二陽二陰（四陽四陰）的部分較爲複雜。李之才的「相生圖」，將二陰二陽之卦與四陰四陽之卦合併，致使有一爻主變與二爻主變的現象。因此，吳澄的卦變圖便針對二陽二陰（四陽四陰）的卦作重整，提出更合理的解釋。

　　吳澄卦變圖的內容如下：

　　（一）十消息卦所變者：

　　　　（1）一陽在內體者，自〈復〉䷗而變；

　　　　（2）一陰在內體者，自〈姤〉䷫而變；

　　　　（3）一陽在外體者，自〈剝〉䷖而變；

　　　　（4）一陰在外體者，自〈夬〉䷪而變；

　　　　（5）二陽在內體者，自〈臨〉䷒變；

　　　　（6）二陰在內體者，自〈遯〉䷠變；

　　　　（7）二陽在外體者，自〈觀〉䷓變；

　　　　（8）二陰在外體者，自〈大壯〉䷡變；

　　　　（9）二陽在內體，一陽在外體者，自〈泰〉䷊變；

　　　　（10）二陰在內體，一陰在外體者，自〈否〉䷋變。

　　（二）六子卦所變者：

　　　　（1）二陽內外各居而避初、四二爻者，自〈震〉䷲而變；

　　　　（2）二陰內外各居而避初、四者，由〈巽〉䷸而變；

　　　　（3）二陽內外各居而避二、五者，自〈坎〉䷜變；

　　　　（4）二陰內外各居而避二、五者，自〈離〉䷝變；

　　　　（5）二陽內外各居而避三、上者，自〈艮〉䷳變；

　　　　（6）二陰內外各居而避三、上者，自〈兌〉䷹而變。

　　六子卦所變之卦與〈臨〉䷒、〈觀〉䷓、〈遯〉䷠、〈大壯〉䷡所變之卦的差異，若二陰、二陽專居內、外體，則爲十辟所變之卦；若二陰、二陽分

居內、外體，則屬六子所變。〔註36〕吳澄以十消息卦與六子卦作爲卦變的基礎，前者以一爻主變，後者以二爻主變。

　　至於六子卦所變之卦以兩爻主變的方式是否可化歸一爻主變的方式中？亦即吳澄將六子所變之卦以二爻主變是否必然？若嘗試順著前面荀爽、虞翻所言「〈屯〉䷂由〈坎〉卦䷜而變」、「〈蒙〉䷃本〈艮〉卦䷳而變」，及虞翻所稱「〈大過〉䷛：〈大壯〉䷡五之初，或〈兌〉䷹三之初」，〈屯〉與〈坎〉上卦同爲坎☵，〈蒙〉與〈艮〉上卦同爲艮☶，〈大過〉䷛與〈兌〉䷹上卦同爲兌☱，主變之爻居下卦，由此可類推出：〈屯〉䷂、〈蹇〉䷦由〈坎〉䷜所變，〈睽〉䷥、〈鼎〉䷱由〈離〉䷝所變，〈解〉䷧、〈小過〉䷽由〈震〉䷲所變，〈家人〉䷤、〈中孚〉䷼由〈巽〉䷸所變，〈蒙〉䷃、〈頤〉䷚由〈艮〉䷳所變，〈大過〉䷛、〈革〉䷰由〈兌〉䷹所變。其原則在於：上卦相同者歸爲一類，以上卦決定卦變之來，如此由六子所變之卦與六子之間，可以一爻主變來涵蓋。此方式表面看似可通，但卻可能產生另種情況，亦即將下卦相同者歸爲一類，似乎亦能成立，主變之爻居於上卦，產生不同的組合：〈蒙〉䷃、〈解〉䷧由〈坎〉䷜所變，〈家人〉䷤、〈革〉䷰由〈離〉䷝所變，〈屯〉䷂、〈頤〉䷚由〈震〉䷲所變，〈鼎〉䷱、〈大過〉䷛由〈巽〉䷸所變，〈小過〉䷽、〈蹇〉䷦由〈艮〉䷳所變，〈睽〉䷥、〈中孚〉䷼由〈兌〉䷹所變，這樣一來便產生一卦同時有兩個變化來源的問題，如〈蒙〉䷃可同時由〈艮〉䷳與〈坎〉䷜所變，〈屯〉䷂同時由〈坎〉䷜與〈震〉䷲所變，無法建立通例，故吳澄以六子所變之卦爲二爻主變的作法是正確的，實可免於一卦有兩個卦變來源之弊。

　　從卦變圖內容發現，荀爽、虞翻提及〈乾〉䷀、〈坤〉䷁相交生六子（〈坎〉☵、〈離〉☲、〈震〉☳、〈艮〉☶、〈巽〉☴、〈兌〉☱），由六子又變生他卦的論點；以及李之才一爻主變與二爻主變的概念，吳澄加以深化形成更嚴謹的說明。在消息卦的部分合於虞翻以一爻主變的通例；而六子所變之卦以二爻主變，此與六子卦爲三畫卦之重的結構相應，上、下卦體可相互往來。例

〔註36〕吳澄卦變圖雖不得見，但對照吳澄《易纂言》中的卦變內容與朱楓林卦變圖內容完全相同，證明朱楓林所保存者即吳澄的卦變圖，故此處直接引用此圖。此圖見於朱升《周易旁註前書》，《續修四庫全書》，上海：古籍出版社，1995年出版，據首都圖書館藏明刻本影印，頁223～227。黃宗義《易學象數論》，頁78～80，亦收錄此圖，黃宗義標爲「朱楓林卦變圖」，卻未指出此即吳澄的卦變圖，易使人誤解此圖爲朱氏所作。

如，〈蹇〉由〈震〉初、五相易，四、三相易所變，即由下卦之陽爻之上卦，上卦之陽爻來下卦，即以上、下卦體爻畫之往來爲卦變原則。

對主變之爻的變動原則，吳澄言道：「一體三畫自相易者，〈復〉䷗、〈姤〉䷫、〈臨〉䷒、〈遯〉䷠、〈大壯〉䷡、〈觀〉䷓、〈夬〉䷪、〈剝〉䷖所變也；下體三畫與上體三畫互相易者，〈泰〉䷊、〈否〉䷋、〈坎〉䷜、〈離〉䷝、〈震〉䷲、〈艮〉䷳、〈巽〉䷸、〈兌〉䷹所變也。」〔註37〕吳澄以一體自易與二體互易二種準則作區分，〈復〉䷗、〈姤〉䷫、〈臨〉䷒、〈遯〉䷠、〈大壯〉䷡、〈觀〉䷓、〈夬〉䷪、〈剝〉䷖爲消息卦，自當將各卦視爲整體，而六子卦爲二體相易的理由亦已見於上，實因六子爲二體相重的結構之故，此二者均無庸置疑。至於〈泰〉䷊、〈否〉䷋，雖然亦屬消息卦，但因其結構特殊，爲乾☰、坤☷相合之卦，與其他消息卦的結構不類，故將之視同六子之卦均爲上下二體相易。因此〈泰〉、〈否〉所變之卦在吳澄的系統中頗爲特殊，兼有消息卦與六子卦的特點：一來與消息卦均爲一爻主變，二來與六子卦同爲上下二體相易。

由吳澄對消息卦、六子卦結構的分析，可得知陰、陽與內、外是極重要的分類原則，正如吳澄所言：「出謂升上，入謂降下，外者上也，內者下也，卦畫之出而入，入而內者，皆以其度；或一體自易，或二體互易，六子、八辟之所變各二卦，〈泰〉、〈否〉二辟之所變各九卦，如度之分寸，各有界線，不可僭差。」〔註38〕因《彖傳》言及「剛柔」、「往來」、「上下」諸概念，〔註39〕剛柔關聯於陰陽，往來、上下則與卦體內外有關，吳澄以此作爲理論依據。

正因吳澄重視卦體內、外之分，使得卦變來源的認定非常清晰，以〈復〉䷗、〈姤〉䷫、〈夬〉䷪、〈剝〉䷖爲例，此四卦均爲一陰、一陽之卦，〈復〉䷗爲一陽在內體之卦，〈姤〉䷫爲一陰在內體之卦，故主變之爻居內體者歸之；〈剝〉䷖爲一陽在外體之卦，〈夬〉䷪爲一陰在外體之卦，主變之爻居於外體者則屬此類。三陰、三陽之卦，則以二陽在內體，一陽在外體者歸〈泰〉䷊所變，二陰在內體，一陰在外體者自〈否〉䷋所變。

至於較複雜的二陽二陰（四陽四陰）卦變的認定，亦是依從卦體內、外判分的通則，將二陽、二陰同居內體、同居外體者歸消息卦所變，而二陽一

〔註37〕《易纂言》，頁377。

〔註38〕同前註，頁377。

〔註39〕如隨《彖》：「剛來而下柔」，〈噬嗑〉《彖》：「柔得中而上行」，〈无妄〉：「剛自外來爲主於內」，解《彖》：「往得眾也」。

居於內體、一居外體，二陰亦內外各居者判屬六子所變之卦。消息卦的認定將二陽在內體者歸〈臨〉所變，二陰在內體者歸〈遯〉所變，二陽在外體者由〈觀〉所變，二陰在外體者由〈大壯〉所變；六子卦的歸屬，則以避初、四，避二、五，避三、上畫分，因兩爻主變之故，以〈震〉爲例，〈震〉陽爻在初與四，故所變之卦〈蹇〉陽爻分居三、五，〈蒙〉分居二、上。

因吳澄的卦變圖重視卦體陰陽、內外的判分，整個圖明顯呈現出「對稱性」。先就消息卦來看，以〈復〉䷗與〈剝〉䷖一陽之卦爲例，〈復〉䷗與〈剝〉䷖爲反卦，二卦所變之卦亦成反卦，〈師〉䷆（〈復〉）與〈比〉䷇（〈剝〉）、〈謙〉䷎（〈復〉）與〈豫〉䷏（〈剝〉）；一陰之卦姤䷫與〈夬〉䷪爲反體，所變之卦〈同人〉䷌（〈姤〉）與〈大有〉䷍（〈夬〉）、〈履〉䷉（〈姤〉）與〈小畜〉䷈（〈夬〉）亦成反卦，推諸二陽、二陰之卦亦然。再就一陽一陰的〈復〉䷗與〈姤〉䷫，〈剝〉䷖與〈夬〉䷪考察，〈復〉䷗與〈姤〉䷫、〈剝〉䷖與〈夬〉䷪均爲對卦，其所變之卦亦爲對卦，〈師〉䷆（〈復〉）與〈同人〉䷌（〈姤〉）、〈豫〉䷏（〈剝〉）與〈小畜〉䷈（〈夬〉），推之二陽、二陰之例亦同之；甚至三陽、三陰的〈泰〉䷊、〈否〉䷋亦合於此例，〈泰〉䷊、〈否〉䷋爲對卦，其所變之卦亦成對卦，〈恆〉䷟（〈泰〉）與〈益〉䷩（〈否〉）、〈井〉䷯（〈泰〉）與〈噬嗑〉䷔（〈否〉），兩兩爲對卦。

在六子卦方面，亦有相同的結果，〈震〉䷲、〈艮〉䷳爲反卦，所變之卦亦爲反卦，〈蹇〉䷦（〈震〉）與〈解〉䷧（〈艮〉）、〈蒙〉䷃（〈震〉）與〈屯〉䷂（〈艮〉）均爲反卦關係，印證於〈巽〉䷸、〈兌〉䷹之例亦如此。至於〈震〉䷲與〈巽〉䷸、〈坎〉䷜與〈離〉䷝、〈艮〉䷳與〈兌〉䷹互成對卦，所變之卦亦形成對卦；䷦〈蹇〉（〈震〉）與〈睽〉䷥（〈巽〉）、〈小過〉䷽（〈坎〉）與〈中孚〉䷼（〈離〉）、〈解〉䷧（〈艮〉）與〈家人〉䷤（〈兌〉），均兩兩成對卦。

吳澄的卦變圖呈現六十四卦的反對結構，互爲反卦者，所變之卦亦成反卦；互爲對卦者，所變之卦則成對卦。此對稱性的產生是因吳澄注意到各卦本身的結構性，一方面將卦區分爲上卦（外體）、下卦（內體）兩部分，並且以卦體之陰、陽作區隔。

以上是就卦變理論本身作考察，至於與經傳文字的關聯，畢竟完整的卦變理論必須合於幾個要素：一、具有普遍涵蓋性，不容許有變例；二、卦變的來源必須單一，不可重出；三、印證於經傳必須相合。

就第一個要素而言，雖然《象傳》言及卦變僅十九卦（朱子的看法），但並

非只有這十九卦有卦變，依吳澄所見卦變理論必須涵蓋全部六十四卦；第二點卦變來源必須單一，必須使每個卦有各自明確的位置；第三點是理論的驗證，卦變理論必須符合《象傳》言卦變的內容；除此，亦必須與經傳其他內容相合；明確地說，整套卦變理論必須能解釋經、傳的相關內容。前兩點要求已確切落實於於吳澄的卦變理論，在解經上的印證部分，以下將舉出實例說明。

以《象傳》與卦變直接相關的內容爲例，〈噬嗑〉☲「剛柔分動而明」吳澄釋道：「卦自〈否〉☴變，〈否〉之三陽分其一爲初九，而成震☳之動；〈否〉☴之三柔分其一而爲六五，成離☲之明；剛柔分，則隔而未合也。」〔註40〕此處將〈噬嗑〉☲從〈否〉卦☴的變化與卦象的解釋連成一氣，〈否〉☴九五降而之初，則下卦成震☳，以此解釋「動」象所自來；〈否〉☴初六升至五，則上卦成離☲，以此釋「明」之象；從〈否〉卦☴變成〈噬嗑〉☲後，其卦體呈現出剛柔分隔未合之象。〈无妄〉☳「剛自外來爲主於內」吳澄釋道：「以卦變釋卦名。剛爲天理，柔爲人欲。外謂三，內謂初。〈遯〉☶之初三相易，剛自三來初，爲一卦之主；《易》去內柔是天理爲主於內，而去人欲之妄也。」〔註41〕此處不僅以卦變來釋《象傳》，並將《象傳》如何利用卦變解釋卦名作了詳細說明，使原本只是剛、柔與內、外的符號變化與經文內容作了結合。

在經文解釋的部分，以〈頤〉「觀頤」、「自求口實」爲例，吳澄釋道：「卦自〈坎〉☵而變，先以二易上成〈觀〉，再以五易初成〈頤〉☶，故取〈觀〉爲象。」「觀頤以〈坎〉☵之二、上相易取象，自求口實以〈坎〉之五、初相易取象。」〔註42〕吳澄以「〈觀〉」之取象是以〈坎〉卦二、上相易成〈觀〉卦取象，而「口實」之象則以〈坎〉☵五居初，下卦成兌卦☱，有食之象。〈大過〉☱「棟橈」吳澄釋道：「卦自〈離〉☲而變，先以二易上成〈大壯〉☳，再以五易初成〈大過〉☱；〈大壯〉☳下四陽有棟象，而〈大過〉☱所取棟橈之象又不與〈大壯〉☳同。」〔註43〕吳澄認爲〈大過〉☱的「棟」象與〈大壯〉☳有關，故〈離〉卦☲二、上相易成〈大壯〉☳，以此取象；再以〈坎〉☵五、初相易成〈大過〉☱，〈大過〉☱與〈大壯〉☳卦體不似，自然取象有別。

從這四例可得出此套「卦變說」與《易》經、傳內容的易象、義理有密

〔註40〕《易纂言》，頁229。
〔註41〕《易纂言》，頁232。
〔註42〕《易纂言》，頁106。
〔註43〕《易纂言》，頁110。

切連結，如此，吳澄的「卦變說」不止是一套符號系統，對經、傳內容亦具有解釋效力。其中，對於經文中卦、爻辭重出的現象，亦能利用卦變作恰當的解釋，如〈頤〉䷚「觀頤」以〈觀〉卦䷓取象，〈大過〉䷛「棟橈」與《繫辭傳》所言「上棟下宇，以待風雨，蓋取諸〈大壯〉䷡」相關，如此反倒證明六十四卦彼此相關聯的整體，亦證明吳澄「卦變說」從六十四卦找出相關的通例，與《易經》經文呈現的關聯性是互通的。

相較荀爽、虞翻、李之才以消息卦的陰、陽升降來解釋卦變，吳澄的卦變理論除了注意升降變化外，更加入了卦體結構的考量，引入了反對概念，而呈現六十四卦間升降與反對兩種關係，也使得吳澄的卦變理論更形周嚴。

吳澄對於卦變的定位，他指出：「羲皇生卦，奇偶之上生奇偶而已；卦體既成，而推其用則無窮焉。」〔註44〕此與朱子的看法是一致的，卦變無關六十四卦的形成，而是六十四卦形成後的運用。此點極為重要，否則會招致清代李惇所質疑的：「豈有六十四卦已成，而猶曰某卦自某卦來者哉？」〔註45〕必須將卦的形成與卦變作先後的區分，免得造成卦畫形成的發生意義與卦辭的理論意義發生混淆。

經由以上對各家的反省，首先歸結出升降與反對兩種義例的特質：反對義例重在卦本身，因卦的變化導致爻的改變；升降義例重在爻的變化，由爻的改變造成卦的變化。前者變化的主控權落在爻的升降上，後者的變化權落在兩相對反的卦體上，正因這個根本觀點的不同，遂產生不同的概念架構。

就這兩個架構中各家思想的特色及意圖而論，從荀、虞到李之才、朱子他們的卦變理論均有限制，荀、虞的不足在於卦變來源不一貫，有乾、坤、六子、消息、世應、《易林》之法，自紊其例；甚至虞翻在消息卦為主的論點中，有〈中孚〉、〈小過〉兩個變例。至於李之才在二陽二陰所變之卦出現二爻主變的現象，違於消息卦以一爻升降的通例。朱子的卦變圖藉著十個消息卦陰陽升降的變化，從陰、陽不同角度考察，展現六十四卦的充分變化，例如一陽之卦既可由一陽來觀變化，亦可由五陰之卦觀察，因此會有六十二個重出之卦出現，即每卦均有兩個卦變來源。

至於反對義例，是發現六十四卦的反對關係能解釋《彖傳》論卦變文字，

〔註44〕《易纂言外翼・自序》，頁5。
〔註45〕《群經識小・卦變》（臺北：藝文印書館，《皇清經解・諸經總義類彙編》第1
　　　　冊），卷1，頁96。

就這點而言是符合前面所提完善卦變理論的第三個要件；但就第二項卦變的來源必須單一來看，由於反對包含反卦及對卦，在卦變來源的認定上有困難，始得卦變通則無法確立，也因此在第一點普遍涵蓋性的要求上亦無法實現，故筆者認爲這套反對義例在執行上確有困難。

　　吳澄的「卦變說」相較諸家是較完備的，確實符合完整卦變理論的三大要素，其理論本身將荀、虞、李之才、朱子，甚至反對義例的反對概念加以統整融合，依陰、陽所居卦體內、外的不同結構，對消息卦與六子卦所變之卦作明確認定，消息卦以一爻主變，六子卦則以二爻主變，整個卦變圖亦表現出六十四卦反對關係的對稱性。無論就理論本身的嚴謹度，或對經傳的解釋效力，就魏晉到宋元間諸子提出的卦變理論，吳澄的「卦變說」具有極高的價值，值得重新正視。

第二節　結合卦變、反對之「卦主說」

　　上一節已分析吳澄「卦變說」，此處將介紹吳澄另一重要理論──「卦主說」。所謂卦主，是指一卦之主爻，即一卦成卦之主。最早提出卦主概念者當屬京房，今人劉玉建先生指出，京氏卦主理論之內容可分爲四大類：一、五陽一陰之卦以一陰爲主，五陰一陽之卦以一陽爲主；二、以第五爻爲卦主者，三、某些消息卦以所變之爻爲主，四、某些卦以世爻爲主。〔註46〕

　　劉氏爲此四類各舉所屬之例，然許多例子卻無法確定京房所指之卦主爲何，例如強調二、五相應之例，〈同人〉䷌：「吉凶之兆在乎五、二」，〈坎〉䷜：「成坎之德在于九五、九二也」，〈大畜〉䷙：「九二大夫應世，六五爲至尊，陰陽相應，以柔居尊，……爲畜之主」，〈鼎〉䷱：「九二立大夫爲世，六五尊見應」，〈萃〉䷬：「九五定群陰，……六二大夫居世，九五至尊見應」，此五例並無法確定所指卦主，此其一也。此外第一類中的〈比〉䷇與〈大有〉䷍又可歸屬於第二類以第五爻爲主之類；而以世爻爲卦主之例，除見於第四類外，亦重複見於第二類〈井〉䷯、〈豐〉䷶、〈噬嗑〉䷔、〈渙〉䷺四例，此分類有重疊現象，此其二也；至於第二類以第五爻爲主之類，其實可擴充爲以二或五爲主之類，因京房言卦主之例多爲二與五之爻，且多強調二、五相應，例如〈師〉䷆、〈解〉䷧、〈家人〉䷤屬以二爲主之例，二、五相應之例

〔註46〕《兩漢象數易學研究‧京房易學》，頁227～232。

則見於前，此其三也。故劉氏之說有待進一步修訂。

　　京房對卦主有兩個重要論點：其一，「定吉凶只取一爻之象」；其二，「少者爲多之所宗」，〔註47〕前者是就卦主之定義作說明，後者則說明卦主之認定原則，此二觀念後爲王弼所繼承，其中前者更成爲歷代卦主論之通則。雖然京房首先提出卦主概念，但考察《京房易傳》有關卦主之論述，似乎未見關於卦主通例之說明，無法對六十四卦之卦主作全面論定。

　　王弼承繼京房「以一爻定吉凶」之觀點亦主張「一爻爲主」，王弼指出此論點源出《彖傳》。王弼言道：「夫《彖》者何也？統論一卦之體，明其所由之主者也。」〔註48〕王弼所以提出卦主，朱伯崑先生認爲主要是回答以下的問題：「一卦六爻，各爻都有其意義，全卦的意義又如何確定？或者說一卦之象同其爻象，卦辭同其爻辭有何聯繫？」〔註49〕王弼爲找出卦、爻辭之關聯，故於六爻中尋出一主爻，以此代表全卦的意義；而主爻之爻辭，與卦辭是相關的。

　　關於主爻爻辭與卦辭間之關聯性，以王弼所舉之實例可見出：「〈履〉卦六三爲兌之主，以應於乾，成卦之體在斯一爻，故《彖》敘其應，雖危而亨也。」〔註50〕〈履〉卦☰之主爻在六三，六三之爻辭爲「履虎尾，咥人，凶。」，卦辭則爲：「履虎尾，不咥人，亨。」，二者在取象上有相近處，足以說明主爻爻辭與卦辭間的關聯性；但二者在取義相反之故，王弼之解釋是，六三上應上九陽爻，雖所處之位極危險，然卻能化凶爲亨；所謂的凶是單指六三一爻，而亨則是指上九之應而論。

　　從王弼以〈履〉六三與上九相應，來解釋六三爻辭與卦辭的關聯，說明他認爲主爻與其他五爻之間是相關的。此關聯著王弼《易》學的一個重要觀點：「統之有宗，會之有元。」「六爻相錯，可舉一以明也；剛柔相乘，可立主以定也。」〔註51〕所謂的「宗」、「元」，便是指成卦之爻，其重要性在統攝六爻之爻義、爻象，及六爻間之交互關係。

　　綜合上述，王弼卦主理論之核心爲「統之有宗，會之有元」，對卦主之認定王弼提出「中爻」及「多以少者爲主」之說法。〔註52〕朱伯崑先生歸結王

〔註47〕《京房易傳》，頁441、444。此處所引京房之說均見於四庫本頁441至467。
〔註48〕〈周易略例〉，頁591。
〔註49〕《易學哲學史》，頁286。
〔註50〕《周易略例・略例下》，頁615。
〔註51〕《周易略例・明象》，頁591。
〔註52〕王弼言道：「夫古今雖殊，軍國異容，中爲用，故未可遠也。品制萬變，宗主

弼認定卦主之三條例:「其一是,指爻辭直接從卦辭相聯繫的一爻;……其二是,居中位之爻;……其三是,指一卦之中,陰、陽爻象之最少者。」〔註53〕第一條例是以辭義區分,第二條例則以卦位來論,第三條例是就符號之組成分子多寡來說;第一條例以爻辭內容與卦辭相同者爲主爻,此現象在《易》經文中實不多見,故適用者寡。若以王弼所引〈履〉卦六三來說,在表面字義上幾乎完全相反,必須須透過解釋說明二者的關聯,甚至解釋不同,亦可能指出二者完全無干,故此種認定方式實有難處。第二條例以中爻來認定,然而第二爻與第五爻均名爲中爻,當如何認定?故此種方式亦不周全。而第三條例以陰陽陽之少者作爲判準,此法僅適用於一陽、一陰之卦,至於其他則無法適用。此三者間在運用上亦有困難存在,以〈履〉卦爲例,王弼可依第一條例與第三條例認定六三爲卦主,然九五居中正之尊位,是否亦可依第二條例認定爲卦主?此三條例之運用原則如何認定,實爲一重要問題。其實更根本的問題在於此三條例彼此並不相關,說明王弼並未提出一套完整之卦主通例,方產生三條例在運用上之困難。

王弼雖然爲卦主提出一些基礎原則,但仍未能建立普遍之卦主通例。朱子《周易本義》在釋經時部分亦運用王弼之卦主觀點,例如:以初九爲〈屯〉䷂之卦主,「本成卦之主,以陽下陰,爲民所歸,侯之象也。」〔註54〕此與王弼之講法無異,王弼言道:「此一卦,皆陰爻求陽也。……初體陽爻,處首居下,應民所求,合其所望,故大得民也。」〔註55〕卦主之認定是基於初九爻辭「利建侯」與卦辭相同,故以此爻爲成卦之主。另一例,〈復〉初九,「一陽復生於下,〈復〉之主也」,〔註56〕則是合於王弼多以寡者爲主之條例。

另外,朱子認定爲卦主者多爲九五之爻,如〈觀〉䷓、〈萃〉䷬、〈需〉䷄、〈姤〉䷫、〈革〉䷰、〈中孚〉䷼,此則就九五陽剛而居尊位而定爲卦主;〈賁〉卦䷕之卦主亦爲五,但爲柔居尊位,此亦屬以位尊來論卦主,此則類似王弼以中爻論卦主之條例,不過朱子更明確就九五而言。

存焉,《象》之所尚,斯爲盛矣。」又:「夫少者,多之所貴也;寡者,眾之所宗也。一卦五陽而一陰,則一陰爲之主矣;一卦五陰而一陽,則一陽爲之主矣。」〈周易略例・明象〉,頁591。

〔註53〕《易學哲學史》,頁289~291。
〔註54〕《周易本義,上經》頁1之15。
〔註55〕《周易略例・卦略》,頁618。
〔註56〕《周易本義》,頁1之49。

　　朱子對卦主之認定，少數與王弼一致，多爲自己之見解。例如，〈師〉卦 ䷆ 卦主，朱子認定在六五，「六五用〈師〉之主，柔順而中，不爲兵端者也。」〔註57〕此則與王弼所謂「多以寡者爲主」、「中爻爲主」之例不符，依王弼的講法，因六爻獨九二爲陽爻且九二剛健中正，自當以九二爲主，朱子則從〈師〉卦義理的角度，解釋六五以柔居尊位，非尙武之人，故以此爲用〈師〉之主。

　　另一明顯的差異，朱子常將上、下二體分開論卦主。例如，〈訟〉䷅ 九二，「九二陽剛爲險之主。」〔註58〕〈无妄〉䷘ 初九，「九自二來居於初，又爲震主，動而不妄者也。」「以剛在內，誠之主也。」〔註59〕除此，尚有〈蒙〉䷃ 九二「內卦之主」、〈恆〉䷟ 初六「巽之主」、〈革〉䷰ 六二「文明（離）之主」、隨䷐ 初九「震之主」、〈歸妹〉䷵ 六三「說（兌）之主」、〈巽〉䷸ 初六「巽之主」。

　　由此可發現，朱子之卦主論既重蹈京、王二子多元卦主之弊，又出現以一卦上、下二體論卦主的現象。既然三子均無法提出卦主認定之通則，到了吳澄有了重大變革。

　　吳澄嘗批評王弼、朱子之卦主解釋流於片面，在解釋〈觀〉卦 ䷓ 卦主時指出：「諸家或以九五爲〈觀〉之主爻，蓋擇其德位之盛者爲主，非通例也。」〔註60〕吳澄所指的諸家包括王弼、朱子，王弼認爲：「（九五）居於尊位，爲卦之主。」〔註61〕朱子亦言道：「卦以觀示爲義，據九五爲主也。」「九五陽剛中正以居尊位，其下四陰仰而觀之。」〔註62〕王弼、朱子均就〈觀〉卦六爻的關係，認定〈觀〉卦之得義是因九五以陽剛中正居尊位，爲其他四爻仰觀的對象，遂以九五爲卦主。

　　在吳澄看來，王、朱二子的解釋並不合於卦主通例，吳澄認爲所謂的通例，必須建立在六十四卦的整體考察上，分析各卦間之關係，提出一套具有充分解釋效力的卦主理論。

　　吳澄先肯定王弼「每卦以一畫爲主」的基本前提。接著區分「小成之卦」與「大成之卦」，前者是指三畫八卦，後者指六十四卦；因爲六十四卦是由三畫

〔註57〕《周易本義》，頁 1 之 23。
〔註58〕《周易本義》，頁 1 之 20。
〔註59〕《周易本義》，頁 1 之 20。
〔註60〕《易纂言》，頁 85。
〔註61〕《周易注》，頁 317。
〔註62〕《周易本義》，頁 1 之 43。

八卦之相重或相合而成，遂以「小成之卦」爲基礎來解釋「大成之卦」之卦主。

「小成之卦」以兩種方式形成，一是基於乾☰、坤☷交易，一是成於陰陽消長。以交易方式形成者，震☳、巽☴以下畫爲主，坎☵、離☲以中畫爲主，艮☶、兌☱以上畫爲主；以消息方式形成者，震☳有一陽、巽☴有一陰，以下畫爲主；兌☱有二陽、艮☶有二陰，以中畫爲主；乾☰有三陽，坤☷有三陰則以上畫爲主。

從「小成之卦」擴大爲「大成之卦」，整個六十四卦可以六子相重、六子相合來解釋，但其中的十二卦又可以消息卦方式來解釋。〈復〉䷗、〈姤〉䷫，一陽一陰，卦主在初爻；〈臨〉䷒、〈遯〉䷠，二陽二陰主二；〈泰〉䷊、〈否〉䷋，三陽三陰主三；〈大壯〉䷡、〈觀〉䷓四陽四陰主四；〈夬〉䷪、〈剝〉䷖，五陽五陰主五；〈乾〉䷀、〈坤〉䷁，六陽六陰主上，此十二卦由六子之合解釋與由消息卦解釋，所得之卦主是一致的。此十二消息卦是以變動之爻爲卦主，此承繼京房之「世爻」理論而來，〔註63〕由〈乾〉☰、〈坤〉☷二經卦，自下而上，每變一爻即成一世，便以世爻爲卦主。至於〈乾〉、〈坤〉二卦所以主上畫，是因二卦爲純陽、純陰之卦，剛柔之畫自初而上，至上極之後，方能見出純剛、純柔之特質。〔註64〕

整個由三畫卦六子所組成的六十四卦，可區分爲兩個層次，坎☵、離☲一組與震☳、巽☴、艮☶、兌☱一組，坎、離之層次高於後四子，其理由有二，一者因坎、離是乾☰、坤☷二體之發用，再者，吳澄指出基於「貴中」思想，〔註65〕「中」爲《易》之重要概念，坎、離之主爻在中爻，故能統轄其他四卦。因此凡六畫卦中有坎、離者，必以坎、離爲主；若無坎、離者，方以震、巽、艮、兌爲主。

吳澄整理出由乾☷、坤☷、坎☵、離☲四正不易之卦與震☳、巽☴、艮☶、兌☱二變反易之卦所統領的諸卦。所謂不易之卦指此四卦無反卦關係，反易之卦指震、艮互反，兌、巽互反。其內容如下：

（1）以乾☰爲主者一：〈泰〉䷊

（2）以坤☷爲主者一：〈否〉䷋

（3）以坎☵爲主者十四：〈坎〉䷜、〈屯〉䷂、〈需〉䷄、〈比〉䷇、〈蹇〉

〔註63〕《易纂言·雜卦傳》吳澄言道：「此十二卦主爻與術家世爻同。」，頁443。
〔註64〕同前註。
〔註65〕《易纂言外翼·卦主》，頁25。

☰、〈井〉☵、〈節〉☵、〈蒙〉☶、〈訟〉☰、〈師〉☷、〈解〉☳、
〈困〉☱、〈渙〉☴、〈未濟〉☲

（4）以離☲為主者十四：〈離〉☲、〈鼎〉☲、〈晉〉☲、〈大有〉☲、〈睽〉
☲、〈噬嗑〉☲、〈旅〉☲、〈革〉☲、〈明夷〉☷、〈同人〉☰、〈家
人〉☴、〈賁〉☶、〈豐〉☳、〈既濟〉☵

（5）以震☳為主者八：〈震〉☳、〈復〉☷、〈大壯〉☱、〈小過〉☳、〈豫〉
☳、〈无妄〉☰、〈恆〉☳、〈隨〉☱

（6）以巽☴為主者八：〈巽〉☴、〈姤〉☰、〈觀〉☴、〈中孚〉☴、〈小
畜〉☴、〈升〉☷〔註66〕、〈益〉☴、〈蠱〉☶

（7）以艮☶為主之卦八：〈艮〉☶、〈遯〉☰、〈剝〉☶、〈頤〉☶、〈謙〉
☷、〈大畜〉☶、〈咸〉☱、〈漸〉☴

（8）以兌☱為主之卦八：〈兌〉☱、〈臨〉☷、〈夬〉☱、〈大過〉☱、〈履〉
☰、〈萃〉☱、〈損〉☶、〈歸妹〉☳。〔註67〕

　　吳澄列出此表之作用何在？經詳細觀察發現，乾☰與坤☷、坎☵與離
☲、震☳與巽☴、艮☶與兌☱為兩兩相對之卦；由諸卦相重、相合之卦，
亦呈現兩兩相對的現象。如〈屯〉☵（坎）與鼎☲（離）、豫☳（震）與小
畜☴（巽）、謙☷（艮）與履☰（兌）……等等，排列相當工整；並且兩兩
相對之卦的卦主是完全相同的，如此一來便將卦主與對卦聯繫在一起。

　　除了卦主與對卦的聯結外，前面所列的消息之卦亦可涵蓋於其間。乾☰、
坤☷、坎☵、離☲、震☳、巽☴所成之卦均無例外，唯一特別的是，以艮
☶與兌☱為主之卦。在「小成之卦」已言及，由陰陽相交所成，以上爻為主；
以陰陽消長所成之卦，以中爻為主。故〈剝〉☶（艮）與〈夬〉☱（兌）是
由陰陽消長所成之卦，與同類陰陽相交的組成不同，二者均以第五畫為卦主。

　　另外，此表尚有一重要問題，即六子卦有二主不易分判時，當如何解決？
吳澄道：

　　卦有二主者二十，卦不兼主而專主，或主內或主外，何也？曰：〈坎〉、
　　〈離〉，水火之重；〈既濟〉、〈未濟〉，水火之合。〈震〉、〈巽〉，風雷
　　之重；〈恆〉、〈益〉，風雷之合。〈艮〉、〈兌〉，山澤之重；〈咸〉、〈損〉，

〔註66〕《易纂言外翼・卦主》將「升」誤寫為「井」，「井」已歸入坎卦為主之列，不
　　　　當重出；且「升」卦未見於其中，恐因二字形近而誤，於此特正之。
〔註67〕《易纂言外翼・卦主》，頁27。

－123－

山澤之合。重者，悔爲主；合者，貞爲主。〈頤〉、〈大過〉、〈中孚〉、〈小過〉、〈隨〉、〈蠱〉、〈漸〉、〈歸妹〉，雷風山澤之互相合者，四卦無反對，四卦有反對者，貞爲主也。〔註68〕

此段文字是將有二主的二十卦，區分爲六子之重與六子之合；六子之合者，又以是否有反對卦作區分，來斷定以上卦或下卦之主爻爲卦主。其中，六子相重之卦以外卦主爻爲主，因與乾、坤之成相近，即卦體至此便定形，故以外卦之主爻爲整個卦體之主。

在六子相合之卦中，〈隨〉䷐、〈蠱〉䷑、〈漸〉䷴、〈歸妹〉䷵爲反對之卦，故以貞爲主；〈頤〉䷚、〈大過〉䷛、〈中孚〉䷼、〈小過〉䷽不爲反對之卦，則以悔爲主。這兩組卦的特殊性相較其他卦，除了同樣具有兩兩相對的特色外，這兩組卦中的四卦是可以關聯在一起的。何以言之？〈頤〉、〈大過〉有對無反，〈中孚〉、〈小過〉亦有對無反，而這兩組卦的關係，〈大過〉與〈中孚〉爲兩象易（即上下卦對調），故將此四者併列成一組，屬不反對之卦，即有對無反者；至於〈隨〉、〈蠱〉兼有反對，〈漸〉、〈歸妹〉亦然；而〈蠱〉與〈漸〉又爲兩象易，故將此四卦關聯在一組。如此便能解決卦中有二主的難題。

吳澄又以另種方式展現卦主的體系性，將「卦變說」與「卦主說」作連結，見出二者是可相通的。在「卦變說」區分了十辟所變及六子所變之卦，其卦主爲變動之爻。如：〈復〉䷗卦主在初，〈師〉䷆由〈復〉所變，初升至二，故以二爲主爻；〈蠱〉䷑由〈泰〉卦䷊初、上相易所變，卦主在初；〈蹇〉䷦由〈震〉卦䷲初、五相易，四、三相易，卦主在五。此說明了，卦主與卦變的關聯在於，卦主是卦變中變動的一爻，若無變動則不能成卦主。

從卦變與卦主的關聯中亦可發現：兩兩相對之卦，其卦主相同；兩象易之卦，卦主之位上下相應。例如，〈復〉䷗與〈姤〉䷫爲對卦，卦主均在初爻；〈晉〉䷢與〈需〉䷄相對，卦主均在五爻；〈震〉䷲所變之卦爲〈蹇〉䷦與〈蒙〉䷃，二者卦體上下對調爲兩象易，〈蹇〉主五、〈蒙〉主二，卦主之位上下相應。

由以上說明，吳澄之「卦主說」與王弼、朱子諸儒根本差異在於，吳澄對於卦主的解釋並非單就各卦的卦義、卦位來論卦主，而是將六十四卦當作整體。其「通例」形式，是基於以符號化方式將所有卦視爲整體，尋出其間

_____

〔註68〕《易纂言外翼・卦主》，頁28～29。

之邏輯關係。此靈感或許得自《雜卦傳》，吳澄認爲《雜卦傳》之形式是展示六十四卦兩兩「反對」關係，但意義上卻是說明六十四卦之卦主。〔註69〕

　　吳澄將《雜卦傳》理解成說明卦主，此說法隱約見於朱子《周易本義》，解釋「屯見而不失其居，蒙雜而著」，朱子言道：「或曰：『〈屯〉以初言，〈蒙〉以二言。』」〔註70〕此處用「或曰」一詞，表示有此一說。依朱子的說法，〈屯〉卦䷂之卦主在初九，〈蒙〉卦䷃之九二爲內卦之主，此處便是以卦主解釋這段文句。吳澄明確認定《雜卦傳》旨在闡明卦主之意，此講法在《易》學發展史上極爲特殊，多數《易》學家僅以「反對」卦之說明視之，僅從卦體、卦義上加以解釋。

　　吳澄又是如何將符號與意義之間作聯結？在十二辟卦部分，

　　（1）〈乾〉䷀、〈坤〉䷁：「〈乾〉、〈坤〉爲純剛、純柔之卦，剛、柔之畫自初起至上而極，然後見〈乾〉爲純剛，〈坤〉爲純柔，故〈乾〉主上九、〈坤〉主上六。」

　　（2）〈夬〉䷪、〈剝〉䷖：「夬九五，五陽將極於上，而夬去上六之陰。」「〈剝〉六五，消陽將盡，僅存一陽，陽剛壞爛之極也。」

　　（3）〈大壯〉䷡、〈觀〉䷓：「大壯四陽進而消陰，……慮後陽之恃其壯，故不欲九四之進而欲其止。」「觀六四，四陰已盛，然不進逼犯陽，而統率三陰居下，以求觀九五之中正。」

　　（4）〈泰〉䷊、〈否〉䷋：「否三、四相易爲漸，泰三、四相易爲歸妹。漸四復反於三，就其同類之陰則爲否；歸妹四復反於三，就其同類之陽則爲泰，故曰『反其類也』。」

　　（5）〈臨〉䷒、〈遯〉䷠：「臨九二，二陽浸長，在上之陰不敢以勢臨之而與之，以俟其上進。」「遯二陰進而消陽，……慮前陽之不及遯，故不欲六二之進而欲其退也。」

　　（6）〈復〉䷗、〈姤〉䷫：「復初九，當純坤之後，一陽生於下，陽剛來反初也。」「姤初六，一陰始生於下，而遇九二之剛，有浸長消陽之勢。」〔註71〕

　　吳澄論此十二卦之卦主是基於陰陽消長，陰陽消長之勢由下而上，卦主

〔註69〕吳澄言道：「此篇仍其（〈序卦傳〉）反對之偶，而不仍其先後之序，故曰雜；其義則以明六十四卦所主之爻也。」《易纂言》，頁443。
〔註70〕《周易本義》，頁4之10。
〔註71〕《易纂言·雜卦傳》，頁443～446。

一方面統率下屬之爻，另方面牽動處上之爻，故卦義常取決於卦主在整個卦之意義。〈乾〉☰、〈坤〉☷之形成，必至上九、上六方得見出；一陽來復由初九可見，一陰始生由初六而然；二陽浸長由九二得見，二陰漸生由六二可知；以下得以類推。

六十四卦由六子相重之卦，

（1）〈震〉☳、〈艮〉☶：「震九四，起而在上卦之下。」「艮上九，止而在上卦之上。」

（2）〈坎〉☵、〈離〉☲：「〈坎〉九五爲主，水潤而下，故下比而納六四之約。」「離六五爲主，火炎而上，故上征而折上九之首。」

（3）〈巽〉☴、〈兌〉☱：「巽六四，一陰入而伏於二陽之下。」「兌上六，一陰說而見於二陽之上。」

此處是將卦主、卦德與卦所象徵之物作連結。〈震〉☳之動基於九四，〈艮〉☶之止因於上九，〈巽〉☴之入見於六四，〈兌〉☱之說由於上六。〈坎〉☵象徵水，水性就下，故能以五之尊下交好於六四，解釋九五「坎不盈」與六四「納約自牖」辭義之關連；〈離〉☲象徵火，火性上炎，故上九有折首之象，解釋了〈離〉上九「折首獲匪」之義。吳澄以卦主所居之位說明整個卦之卦德，並將〈坎〉、〈離〉二卦之卦主與鄰近爻畫的關係，連結所象徵之物的特性，此說明了卦主與卦體間是有意義上密切連繫。

吳澄解釋各卦卦主意義，其特色在於將「卦變說」帶進其間。例如：〈損〉☶、〈益〉☴二卦，「〈損〉自〈泰〉變，〈泰〉三往上，損其下也，〈泰〉變而〈損〉，爲衰之始；〈益〉自〈否〉變，〈否〉四來初，益其下也，〈否〉變而〈益〉，爲盛之始。」「或以〈損〉之後必〈益〉爲盛之始，〈益〉之後必〈損〉爲衰之始，非也。」〔註72〕吳澄認爲〈損〉、〈益〉二卦是從卦變得義，〈益〉從〈否〉☶言損上益下，〈損〉從〈泰〉☷言損下益上，以此而言盛衰，並非從〈損〉、〈益〉二卦本身來論。因此，成卦之主自然爲卦變之爻，〈泰〉九三往上爲損其下，故以此爲卦主，由〈泰〉而成〈損〉也；〈否〉九四來初爲益其下，故以四爲卦主，由此而成〈益〉卦也。

將「卦變說」帶入卦主的意義解釋，正好呼應前面由符號關係所提出卦變與卦主的聯結。在符號性關係上，卦主是指卦變時變動之爻；在意義關係上，卦之得義是因卦變，變動之爻所代表的意義，亦帶入所形成的卦中，而

〔註72〕《易纂言·雜卦傳》，頁443。

得以解釋此卦之卦義。

　　吳澄「卦主說」爲卦主建立一套通例，此通例以小成之卦的重與合，及陰陽消息之觀念爲基礎；並加入《雜卦傳》之「反對」概念，形成一套嚴整的卦主體系。同時，亦將「卦主說」與「卦變說」相融合。若僅從卦體結構上論定卦主，只是一種消極性說明，例如，〈訟〉卦☰☵下體爲坎，故以〈坎〉之中畫爲主爻，這僅是現象上之歸納，不具積極義；王弼與朱子只發展到結構性層面，且僅論述部分卦主條例，而吳澄則全面就結構性層面提出通例；甚至又進一步帶進「卦變說」，以透顯卦主理論更積極的意義層面，卦主既指變動之爻，亦指一卦成卦之由，如此便顯出吳澄「卦主說」之特殊性。如果不明確指出這些特色，恐怕吳澄的這套說法將被誤解爲無根之妄語了。

　　除此，吳澄「卦主說」不僅提出卦主通則，並且適用於解釋卦、爻辭「我」與「主」之取象，前者有十例，後者五例，〔註73〕在「象例」中認爲此二例均以卦主取象。如此使得「卦主說」能與卦爻辭辭義結合，爲卦主理論建立很好的典範，此套「卦主說」，後爲明代的朱升及梅鷟所肯定，〔註74〕亦值得吾人重新予以正視。

　　清儒李光地等所撰之《御纂周易折中・義例》亦論及卦主，並將卦主區分爲成卦之主與主卦之主，成卦之主指「卦之所由以成者，無論位之高下，德之善惡，若卦義因之而起，則皆得爲卦主」，主卦之主則指「必皆德之善而得時得位者爲之，故取於五位者爲多，而他爻亦閒取焉。」〔註75〕

　　至於二者之關聯，若成卦之主即主卦之主者，必須具德善與時、位；若成卦之主不爲主卦之主，必其德與時位不相當所致。〔註76〕就一卦而言，有一主與二主之別，一主出現在成卦之主即主卦之主則爲一主，二主之情況有三：有成卦之主亦有主卦之主、其成卦兼取兩爻、其成卦兼取兩象。而卦主之判斷依據可由《象傳》之文見出。

〔註73〕關於以卦主解釋卦爻辭「主」與「我」者，除見於《易纂言》、《易纂言外翼》外，亦分別見於朱升《周易旁註卦傳前圖・卦主圖》及梅鷟《古易考原・卦主》。

〔註74〕見於朱升《周易旁註卦前圖・卦主圖》，頁 231～234；及梅鷟《古易考原・卦主》，頁 105～112。雖然梅鷟未直接指明其「卦主說」承繼吳澄，但就其內容來看與吳澄並無二致。

〔註75〕《御纂周易折中・義例》（上海：上海古籍出版社，1983 年，據文淵閣《四庫全書》本影印），頁 38。

〔註76〕同前註。

　　李氏之說法看似成理，其實不然，以李氏所舉實例考察，可見出其限制所在：其一，以一爻為主之例幾以五為卦主，其次以二為主，因二為下卦尊位之故。至於非此二例者，如〈謙〉☷以九三為主、〈豫〉☷以九四為主、〈剝〉☶主上九、〈復〉☳主初九，此與王弼、朱子、吳澄從卦體結構「多以少者為主」之理相似；然而對〈乾〉☰、〈坤〉☷則又以五為天子尊位、二為臣位認定卦主，其原則不盡相同，此限制之一也。

　　其二，李氏雖有二主之說，然有些卦卻出現三主，甚至四主之現象。亦即成卦之主一，再加主卦之主二而成三主；或成卦之主有二，主卦之主亦有二。如〈明夷〉☷成卦之主為上六，主卦之主為六二、六五，故有三主；〈益〉卦☴成卦之主為初九與六四，主卦之主為九五與六二，〈中孚〉☲卦亦然；一卦六爻竟出現三主、四主之現象，既為主，何其紛紛也？

　　其三，李氏所言卦主又有主、次之分，如〈咸〉☱以九四為卦主，卻又言九五尤卦主也；〈萃〉☱以九五為主、九四次之，此以五居尊位，故以五為主，他爻為次。但〈升〉卦☷既言以六五為〈升〉之最尊者，故為卦主，但又言升必自下起，故初六亦為卦主，若此如何區分主、次？可見主、次之原則並未一貫，此限制三也。

　　再舉〈夬〉☱與〈姤〉☴二例，李氏指出〈夬〉成卦之主在上六，而九五居上之尊位為主卦之主，〈姤〉成卦之主在初六，然主卦之主在九二與九五，理由是二爻均為剛中之德，九二近初得制初六之陰，九五居上之尊位亦得以制陰，故主卦之主有二。若依「多以少者為主」決定成卦之主極為單純，但若雜以陰陽、德位之義，則無法明確指出主卦之主，可見李氏說法之根本限制在於義理上執著二、五之位，並且混同卦體結構、卦義、卦德、卦位，致使通例無法建立。不若吳澄將卦主訂位在成卦之主，並且依卦體結構，建立各卦一爻為主之通例來的妥切。由此更足以說明吳澄之「卦主說」在理論上較為完整，足為卦主理論之代表。

第四章　卦爻辭解釋與通例之建立

第一節　釋象之原則與特色

　　本節主要處理的問題有三：一、析論吳澄對卦畫之象、卦名之象、卦爻辭之象的區分與內容說明，二、吳澄釋象運用之方式與原則，三、整體性觀點釋象。

　　吳澄將《易經》經文中的象區分爲三部分：卦畫之象、卦名之象與卦、爻辭所取之象。〔註1〕所謂卦畫之象是八卦之象、六十四卦之象、三百八十四爻之象，卦名之象則以六畫卦的上下二體組成形態，而卦、爻辭之取象，是從卦、爻的卦畫中指出所代表的實物。吳澄言道：

> 伏羲作《易》，仰觀俯察，……三百八十四畫皆是象天地萬物，……
> 伏羲之《易》只是三百八十四畫而已，此所謂象也，故曰：『易者，
> 象也』。」「象者，伏羲之畫所以象天地萬物也，其後卦名是指出所
> 象之事而爲名，及象辭、爻辭中言龍、言馬等，又是指出所象之物
> 而爲言也。象之至大至廣，而可以包羅天地，揆敘萬類者，伏羲之
> 畫也；其次卦名指一事之義而言者，比伏羲之畫則爲狹小矣；象辭、
> 爻辭中所指一物者，比卦名之指一事者又狹小矣。〔註2〕

吳澄認爲三百八十四爻是象徵天地萬物，卦名則是依卦體所象徵之事物來命

〔註1〕吳澄言道：「羲皇所畫之卦畫謂之象，文王所名之卦名謂之象，象辭、爻辭汎言所肖之物亦謂之象。」《易纂言外翼・自序》，頁6。
〔註2〕《吳文正公集（上）》，卷3，頁107。

名，卦、爻辭則又依卦體、爻畫指出所象徵之事物。就三者涵蓋之廣度來論，三百八十四爻之象包含整個自然界，卦名之象則單取特定之事或物而言，卦、爻之象又限定在一卦之內，自然以卦畫之象涵蓋最廣，卦名次之，卦爻辭最末。由此可見，此三者所指稱的內容有愈來愈明確之現象，從不定指到定指。

吳澄又指出伏羲《易》中「卦畫」與所指涉對象之間，是一種「肖似」的關係，認為易卦皆器物之象。〔註3〕除此，亦存在奇、偶與陰、陽意義的對應。吳澄言道：

> 上古包義氏見天地萬物之性情、形體一陽一陰而已，於是作一奇畫以象陽，作一偶畫以象陰。見一陽一陰之互相易也，故自一奇一偶相易而爲四象、八卦，極於六十四卦，是爲卦畫之象。〔註4〕

天地萬物之生成原理而論，可以陰、陽變化作解釋，即《繫辭傳》所謂「一陰一陽之謂道」；就卦畫而論，無論三畫卦或六畫卦，其基本元素是奇、偶。奇、偶之畫正好與萬物所具陰、陽的本質相符應，自然界萬象之變化可藉著陰、陽相推、消長來解釋，爲了明確說明自然界陰、陽變化的狀態，遂以基本的奇、偶之畫，逐漸變生出二畫卦、三畫卦，而至更複雜的六畫卦。

對於卦畫所具有的意義，吳澄認爲是由伏羲所賦予的，基於卦畫與所指涉對象這兩個關係項之間的關聯爲「肖似」與「意義」，則卦畫對所指涉對象而言可稱爲「符號」或「象徵」（symbol）。

羅蘭・巴特（Barthes・R）曾對「記號」（sign）、信號（signal）、指號（indication）肖像（icon）、象徵或符號（symbol）、譬喻（allegory）作了明確的區分。他提出了五個區分的原則：

（1）這個關係含有或不含有關係項之一的心理表象。

（2）這個關係在二關係項之間包含或不包含一種類似性。

（3）兩個關係項（刺激和其反應）之間的聯繫是直接的或不是直接的。

（4）兩個關係項是相互緊密符合的，還是一個「超過」了另一個。

（5）這個關係包含或不包含與使用者之間的存在性聯繫。

以這些近義詞的對上述的特徵是肯定的或否定的來作意義的界定。並且參考瓦隆（Wallon・H）的說法，認爲：

〔註3〕 吳澄釋「易者，象也；象也者，像也」言道：「謂易卦皆器物之象。象者，像似之義，聖人制器皆與卦象合也。」《易纂言・繫辭傳下》，頁369。

〔註4〕 《易纂言》，頁1。

信號和指號構成了一組不具有心理表象的關係項，雖然在符號和記號這相反的一組中存在著這種表象。此外，信號是直接的和存在性的，與其相對的指號則否（它僅是一種痕記）；最後在符號中代表關係是類似性的和不相符的（基督教 "超出" 了十字架），在與其相對的 "記號" 中這一關係是無理據性和相符的（在 "牛" 這個詞和牛的形象之間無類似性，但兩個關係項之間是完全相符的）。〔註5〕

羅蘭·巴特先將符號、記號與信號、指號區分為兩類，判準在於是否具有所指涉事物的「心理表象」，依此來看，卦畫與所指涉對象之間並非摹肖關係，而是表現出事物的心理表象；同時，卦畫與對象間又具有類似性。此外，卦畫又超過所指涉對象本身的意義，因為卦畫主要表現普遍性的陰陽變化之理，已超過各卦對象的個殊之理。因此，卦畫對所指涉對象而言可稱為所謂的「符號」或「象徵」。

吳澄又將伏羲畫八卦、六十四卦與文王、周公定卦名、作卦爻辭作了兩重的區隔，分判點在於符號與文字的不同使用。吳澄認為：「羲皇畫八卦因而重之，……其時未有文字，八卦之名止是因其三畫之形而生聲。既有文字之後，乃以乾、兌、離、震、巽、坎、艮、坤為卦名之字。」〔註6〕吳澄推斷伏羲時只有卦畫的形象與聲音，並未以文字標記。這兒可順此說法進一步推斷：文王與伏羲年代相隔甚遠，卦畫的聲音流傳不易，文王只得憑藉卦畫的形象與卦與卦之關係作出解釋，而以文字標記出。

卦名與卦畫間的關係為何？吳澄解釋《繫辭傳》「其稱名也，雜而不越於稽其類」言道：「文王所稱五十六卦之名，雖其義不一，而皆不過自八卦中出，歎其推考重卦兩體，與八卦所象相類而立名之意。」〔註7〕既然文王無法完全理解伏羲如何畫卦，只得從六十四卦的基本組成元素——八卦開始思索。

對於八卦的內容如何，吳澄未作說明。依筆者推斷，其過程可能如是：一方面舉出八種重要的自然物，天、地、水、火、山、雷、風、澤；另方面，亦發現八卦間彼此亦呈現某種結構關聯，進一步依照自然物的性質與卦畫的

〔註5〕　羅蘭·巴特著，李幼蒸譯，《寫作的零度——結構主義文學理論文選·符號學原理》（臺北：時報出版社，1991 年），頁 87～89。

〔註6〕　《易纂言·繫辭傳上》，頁 334。

〔註7〕　《易纂言·繫辭傳下》，頁 371。

特質作聯結，八卦之名便因此而生。其中離卦☲與火、坎卦與水，火的性質又與日相同，水的性質與月相同，故離☲、坎☵亦可象徵日與月。天、地、水（月）、火（日）、山、雷、風、澤均為八卦的原初象徵。

　　吳澄認為文王為六十四卦命名，乃依上下二體的組成形象或意義。此論據是基於《象傳》以二體之象與義解釋卦名之來，吳澄認為：「《象傳》者，夫子為釋文王之卦名而作也。……文王重卦之名象上下二體，則謂重卦之名為象，此傳釋重卦之名，故曰《象傳》。」〔註8〕

　　卦名的產生，包含兩個步驟，先從重卦的卦體尋出所象徵的自然現象，再指出此現象所代表的意義。吳澄舉例道：「如卦之義與雲雷二物相稱，則名之曰屯，以雲雷鬱結未能成雨之象，有屯之義也。」〔註9〕即六十四卦的命名是以八卦之象與意義為基礎加以擴衍。八卦卦畫又可從所象徵對象之特質衍生所謂的「卦德」，如乾☰（天）健、艮☶（山）止、〈震〉☳（雷）動。若將一卦之上下二體，或依所象徵之物彼此的互動關係，或卦象與卦德的結合，或卦德與卦德的關聯，重卦的卦名便是基於對二體間的關係及二者聯結所表示的意義，即卦名是指上下二體組成關係意義的綜合。卦名是指出卦畫的象徵意義，由上下二體的具體形象，指出二者的組成關係所代表的意義。

　　在卦、爻辭的部分，朱子認為卦、爻辭的內容可區分為兩大部分——象與占，嘗言道：

　　　《易》因卜筮而有象，因象而有占，占辭中便有道理。如筮得〈乾〉
　　　之初九，初陽在下，未可施用；其象為『潛龍』，其占為『勿用』；
　　　凡遇〈乾〉而得此爻者，當觀此象而玩其占，隱晦而勿用可也。它
　　　皆倣此，此《易》之本指也。蓋潛龍則勿用，此便是道理。〔註10〕

朱子以〈乾〉☰初九為例，說明所謂的象與占，認為《易》之本旨便在觀象玩占，以掌握聖人之意。卦、爻辭之成分非象即占，義理即在象、占中，捨象、占無所謂義理。

　　吳澄順承朱子，亦將卦、爻辭區分為象、占兩大部分，將朱子的象、占說法作得更全面，在經文之下一一明確標出何為象，何為占。雖然區分象、占，但並不代表二者截然二分，而是中間仍有相關的部分。吳澄指出：「辭有

〔註8〕　《易纂言‧象上傳第三》，頁261。
〔註9〕　《易纂言‧繫辭傳上》，頁344。
〔註10〕　《朱子語類‧乾上》，卷68，頁1695。

象辭，有占辭；象之中亦有占，占之中亦有象。」〔註11〕關於占中有象，可以〈无妄〉☰☳六二「不耕穫，不菑畬，則利有攸往」，吳澄註曰「占也」，並指出「耕穫、菑畬，占之象也」。〔註12〕雖然吳澄將整段文字理解為占辭，但標出其中亦取耕穫、菑畬之象。但亦有未標明「占之象」，然亦屬此類者，如〈乾〉☰☰九五「利見大人」為例，吳澄於經文下註明「占也」，但占辭中取「大人」之象，吳澄認為取象之由在於「與九二同，五為上卦之人位」。〔註13〕

　　除了象占區分所認定的象辭稱為象，卦、爻辭中的象又可再分為：物象與事象、意象、卦爻之象。所謂物象是指卦爻所象徵的具體物，以《易纂言》來看，例如「潛龍」、「括囊」、「鼎有實」之類屬於物象；而事象則指卦爻辭所象徵的事件，如「君子終日乾乾，夕惕若」、「匪寇婚媾」、「擊蒙」、「不富以其鄰」、「幹父之蠱」、「帝乙歸妹」、「王用享于西山」諸辭；至於意象指的是事象之可能方向與評價，或結構所傳達的意義，〔註14〕如「不永所事」、「以律否臧」、「其亡其亡，繫于苞桑」等；至於卦爻之象指的是卦爻結構表現之象，如「嘉遯」、「睽孤」諸類。

　　吳澄所謂的物象涵蓋極廣，包括：一、取天之象，二、取地之象，三、取人之象，四、取動物之象，五、取植物之象，六、取服物之象，七、取食物之象，八、取用物之象，九、其他。〔註15〕其他類包含了顏色、方位、時日、大小、數字之象。

　　整個物象包括了具體實物與抽象概念物，具體實物是指可感受到的物，包括了可見之物與不可見之物，不可見之物佔的分量極少，主要是指龍、鬼之類。在概念物的部分，除了其他類中所提到的顏色、方位、時日、大小、數字諸類外，尚有取人之象的稱謂之辭——人稱代名詞（我、爾、它）、家庭與社會之倫理及身分的稱謂、官位稱謂、有德與無德者之稱謂，均可歸屬於概念物部分，因無固定實指，僅具有關係認定的作用。

　　事象是就卦、爻辭對事件的描述而論，但事象的組成關聯著物象，如〈師〉

〔註11〕《易纂言外翼・自序》，頁7。
〔註12〕《易纂言》，頁100。
〔註13〕《易纂言》，頁35。
〔註14〕此說法參考岑溢成先生論易象中的吉凶一類，此處所以以意象代替吉凶，主要是吉凶與占辭容易混淆，故不用此名。而意象則強調象所代表的「意」，可包含作卦爻辭者所欲表達具有指出可能方向及評價的事象，及卦爻辭結構所代表的意義，故統以意象稱之。
〔註15〕引自《易纂言外翼・象例》，頁31～142。

☷ 六三「師或輿尸」，吳澄釋爲「坎爲輿，……盧氏曰：『坤爲尸』，坤尸在坎輿之上，故象輿尸。」「古者兵雖敗，猶不忍棄死者，故載尸以歸，輿尸猶以車載棺而謂之輿櫬也。」〔註16〕後段所引爲爻辭所指之事象，而「坎爲輿」，「坤爲尸」則是事象中物象的部分。又如〈同人〉☲九四「乘其墉弗克攻」，吳澄釋爲「離中虛外周象墉，九三爲六二之墉，四在三上，乘其墉也。」此爻辭之象是指無法攻克城池一事，但吳澄解釋事象中物象墉的取象。此亦說明，《易經》中事象的組成，大多包含了物象在其間，意即物象組成了事象，成爲事象的一部分而爲事象所涵蓋。

意象則重在作者於卦、爻辭所賦予的意義與意向，此包含吳澄明確指出「意象」、「象之教戒辭」，即此象是帶有卦、爻辭作者的意向在其中，藉由卦、爻辭指出事件的可能發展及評價。例如，〈訟〉☲初六「不永所事」：「象也，此邵子所謂意象也。」「柔弱居下，不能終訟，故有不永所事之象。」〔註17〕〈師〉☷初六「以律否臧」：「象之教戒辭也。」〔註18〕〈否〉☰九五「其亡其亡，繫于苞桑」：「象之教戒辭也。」〔註19〕此三例均爲指出事件的可能發展，「不永所事」從初六以柔居下，而指出占得此爻有不能終訟的可能，故得此象；吳澄論師初六所含之意：「初柔弱在下而不正，不正非出師之義，柔弱非出師之才，故凶。然聖人先教戒之，俾師出之初，定其否臧於律，因律聲之不吉而師不出，則不至於凶也。」〔註20〕聖人鑑於初六陰柔不正以此出師必致凶，故以「師出以律」表達告戒之意，使免於出師之凶。論否九五所含之意，吳澄言道：「大人者安不忘危，故於否既可休之時，其遠慮深戒。」〔註21〕九五爲大人之位，既中且正，故得於安憩於否將變之時；即使處於安的狀態，但聖人指出作爲大人當居安而思危，故「其亡其亡，繫于苞桑」蘊藏聖人之深意，除了表面得見之象，仍須體察聖人之旨。

除了明確標出「意象」與「教戒之辭」的象屬意象外，亦有僅標出象，但卻另外指出聖人之意者。如〈姤〉☴初六「羸豕孚蹢躅」，吳澄釋道：「蓋坎之外體雖變，而其內體不變，如豕之外形雖羸，而其心常不靜也，聖人爲

〔註16〕《易纂言》，51 頁。
〔註17〕《易纂言》，47 頁。
〔註18〕《易纂言》，頁 50。
〔註19〕《易纂言》，頁 65。
〔註20〕《易纂言》，頁 50。
〔註21〕《易纂言》，頁 65。

戒之意深矣。」〔註22〕〈遯〉䷠六二「執之用黃牛之革，莫之勝說」：「聖人慮陰之長，而欲遏其進也如此。」〔註23〕這兩段爻辭雖然描述瘦弱之豕形雖止但仍徘徊，與用牛革拘禁不使脫逃的現象，但重點不在此表面意義，而是以此表達聖人深思遠慮之意，不得從字面而理解象的涵義。

所謂卦爻之象則是指自卦爻結構上取象，以下將舉三例來論述。如〈遯〉䷠卦九三、九四、九五、上九四爻爻辭：〈遯〉九四「好遯」：「陰消陽之時，而四應初與之和好，故曰『好遯』；三與二私比也，故爲係戀。」九五「嘉遯」：「四與初皆不正，故其相應謂之好言，以情合也；五與二皆中正，故其相應謂之嘉言，以禮合也。」上九「肥遯」：「上卦〈乾〉三陽，四、五皆應陰，唯上無應，無私昵之累，則心廣體胖，故曰『肥遯』。」〔註24〕此四爻爻辭九三是以九三、六二的關係來言「係」，九四「好」是以九四、初六相應而言，九五「嘉」是以九五、六二相應而言，上九的「肥」是指上九無應無比，故無私累。其中「係」與「好」之別在於，前者以比，後者以應之故；「好」與「嘉」之別，好雖應然位不正，嘉則既應而正。吳澄解釋諸爻辭之取象是從卦體結構的比、應來論的。

〈睽〉䷥九四「睽孤」吳澄釋道：「四當睽時，一陽介二陰之閒，獨處無朋，故曰『睽孤』。」上九「睽孤」：「上剛而與柔比，亦睽之時而獨處者也，故象與四同。」〔註25〕九四「睽孤」是從九四居六三、六五之中爲一陽處於二陰之間，以此言「孤」也；上九的「孤」是從比於六五一陰，亦是以陰陽不同道而言孤之意。

〈蹇〉䷦卦六爻亦以卦體結構取象，吳澄於初六「往蹇來譽」指出：「往蹇來譽」：「蹇之六畫，唯初、四不相應，其餘皆有應；然蹇跛不行之時，難於遠取正應，卦中四畫相往來者，皆近取比爻也。」「初六最在下，有可往無可來，故爻辭以六二言之，六二中正有譽者也。」上六「往蹇來碩」「上六最在外，有可來無可往，故爻辭以九五言之。」〔註26〕除了初六無正應，故以相比之六二言之；上六處卦體之上無可往，以比近之九五言之；卦中四爻爻辭皆以卦體結構中比的關係取象。吳澄進一步解釋何以取比不取應，因所處

〔註22〕《易纂言》，頁157。
〔註23〕《易纂言》，頁126。
〔註24〕《易纂言》，頁126～127。
〔註25〕《易纂言》，頁139～140。
〔註26〕《易纂言》，頁141。

爲困蹇之時故也。

從以上三例可見出，吳澄在解釋卦爻辭取象上運用了卦體結構關係來解釋，包含爻性——陰陽，爻與爻的關係——承、乘、比、應，及卦體所呈現的形態，如「睽孤」之例。這個部分在吳澄的卦爻辭取象解釋上運用極廣。

吳澄論卦爻辭取象主要可分爲這四類，或許有人質疑這四類間有重疊之處，事象中包含物象，意象可存在於物象、事象之中，卦爻之象可用在物象、事象、意象的解釋。對這個問題，事可分爲及物與不及物，若及物則事象會包含物象。至於意象與物象、事象之關聯，若物象與事象可分爲描述具體物、事件或藉物、事來表達特定義涵，若爲前者則歸屬物象或事象，若重點在義涵的表達，則當歸屬意象。至於卦爻之象，是可用以解釋某些物象、事象得象之由，或解釋意象之取象；但亦可脫離物象、事象、意象單獨存在。雖然這四類的內容有所重疊，但所以作出區分主要是就卦、爻辭本身是重在強調物的描述或事件的陳述，或特殊意向的表達，或是對卦體結構的說明，意即取決卦、爻辭所要表達的是哪個面向。

因此欲理解卦、爻辭取象，必先對卦、爻辭作恰當的解釋，以此爲基礎，由卦、爻辭與符號間指出取象之由，方能作出合理的解釋，而不至流於穿鑿附會。吳澄所從事的便是「理論層面」的建構，找出辭與象之間的聯繫，正因六十四卦取象之「發生意義」已無從得知；藉由發現卦、爻辭內容的重出現象，將辭與象的聯結關係作探究，便能找出取象通則。

吳澄釋象所運用的原理，主要有：正體、互體、卦變、爻變、卦位，其中互體又包含了複體。吳澄論《易》取象的原則，指出：

> 「夫《易》之取象，或以三畫正體，或以三畫互體，或四畫爲一體，
> 或五畫爲一體，或六畫全體，或以六畫複體。」「卦變則剛柔相易，
> 一往一來者也；爻變則一畫變與五畫變而一畫不變者也。」「惟旁通、
> 飛伏之說不可取爾。」〔註27〕

吳澄認爲以正體、互體、卦變、爻變釋象，諸法爲經、傳本有，見於十翼、《左傳》、《國語》；至於旁通、飛伏的說法爲漢儒之特殊解法，與《易經》本身無關。可見在釋象方法的選擇，是以《易經》體系內的觀點爲主，不取系統外的方法。

有一點必須提出，「旁通」一詞，雖然由虞翻用來解釋易象，但其原理即是反對原理中的對卦，例如虞翻所言：〈比〉䷇「與〈大有〉䷍旁通」、〈小畜〉䷈

〔註27〕《吳文正公集・黃定子易說序》，頁 234。

「與〈豫〉䷏旁通」、〈謙〉䷎「與〈履〉䷉旁通」、〈夬〉䷪「與〈剝〉䷖旁通」、〈姤〉䷫「與〈復〉䷗旁通」、〈鼎〉䷱「與〈屯〉䷂旁通」，〔註28〕既然《雜卦傳》以反對原理釋卦義，而吳澄於「卦統說」、「卦對說」亦採用反對原理，甚至在釋象時亦採用之，「旁通」與「對卦」雖名稱不同，然所指則一，應當視為有效之釋象原理。因此欲解釋何以吳澄反對「旁通」，當是指反對以「旁通」稱對卦而言，並非反對對卦。

在作易象解釋之前，必須先瞭解辭本身的性質，是實取物之象，或當象徵之用，或為比喻之辭，如此方能進一步說明辭與卦畫間的關聯。例如，〈乾〉䷀九四「或躍在淵」，吳澄解釋道：「『淵』字但為設譬，則與『田』字、『天』字不一例；而『在』字與『在田』、『在天』之『在』亦不同。」〔註29〕此說明「在淵」只是作為譬喻來說，不同於「在田」、「在天」具有事實義。再以「履」為例，吳澄認為〈履〉自離䷝取象，但諸卦對「履」的使用不同，吳澄言道：「〈坤〉、〈履〉、〈歸妹〉言『履』者，履行之履皆虛字；唯離初九爻辭為履舄之履是實字。」〔註30〕此處所謂的虛字是相對實物而言，解為鞋的履是具體實物，而作為行動解的履是動作而非實物，故稱為虛詞。吳澄除了對卦、爻辭的取象作解釋外，對於辭義亦作了深入的說明。

吳澄的《易》象解釋有兩大原則，其一，必須合於卦、爻辭辭義；其二，必須合於卦、爻辭通例；此二者為《易》象解釋恰當與否的評斷標準。雖然《易》象解釋無法得到完全確解，但不能隨主觀任意詮釋，若以此兩點作為釋象之依據與判準，可以作出較為客觀的論定。

對於第一個原則，以《易纂言》〈復〉䷗上六「迷復」為例，吳澄言道：「舊註皆謂上六終迷不復。案：爻辭言迷復，註謂迷而不復，似與經相戾。」又〈未濟〉䷿卦辭「小狐汔濟」：「三、四、五互坎為狐，……諸家說以下卦之坎為狐者，於辭義皆不協。」就「迷復」取象來論，吳澄認為「迷」的取象，在於上畫居卦位之極，處冥昧之位，六為陰柔之質。而「迷復」一詞之義，吳澄與舊註解釋不同，舊註指的是程子、朱子之說法，二子將「迷復」皆釋為迷而不復，〔註31〕他們認為〈復〉卦以能復為善，上九之「凶」「有災

〔註28〕《周易集解》，卷3，頁61、卷3，頁66、卷4，頁91、卷9，頁211、卷9，頁216、卷10，頁245。

〔註29〕《易纂言外翼》，40頁。

〔註30〕《易纂言外翼》，頁115。

〔註31〕程子云：「以陰柔居復之終，終迷不復者也。迷而不復，其凶可知。」《周易

眚」是因迷而不復之故。而吳澄則認爲既然從復之初爻至第五爻均言能復，則上六雖迷，但仍能至終而復；其理由是復之吉凶必須建立在行正道的前提上，否則不行正道，雖復亦不善也，因此上九之不吉，是因迷失誤入歧途，即使後來欲悔改，然爲時已晚矣。由此見出，吳澄不僅對爻象作深入的分析，對爻辭之義亦有深刻的解釋。

再以〈未濟〉爲例，晉人干寶（字令升，286～336？）將〈未濟〉卦下卦之坎解爲狐者，〔註32〕吳澄的解釋則不同，吳澄接受《說卦傳》「坎爲狐」的說法，但是不能直接從下卦有坎象來解釋，必須詳考卦辭辭義。此處可將「小狐」與「汔濟」之象分開解釋，坎爲狐，小狐應指陰爻（小之象取於陰爻）。至於汔濟，汔之象亦見於〈井〉卦䷯九五「汔至」，其取象爲「井」水停在九五井口之中，未出於井口之外，故稱汔至。吳澄引此例認爲「汔」之取象應是指五爻之位，有將出而未出之象。至於「濟」則與坎水有關，因此「汔濟」應是指三、四、五互體坎中的六五一爻。若將「小狐汔濟」結合來看，互體之坎亦可解釋爲狐之象，六五陰爻便是所謂的小狐；小狐居於坎水之中，未登上九水外之岸，故有小狐汔濟之象。反觀，若以下卦之坎爲狐，則無法恰當解釋「汔濟」的「汔」之象。由上述二例可見，吳澄釋象並非粗略解釋，而是配合對卦、爻辭作周全的解釋。

對於第二個原則——卦、爻辭通例，以〈觀〉䷓六三「觀我生進退」爲例，吳澄言道：「〈觀〉四陰之卦，故六四爲主爻。……諸家或以九五爲觀之主爻，蓋擇其德位之盛者爲主，非通例也。」此處正可說明何以吳澄必須提出卦主、卦變理論，便是希望提出《易經》之通例，以此作爲釋象基礎。正因吳澄發現一套完整的卦主、卦變體系，因此在《易》象的解釋便能明確而清晰。

上述兩點原則可歸結爲：吳澄釋象重視爻辭與卦辭及爻象、卦象間的整體的關聯，此整體性理解爲吳澄釋象的一大特色。在第一章第三節「吳澄解《易》的原則與方法」時指出吳澄深受項安世以整體性觀點釋象的影響，並且發揮的更全面而深入，此處將就此以二個實例作說明。

以〈家人〉卦䷤爲例，吳澄言道：「上體成長女，下體成中女。二女各

程氏傳》，卷2，頁821。朱子亦曰：「以陰柔居復終，終迷不復之象，凶之道也。」《周易本義》（臺北：華聯出版社，1989年），頁50。

〔註32〕干寶釋「未濟」卦辭「濡其尾，無攸利。」：「坎爲狐。」釋象傳「小狐汔濟，未出中也。」：「狐，野獸之妖者，以喻祿父。中，謂二也，困而猶處中故也。以此記紂雖亡國，祿父猶得封矣。」《周易集解》，卷12，頁307。

得其正位而有其夫家。家人者，其夫也。五爲巽女之夫，居三畫卦之人位；三爲離女之夫，居六畫卦之人位，故曰家人。」又釋初九「悔亡」：「〈家人〉卦初上二爻，以卦之初終取義。中閒四爻分上下二體取義：下體在下之家也，以有家之臣而言，三爲夫，二爲婦；上體在上之家也，以有天下之君而言，五爲王，四爲后。」「不取遠應爲配，而取近比爲配者，家道尚親也。舊說以二五相應爲夫婦，皆與各爻象義不協。」〔註33〕

　　所謂舊說蓋指王弼、程、朱三子之說法。王弼釋《象傳》「〈家人〉，女正位乎內」言道：「謂二也」，又釋「男正位乎外」言道：「謂五也」〔註34〕程子則認爲：「二與五正男女之位於內外，爲家人之道。」〔註35〕朱子的看法則是：「卦之九五、六二，外內各得其正，故爲家人。」〔註36〕

　　吳澄的說法與王、程、朱三子相異，然卻與虞翻、馬融則相合。虞翻言道：「女謂〈離〉〈巽〉，二四得正，故利女貞也。」馬融釋道：「〈家人〉以女爲奧主，長女中女各得其正，故特曰利女貞矣。」〔註37〕

　　就〈家人〉之卦象觀之，確實有長女、中女之象，故釋象時不應只注意到卦中二、五之位，理由在於，既然二、五皆得其正，何以卦辭單言利女貞，而不言利男貞？即使此二、五之位的解釋合於《象傳》「女正位乎內，男正位乎外」，但就卦辭僅言「利女貞」來看，當以女指爲二與四是較恰當的解釋。

　　吳澄的解釋是將項安世的說法加以深化，項安世指出：「初九始有家也，六二婦也，九三夫也，一家之制備於下交矣。上卦則推而廣之，六四卿大夫之家也，九五天子之家也，上九家道之終也。」〔註38〕項氏之說是將卦體分爲上、下兩部分，下卦言普遍之象，言一般之家；上卦爲特殊之象，言大夫及天子之家。但此分析仍不夠精密，主要是初、終二爻的安置問題。

　　吳澄將此修正爲初終二爻爲一類，中四爻爲一類；中四爻又可以身分地位分爲在上之家與在下之家。此正好化解了初終二爻的定位問題。吳澄亦對於何以不取遠應而取近比關係作說明，因爲家道是以親爲主之故，此解釋頗有理；並認爲舊說以二、五爲夫婦之象的說法，與卦、爻辭、《象傳》均不相合。

〔註33〕　《易纂言》，頁135～136。
〔註34〕　《周易王弼注》，頁401。
〔註35〕　《二程集・易傳》，漢京版，頁884。
〔註36〕　《周易本義・下經》，頁2之11。
〔註37〕　《周易集解》，卷8，頁183。
〔註38〕　《周易玩辭》，頁354。

　　再以〈蠱〉☴☶爲例，初六「幹父之蠱」吳澄釋道：「〈蠱〉之爲卦，父歿母老子幼女長之象也。〈泰〉之乾爲父，坤爲母，乾父自初往上成艮，父歿而有少男也；坤母自上來初成巽，母老而傳家事於長女也。爻義兼取互卦，故初六幹父之蠱者，巽女也；九二幹母之蠱者，兌女也；九三幹父之蠱者，震男也；六四裕父之蠱者，艮男也。」〔註39〕〈蠱〉之初六、九三、六五均有「幹父之蠱」，九二爲「幹母之蠱」、六四爲「裕父之蠱」，初六取下卦爲巽，故「幹父之蠱」者爲巽女；而九二取互體兌，故「幹母之蠱」者爲兌女；九三則取互體震，故言震男；六五取上卦艮，故言艮男。

　　吳澄又言：「有先後卦位之尊者，五與上也；五陰爲母，上陽爲父；上陽自乾往而居陰，父之已亡者也；五陰坤之中畫而居陽，母之猶存者也。」〔註40〕至於上畫爲父考，主要是以卦變來解釋，〈泰〉之初九居上畫陰位成〈蠱〉，以此爲父亡之象；相對於六五以陰居陽，爲母尚存之象。因此，吳澄釋上九「不事王侯，高尚其志」：「少男、長女爲〈蠱〉，蓋以象家事之蠱壞。諸爻皆以父母、男女取義，自初至六五同一意也。」〔註41〕吳澄認爲就〈蠱〉之上下兩體觀之，爲少男、長女之象，而卦中又互少女、長男，而〈蠱〉又自〈泰〉☰☷而變，〈泰〉爲父母之象，故吳澄稱〈蠱〉卦諸爻以父母男女取象。

　　由以上二例可見出，吳澄對爻辭與卦辭及爻象、卦象間作整體理解，找出其間之關聯性，使得易象解釋不致流於片斷瑣碎。藉著歸納法的廣泛使用，將一卦之卦、爻辭尋出其關聯處，並與整體卦象作連結，此便是吳澄釋象之一大特色。

第二節　「象例」之分類及內容

　　本節主要分析吳澄「象例」之特色，分別從三方面作考察：其一，首先考察「象例」之基礎，反省吳澄對《說卦傳》及《逸象》內容之補訂；其二，分析「象例」分類原則，並以胡一桂「象類」作對比；其三，探討「象例」之內容與特色。

〔註39〕《易纂言》，頁79。
〔註40〕《易纂言》，頁79。
〔註41〕《易纂言》，頁81。

　　《說卦傳》常被質疑並非夫子所作，因部分內容與卦、爻辭不符，或於卦、爻辭所未見。面對此質疑，吳澄提出另番解釋：「《說卦》者，備載卦位、卦德、卦象之說，蓋自昔有其說，夫子傳述之以爲傳爾。」「其餘十一章以下，語頗叢雜，其義不可盡通，於經亦不盡合。或是夫子贊《易》以前，如《八索》之書所載有若此者，而夫子筆削之，以其無大害於理者，始存之也。」〔註42〕吳澄認爲《說卦傳》除首章、次章爲夫子總論聖人大義，其餘十一章，推斷是夫子整理當時有關《易》象的說法而成。此種推斷一來可解釋《說卦傳》的內容並不盡合於卦、爻辭的問題，二來指出孔子與《說卦傳》的關係，是編選者而非作者。

　　雖《說卦傳》非孔子所作，然卻爲孔子所編，如同《詩經》雖非孔子所作，卻由孔子所刪訂，自然仍爲可信之文獻；吳澄仍肯定《說卦傳》的內容，並且作詳細的解釋。至於《逸象》屬漢代的作品，吳澄認爲可信度不似《說卦傳》那般高，因此除了對內容進行解釋外，於謬誤與不足處則提出修訂。

　　在補充《說卦傳》的部分，吳澄從《說卦傳》「艮☶爲小石」，推論出坎☵亦爲石的說法。彼言道：「（艮）爲小石，剛在坤土之上，象山頂高處之小石。坎剛在坤土之中，則象土中平地之大石。」〔註43〕又言：「說《易》者皆知艮爲石，而不知坎之爲石，蓋不能舉隅而反爾。艮小石也，石也，凡單言石者皆坎象。」〔註44〕此處吳澄由「艮☶爲石」推出「坎☵爲石」，因艮與坎均與坤土有關，艮之剛畫在上，又艮爲山，故艮爲山頂之小石；坎之剛在中畫，又坤爲地，故坎爲平地土中之大石。吳澄認爲《易》言石者皆自坎而非自艮取象。如豫䷏六二「介於石」、〈困〉䷮六三「困於石」，一自互體坎、一自下體坎取象。吳澄所以自坎而不自艮解釋，恐與艮爲山石有關，而〈豫〉與〈困〉是就土石而言有關。此作法說明了《易》象解釋具靈活性，但必須有合理之說明。

　　在修正部分，吳澄將《逸象》的艮☶爲虎，修正爲「離☲爲虎」。〔註45〕彼認爲：「〈履〉象、六三、九四、〈頤〉六四、〈革〉九五，〈履〉、〈革〉皆無艮，艮不象虎也。」〔註46〕又言道：「苟《九家逸象》以艮爲虎，先儒或以乾

〔註42〕　《易纂言》，頁415。
〔註43〕　《易纂言》，頁429。
〔註44〕　《易纂言外翼》，頁45。
〔註45〕　此處所列吳澄對荀爽《九家易象》的修正，若未特別標明出處，則見於《易纂言》，頁431～432。
〔註46〕　《易纂言》，頁431。

☷ 為虎，皆非也。虎者離象，離於飛類為雉，於走類為虎，皆外有文明，而中則陰質也。」〔註47〕〈履〉卦卦辭、六三、九四「履虎尾」、〈頤〉「虎視耽耽」、〈革〉「君子虎變」，〈履〉、〈革〉二卦無艮，〈頤〉有艮，吳澄認為艮無虎象，乾亦然，而由《說卦》「離為雉」推論「離為虎」。歷來除言艮、乾為虎外，尚有虞翻、京房「坤☷為虎」的說法，〔註48〕以吳澄是虎與雉有相同特點——外表華美而性陰，而認定離為虎；以此判準便能瞭解吳澄反對其他說法之理由：艮☶為止，與虎之好動性不符；乾☰為剛，坤為陰，前者形容虎之外質，後者說明虎之內質，各有所偏。吳澄之說法雖言之成理，然諸家之說亦不無其理據，故僅聊備一說。然此可見出吳澄對虎特質之描述是有依據的，憑藉日常基本判斷，便能說明《易》象，證明《易》象並非迂曲難測，而是簡易明白的。

除此，又將「震☳為玉」修正為「震為圭」，其理由在於《說卦傳》中已有「乾為玉」的說法，若此又言「震為玉」，則有重出之弊；且〈益〉卦☴六三有「中行告公用圭」，〈益〉下體為震☳，六三居震之上畫；加上「圭」與「玉」字形相近，推測恐因字形致誤，基於此二理由，遂將「震為玉」改成「震為圭」。另外，「震☳為鵠」改成「震為鶴」，卦、爻辭中並無以「鵠」取象之例，而〈中孚〉☲九三有以「鶴」取象，〈中孚〉二至四爻有互體震☳，恐因「鵠」與「鶴」字形近似而致誤也。

吳澄亦將「巽為鸛」改成「巽為鴻」，理由在於卦、爻辭中並無此象，反倒〈漸〉卦☶初六至上九有鴻之象，且〈漸〉上體為巽☴；加上鴻與鸛字形相近，亦屬形似而誤也。除此，「坎☵為可」，吳澄認為卦、爻辭中以「可」為辭者有〈坤〉☷六三、〈无妄〉☰九四、〈損〉☶卦辭、〈井〉☵九三、〈漸〉☶上九、〈小過〉☳卦辭，諸卦、爻言「可」者，均與坎☵無關，故吳澄認為「可」非取象於坎。

尚有「艮☶為狐」，吳澄修正為「艮為豹」，因為〈逸象〉已言「坎☵為狐」，〈解〉☵九二、〈未濟〉☲卦辭均與坎☵有關，而與艮☶無干，此處又言「艮為狐」，則重出也。反倒〈革〉☱上六言「豹」，「豹」與「狐」字形

〔註47〕《易纂言外翼》，頁103。
〔註48〕虞翻解釋「革」九五「大人虎變」，言道：「乾為大人，謂五也，蒙坤為虎變。」《周易集解》（臺北：商務印書館，1996年），頁244。京房的說法，見於惠棟解釋荀爽《九家逸象》「艮為虎」，言道：「京房以坤為虎。」《易漢學》，卷7，頁109。

相似，恐形近而誤也。但此修正不若對「震爲圭」、「震爲鵠」、「巽爲鴻」之修正來的妥當，因諸卦、爻辭中確可見出象與辭間的關聯，但「艮爲豹」之象卻無法從〈革〉上六找到依據。吳澄的說法其實是參考虞翻的解釋，虞翻曰：「蒙，艮爲君子，爲豹。」〔註49〕但虞翻並未對何以「艮爲豹」作出解釋，吳澄雖取其說，然仍須對接受的理由作出合理的說明。加上吳澄在解釋〈革〉上六「君子豹變」言道：「五，陽位爲大；上，陰位爲小。豹者似虎而小，故上六不爲虎而爲豹。」〔註50〕就體積而言，虎大於豹，陽大陰小，故虎爲陽，豹爲陰；並未實際就豹因某卦象而取象作說明，故爲無法爲所修正的「艮爲豹」提出有力的解釋。

最後「兌☱爲常」，吳澄指出卦、爻辭無此象，而以「或曰」作補充，有「裳」、「商」、「常」三說，因爲「兌下二奇象通帛下垂，上一耦象分繫於杠」。其中「裳」的說法不能成立，因《逸象》已言「坤☷爲裳」，吳澄不應再引此說，僅舉另二說即可。

吳澄對《說卦傳》、《逸象》之補充與修正，雖然對於「艮☶爲豹」之說在解釋上有所不足，或許可採取「兌☱爲常」的說明方式會更周全些。就全盤而論，經過吳澄的修補之後，將《說卦傳》、《逸象》與卦、爻辭之取象作更密切的結合，而且是以可靠的資料與合理的推斷作依據，故極具參考價值，吳澄便是以此作爲釋象之基礎。

《易纂言外翼》中的「象例」是針對《易纂言》中未論及或未能深入，甚至解釋錯誤處，重新整理而得；主要是將釋經時所發現之通例，從散亂中以條列的方式統整在一起。

「象例」的分類原則是依據了《繫辭傳》「古者包犧氏之王天下也，仰則觀象於天，俯則觀法於地，觀鳥獸之文與地之宜；近取諸身，遠取諸物，於是始作八卦。」吳澄對這段文字的解釋：「天有雷、風、日、月，……地有水、火、山、澤，……鳥獸之文謂動物也，地之宜謂植物；身就人而言，物該服、食、器用而言。」〔註51〕

吳澄以《繫辭傳》這段文字將其易象歸爲九類，以此作爲分類之根據。分類類型如下：一、取天之象，二、取地之象，三、取人之象，四、取動物

〔註49〕《周易集解》，頁224。
〔註50〕《易纂言》，頁172。
〔註51〕《易纂言》，頁365。

之象，五、取植物之象，六、取服物之象，七、取食物之象，八、取用物之象，九、其他。從吳澄所列的內容中可發現，第二類的取地之象與第三類的取人之象，前者有四十五例，後者有七十三例，相較其他，分量頗重，因此可見出「地理」與「人」這兩類爲《易》象的主要部分。

天文又時常與地理並言，故可歸爲一大類，此二者數目正好相當於第三類，故這九類又可歸約天文地理與人文兩大類。人文則是包含第三類言人的身分、構造及第六、七、八、九諸類言人活動與製作，簡明區分即成實物與符號二類，實物包含食、衣、住、行，符號類則是第九項所包含的內容。至於動、植物部分，亦可看作是天文地理的一部分，與人具有平列關係；亦可視作人文世界的一部分，包含在人類生活範圍中。

一個好的分類，必須涵蓋被分類對象的所有內容，且分類項目間不得有重疊，否則不能稱上嚴謹的分類法。吳澄的分類不僅能涵蓋《易經》中所用的象，同時這些分類間的確能被明確區隔開來。

與吳澄同時期的胡一桂，於著作《周易啓蒙翼傳》亦提出類似「象例」的內容，胡氏稱爲「象類」，〔註52〕此處欲將二說並舉比較，以對顯出吳澄「象例」的特色。胡氏將「象類」分成三十三類：天文類、地理類、歲月日時類、人道類、身體類、古人類、邑國類、宮室類、宗廟類、神鬼類、祭祀類、田園類、穀果類、酒食類、卜筮類、祐命類、告命類、爵祿類、車輿類、簪服類、旌旗類、訟獄類、兵師類、田獵類、金寶類、幣帛類、器用類、數木類、五色類、禽獸類、鱗介類、草木類、雜類。

「象例」與「象類」之差別有二：一、胡氏之分類項目較吳澄更形複雜，二、胡氏將內容依卦、爻辭、翼傳分開羅列。胡氏言道：「余於《本義》後既分八卦爲象圖，而繫之以說矣，大概欲見三聖人取象不同之意。以今觀之尚有未備，故復爲此圖，分天、地理、人物等爲類，首文王卦象，次周公爻象，次孔子十翼中《彖傳》、《象傳》、《說卦傳》所取象以該之，庶乎不致有遺。」

若將二人的歸類對比來看，胡氏的分類有許多部分是可以合併的，首先就「象類」的類型之重疊相似處作番整理。其中的邑國、宮室、宗廟是可歸類在地理類中，此其一也；身體、神鬼、爵祿、兵師是可歸類在人道，此其二也；鱗介類與禽獸類可以合併，屬廣義的動物類，此其三也；穀果類可歸入草木類，此其四也；車輿、旌旗、金寶、幣帛可歸入器用類，此其五也；

〔註52〕此處所引胡一桂之說法，均出自《周易啓蒙翼傳（下篇）·象類》，頁 522～525。

數目、五色則可歸入雜類，連歲月日時均可將重心放在數字上，而歸入此類，此其六也。如此，在分類項目上便從原來的三十三類變成單純的九類。

而剩下的類別，則是吳澄「象例」未言及者，古人、祭祀、田園、卜筮、祐命、告命、訟獄。

（1）古人：胡氏所列之實例爲高宗、帝乙、箕子，此三者均爲歷史上實存之人物，在易象上應是就其地位來論，指高宗、帝乙爲人君，箕子爲人臣，而非就這些人本身來說，故無須別列一類。

（2）祭祀：吳澄處是歸入「占例」作討論，將亨（享）列在「亨」例之下分析，將「利用禴」「利用享祀」「利用祭祀」列在「利」例之下作討論。就胡氏所列之細目來看，盥而不薦有孚顒若，用大牲吉、二簋可用享（卦辭），亨帝、禴祭、禴祭、亨、亨祀、祭祀（爻辭），其內容所取不一，有祭祀之儀式、用來祭祀之物、祭祀的對象、祭祀的名稱、祭祀本身，雖然均屬祭祀活動，但因其使用目的不同，取象自然不同，不可僅用一空泛的類別加以涵蓋，無法達到分類的積極意義。

（3）田園：胡氏所列之細目爲田（〈乾〉二）、菑畬、耕穫、園，其中田與園可歸入草木類，菑畬、耕穫屬耕種的動作，可歸入田獵類，甚至可進一步與兵師類同併入人道類，屬於人的活動。

（3）卜筮：胡氏所列之初筮、原筮，吳澄將此歸屬象占中的占，是說明卜筮之道理，並無實象可論。〔註53〕其實胡氏雖列此類，但亦未就實際所表現的象作解釋，仍是與祭祀類一般羅列與卜筮相關之內容而已，並不須列入其間。

（4）祐命、告命：其實二者可約歸在一起。不過很難將其歸屬在前面整理後的類別中，但也不適合獨立出來，因與其他類別不相符之故。吳澄並未將此列入「象例」中，只在《易纂言》中指出「巽爲命」，〔註54〕對於胡氏告命類中的告命將之歸列在「辭例」中「告」例，偏重在告字。

〔註53〕《易纂言》「蒙」：「古者占筮不過三，一不吉則可再，再不吉則可三，三不吉則止，不復筮。故文王特於蒙、比二卦象辭發三筮、再筮之例。」《易纂言》，頁42。

〔註54〕《易纂言》「否」九四：「有命與師上六『大君有命』同，三四五互巽爲命。」，頁64。

（5）訟獄：吳澄亦未列入「象例」，只是在《易纂言》解釋經文時，提出「五獄皆離象，離中虛，外室有似囹圄。」的說明。

〔註55〕

關於「象類」卦、爻、翼三分的問題，胡氏的理由是卦辭取象與爻辭取象不盡相同，夫子之《彖傳》、《象傳》、《說卦傳》有許多是夫子自取之象，亦不盡同於卦、爻辭取象，〔註56〕故強調區分三聖之取象。

至於吳澄雖與胡氏一樣，均肯定朱子所作三聖易之區分，〔註57〕但吳澄強調三聖易在宗旨上是一致的，只是後聖補前聖所未及者。彼言道：「《易》有彖辭有爻辭，而所謂其辭危者，乃專以文王彖辭言，何也？蓋繫辭自文王始，周公不過補文王之未及爲者爾，無異旨也。」〔註58〕即強調文王重在於卦之象，周公則補充文王未及之爻象。夫子的「十翼」中的《象傳》，吳澄指出：「《象傳》者，夫子爲釋文王之卦名而作也。……文王重卦之名象上下二體，則謂重卦之名爲象。此傳釋重卦之名，故曰象傳。」〔註59〕既然《象傳》是爲了解釋文王重卦之上下兩體之象，自然仍與文王卦辭之象是有密切關聯的。

綜論二子對三聖易之見解，吳澄主張三聖易本來就不同，然彼此是後聖繼前聖的關係，三聖所致力的範圍仍建立在伏羲易的基礎上；胡一桂則標舉三聖易是有所不同的，不可任意混同解釋。比較二子的論點，吳澄與胡一桂同樣暸解三聖易之差異，然而吳澄更注意卦爻辭爲釋卦畫而作，而傳爲解經而作，三者是緊密關聯的；若依胡氏的作法，一來三聖易取象不易截然區分，二來無法說明三者之關係。

就吳澄與胡一桂的「象例」、「象類」作整體評斷：在分類項目上，以吳澄的分類較簡明，胡氏的分類可從原來的三十三類變成單純的九類，意即整個象類可爲吳澄的「象例」所取代。在分類方式上亦以吳澄的說法爲優，胡氏區分三聖易取象的觀點並不恰當，當以吳澄直接就卦爻辭取象作討論爲優。

在「象例」的內容部分，〔註60〕可區分爲兩種，一類屬於常例，一類屬

〔註55〕《易纂言》，頁325。
〔註56〕此處所引胡一桂之說法，均出自《周易啓蒙翼傳（下篇）·象類》，頁522～525。
〔註57〕《易纂言》，頁382。
〔註58〕《易纂言》，頁261。
〔註59〕《易纂言》，頁415。
〔註60〕此小節所引內容全幾見於《易纂言外翼》，故不另標出處；若引他處文獻，再另行標明。

於殊例。常例是指從《說卦傳》、《九家逸象》的內容便能直接解釋取象之由，此在「象例」中占極大的部分；至於殊例，則必須運用其他的方式來解釋取象之由，因爲數量不多，故以殊例稱之。

在常例的部分，又可區分爲兩個層次，第一個層次先論諸卦、爻辭的通象處，說明何以諸卦、爻辭均有此象；第二個層次則論諸卦的殊象處，例如，諸卦、爻同樣有「雨」之象，何以〈小畜〉▤之卦辭云「不雨」，而上九卻云「既雨」？

在第一個層次，吳澄從諸卦、爻辭中指出因卦體中有某卦象，或因卦位、陰陽爻而得此象。因某卦象而取象的依據，主要參考《說卦傳》、《九家逸象》的內容。此又可區分爲直接取象與間接取象，直接取象是指，直接運用《說卦傳》、《逸象》所列之內容，如「乾☰爲天」、「離☲爲雉」、「坎☵爲蒺藜」之類。直接取象中又可區分爲單取一象者、同時取二象，取二象以上者。單取一象者，如「離爲日」、「坎爲月」。同時取二象者，如「車」兼取「坤☷爲大輿」及「坎☵爲輪、爲輿」二象；「牛」兼取「坤☷爲牛」及「離☲爲牝牛」二象；「德」，吳澄認爲「凡曰德者，皆有巽風之施命及下，又兌口之反也，……反兌口於下，食人者也。」，即「德」兼有巽☴及兌☱二象。取二象以上者，如「馬」，吳澄言「乾☰、震☳、坎☵三陽卦皆有馬象。」「牲」，吳澄言：「祭禮所常用牛、羊、豕三牲也，三牲並用故曰太牢，是爲用大牲也。萃卦下坤爲牛，上兌爲羊，三、四、五、上肖坎爲豕。」此說明「牲」是以坤☷、兌☱、坎☵三卦取象。

間接取象則較複雜些，取《說卦傳》及《逸象》內容的引申義，例如「河」、「谷」、「井」、「泉」、「泥塗」、「沙」、「干（岸）」、「穴」均與「水」相關，故皆取坎☵象；「國」、「邑」、「宮」、「階」、「邑人」均與「地」有關，故皆取坤☷象。正因屬間接取象，故吳澄對於此象的意義必須先作解釋，說明何以從某卦取象。例如，「干」吳澄解釋道：「〈漸〉初『鴻漸于干』：干，水崖也，二、三、四互坎爲水，初與之近，猶水之崖。」甚至有些象義不甚明白者，必須藉著訓詁的方式表現，例如，「鹿」是作「麓」，作山麓解，而非動物專名的鹿。「易」作「場」，作疆場解，非容易之易。「隨」作隨從解，非作虛字用。

以卦位取象者，像天、地、人，天子、公侯、人臣，器官（限、腹、心等）、顏色、方位諸類，是以被解釋者的地位、位置與卦位相對應。將卦位與

地位相擬之例，如「天子」、「公侯」、「人臣」，依地位之高低與卦位相對應，得出「天子」之卦位在五，公侯之位在三、四，人臣之卦位在二。將卦位與所處位置相擬之例，如器官類，依器官所處位置之上下與卦位相照擬，「心」居五位，「腹」居四，「限」居三，「腓」居二，「趾」居初。除此，尚有以卦位「乘」、「比」、「應」的關係來取象，說明被解釋者與其相關對象之關係。例如，「尙」便是「乘」的關係，「夫妻」、「婦子」、「隨」、「敵」、「鄰」便是「比」的關係，「次」、「婚媾」、「同人」、「仇」、「它」便是「應」關係。另外，亦有將卦象、卦位合併使用者，例如「天」，吳澄既言「乾爲天」，又言「五、上爲天」；「首」，「乾爲首」又上畫爲首。

以陰陽爻取象者，「君子」與「小人」、「大」與「小」的對舉，「簪」爲奇畫，「机」爲偶畫諸例。除此，亦有就陰陽間的關係來論的，如「朋」、「友」、「交」三例，吳澄言道：「朋者陰陽同類相從，亦或陰從陽也；友者勝己爲助，陽助陰也；交者彼己皆陽，同德相交也。」另一例爲「章」，「發生萬物，粲然有章者，陽之爲也；然非陰成則不可。」此是就陰陽相合來取象。在卦位取象的部分，有些「象例」是結合卦位與陰陽而言的，如「大人」爲居二、五之陽爻，「王母」爲居五位的陰爻，「妾」爲居初位之陰爻，「牙」爲居上位的陽爻……等。

在第二個層次，則是解釋某「象例」下的諸卦之殊象，多運用「互體」、「爻變」、「卦變」諸概念來解釋，此處將以「象例」中的「邑」爲例作說明。以「邑」爲象之卦、爻辭：〈謙〉䷎上「邑國」，〈訟〉䷅二、〈比〉䷇五、〈无妄〉䷘三的「邑人」，〈泰〉䷊上「自邑告命」、〈晉〉䷢上「伐邑」、〈夬〉䷪卦辭「告自邑」、〈升〉䷭三「虛邑」、〈井〉䷯卦辭「改邑」。在第一個層次，吳澄已從《說卦傳》「坤☷爲地」引申出「坤☷爲國邑」的說法，此是解釋通象；在第二個層次，吳澄作進一步分析：〈比〉䷇、〈泰〉䷊、〈謙〉䷎、〈晉〉䷢、〈升〉䷭有坤☷象，〈訟〉䷅若第二爻變爲陰，則成坤☷，此是以「爻變」來解釋；至於〈无妄〉䷘六三爲「邑人」，三既是坤☷的上畫，又是人位，故有「邑人」之象。〈夬〉䷪卦辭「告自邑」，吳澄解釋道：「〈夬〉自〈坤〉變，〈坤〉下五畫已皆變爲剛，僅存〈坤〉上一畫未變；邑削象散，故告自邑，不利即戎。」〈夬〉自〈坤〉䷁變是以「卦變」來解釋，吳澄的「卦變說」指出「乾、坤變而爲六子、十辟」；〔註61〕至於〈井〉䷯九五「改邑」，吳澄解

〔註61〕《易纂言外翼》，頁5。

釋爲「〈泰〉之初往五改坤爲坎，改其邑也。」此亦是從「卦變」來論的，〈井〉自〈泰〉䷊而變，〈泰〉之初、五相易而成〈井〉；〈井〉已改變原來〈泰〉上卦的坤體，故稱爲改邑。

從上述的說明可瞭解，吳澄「象例」的通例，先從第一個層次指出諸卦、爻辭的通象，因某卦象或某卦位而取象；再從第二個層次詳論諸卦、爻辭的殊象，並藉著「互體」、「卦變」、「爻變」的輔助，由這兩個層次構成完整的論述，這部分在「象例」中占了極大的比重。

在殊例部分，包含幾個方面：

（1）運用自創的「卦主」論點

（2）參考《象傳》、《繫辭傳》的說法

（3）援引他家見解：京房的「納甲」、虞翻「逸象」、邵子《易》數諸說

（4）直接從諸卦、爻的象作分析。以下將一一舉例來論述。

以「卦主」取象者，是指「我」、「主」、「官」、「宗」四例而言，凡卦、爻辭中有此四字者，均是從「卦主」取象。在「我」例，吳澄言道：「凡卦以主爻爲我。」因此〈小畜〉䷈卦辭「自我西郊」，是指卦主六四而言；〈小過〉䷽六五的「自我西郊」，則是指九四卦主而言。這一「象例」是承項安世的說法而來，項氏言道：「凡論全卦之義，皆以主爻爲我。」〔註62〕所不同的是，吳澄不管對解釋全卦之義的「我」，或用以論本爻之吉凶，一概以「卦主」來解釋。在「主」例，吳澄言「凡卦之六畫有一畫爲主爻」，故諸卦、爻辭凡以「主」爲辭者，其象皆就「卦主」而論。「官」例亦同，吳澄認爲〈隨〉䷐初九的「官有渝」，因官是主其事者，初九爲〈隨〉卦之主，故有官之象。至於「宗」，〈同人〉䷌六二「同人于宗」、〈睽〉䷥六五「厥宗噬膚」，吳澄認爲：「〈同人〉之二、睽之五皆爲卦之主，猶宗子之統眾兄弟也，故謂之宗。」從上述說明可發現，吳澄所以用「卦主」來解釋「我」、「主」、「官」、「宗」之象，是有意義上的關聯；因爲這四例之象均有主導的意味，而「卦主」是一卦成卦之由，二者均具有主

〔註62〕項安世言道：「凡論全卦之義，皆以主爻爲我。〈蒙〉以九二爲主，故象辭稱我者九二也；〈小畜〉以六四爲主，故象辭稱我者，六四也；〈觀〉以九五爲主，六三所稱之我即九五也；〈頤〉以上九爲主，初九所稱之我即上九也；〈小過〉以六五爲我，〈中孚〉以六二爲我，皆統言一卦之義者也。獨〈需〉三、〈解〉三、〈鼎〉二、〈旅〉四，自以本爻之吉凶而稱我，非一卦之事也。」《周易玩辭》，頁219。項氏對於《易經》中「我」這一詞語的取象區分爲二，而吳澄統以「卦主」論之，此爲二人明顯之差別；除此，二人對於「卦主」的內容，有不同的見解，即使以「卦主」釋「我」之象，亦會因不同的「卦主」內容而有所不同。

宰的意義，故吳澄從意義的解釋上將二者聯繫在一起。

　　參考《象傳》的部分，是就〈小過〉䷽有飛鳥之象來說的，吳澄由此引申出「鳥亦取〈坎〉象」。這個說法，早見於漢代宋衷。《周易集解》在〈小過〉《象傳》引宋衷的講法「二陽在內，上下各陰，有似飛鳥舒翮之象，故曰飛鳥。」〔註63〕只是此說法在當時及後代並未被普遍的接受，吳澄是少數所見略同者。

　　在參考《繫辭傳》的部分，見「象例」中的「川」、「棟」、「屋」、「史巫」四例，援引《繫辭傳》下：「爲舟楫之利以濟不通，蓋取諸渙；聖人易之以宮室，……取諸〈大壯〉；易之以書契，……取諸〈夬〉；……」的說法，以此說明〈渙〉䷺卦六畫全體象離，離☲爲舟象，以此解釋涉大川之象；以〈大壯〉䷡四剛象棟，以此引申〈大過〉䷛三、四兩剛畫象棟；又以〈豐〉卦䷶三、四、五、上這四畫之象似〈大壯〉䷡，以此解釋屋之象；〈巽〉䷸九二的史巫，兌☱爲巫，又書契之象取諸〈夬〉，故「史」與「巫」均取兌☱之象。〔註64〕

　　在援引他家說法的部分，此部分佔的比例極少，從「象例」中考察，除了「甲」、「庚」、「己」、「缶」例及數字例明確標出是參考「納甲」、《爾雅》及邵子的說法外，其他多未標明出處。經由筆者的考察發現，多數是參考虞翻的說法。例如，「賓」之取象，吳澄解釋「乾☰爲賓」，在《集解》〈姤〉䷫六二引虞翻注：「乾尊稱賓」。〔註65〕「魚」例，吳澄言「巽☴爲魚」，此見於《集解》〈剝〉䷖六五、〈姤〉䷫九二、〈繫辭〉「以田以魚」，虞翻皆言及「巽爲魚」的說法〔註66〕。另外，「左」「右」例，亦採虞翻的說法，在《集解》〈泰〉䷊《象傳》「以左右民」、《說卦傳》「震爲作足」，虞翻解爲「震爲左」；〔註67〕在〈泰〉䷊《象傳》「以左右民」、〈大有〉䷍上九、〈豐〉䷶九三、《繫辭上傳》「子曰：『右者助也』」，將右以「兌爲右」釋之。〔註68〕

　　直接從卦象解釋的部分，有直接從卦的整體來分析的，亦有從卦畫的局部來解釋的。從整體分析者，以「斧」例來論，吳澄釋〈旅〉䷷九四「得其

〔註63〕《周易集解》，卷12，頁299。

〔註64〕《易纂言外翼》，頁40、58、86。

〔註65〕《周易集解》，卷9，頁219。

〔註66〕《周易集解》，頁126、219、364。

〔註67〕《周易集解》，頁76、420。

〔註68〕《周易集解》，頁76、91、271、352。

資斧」：「〈巽〉木連離兵爲斧。」〔註69〕直接從〈旅〉卦之象來分析，上卦爲離☲，二三四互巽☴，以此直接得出斧象。其他如「鼎」、「頤」、「豚魚」、「城隍」皆是從象的整體來解釋的。

　　從卦的部分來分析的，以「机」例來說，〈渙〉☴九二「渙奔其机」：「初偶二奇，机之象。」〔註70〕直接從初六之偶畫解釋机之象。其他如「須」、「床」、「幕」、「菒」、「旆」均是從卦象的局部來論的。

　　吳澄的「象例」是植基於卦主、卦變的通例，運用《說卦傳》、《逸象》之釋象，經由實際釋象後，發展成所謂的「象例」，這部分的成就是吳澄《易》學之精彩所在，值得深玩焉。

第三節　「占例」及輔助占辭之建立

　　本節主要討論吳澄的「占例」，考察「占例」中的主要占辭與附屬占辭，並配合《易纂言》中有關輔助占辭的部分作考察，以見出吳澄占辭解釋之特色。在第一章第三節論「吳澄解《易》的原則與方法」嘗引吳澄的所言「明理自程子而極，明占自朱子而始」，重視《易》占辭的解釋確實始自《周易本義》，而《易纂言》對占辭的解釋亦多採朱子的說法。

　　所謂的「占」有二層意義，一是指占筮活動，一是指《易經》經文中的占辭；占筮是《易》主要目的，占辭則是文王、周公由伏羲卦畫中解釋占義，二者是相互關聯的。朱子嘗言：

> 《易》本因卜筮而有象，因象而有占，占辭中便有道理。如筮得〈乾〉初九，初陽在下，未可施用：其象爲「潛龍」，其占爲「勿用」。凡遇〈乾〉而得此爻者，當觀此象而玩其占，隱晦而勿用可也。它皆仿此，此《易》之本指也。〔註71〕

正因《易》作爲卜筮之書，故經文中有象辭與占辭，而象與占各有其不同作用，象關聯於畫卦以明天道，占則關聯生著以前民用；占辭在《易》中的作用是教人以爲善去惡，趨吉避凶之道，〔註72〕由占辭對行事作爲上作指點，

〔註69〕《易纂言》，頁193。
〔註70〕《易纂言外翼》，頁121。
〔註71〕《朱子語類・乾上》，卷68，頁1695。
〔註72〕吳澄言道：「後世能明義理者，尊用象、辭之意；而修身應事，此則無事於占；然其爲善去惡，趨吉避凶之道，亦是自占中來，此後之君子推廣聖人之《易》

使人有所依循。

在占辭中，依功能、性質區分可分爲兩組概念：一爲「元」、「亨」、「利」、「貞」，另一爲「吉」、「凶」、「悔」、「吝」；前者是用作原則、行事的指點，後者屬於福、禍的預測。所謂原則、行事的指點是指若大德、大位之人則亨，或正主其事則利之類；至於福、禍的預測則是卜得此卦、此爻則吉、則凶，或如此則吉，不如此則凶之類。

首先討論「元」、「亨」、「利」、「貞」這組概念，就「元」、「亨」、「利」、「貞」的本意來說，吳澄依其所指內容作區分，「元」是言其人，「貞」言其事，「利」與「亨」言其占，故「元亨」是指「元者亨也」，「利貞」是指「利於貞也」。〔註73〕「元」例中的「元亨」、「元吉」、「元永貞」均是針對人而言，指大德、大位之人。〔註74〕「利」與「亨」，有「亨利貞」及「利貞亨」兩種用法，「亨利貞」是指既能致亨又利於貞，「利貞亨」則指先利於貞而後能致亨。〔註75〕

將「元」、「亨」、「利」、「貞」配四德的用法，吳澄認爲是夫子推廣文王、周公之意，而非本意；後世又配以四時、五常諸概念，亦屬衍申義而非本意。〔註76〕吳澄又批評，後世《易》學家因《乾文言》將「元、亨、利、貞」配四德，而他卦如〈屯〉、〈臨〉、〈隨〉、〈无妄〉、〈革〉雖有「元、亨、利、貞」但未配以四德，而以爲有所差別，其實是錯誤的。〔註77〕整部《易經》所使用的「元」、「亨」、「利」、「貞」，其用法是一致的，解釋時當以本意爲主，無須關聯四德使用。

《繫辭傳》云：「昔者聖人之作《易》，觀象設卦，繫辭焉以明吉凶。」故卦、爻辭中的占辭便是示人以吉凶爲主。故占辭在福、禍上的預測大致可分爲「吉」與「凶」兩大類；若再各自再依深、淺程度作區分，則可再分出「吉」、「凶」、「悔」、「吝」、「无咎」五組，其中「吉」爲吉之明者，「无咎」爲吉之微者，「凶」爲凶之深者，「悔」、「吝」爲凶之淺者。在「吉」這組，除了「吉」、「无咎」之外，尚有四組附屬成員──「福」、「祉」、「喜」、「慶」；

而用之者也。」《吳文正公集・答田副使第二書》，卷3，頁107。
〔註73〕《易纂言外翼・占例》，卷5，頁161。
〔註74〕《易纂言外翼・占例》，卷5，頁151～152。
〔註75〕《易纂言外翼・占例》，卷5，頁157。
〔註76〕《易纂言外翼・占例》，卷5，頁161。
〔註77〕《易纂言外翼・占例》，卷5，頁161。

「凶」的那組除基本成員外，亦加入──「厲」、「害」、「眚」、「災」四組附屬占辭。

除了依性質作歸類外，亦找出使用通例。如「悔」之用例，吳澄指出有二義，其一與「吉」、「凶」、「吝」同屬占辭的用法，如「有悔」、「无悔」、「悔亡」之類，指追悔之意；其二是指與「貞」相對的概念，貞爲是貞定於理，悔則是悔改的行爲，其用法如〈豫〉䷏六三「悔遲」、〈困〉䷮上九「動悔」、〈家人〉䷤九三「悔厲」、〈鼎〉䷱九三「虧悔」之類。〔註78〕因此「悔」既可作爲福、禍的陳述用法，亦可指稱悔改的行爲。

「无咎」這一占辭，吳澄認爲與作爲悔改行爲的「悔」有關，其理由據《繫辭傳》「無咎者，善補過也」而來，〔註79〕因此「无咎」的占辭之意是指「吉之淺者」，而善的背後卻包含著訓戒之用意，須配合悔改補過的行爲，方得善也。雖然在占意上，「无咎」屬「吉之淺者」，「悔」屬「凶之微者」，但「悔」作爲悔改行爲的用法，卻包含在「无咎」的意義中，對此吳澄作了非常細膩的分析。

除了前所指五個主要占辭之外，「有孚」一占在占辭中亦常出現，但不同於前五占，前五占關涉的對象專就個人而言，而「有孚」則須關涉他人，〔註80〕若將「有孚」與五主占相配，則成占辭中六個主要用語。對於「孚」吳澄區分爲「有孚」與單言「孚」者，「孚」是指此與彼以誠信相感，「有孚」是指彼來孚於己，單言「孚」則是己往孚於人，一者人孚於己，一者己往孚於人。〔註81〕

在「凶」的附屬占辭中，吳澄對「眚」與「災」亦作細緻的區分，「災」是指禍災雖由外來，然實由己所造成，意即「災」是由己之錯誤行爲而遭致外來之禍，「人禍」之意是也；「眚」是指過眚雖內有然非己故，爲偶然之過所致，意即「眚」則因人的有限性，不免偶而犯過，非有意爲之，前賢所言「人非聖賢孰能無過」是也。若二字並連使用，則有「災眚」、「眚災」二種用法，前者見於《易》〈復〉䷗上六、〈小過〉䷽上六，後者用於《尚書·周誥》，「災眚」之意重在「眚」，「眚災」之意重在「災」，「災眚」強調因偶然

〔註78〕《易纂言外翼·占例》，卷5，頁165。
〔註79〕《易纂言外翼·占例》，卷5，頁169～170。
〔註80〕《易纂言外翼·占例》，卷5，頁170～171。
〔註81〕《易纂言外翼·占例》，卷5，頁170。

之過而罹災，「眚災」是指自取禍災而有此過眚。

在《易纂言》中所謂的占辭，除上述「吉」、「凶」及附屬用語直接就行事吉凶指點外，尚有以具體行事、或以事象與物象，或某種訊息的表達作爲對占筮者的指引，吳澄標以「占之事」、「占之象」、「占之意」、「占之教戒辭」。

其中，「占之事」如：〈履〉☰☱上九「考祥其旋」：「占之事也。」〔註82〕、〈晉〉☲☷上九「維用伐邑」：「占之事也。」〔註83〕此二句均以具體行事作指點，「考祥其旋」之下有占辭「元吉」，吳澄解釋道：「上九陽剛健極，故能強有力以終喪，此大善之人所履之吉也。」意即上九占辭除了言「元吉」外，亦指出若能善父之終方是大善，而能得真正的大吉。而「維用伐邑」其下有數句占辭「厲」、「吉」、「無咎」、「貞吝」，在「貞吝」之句吳澄釋道：「剛伐進極，僅可用之以伐邑，雖吉而無咎，正主事只亦可吝也。」就〈晉〉上九一爻陽剛居上僅利於伐未順從之邑，而不利其他作爲，故爻辭就此處作指點。

「占之象」可細分爲三類：其一，性質屬於象辭，然其作用是爲了說明占辭；其二，其性質既可作象辭，亦可作占辭；其三，象辭、占辭並連成句者。在數目來說，以第一類爲多，如：〈觀〉☴☷卦辭「顒若」、〈无妄〉☰☳六二「不耕穫不菑畬，則利有攸往」、〈離〉☲☲上九「折首獲匪其醜，无咎」、〈艮〉☶☶九三「熏心」、〈巽〉☴☴九二「用史巫紛若」數例；第二類僅一例，〈剝〉☶☷上九「君子得輿」「小人剝廬」；第三類有二例，〈中孚〉☴☱初九「虞吉」、〈小過〉☳☶初六「飛鳥以凶」。

在第一類中舉三例作說明，〈離〉☲☲上九「折首獲匪其醜，无咎」，吳澄釋道：「占之象也，……首指上九，醜指眾爻，至終而不附麗者上九而已，其他皆已附麗者也，所征者獨上九，而眾不與焉，故所折者首爾，所獲者匪其醜也。……刑不濫，武不黷，所以無咎。」〔註84〕此句主要是針對上句占辭「王用出征有嘉」而言，對此句占辭吳澄解釋道：「王者筮得此爻，而用之以出征，則有嘉美之功。」此爻爲王者出征之占，而下句「折首獲匪其醜，無咎」便是就此而發，「折首獲匪其醜」是征上九不附麗者，而不俘獲其他已附麗之眾之象，「无咎」則是依此象而發之占，正因征伐有道，所以无咎也。因此，所謂「占之象」是指「折首獲匪其醜」之象是進一步說明「王用出征有

〔註82〕《易纂言》，頁60。
〔註83〕《易纂言》，頁131。
〔註84〕《易纂言》，頁118。

嘉」之占義，亦是說明何以「无咎」之由，正因此句須關聯於占辭方見其義，故稱占之象也。

　　另一例爲〈艮〉䷳九三「熏心」：「占之象也。熏如火氣之上熏，……三、四、五、上肖離爲火有熏象，心者六五也。九三止其上下之限，六四之夤既裂絕而不相屬矣，其爲危厲；又越比近之六四，而上熏於六五，雖相去之遠者，亦覺其危，以言其危之甚也。」〔註85〕此句之象乃是說明占辭「厲」，對占辭「厲」吳澄釋道：「過剛而止其所不可止者，故危。」九三居下卦艮䷳畫之上，但六四已裂其夤，九三近比之，故已危厲矣；但卻又上熏六五，使危之更甚矣。此爻辭乃藉「熏心」之象說明占辭「厲」，「熏心」非獨立之象辭，而是連著「厲」使用，由「熏心」得見「厲」之由，故稱爲「占之象」。

　　〈巽〉䷸九二「用史巫紛若」：「占之象也。史作策以告神，巫歌舞以事神，皆卑下順承以求神者也。……如人之卑巽以事神然，既能巽於在己上者，則亦能巽於在己下者矣。」〔註86〕對此句之下的占辭「吉」，吳澄釋道：「能巽於上則能巽於下而吉也。」對九二占辭所以得「吉」的道理，以史巫事神之虔誠來表示，欲占者卜得此爻，當效法此以卑巽之心事上待下，如此必得吉也。

　　第二類及第三類的「占之象」，第二類是指既是象又是占，第三類則是象辭與占辭的組合，此二類即吳澄所稱：「辭有象辭，有占辭，象之中亦有占，占之中亦有象。」〔註87〕此二類屬象占互見者，第二類爲「既是」關係，第三類則是「組合」關係。〈剝〉䷖上九爻辭屬第二類，「君子得輿」、「小人剝廬」，吳澄言道：「占之象也，……君子筮得此爻，其象爲得輿，而占亦如之。」「占之象也，……小人筮得此爻，其象爲剝廬，而占亦如之也。」〔註88〕「得輿」與「剝廬」既是象辭亦是占辭。

　　至於第三類的「占之象」，例如，〈中孚〉䷼初九「虞吉」：「象連占也，虞人近孚於九二之中，不遠交於外，專守其職，不變其志，所以吉也。」其下有占辭「有他不燕」，吳澄釋道：「占也，有他謂外應四也，若不專孚於九二，而又有他志，則不安矣。」〔註89〕此句「虞吉」並非指虞人卜得此爻則吉，而是占者當如虞者專守其職，何以知此意？由初九近孚於九二，及下句

〔註85〕《易纂言》，頁180。
〔註86〕《易纂言》，頁195。
〔註87〕《易纂言外翼·自序》，頁7。
〔註88〕《易纂言》，頁95。
〔註89〕《易纂言》，頁203。

「有他不燕」若上應九四則不安矣，遂知此句是以虞人守其分之意指導占者。

〈小過〉䷽初六「飛鳥以凶」吳澄釋道：「象連占也，卦以二陽象飛鳥擬君子，此飛鳥謂九四也。過盛之陰傷不及之陽，其爲正應者乃爲敵讎也，故初六害九四者也，……九四之凶以初六而凶也。」〔註90〕吳澄認爲「飛鳥」是比喻君子，此是指九四而非初六，故此爻是針對卦主九四而言，而非初六，當將初六與九四二爻並觀。對占得此爻者而言意指，若爲君子占得此爻，當防小人之害己；如何防之？當如九四所言「遇之」即「與初六遇是退居至下之位也，不上（至六五）而下則免爲初六所害矣，《象》所謂不宜上宜下也。」〔註91〕

綜觀這三類的「占之象」，既具象辭的形式，但在作用上卻屬占辭；或既是象辭又兼占辭，或象、占並連使用，均屬象、占互用之例。「占之象」不同於「占之事」以具體行事作指引，「占之象」是以事象、物象作比喻，使人體察象背後蘊藏之理，即所重不在「所言」，而在深層的「所以言」；「占之事」較具體明確，「占之象」其涵蓋性較廣，涵義較深。

「占之意」是對占辭之意進一步說明，故其地位是附屬於占辭，與第一類「占之象」的作用頗類似。例如，〈豐〉䷶六二「發若」：「占之意也。」〔註92〕此是對占辭「往得疑疾」、「有孚」而發，吳澄言道：「二既昏暗，故不可以往，往則必得心疑之疾也。」，「發若」之意是指「二若不往則有四、三之陽自來孚，而發其昏暗。」，意即「發若」是因著「往得疑疾」九二不宜上往，而自得九三、九四之孚，二陽來孚便能撥撤其昏暗，故「發若」可以是「有孚」於二陽之後的作用與影響。

〈蒙〉䷃六三占辭爲「勿用取女」，而「占之意」則是「見金夫不有躬」，吳澄指出「申明勿用取女之義」，〔註93〕「見金夫不有躬」是爲了說明「勿用取女」之理由；〈師〉䷆九二占辭爲「中吉，无咎」，「占之意」則是「王三錫命」，吳澄釋道：「申明中吉、无咎之義，將之在師者，中之時，吉且無咎，當膺王三錫命之寵。」〔註94〕「王三錫命」是說明何以將官能吉且無咎之原因，只有在此機緣下，方有此占。〈井〉䷯九三占辭爲「可用汲」，「王明並受其福」爲「占之意」，吳澄言道：「申占之意，仕進者遇王之明則必見用，而

〔註90〕《易纂言》，頁205。
〔註91〕《易纂言》，頁207。
〔註92〕《易纂言》，頁190。
〔註93〕《易纂言》，頁43。
〔註94〕《易纂言》，頁51。

賢人與眾人俱受其福。」〔註95〕「可用汲」是指得福之意，但必須在「王明」的情況下，方能賢者、眾人俱得其福。

經文亦有既爲「占之意」又爲「占之象」之例，如〈小畜〉☰☰九五「攣如」，吳澄言道：「申占之意，言四孚五，五亦攣四，其交固結。」〔註96〕但同樣語辭亦出現在〈中孚〉九五「攣如」，吳澄卻言道：「占之象也，四孚于五固結不解，如攣其手，象與〈小畜〉九五同。」，〔註97〕二卦在「攣如」之上，同樣有占辭「有孚」；此意味著，「攣如」既能以象來說明占，而此象亦能說明占之意，由六四、九五相孚相攣之象，而見出二者關係之緊密之意。

不論吳澄所標明的是「占之意」，或「申占之意」，其意是相同的，均是用作占辭的進一步說明，如〈豐〉☱☰之「發若」是說明占辭內容之後續發展，〈蒙〉☷☶之「見金夫不有躬」則是說明占辭的理由，〈師〉☷☵之「王三錫命」與〈井〉☵☴之「王明並受其福」是指出占辭的條件限定，雖然說明的功能有別，但作爲占辭的輔助說明則一。至於〈中孚〉☴☱及〈小畜〉☴☰之「攣如」雖兼具「占之象」的性質，然其作爲「占之意」與其他實例作爲輔助占辭的作用相同，在說明功能上則近於「發若」之例，用以加強占辭所表達之意。

除了「占之事」、「占之象」、「占之意」三大類型外，尚有一特殊類型即「占之教戒辭」，吳澄言道：「『勿恤』、『勿憂』、『勿疑』者，占之教戒辭也，事故不可以不憂，然突憂恤而不思所以處之則不可；疑而不決則爲之不果，或至廢事。」〔註98〕此類占辭的特點在消極否定某些態度，而以強烈的語氣，提醒占者重視與否定面相反的積極態度。

除以上吳澄所指出的三例外，尚有〈无妄〉☰☳九五的「勿藥」，〔註99〕及〈益〉☴☳上九「立心勿恆」〔註100〕其他非以「勿」爲起首的用法，〈大壯〉☳☰九三「小人用壯，君子用罔」〔註101〕及〈豫〉☳☷六三「悔遲有悔」〔註102〕、

〔註95〕《易纂言》，頁168。
〔註96〕《易纂言》，頁56。
〔註97〕《易纂言》，頁204。
〔註98〕《易纂言外翼・占例》，卷5，頁177。
〔註99〕「勿藥」指「有妄之疾必須用藥治療，无妄之疾慎勿用藥治療也，外物之紛至任其自來自去，勿藥者也；若或厭惡而以術屏絕之，是用藥以治療也，非徒無益而又有害。」《易纂言》，頁102。
〔註100〕吳澄言道：「占之戒辭也。」「〈益〉之上、下二體互易爲〈恆〉，〈恆〉與〈益〉相悖者也，故戒之曰立心勿恆如此而不變也。」《易纂言》，頁152。
〔註101〕吳澄釋道：「占之戒辭也。以陽居剛而不中，過於壯者也，故戒之曰：小人乘

〈困〉䷮上六「曰動悔有悔」，〔註103〕其中〈豫〉與〈困〉用法相近。另外尚有針對占筮活動而有的「教戒辭」，如〈益〉䷩九五「勿問」吳澄言道：「問即《繫辭傳》『問焉而以言之問』，勿問者，不待占筮也。」〔註104〕〈革〉䷰九五「未占」：「猶〈益〉六五言『勿問』也。」〔註105〕

　　無論是疑、憂、恤、連「勿藥」、「勿恆」均是就心態而言，甚至「用罔」是勉君子以虛心對應小人用壯，「悔遲」、「動悔」是指悔改的心態；而「勿問」、「未占」亦是對占者指示結果已明確無須再問占，亦屬心態的指導。與「占之事」對照，「占之事」重在行為的指引，而「教戒辭」屬於心態的指點，各有偏重。若與「占之象」與「占之意」比較，「教戒辭」在用法上屬獨立占辭，而「占之象」與「占之意」則附屬於占辭，屬輔助性占辭；因此在作用上「占之象」與「占之意」必須配合占辭而有其功能，而「教戒辭」則純粹屬於作卦、爻辭者對占者心態的指點。

　　此類「教戒辭」與其他占辭不同，藉用奧斯汀（J.L.Austin）的術語，「言語形式行為」（illocutionary acts）與「言語效果行為」（perlocutionary acts），「言語形式行為」是指進行陳述、發佈命令、警告、道歉、解釋等等，「言語效果行為」則指所發的言語對人們所產生的各種效果，如說服性、勸導性、使人愉快或煩惱等等。〔註106〕在「言語形式行為」的概念下，「教戒辭」之外的占辭主要是用作陳述，而「教戒辭」主要是用在教誨，二者均屬廣義的言語行為，只是在形式運用上有所不同；至於「言語效果行為」則唯「教戒辭」所獨有，即具有勸導性的效果，而作為陳述的占辭不涉及接受者產生的效果反應。

　　吳澄對於占辭的性質、意義均作出詳細的歸類與解釋，而見出占辭間彼此的關係，及瞭解細部的差異。由此可見出吳澄對占辭的解釋較朱子更顯統整性，這便是吳澄「占例」的特色所在，藉由詳考《易經》所有占辭，分析

時恃勢，則用其壯；君子則不然，故用其罔，罔，無也，勢雖壯盛而不自恃，謙然若無也。」《易纂言》，頁128。
〔註102〕「豫」六三「悔遲有悔」吳澄釋道：「上悔字，悔改之悔，教戒辭也；下悔字，悔吝之悔，占辭也。」《易纂言》，頁74。
〔註103〕「困」上六「曰動悔有悔」吳澄言道：「二悔字之義與豫六三同。」《易纂言》，頁166。
〔註104〕《易纂言》，頁151。
〔註105〕《易纂言》，頁171。
〔註106〕參考《當代哲學對話錄（下）・語言哲學——與西爾勒（John.Searle）對談》（臺北：臺灣商務印書館，1994年），頁373。

其間的共通性與差異性，再找出彼此的關聯，由此而建立占辭的使用通例。至於在主要占辭與附屬占辭之外的用法，則另外歸於彼者所稱之輔助占辭之列，既然這部分不屬於「占例」，故吳澄只是隨文解說，但經由整理、分析後，仍可見出吳澄在使用這些輔助占辭上仍是有其規則的。

第四節　解經之占及致用之占

前面已將吳澄所建立的「占例」作了析論，將再就《易纂言》中實際釋占辭處作考察。占辭解釋的兩大範圍，一是經文，一是用占，本節之重點便就此二範圍作考察：其一，就卦、爻辭本身作考察，解釋占辭與卦義、卦畫間的關聯，以說明占辭與占辭間的關係；其二，對吳澄依用占之目的將占辭內容分為「定言之占」與「泛言之占」作論析。

就第一點論卦義、卦畫與占辭之間的關聯，首先以占辭與卦義來說，吳澄在解釋〈萃〉䷬卦辭「利有攸往」言道：「〈損〉之時用二簋而可，〈萃〉之時則用大牲吉；〈屯〉之時則勿用有攸往，〈萃〉之時則利有攸往，各順其時也。」〔註107〕意即卦有其時義，故占辭所言乃順應各卦之時而言善處之道，此可說明上述占辭之來由。

既然各卦有其時義，六爻亦與此時義相關，而六爻有有上下、內外之位的差異，故除了「時」外尚有「位」的問題。如〈无妄〉䷘上九「无妄行有眚」，吳澄釋道：「初九以无妄而往則吉，上九以无妄而行則有眚，何也？時位不同也。无妄之有往也，何所為而往乎？豈為濟其欲哉？蓋為進其善也。……初九之位猶下，時之初也，其往也，進而升於上也；上九之位已極，時之終也，前無可往之地矣，唯有退而降於下爾。初九言往者，謂其進前也；上九言行者，謂其在塗也。……上九時位已至窮極矣，故不可以有行，靜守而終焉可也。」〔註108〕吳澄認為初九、上九因所處之時不同，初尚有時可往進，終則時已盡也；所處之位亦異，初九居下猶可上往，上九居上位已極也；故初九往則得吉，上九往則有眚，當靜守其終也。除了初九、上九因所處時位不同，而占辭有別外，吳澄進一步指出，依六爻占辭來看，下三爻以動為善，下三爻以靜為善，此亦時位之故也。吳澄言道：「大抵无妄六爻，下三爻

〔註107〕《易纂言》，頁159。
〔註108〕《易纂言》，頁102。

以動爲善，初九往則吉，六二如是而往則利，六三居而有災；上三爻以靜爲善，九四可貞而無咎，九五勿藥而有喜，上九行而有眚也。」〔註109〕

吳澄由占辭與卦義、卦畫間的關係見出其間的密切關聯，除〈无妄〉之例外，尚有數例，如〈豫〉䷏上六「無咎」：「占也，處豫之極，當改變之時也，既極而變，則無咎矣。」〔註110〕〈觀〉䷓九五「君子无咎」：「九五以陽剛中正爲下所觀，而無吉占，何也？時則然也，況又變而爲剝乎？」〔註111〕〈革〉䷰上六「征凶」：「處革之極，革道終矣。……靜守可也，征行則凶矣。」〔註112〕〈遯〉䷠九五「貞吉」：「遯之時，好與嘉皆不當顧，唯當遯去。」〔註113〕此四例中的前三例，占辭均與爻位處於或近於上卦之終有關，〈豫〉䷏之上六處悅樂之極，若不變則凶，變則无咎；〈觀〉䷓九五，因下四陰漸剝於上，所處危甚，況爲陰所變則成〈剝〉䷖，故因時位之故，僅言无咎，而不因其中正而言吉；至於革䷰上六處革之終，不宜再往前發展，故占辭言征則凶矣，當靜守其終也。此三例均可見出占辭與卦義、卦畫間的關聯性。至於遯䷠之例，與前三例不同，整個遯䷠卦均強調隱遯之意，故無論所處時位均以隱遯爲吉，故此卦占辭僅與卦義有關，而不及於卦畫。

除了依六爻的時位來解釋占辭外，尚有利用爻性之剛柔、當位與否、爻畫之有應無應的說法，此處引吳澄對〈无妄〉䷘各爻占辭所作之比較爲例，將占辭的吉凶與爻畫之剛柔、當位與否、有應無應作爲對應，而得出以下的結論：「〈无妄〉之善有三：剛也，當位也，無應也；剛者實也，當位者正也，無應者無私累也。諸爻或有其三，或有其二，或有其一：初九三者全，其最善也；九五、九四有其二，九五剛而中正，九四剛而無應是其次也；六二、上九有其一，六二中正，上九剛實是又其次也。唯六三於三者咸無焉，而亦得爲无妄，何也？下比中正之六二，上比剛實無私之九四，……此六三之所以亦得爲无妄也。」〔註114〕此例是除了依卦畫的種種特性來說明占辭外，其中有應、無應的部分，亦關聯於卦義而強調無私累爲善矣；吳澄認爲占辭之善是由剛畫表現眞實、實在，由當位表現出正當性，無應呈現出無私累的特

〔註109〕《易纂言》，頁102。
〔註110〕《易纂言》，頁75。
〔註111〕《易纂言》，頁86。
〔註112〕《易纂言》，頁172。
〔註113〕《易纂言》，頁127。
〔註114〕「无妄」六三「无妄之災」，《易纂言》，頁100～101。

色，以此解釋各爻之占辭。

　　吳澄也從卦、爻辭通例中歸結出兩個觀點：其一，在「占例」「厲」二十六處中有十例是指第三畫而言；其二，卦、爻辭論「疾」多指陰爻而言。〔註115〕從吳澄所列占辭中，論占辭與卦畫間的通例唯此二者，說明了卦畫與占辭之關係不若卦畫與象辭般密切，一方面占辭除了卦畫外，尚關聯卦義、卦德，占者之時與位等等；另方面占辭中有關象的部分亦已見於「象例」之中，如「君子」、「利涉大川」；因此嚴格來說，此處所言占辭與卦畫間關聯之通例，是指不含象的純粹占辭，所謂純粹占辭指的是「吉」、「凶」、「悔」、「吝」、「无咎」等等，此些占辭與卦畫間並無既定的邏輯關係，自然無通例可言，如同樣使用「吉」這個占辭，其來由可以有很多，不同於「羊」之通例皆自兌 ☱ 取象，因此吳澄的「占例」只從占辭的辭義作解釋，而不及於卦畫與占辭之關聯；對於各卦、各爻占辭之來自，則隨經文解說而已。

　　雖然吳澄無法如「象例」般建立占辭的取占通例，但從《易纂言》仍可見出吳澄對占辭解釋之深刻用心，關於這點從何可見？吳澄在《易纂言》對於易曉之占辭，或前賢已有善解之占辭均不多加著墨，而直接標出「占也」，或直接引用前賢的解釋。他所關注的有數點：其一，解釋卦辭及爻辭中的占辭；其二，解釋同一卦、同一爻之卦、爻辭的占辭出現看似矛盾的現象；其三，解釋某些卦之卦辭與爻辭中占辭，及同卦中各爻爻辭間的關聯性，甚至找出某些卦與卦間存在某種占辭的關係性。

　　對於以上三點，均可從吳澄《易纂言》中見出。針對第一點，他認為卦辭中的占辭均是有根據的，主要以卦主作解釋，或衍申至卦主相應或相比之爻。如〈訟〉☰☵「有孚」，吳澄釋為「二以中實感人而人應之。」〔註116〕九二為〈訟〉之卦主。〈同人〉☰☲「亨」，吳澄釋道：「六二卦主而乾五為應，故能致亨。」〔註117〕〈隨〉☱☳「元亨利貞」，吳澄釋道「元者，九五、初九二剛之德」「初九為卦主而得正，九五居尊位而中正，是德之元能致亨而利於貞。」〔註118〕此例除了指出卦主之外，另加入九五居尊中正之爻，即使如此，仍不礙卦主作為占辭之原由。何以吳澄以卦主作為占辭之來由？實乃因卦主作為

〔註115〕《易纂言外翼·占例》，卷5，頁173、175。
〔註116〕《易纂言》，頁47。
〔註117〕《易纂言》，頁66。
〔註118〕《易纂言》，頁76。

成卦之主，卦辭既解釋卦畫自當關聯於此。再以〈夬〉䷪卦辭「有厲」為例，吳澄言道：「占以九五言也，九五夬之主，先四陽以進，而與所決之一陰比近，……有厲者，今雖未危，將有危之漸也。或以此占為言上六，非也。上六將亡矣，爻辭謂之終有凶，奚止於有厲而已哉？」〔註119〕吳澄明確指出此占是指九五，並指出何以非指上六，以其所處之位近於所決之陰故將臨危矣，而上六爻辭為「終有凶」，可知非指上六也。由此例可見出，吳澄雖然認為卦辭中的占多指卦主而言，但並不具必然性，仍須配合其他合理的說明。

各爻爻辭是否以本爻為論述內容？非也。如〈小畜〉䷈上九「尚得載」，吳澄言道：「上九爻辭自此以下，皆取應爻九三，及主爻六四而言，亦於卦終總一卦之義，故不專取上九一爻之義。」〔註120〕吳澄認為「婦貞厲」是指九三、「君子征凶」是指九四，九三為上九之應爻，九四為卦主，此說明爻辭未必專主本爻而言。另一例為吳澄於〈噬嗑〉䷔上九「凶」解釋各爻之占：「初、上二爻於用獄起義，蓋以六五為治獄之主；初、上為坐獄被校之人，兩爻之占各指本爻而言，初之无咎初九自无咎也，上之凶者上九自凶。二、三、四、五於噬間起義，初九、上九為噬物之頤，二、三、四、五為頤中所噬之物，……六二之占无咎謂初九之无咎也，九四之占利艱貞吉謂初九之利與吉也，……六三之占小吝、无咎謂上九之无咎也，六五之占貞厲、无咎謂上九之厲與无咎也。」〔註121〕吳澄將此六爻辭的內容依性質差異區分為兩類，一為用獄之義，一為噬嚙之義，也使得占辭所指的對象有所不同，初、上二爻以用獄為義，其占指本爻，但中四爻以噬嗑為義，依比應關係，其占所指分別為初與上，非本爻之占。

對此現象吳澄解釋道：「雖筮者得之，直據各爻之辭為占，然聖人觀象繫辭之意則如此，不可不知也。」〔註122〕這段話極為重要，此一方面說明了吳澄對於爻辭取占之由的解釋，是為了指出周公為何作出此爻辭之占，提出合理性的說法，這點亦可用說明文王繫卦辭之占的用意。另方面，吳澄對用占與解經作了畫分，用占可直據各爻辭為占，但解釋經文何以取此占，則並不在此限。這觀點對理解吳澄對經文占辭的解釋極為重要，一方面說明其立場，

〔註119〕《易纂言》，頁153。
〔註120〕《易纂言》，頁57。
〔註121〕《易纂言》，頁90。
〔註122〕《易纂言》，頁90。

一方面指出其解釋的方法。

　　第二點解釋同一卦、爻之卦、爻辭的占辭看似矛盾的現象，例如，〈頤〉䷚六四「顛頤，吉，虎視眈眈，其欲逐逐，無咎」、〈晉〉䷢上九「晉其角，維用伐邑，厲，吉，無咎，貞吝。」、〈復〉䷗上六「迷復，凶，有災眚」此三例中的前兩例，同一爻辭中同時有吉占、凶占，第三例則既曰凶，卻又言此災非己所致，對此些矛盾處，吳澄如何作出合理的解釋？對於〈頤〉䷚吳澄言道：「其占雖有吉，然苟下賢之心不專，則賢者不樂告以善矣，求益之心不繼，則未少有得而止矣。」〔註123〕意即爻辭之「吉」與「无咎」是針對不同的情況，此爻是針對禮賢下士一事而言，若下賢之心專，則吉；否則僅得無咎耳。對〈晉〉䷢吳澄釋道：「位高故危」，「民之心服故吉」，「以吉故无咎」，剛伐進極僅可用之以伐邑，雖吉而無咎，正主其事者亦可吝也。」〔註124〕「厲」、「吉」、「无咎」、「吝」前三占是針對伐邑之事，末占則是指正主事則吝矣；而前三占又分別就伐邑所具備的不同條件而論，因位高故危，得民心故吉且無咎。至於〈復〉䷗吳澄言道：「占既曰『凶』矣，而又曰『有災眚』，何也？迷復有輕重小大也，其重者大者則凶，輕者小者亦有災眚。」〔註125〕此則依迷失而復的程度輕重，而有不同程度的占辭。

　　由此可見，同一卦、爻辭並不存在矛盾的占辭，其實是為了針對行事不同的面向作指點，依吳澄的方法，便是將象辭、占辭，連同卦畫之剛柔、卦位、比應等關聯在一起考察，對占辭提出合理的解釋，這個部分亦是吳澄用心之處。

　　第三點是，吳澄發現某些卦的卦辭與爻辭中之占辭，或同一卦各爻爻辭具有關聯性，甚至某些卦與卦之間的卦、爻占辭存在某種關係性，不僅指出其間的關聯，並且進一步提出造成關聯的原由。以第一項來說，以〈歸妹〉䷵上九「無攸利」為例，吳澄指出「占也，與象辭同」〔註126〕可將六爻爻辭併觀便可見出，但吳澄並不因此認為卦辭僅對上九而言，亦包含初爻，理由是「初、上雖當位，然上以柔居上卦之上，初以剛居一卦之下，柔乘剛，故亦無所利。」〔註127〕此乃針對六爻畫之爻性、爻位及爻與爻間的關係所作的解釋。另外有一例，卦、爻之占辭相近，但吳澄均以相同視之，並提出解釋。如〈謙〉䷎九三

〔註123〕《易纂言》，頁108。
〔註124〕《易纂言》，頁131。
〔註125〕《易纂言》，頁98。
〔註126〕《易纂言》，頁188。
〔註127〕《易纂言》，頁185。

「君子有終，吉」：「與象同，九三一卦之主，彖辭之占以九三言之也。筮得此爻者，其占如象，又加一吉字，以明其占之極善也。」〔註128〕吳澄認為卦辭之占便是針對九三卦主而言，加上「君子」之象取於九三之陽爻，雖然爻辭多一「吉」字，但吳澄認為只是用以說明此為極善之占而已。此外尚有雖然卦、爻之占辭並不相關，但意思卻相近之例，如〈明夷〉䷣六五「箕子之明夷，利貞」，吳澄言道：「猶彖辭之『利艱貞』也，上文有明夷字，即艱之義，故此不言艱。」〔註129〕雖然爻辭無「艱」字，但「明夷」足以說明其艱困，故「利貞」及卦辭之「利艱貞」矣。

即使卦、爻之占辭相近，但並不意味是同指一爻，仍須深入析解之，如〈損〉䷨上九「弗損益之，无咎，貞吉」吳澄言道：「此爻三占與象辭同，但象言可貞，爻言貞吉為異。象以六三言陰柔之貞可而已，上九陽剛之貞則吉也。」〔註130〕雖然只是「貞吉」、「可貞」之小異，但卻是區分之關鍵，卦辭所指為卦主六三，六三陰柔故為可貞，而上九陽剛故言貞吉，以其爻性而別異也。甚至亦有卦辭、爻辭同指一爻，但占辭卻迥異者，如〈旅〉䷷卦辭：「旅貞吉」：「此蓋指九三而言，象辭之占吉，而爻辭之占厲，取義各不同也。」〔註131〕卦辭言吉，爻辭言凶，因卦辭取九三止宿而麗於明處，屬旅中之正主事者，故言吉也；爻辭則就處旅不善而居下之上處危地也，故言厲也。

〈旅〉䷷之例說明了，即使所指之事相同，但可能會產生不同的結果，吉與凶常是相依隨的；加上卦、爻或就已變或未變而言，吉凶亦有不同。因此對占辭的解釋必須極精微，〈歸妹〉䷵、〈謙〉䷎之例，說明即使卦、爻之占辭相同或相近，仍須依卦與爻各自的範圍作解釋。在解釋占辭時，須就卦、爻辭所指之事，配合卦象、爻性、爻位，及爻與爻之關係，甚至考慮爻的變與不變，如此方能深刻理解聖人繫辭之意，不得任意曲解附會。

爻與爻間須將各爻爻辭併觀，考察是否有關聯性，所謂的關聯是指表面上見出相同的意指，或即使表面表現有別，然所表達之意指相同，亦可稱之。如〈萃〉䷬九五「元永貞，悔亡」，吳澄言道：「大抵聚而眾多之時，慮其不可以久，故二以引長而後吉；五以永貞而後悔亡，皆欲其久而不變也。」〔註132〕吳

〔註128〕《易纂言》，頁 72。
〔註129〕《易纂言》，頁 134。
〔註130〕《易纂言》，頁 149。
〔註131〕《易纂言》，頁 192。
〔註132〕《易纂言》，頁 161。

澄認為六二之「引吉」與九五之「永貞」均是表達處萃之時宜久方吉之意，此例是由二爻字面之義與卦義配合見出其關聯。

另一例為〈小過〉䷽上六「是謂災眚」吳澄言道：「此卦初六與九四，九三與上六，兩爻之辭皆相表裏；然初六之以凶，其辭若急，至九四曰无咎曰厲曰勿用，則其辭緩，何也？九三之或戕其辭猶疑，至上六曰離之曰凶曰災眚，則其辭決，何也？蓋陰柔過盛，陽剛但宜下退不宜上進，四居柔則能下也，三居剛則好上也，下則凶或可免，上則凶不可免矣。此初、四之辭所以先急後緩，三、上之辭所以始疑而後終決與！嗚呼！陽剛有不幸而際斯時者，可不知所以自處之道哉？」〔註133〕吳澄由〈小過〉䷽卦畫見出初六與九四、九三與上六兩兩相應的關係，爻辭之占卻有緩與急、疑與決之別。四爻的相應是為敵仇之關係，吳澄稱初六害九四者也，上六害九三者也，卦辭亦云君子「不宜上宜下」方能「吉」；故因初六害九四，九四當下合初六方得免凶，上六害九三，九三不宜應上六方免凶矣。因此，初六言九四因初六而凶，但九四陽剛居柔則能下，故占辭先急後緩；九三居剛若下則免凶，至上六則凶矣，故占辭先疑後決。

關於卦與卦間占辭關係之解釋，以〈臨〉䷒、〈无妄〉䷘的卦辭為例，〈臨〉䷒卦辭「元亨利貞」吳澄言道：「占與〈乾〉之象同，〈乾〉之六陽自〈臨〉之二陽而進也。」〔註134〕〈无妄〉䷘卦辭「元亨利貞」吳澄言道：「〈无妄〉之動以天，故其占與〈乾〉卦同。」〔註135〕吳澄解釋〈臨〉之取「元亨利貞」為占，是從十二消息卦來解釋與〈乾〉☰之關係；〈无妄〉之取占則是從卦象上有乾☰之象，故取占與〈乾〉☰同。另一例為〈升〉䷭卦辭「用見大人勿恤」吳澄言道：「〈升〉者，〈萃〉之反。〈萃〉九五在上之大人，三陰萃而在下者，利往見之；〈升〉九二在下之大人，三陰升而在上者，降而來見則可勿恤，言其無憂也。」〔註136〕〈萃〉䷬卦辭為「利見大人」此指九五而言，〈升〉䷭「用見大人」指得是九二爻，二卦同以此為占，因二卦為「反卦」關係之故。既為反卦，象自相反，故〈萃〉䷬下三陰爻當往上見在上之大人，〈升〉䷭上三陰當往下見在下之大人。

異卦爻辭之占，以〈歸妹〉䷵初九、九二為例，〈歸妹〉初九「征吉」吳

〔註133〕《易纂言》，頁208。
〔註134〕《易纂言》，頁81。
〔註135〕《易纂言》，頁99。
〔註136〕《易纂言》，頁162。

澄言道：「初九即〈泰〉之初九也，〈泰〉初九其占『征吉』，故此爻其占亦同。〈泰〉言一爻之義，謂三征于四則吉；此言一卦之義，謂三征于四則吉也。」〔註137〕〈歸妹〉九二「利幽人之貞」吳澄言道：「〈履〉之九二其占曰『幽人貞吉』，〈歸妹〉之九二即〈履〉之九二，故其占亦同。」〔註138〕〈歸妹〉䷵與〈泰〉䷊屬卦變關係，〈歸妹〉由〈泰〉之三、四爻相易所變，而初九爲不變之爻，〈歸妹〉初九即〈泰〉之初九也，故占辭相同。雖然占辭同，但意指有別，〈泰〉是就本爻而言，〈歸妹〉是就一卦之卦主六三而言。對於〈歸妹〉䷵與〈履〉䷉之關係，二者下卦相同均爲兌☱，故爻辭之取象與占均相似，〈履〉九二爲「幽人貞吉」，九三爲「眇能視，跛能履」；〈歸妹〉初九爲「跛能履」，九二爲「眇能視，利幽人之貞」，此是由卦體之象相同而解釋占辭之關聯。

其實，就目前所見之經文，無法見出聖人繫占之理由，只能由聖人所言的內容作理解，至於所以言的部分，只能作理論層面的說明，發生層面已是不存在的事實。正因無直接發生層面的資料作依據，只能憑藉經、傳文字作全盤而深入理解，努力體察聖人之意，並配合卦畫間的邏輯關係，卦爻辭間的關聯，考察其間的關係性。但從上述所舉之例可發現，雖然吳澄對卦、爻的占辭均提出取占之理由，並對占辭間的關係作理由解釋，但只是見出部分的關係，仍無法建立全面取占之通例，不僅吳澄如此，程、朱亦無法提出聖人取占之根本原則。雖然如此，但吳澄的作法提供我們繼續發展的方向與方式，他所提的只是個人研究所得，若從不同角度，亦能尋出經文用某個占辭的理由。

吳澄對解經與用占之間的分別非常明確，除了之前指出吳澄所言用占只須就本爻占即可，但解經則須配合整個卦爻來看，另外在釋〈復〉䷗六二「吉」吳澄也清楚指出：「或曰：『凡占辭特爲占者設爾，然聖人繫辭之意則有定指，此吉字指六二乎？指初九乎？』曰：『六二能比初九，依之以息，六二之吉也，而初九與有焉。』」〔註139〕若占者筮得此爻，則占辭示以吉也；但解經則須就探究聖人爲何取此占，從卦畫關係顯示六二與初九相比近，故二者相依爲朋故二爻之占辭皆言吉也。

由此更可瞭解，吳澄對解經與用占的區分是很清楚的，《易纂言》對占辭的解釋，便是探究聖人繫占之用意及理由，而占者如何解占只是偶然提及並不多

〔註137〕《易纂言》，頁186。

〔註138〕《易纂言》，頁186。

〔註139〕《易纂言》，頁97。

著墨。再以〈復〉卦䷗卦辭爲例，吳澄解釋「出入無疾」：「凡一陽之卦皆自〈復〉而變，無有自他卦變爲〈復〉者，此取〈復〉所變之卦，再還復未變之時爲義。〈師〉自〈復〉而變者也，〈師〉之初還復于二爲出，〈師〉之二還復于初爲入。筮者占之，或出外或入內，皆可無疾。」〔註140〕又解釋「朋來無咎」：「又取〈臨〉、〈泰〉、〈大壯〉、〈夬〉所變之卦，還復未變之時爲義。〈明夷〉自〈臨〉而變者也，〈明夷〉之三還復來二，則爲二陽之〈臨〉；〈歸妹〉自〈泰〉而變者也，〈歸妹〉之四還復來三，則爲三陽之〈泰〉；〈需〉自〈大壯〉而變者也，〈需〉之五還復來四，則爲四陽之〈大壯〉；〈大有〉自〈夬〉而變者也，〈大有〉之上還復來五，則爲五陽之〈夬〉，此陽之朋類次第而來也。」「筮者占之己之或出或入，既無疾，而朋類自然來至者，亦無咎也。」〔註141〕再解釋「反復其道，七日來復」：「自五月一陰生，至十一月一陽生，凡歷七月。筮者占之，出外而反者，還復其初所行之道路，則七日而可來至於家而復也。道者，震爲大塗，七，震之數也。」〔註142〕

　　從上所引文字可見出，吳澄解釋「出入無疾」、「朋來無咎」、「反復其道，七日來復」，尤其解釋「朋來」著墨最多，以〈明夷〉䷣、〈歸妹〉䷵、〈需〉䷄、〈大有〉䷍回復未變之前的〈臨〉䷒、〈泰〉䷊、〈大壯〉䷡、〈夬〉䷪，前四卦回復後四卦的過程，正配合〈師〉䷆回復爲〈復〉䷗，如此一方面取回復之意，以此解釋「來」之取義；另方面將回復後的四卦說明「朋」之取義，此四卦皆屬十二消息卦中的陽卦：〈復〉爲一陽之卦、〈臨〉爲二陽之卦、〈泰〉爲三陽之卦、〈大壯〉爲四陽之卦、〈夬〉爲五陽之卦，以此而稱爲「朋」也。至於「出入無疾」與「七日來復」，以〈師〉䷆卦自〈復〉䷗而變，說明「出入」之取義；以卦氣說來解釋「七」之取義。可見吳澄在解經立場上的占辭解釋所費之心力，相較所言用占的部分來看，用占處僅言及占者或出或入皆无咎，朋類自然來至亦无咎也，出外而反者七日可至於家，占筮者只須依所問之事就卦中占辭便可得出答案。以上三例便可清楚對比出解經與用占之別，而前者正是吳澄著力之所在。

　　吳澄《易纂言》在對於占辭的部分，雖然既言及解經與用占，但仍以解經爲主，用占爲輔，此與朱子以用占爲主的解釋方向有所不同。從《周易本義》

〔註140〕《易纂言》，頁96。
〔註141〕《易纂言》，頁96。
〔註142〕《易纂言》，頁96。

來看，朱子解占常用的術語是「占者如是，則如何」，如〈坤〉䷁六二占辭，朱子言道「占者有其德，則其占如是也」〔註143〕；〈需〉䷄六四占辭，朱子言道：「占者如是，則雖在傷地，而終得出也。」〔註144〕；〈訟〉䷅六三、九四占辭，朱子言道：「占者守常而不出，則善也」、「占者如是則吉也」〔註145〕；此解法在《周易本義》頗爲多見。

　　雖然朱子與吳澄在立場上同樣將《易》視爲卜筮之書，解經時重視聖人之意，但所重視的聖人之意卻有所別；朱子強調的面向是聖人欲占者如何行事以趨吉避凶，而吳澄著重的是聖人爲何下此占辭。就這兩種不同解釋方向作評判，當以吳澄的作法爲尚，理由何在？若釋象辭是以解釋取象之由，則占辭亦當由此方向作解釋，朱子的作法無疑將象與占採取不同的解釋方向，此不一致的現象是個大弊病。或許有人認爲，朱子如此作法是鑑於聖人繫辭之意多不可曉，故直接就用占處解釋；若順此說法，朱子不僅認爲占不可曉，象亦然也，但何以朱子仍然解釋聖人取象之由，而獨不及占？此根本問題在於朱子未能站穩解釋象、占的立場，導致產生兩種解釋方向；而吳澄對解經與用占兩種立場作出明確區分，在解釋象、占上均以解釋取象、占之由爲既定方向，即使偶及用占，亦只是輔助之用，相較朱子之作法，吳澄在占辭的解釋立場較朱子更爲明確而一貫。

　　第二點所言用占與占辭間的關係，吳澄將此類有特定所指對象之占稱爲「定言之占」，若無特定所指則稱「泛言之占」，此稱法見於吳澄釋〈蒙〉䷃九二「包蒙，吉；納婦吉」：「上之吉，汎言之，凡事皆吉也；此之吉指定言之占，納婦則吉也。」〔註146〕及釋〈復〉䷗上六「用行師終有大敗」：「上二占泛言之，此一占專以行師一事言。」〔註147〕〈復〉䷗上六的「泛言之占」是指「凶」、「有災眚」。無論〈蒙〉䷃之「吉」或〈復〉之「凶」、「有災眚」，均是針對若占者所問婚姻、征戰外之事，其內容無定指。

　　除了認同朱子所言占辭所卜之事涵蓋田獵、祭祀、朝覲、建侯、遷國、侵伐，〔註148〕吳澄在此基礎上，又全面而深入地找出各類之占辭所針對之對

〔註143〕《周易本義・上經》，1之11。
〔註144〕《周易本義・上經》，1之19。
〔註145〕《周易本義・上經》，1之21。
〔註146〕《易纂言》，頁43。
〔註147〕《易纂言》，頁98。
〔註148〕朱子言：「古人凡事必占，如『田獲三禽』，則田獵之事亦占也。」「問：《易》

象及所言之事。關於「定言之占」，吳澄由卦、爻辭中又尋出數例，如吳澄於〈蒙〉☷☶上九「利禦寇」釋道：「聖人於初爻，爲用刑、受刑之人兩設其占；於上爻，爲受兵、用兵之人又兩設其占。」〔註149〕初六「用說桎梏以往吝」：「上爲施刑之人占（利用刑人），以初柔變爲剛而言也；此爲受刑之人占，以初柔未變而言也。」〔註150〕於初爻爲施刑之人占是指「利用刑人」，爲受刑之人占是指「用說桎梏以往吝」；上九「利禦寇」是用兵之人占，「不利爲寇」是爲被討伐者之占。

又如〈比〉☵☷卦辭「不寧方來」與「後夫凶」，吳澄分別釋爲：「王者再筮而得此卦，其占爲前時不寧之國，繼今以後，方且來朝貢也。」「昏姻之家再筮而得此卦，其占爲女子所嫁之後夫則凶，蓋夫不可再也。」〔註151〕吳澄將卦辭理解爲王者占得稱臣者朝覲之卦及占婚姻之卦，此義從卦象眾陰從於一陽而得，而所得之占亦相應於此，其意爲諸侯當忠於一君，女當事一夫。

吳澄又提出占辭中有筮日之占，如〈蠱〉☶☴卦辭「先甲三日，後甲三日」與〈巽〉☴☴九五「先庚三日，後庚三日」，吳澄稱此類爲「筮日之占」〔註152〕意即問日於筮之意。而〈臨〉☷☱卦辭「至于八月有凶」、〈復〉☷☳卦辭「反復其道，七日來復」、〈革〉☱☲卦辭「己日乃孚」均當歸屬於筮日之占。吳澄雖未明確將〈臨〉☷☱、〈復〉☷☳、〈革〉☱☲之內容歸入筮日之占，但依吳澄所言筮日之占的性質實可歸於一類。

關於占辭應用性質之分類，吳澄只是隨文解釋，並未加以統整，而同時期的胡一桂於《周易啓蒙翼傳・卜筮類》將占辭依功能作出分類，而區分爲：君道、臣道、訟獄、兵師（含田獵）、家宅、婚姻、師友、見貴、仕進、君子、出行、舟車、旅、酒食、疾、祭祀、禱雨、寇、畜，共十九類。〔註153〕此分類並不精當，有許多重出之處，一來既以人又以事作區分，在分類原則上過

中也偶然指定一兩件實事者，如『亨于岐山』、『利用征伐』、『利用邊國』之類是也？曰：是如此，亦有兼譬喻言者，『利涉大川』則行船之吉占，而濟大難大事亦如之。」《朱子語類・卜筮》，卷66，頁1634。又：「《易》中言『帝乙歸妹』、『箕子明夷』、『高宗伐鬼方』之類，疑皆當時帝乙、高宗、箕子曾占得此爻，故後人因而記之，而聖人以入爻也。」同上，頁1638。

〔註149〕《易纂言》，頁44。
〔註150〕《易纂言》，頁43。
〔註151〕《易纂言》，頁53。
〔註152〕《易纂言》，頁79。
〔註153〕《周易啓蒙翼傳（下篇）・卜筮類》，頁526～528。

於混亂；二來有不當分而分之弊。若欲使此分類更爲精審，可就分類原則上先作統一，筆者認爲以事分類較以人分類爲優，因以事爲區分較爲明確，故君道、臣道、君子、寇之類可予略去，而保留事類的部分。

在事類的部分，當就重出的事類予以合併。此處須加入吳澄所提的「定言之占」與「泛言之占」的區分，何故？因「定言之占」的部分是對特定事件，而「泛言之占」其內容無定指，既無定指則不可強分。在討論胡一桂對事類的分類時，當依據此原則作考量。依此原則，「家宅」、「師友」、「仕進」、「旅」、「酒食」、「疾」、「禱雨」、「畜」均不當入列，因其內容屬「泛言之占」而非「定言之占也」；至於「舟車」、「出行」二類亦因「利涉大川」、「利有攸往」等內容，依朱子所言當屬譬喻之占，〔註154〕即吳澄所謂「泛言之占」，自當排除於外。故衡量後所存之類當爲：「訟獄」、「兵師」、「婚姻」、「見貴」（其名稱或可改爲「仕進」）、祭祀五類，再加入利建侯、遷國及吳澄所稱「不寧方來」的朝覲之占，此三事可歸爲一類，並加上吳澄所稱的「筮日之占」，總共有七類，如此可全面涵蓋《易經》中「定言之占」功能所作的分類。修正後的分類表可以作爲吳澄「占例」之外有關占辭功能的補充。

對於「泛言之占」的占辭，吳澄如何看待？以吳澄釋〈屯〉六四「無攸利」可明確見之，吳澄言道：「筮得此爻者，求婚固吉，占他事亦無所不利。」〔註155〕「求婚固吉」是針對「無攸利」之上的占辭「求婚媾往吉」而言，求婚之占爲「定言之占」，「無攸利」爲「泛言之占」，用於占婚姻之外的事。因此，依吳澄的說法，「定言之占」用以占特定事件，而「泛言之占」則因無所限定，可適用於不同問筮內容。

正因「泛言之占」的對象無所限定，故吳澄認爲可以就占者所處之時、位，所遇之事與占意相配合，釋〈屯〉九五「大貞凶」言道：「筮得此爻者，若所遇之時與象相類，在下卑小之人主事可吉，在上尊大之人主事則凶也；或所遇之時與象不同，則隨其時、隨其事、隨其人而審處之，以合占之意。」〔註156〕這段文字指出，若占者所處之時與此爻「屯其膏」所代表的之艱困象相類，則占筮結果爲小人主事則吉，大人主事則凶；但所處時與艱困之象不相符，則依占者所處之時、位，及所遇之事作衡量，而從占義中找到依歸。

〔註154〕見註425所引朱子語。
〔註155〕《易纂言》，頁86。
〔註156〕《易纂言》，頁41。

　　吳澄的這番觀點，正足以回答朱子所提出的難題，若爻辭與所占之事不應當如何處理的問題，朱子認爲「凡占，若爻辭與所占之事相應，即用爻辭斷之；萬一占病，卻得『利建侯』，又須別於卦象上討義。」〔註157〕朱子所謂別於卦象討義是指若占辭不相應則就象辭，或卦畫之象作考察。這個難題是極有可能存在的，若爲所占之事而強解占辭，反而失去占筮之目的。占筮時遇此困境，先看是否有「泛言之占」，若無則再依吳澄所言考察占者所處之時、位，及所遇之事而合於占辭，或配合朱子以卦象考之，如此便能化解此難題矣。

　　吳澄對占辭內容作「定言之占」與「泛言之占」的區分，與朱子強調『理既定實，事來尙虛，存體應用，稽實待虛』，所以三百八十四爻而天下萬事無不可該，無不周遍，此《易》之用所以不窮也。」是一致的，〔註158〕朱子又言：「故一卦、一爻，足以包無窮之事，不可只以一事指定說。他裏面也有指一事說處，如『利建侯』、『利用祭祀』之類，其他皆不是指一事說。」〔註159〕聖人作《易》以前民用，以六十四卦三百八十四之卦爻辭涵蓋天下萬事萬理，便在於《易》中有許多泛言之象與占，可因應人事之變化。

　　除了對占辭本身有定言與泛言的內容外，占筮之法的變化亦足以因應紛紜人事，吳澄言道：「十八變成一卦之後，其卦或不變，或一畫、二畫、三畫、四畫、五畫變或六畫俱變，若變則以此先得之卦觸彼同類之卦，增益其名曰某卦之某卦，而此一卦可變六十三卦，充之則六十四卦可作四千九十六卦，唯筮者所值何如爾。夫自八而六十四，自六十四而四千九十六，足以該括天下之動，凡人所能爲之事，盡在是矣。」〔註160〕雖然卦、爻辭僅六十四卦三百八十四爻，但占筮後所得卦之卦畫變化，使變化的可能又擴充至六十四倍，如此可涵括萬端之人事。如此將占辭中的「定言之占」與「泛言之占」與占法四千多種變化加在一起，便能眞正合於朱子所言「理既定實，事來尙虛，存體應用，稽實待虛」的理想了。

第五節　「辭例」之內容與理論基礎

　　前四節主要針對象辭與占辭的部分作析論，既然象辭與占辭均屬於卦、

〔註157〕《朱子語類・艮》，卷73，頁1853。
〔註158〕《朱子語類・乾上》，卷68，頁1693。
〔註159〕《朱子語類・三聖易》，卷67，頁1647。
〔註160〕《易纂言・繫上傳》，頁349。

爻辭的內容，又何須於「象例」、「占例」之外別列「辭例」？依吳澄的解釋，
「辭有象辭，有占辭，象之中亦有占，占之中亦有象，既互見矣，猶有遺者，
復掇拾之通，謂之辭例。」〔註161〕「辭例」的辭是指卦、爻辭，與象、占屬
不同的層次，辭是總稱可以涵括象辭與占辭，吳澄別列此例，是針對卦、爻
辭本身的語辭用法作分析。

　　吳澄之「辭例」對語辭用法的分析，主要就卦、爻辭中重出的單詞部分，
依吳澄於「辭例」中的分類：其一，象、爻之辭重用卦名者；其二，象、爻辭
用卦名者；其三，象、爻辭用他卦卦名者；其四，象、爻辭用相同單詞者；其
五，凡辭以連字爲義者；其六，凡辭以重字爲義者。此分類並未依特定的分類
原則，只是將用法與用語的重出部分作分類歸納，因此不算是嚴謹的分類方式。
其中，第一、二、五、六項僅作出簡單歸納，並未說明各卦間的關係，唯獨第
三、四項進一步解釋諸卦間的關聯性，由此見出此二項爲吳澄所重視。

　　既然第三、四項爲吳澄所關注者，故就此考察其特殊性。首先，此二項
所處理的問題是卦、爻辭語詞重出的問題，對於此重出之現象其理由何在？
吳澄試著解釋重出之卦爻辭間各卦之關係。由此二項「辭例」可發現，吳澄
認爲卦爻辭語詞重出之現象，是因各卦卦、爻間有相關性，此關聯性是主要
基於卦象上的相似性，整個通例便是以此作爲根本的解釋基礎；至於卦象的
相似性，吳澄並未如焦循一般提出一套通徹的卦與卦間的關係架構——「旁
通」、「相錯」、「時行」，只是就個別的重出之例一一作解釋，而未找出通貫的
解釋原則。

　　在第三項卦、爻辭用他卦卦名者有二十一卦，共四十五例，吳澄利用卦
變、爻變、爻畫互易、反體（反卦）、對卦、交易卦、半體、互體來解釋卦與
卦間的關係。〔註162〕以卦變解釋者一例，〈泰〉䷊六五「帝乙歸妹」，取「歸
妹」之象，是因〈歸妹〉䷵自〈泰〉䷊而變。採反體解釋有二例，〈損〉䷨九
二、六五「上益之」，因〈益〉䷩爲〈損〉䷨之反體，故有「益」字；〈鼎〉䷱
九三「鼎耳革」，因〈鼎〉䷱爲〈革〉䷰之反體，遂取「革」字。取對卦解
釋之例有一，〈同人〉䷌九五「大師克相遇」，取「師」字因〈同人〉䷌與〈師〉
䷆成對體之故。取交易卦解釋者二例，〈履〉䷉九五「夬履」，取「夬」字因
〈夬〉䷪與〈履〉䷉爲交易卦之故；〈益〉䷩上九「立心勿恆」，取「恆」字

〔註161〕《易纂言外翼・自序》，頁7。
〔註162〕此處所引均見於《易纂言外翼・占例》，卷6，頁189～194。

因〈恆〉䷟與〈益〉䷩爲交易卦故也。〔註163〕

　　取半體解釋者三例，〈豫〉䷏六五「恆不死」，因〈豫〉䷏卦上體與〈恆〉䷟卦同爲震☳之故；〈蒙〉䷃六四「困蒙」，因〈困〉䷮與〈蒙〉䷃下體同，上體正對故也；〈豐〉䷶上六「蔀其家」，因〈豐〉䷶下體與〈家人〉䷤同爲離卦☲之故。以互體解釋之例，此亦含複體在內，共七例，其中六例是從取字之卦分析其卦體，如〈師〉䷆析解爲以震☳統坤☷眾也，〈震〉䷲取〈師〉二、三、四畫之互體，故取「師」字者須卦體有震☳或坤☷；故〈謙〉䷗上六「利用行師」、〈復〉䷗上六「用行師」、〈泰〉䷊上六「勿用師」，卦體中均有坤☷與震☳；此三例與用半體之例有重疊，因上體均與〈師〉䷆同爲坤☷之故。〈家人〉䷤則取離☲爲家之象，〈蒙〉䷃九二「子克家」、〈損〉䷨上九「得臣無家」，二、三、四、五、上爲複體離；〈大畜〉䷙卦辭「不家食」，三、四、五、上爲複體離，故皆取「家」字。除此，尚有〈同人〉䷌九三「升于高陵」，取「升」字因〈同人〉䷌二、三、四得〈升〉䷭之下體巽也。

　　此處有一例「孚」，吳澄將之歸於第四項，其實此例與「家」之例相似當同歸於使用他卦卦名之例。理由何在？吳澄釋此例時言道：「〈中孚〉之卦，兌下、巽上、互震、互艮，合而肖離，故凡象、爻之辭言孚者，必有此五卦之體。」〔註164〕又言：「孚者，占也，非象也，然亦是卦名，故附于此。」〔註165〕既然吳澄將「孚」與〈中孚〉䷼之卦名關聯，又以〈中孚〉卦體之象釋各卦取「孚」字之由，與「家」取〈家人〉䷤之卦名及卦象之例不亦同乎？自當將「孚」例歸於第三項方是。

　　以上所舉卦變、反體、對卦、交易卦、半體、互體之例均具合理性，至於爻變、爻畫互易的解釋則過於牽強，雖然單就爻變與爻畫互易本身來看是合理的易象解釋理論，但若以此解釋卦與卦之關係說明語詞重出的理由，則不免欠缺直接的說服力。如〈艮〉䷳六二「不拯其隨」吳澄釋爲「〈艮〉五畫變而六二獨不變皆爲隨」，〔註166〕以爻變解釋二者之關係；〈頤〉䷚卦辭「觀頤」、初

〔註163〕此處在《易纂言外翼》，頁192，文字有缺漏，文中只言及「需」、「豫」用「恆」字之例，於「豫卦震上即恆上體」之下有「互易」二字，此當爲「益」卦之說明，因「益」與「恆」卦正爲交易卦也。

〔註164〕《易纂言外翼・占例》，卷6，頁195。

〔註165〕《易纂言外翼・占例》，卷6，頁196。

〔註166〕《易纂言外翼・占例》，卷6，頁190。

九「〈觀〉我朵頤」，吳澄釋為「〈頤〉之初與五相易則為〈觀〉」，〔註167〕以爻畫互易解釋二卦，如此一來，任何卦均可由此二方式找到關係解釋，則無法稱為有效的說明。但吳澄在解釋卦爻辭用他卦卦名時，多處運用此二解法，以爻變解釋者有十二例，以爻畫互易解釋者有六例，又有二法兼用者一例，共十九例，以比例來看四十五例中有十九例，約近三分之一的高比例，以此而論，雖然吳澄希望這部分的卦、爻辭作出合理的解釋，但說服力過於薄弱而有所不足。

　　吳澄於〈辭例〉卷末言及，在「辭例」部分有《易纂言》已言而推廣餘意者，有《易纂言》未言而兼存別說者。〔註168〕就解釋卦爻辭用他卦卦名的部分來說，將《外翼》所言對照《易纂言》來看，可發現有二例在解釋上有明顯不同，其中一例為〈同人〉䷌九五「大師克相遇」，吳澄釋道：「〈同人〉六畫俱變則成〈師〉，〈師〉以坤為眾，坤眾自乾陽而變，故為大師。」〔註169〕在《外翼》是取〈同人〉䷌與〈師〉䷆為對卦來解釋，此處則取爻變說指〈同人〉䷌六畫俱變則為〈師〉䷆；另一例為〈大畜〉䷙卦辭「不家食吉」，吳澄言道：「〈家人〉二、五易位成〈大畜〉，〈大畜〉與〈家人〉易位，不在家也。」〔註170〕《外翼》是取〈大畜〉䷙三、四、五、上為複體離，而取「家」字；就此二例來看，即吳澄所言兼存別說之意，但就說服性之強弱，實以《外翼》以對卦、互體（複體）解釋為佳，《易纂言》以爻變、爻畫易位解釋解釋力不強，理由已見於上。

　　從二書對同例的不同解釋可看出幾個重要訊息，其一，吳澄對卦爻辭用他卦卦名並無確定的解釋，遂有兼取二說的狀況；其二，正如前面所言，爻變、爻畫互易可用在所有解釋卦爻辭用他卦卦名的例子上，證明其說理性之不足。可見吳澄解釋卦爻辭用他卦卦名的部分，雖然見出此現象存在，但解釋上仍有不充盡處；首要之務，當去掉爻變及爻畫互易的解釋方式，再進一步就卦與卦間尋出更恰當的關係說明。

　　在解釋卦、爻辭重出之單詞，吳澄採取的方式是藉由使用相同單詞之例，先解釋單詞所據之象，再分析各卦與單詞之取象的關係。關於單詞所據之象，吳澄採取的解釋依據大致分為二類：解釋卦畫之例，解釋單詞詞義之例；以

〔註167〕《易纂言外翼・占例》，卷6，頁190。

〔註168〕《易纂言外翼・占例》，卷6，頁221。

〔註169〕《易纂言》，頁68。

〔註170〕《易纂言》，頁103。

卦畫解之的部分，又可分爲依卦象、卦位、卦變、爻性三類，其中，又以卦象、爻性的解釋爲多。依卦象解釋之例有二十一例，「光」取乾 ☰ 天之光象，「敦」、「甘」與坤 ☷ 有關，一取至厚者坤，一取土味爲甘之意；「濡」、「頻」、「滅」與水有關，故皆取坎 ☵ 象，「曳」亦取坎象，然取輪之意；「擊」、「執」取艮 ☶ 手之象，「見」取離 ☲ 目及巽 ☴ 眼象，「視」、「泣」、「涕」，與目有關，故均取離 ☲ 象；「牽」取兌 ☱ 羊之象，「號」、「嗟」、「笑」、「歌」、「告」，與口有關，故皆取兌 ☱ 象；「鳴」取震雷之象，「休」取震 ☳ 木與巽 ☴ 竹之象。另一使用較多者爲爻性，以「陽」解釋之例有：「富」、「實」、「碩」，以「陰」解釋者有「安」、「裕」、「引」、「迷」；以「陰」與「陽」之關係解釋之例，「獨」、「嘉」、「求」、「拯」，共十一例。

　　僅解釋單詞詞義之例，「習」（重卦也）、「至」、「允」、「自」、「由」、「居」、「處」、「即」、「遇」、「假」（至也）、「反」、「發」、「說」（脫也）、「舍」、「勝」、「克」、「閵」、「錫」（賜也）、「艱」、「顛」共二十例。此些辭僅釋詞義之故在於，此些詞中的「至」、「自」、「由」、「假」、「反」屬處所副詞，「居」、「處」、「舍」屬處所動詞，「即」、「遇」、「說」、「勝」、「克」、「閵」、「錫」、「顛」屬及物動詞、「艱」屬形容詞、「習」是指重卦之意，此些單詞無法以具體形象指稱之，故無法由卦象、卦位等作解釋，只能就詞義上作說明。

　　以上是就《外翼・辭例》針對《易經》卦、爻辭的單辭用例作的析論，除此之外《外翼・辭例》尚有特殊語詞使用之分析，如卦、爻辭重用卦名者，如「乾乾」、「夬夬」諸例；及以連字爲義者，即連綿詞也，「磐桓」（盤桓）、「次且」（趑趄）、「蹢躅」（踟躕）、「虩虩」（隉阢）四例；以及以重字爲義之例，如「坦坦」、「嘻嘻」、「瑣瑣」十七例。關於語詞用例的部分吳澄只是加以整理，僅連綿詞稍作釋義，其用意在歸納《易經》對某些語詞的使用。

　　在〈辭例〉中單詞的部分亦可運用在解釋卦、爻辭語句重出的部分，至於經文中其他語句重出的部分，將由《易纂言》中作考察。經由筆者仔細考究吳澄的解釋，並分析相關卦、爻辭間的卦與卦之結構性後發現，卦、爻辭語句相同或相關者，在卦體上有其關聯性，或上卦相同，或下卦相同，或有相同互體，或互爲反體等等，以下便依卦體關係作分類，指出卦與卦間之關係。

　　其一，上卦相同，或下卦相同者，以及上卦與下卦正好相反者。在上卦相同的部分，「有孚，攣如」，見於〈小畜〉☲ 九五、〈中孚〉☲ 九五，吳澄於

〈小畜〉䷈九五指出「四孚於五，五亦攣四，其交固結。」，〔註171〕於〈中孚〉䷺九五言道：「象與〈小畜〉九五同」〔註172〕此是就二卦爻辭相同是因，二卦所言之爻均爲九五，且六四、九五均爲陰陽相應而孚之故；此實因二卦之卦體，上卦均同爲巽也。

〈小畜〉䷈六四「血，去惕出」、〈渙〉䷺上九「渙其血，去惕出」，吳澄釋〈小畜〉䷈：「坎爲血卦，三、四爲坎之半體；血，陰之傷也，四與三不和故有傷。避三之見傷，故去其所，而出外上合於九五，一陰介於二陽之間，變爲剛實，故能惕懼也。」〔註173〕釋〈渙〉䷺：「上應三，三坎體之陰血也；上居〈渙〉之終，去三遠，爲渙其血之象，……上去三遠，猶人去其禍害而遠出。」〔註174〕此二爻辭均取「血」、「去惕出」，然「小畜」六四正居坎䷜半體上畫，故以「血」爲象；而渙䷺上九離坎䷜九三陰畫遠，故以「渙其血」爲象。至於「去惕出」，〈小畜〉䷈所重在四上合於五，加上六四變爲陽而能惕；〈渙〉䷺之上九則因去三遠，本身又爲剛畫，故義取於此。此處吳澄主要是就半體、互體以坎取象。

下卦相同的部分，〈履〉䷉六三「眇能視，跛能履」、〈歸妹〉䷵初九「跛能履」、九二「眇能視」，吳澄釋〈履〉䷉言道：「二、三、四互離爲目，……離之中虛在三，不中不正，視之偏也，視雖偏而離目無所傷，……震爲足，兌變震之中畫，足跛也，震下畫之陽猶存，足雖跛猶能履之象。」〔註175〕釋〈歸妹〉䷵初九：「履卦之下體兌也，六三有跛能履，眇能視之象；〈歸妹〉之下體亦兌也，初九曰跛能履，九二曰眇能視，分〈履〉卦六三之二象於二爻，其象皆指六三一爻而言也；兌體變震之中畫跛也，初、二爲地，六三在初、二之上履地者也。」釋九二：「離目中畫偏而不正眇也，有離目能視也。」〔註176〕吳澄指出二卦取相似之爻辭，是因有互體離䷀與下卦爲兌䷹之故，且均指離䷀之中畫及之兌䷹之上畫之六三爻。雖然〈歸妹〉䷵分爲二爻取象，然所指均爲六三，與履䷉正好相應，且均爲二卦之主爻，此解釋極爲合理而精妙。

〈履〉䷉九二「幽人之貞吉」、〈歸妹〉䷵九二「利幽人之貞」，既然二

〔註171〕《易纂言》，頁 56。
〔註172〕《易纂言》，頁 204。
〔註173〕《易纂言》，頁 56。
〔註174〕《易纂言》，頁 200。
〔註175〕《易纂言》，頁 58。
〔註176〕《易纂言》，頁 186。

卦下卦均爲〈兌〉，故二卦之內三爻均可相通，吳澄釋〈履〉言道：「初在地之下爲幽，二爲人，比初而居中，故曰幽人。二比初亦比三，然能內取剛正之初，而不外昵柔邪之三，所以爲幽人之正主事而吉也。」〔註177〕釋〈歸妹〉言道：「履之九二其占曰幽人貞吉，九二即〈履〉之九二，故其占亦同。」〔註178〕吳澄由下卦三爻之關係釋九二何以得此占，既然二卦下卦相同均爲兌卦，自然理由一致也。

　　此例亦屬下卦相同之例，但其中一卦加入了爻變的部分，使二卦下卦相同，而以此說明爻辭相似之原由。〈遯〉六二「執之用黃牛之革」、〈革〉初九「鞏用黃牛之革」，吳澄釋〈遯〉：「二下卦之中爲黃，坤爲牛，而上畫變成〈艮〉是牛外之皮變矣，故爲革。」〔註179〕釋〈革〉：「鞏以韋束物也，象與〈遯〉六二同；初變爲柔成艮，……艮之上畫變坤之外，牛皮變爲革之象。革謂三，黃謂二，革之初在下而無應，必堅守其志，確守故常，而不輕爲拘束於六二、九三之內，如鞏固之以黃牛之革，今不得動作也。」〔註180〕吳澄於〈占例〉言及「黃，中央之色，凡言黃者皆二、五也」〔註181〕二爻言「黃牛之革」是就下卦爲艮而言（〈革〉初變爲柔），〈遯〉六二言此，是聖人欲阨陰之長，〈革〉初九言此，是指〈革〉之初當堅志守常，不宜有爲。

　　另外，尚有相關的卦爻辭，卦與卦兩兩間上卦相同與下卦相同之例。「月幾望」，見於〈小畜〉上九、〈歸妹〉六五、〈中孚〉六四三卦，吳澄言道：「《易》以『月幾望』爲象者三，皆陰爲主之卦也。」〔註182〕所謂「陰爲主之卦」，依吳澄之「卦主說」，〈小畜〉卦主爲六四，〈歸妹〉卦主爲六三，〈中孚〉卦主爲六四，故云三卦屬陰爲主之卦；以陰爲卦主，正與月屬陰相符。另方面，三卦均有「巽爲月」（〈歸妹〉六五變爲剛方有此象）之象，故皆以「月幾望」爲爻辭。依卦體結構來看，〈小畜〉、〈中孚〉上卦相同均爲巽，〈歸妹〉、〈中孚〉下卦相同均有兌也。

　　〈泰〉六四與〈謙〉六五「不富以其鄰」、〈小畜〉九五「富以其鄰」，吳澄釋〈泰〉：「陰虛爲不富，鄰謂五，蓋三陰皆欲求陽，故四趨下

〔註177〕《易纂言》，頁 58。
〔註178〕《易纂言》，頁 186。
〔註179〕《易纂言》，頁 126。
〔註180〕《易纂言》，頁 170。
〔註181〕《易纂言外翼‧占例》，卷 6，頁 130。
〔註182〕見於〈小畜〉上九，《易纂言》，頁 57。

而鄰皆肯從之也。」〔註183〕釋〈謙〉䷎：「象與〈泰〉六四同，鄰謂六四。」〔註184〕釋〈小畜〉䷈：「陽實爲富，陰虛爲不富，鄰謂四，言九五富實而能提挈帶俠其鄰也。」〔註185〕此三卦言「不富」、「富」此由各爻之陰陽而定，〈泰〉䷊六四與〈謙〉䷎六五爲陰爻，故言「不富」，〈小畜〉䷈九五爲陽爻，故言「富」也，「鄰」則指相比近之爻。〈泰〉䷊與〈謙〉䷎上卦同爲坤☷，故所指相同。此例之卦體結構，〈泰〉䷊、〈謙〉䷎上卦相同均爲坤☷，〈泰〉䷊、〈小畜〉䷈下卦相同均有乾☰也。

此類中有一特例不同於前數例，而是某卦之上卦正爲另卦之下卦，遂使卦、爻辭之意相反。〈同人〉䷌九五「同人先號咷而後笑」、〈旅〉䷷上九「旅人先笑後號咷」，吳澄釋〈同人〉䷌：「〈同人〉亦指六二，……號咷者離火之聲，笑者兌口之說；六二往應九五，而厄於九三之強鄰，其先六二在離火炎焚之中而號咷，其後與九五相遇，九五變爲柔則成兌口而笑矣。」〔註186〕釋〈旅〉䷷：「旅人九三也，三居六畫卦之人位，……〈同人〉離在下，五變爲柔，三、四、五互兌在上，故爲先號咷而後笑；此〈旅〉卦三、四、五互兌在下，離在上，故爲先笑後號咷。」〔註187〕〈同人〉與旅人均由下而上應，而「笑」與「號咷」之先後，取決於離☲與互兌☱之上下位置，〈同人〉之離☲在下卦，〈旅〉之離☲在上卦，〈同人〉爻變後之互兌☱在離☲之上，〈旅〉之互兌☱在離☲之下，遂有所別矣。

其二，互體之例。「密雲不雨，自我西郊」，見於〈小畜〉䷈卦辭、〈小過〉䷽六五，對〈小畜〉䷈吳澄釋道：「二、三、四互兌，兌有坎之上半體，變坎之下半體，上有雲而下無雨。……我謂六四，爲卦主故稱我；四象郊，西郊陰方也。陽倡陰和則雨，陰倡陽和則不雨；自西郊，陰倡也，〈小畜〉一陰爲主，未能成濟物之功，故其象如此。」〔註188〕釋〈小過〉䷽：「九四、六五得坎上體，又有九三一陽重蔽其下，如雲之密，然坎之下畫塞而不通，則陰上而不下，故不雨。所以然者，九四爲主爻，陽弱陰強故不和，不能成雨。我、西郊謂四，四在西又互兌體，故曰西郊者，以其在內卦之外也。蓋九四

〔註183〕《易纂言》，頁62。
〔註184〕《易纂言》，頁72。
〔註185〕《易纂言》，頁56。
〔註186〕《易纂言》，頁68。
〔註187〕《易纂言》，頁194。
〔註188〕《易纂言》，頁55。

不上合於五，何望乎陰陽之和而成雨哉？」〔註189〕吳澄由卦體解釋二卦卦、爻辭重出的理由，二卦之相同處爲：均有互體兌☱，此爲密雲不雨之象；「我」、「西郊」均指卦主，故二者取象相同。至於不同處，因〈小畜〉是就一卦而言，故陰陽不和無法成雨，是因此卦以陰爲主所致；而〈小過〉是就一爻而言，其陰陽不和則是由九四不能上和於六五之故。此是由卦體結構解釋〈小畜〉、〈小過〉卦、爻辭重出的理由。

「輿說輹」，見於〈小畜〉☲九三、〈大畜〉☶九二，吳澄指出二卦之「輿說輹」均自坎☵之變體取象，即二卦之二、三、四均爲互體兌☱，坎☵爲輿，兌☱下畫奇則爲脫去輿下之輹的象。至於〈小畜〉☲在九三、〈大畜〉☶在九二之理由，〈小畜〉九三指在輿中之人，因三爲人位；〈大畜〉九二則當輿脫輹之處。〔註190〕此例是就二卦均有互體兌☱，且同在二、三、四爻，此爲「輿說輹」之象；三爲人位，故〈小畜〉九三表示的是乘輿之人；二爲輿脫輹之處，故〈大畜〉九二指此。

「王用亨于西山」、「王用亨于岐山」，見於〈隨〉☱上六、〈升〉☷六四，吳澄釋〈隨〉☱上六：「王謂九五，……正西，兌方；又地祇，陰神也，故兌之陰畫爲西山。」〔註191〕釋〈升〉☷六四：「王謂九三，二、三、四互兌，兌西方，……兌上畫陰也，以象岐山之神，九三兌之中畫爲王，九三之陽升其誠意於上之陰神。」〔註192〕關於「西山」、「岐山」，朱子言道：「自周而言，岐山在西。」〔註193〕故二者所指相同。二卦均有兌☱，加上「〈隨〉上六『王用亨于西山』亦以九五兌中畫爲王，上六兌上畫爲山之神。」〔註194〕，遂使二卦有相同爻辭。

「用拯馬壯吉」，見於〈明夷〉☷六二、〈渙〉☴初六，吳澄釋〈明夷〉☷言道：「互震初畫爲舉足、作足之馬，互坎中畫美脊亟心之馬，如危難之中，用以拯救而得強壯之馬。」〔註195〕釋〈渙〉☴初六：「用以拯渙必馬壯也，坎馬在後，二、三、四互震馬在前，與〈明夷〉六二同。」〔註196〕吳澄認爲

〔註189〕《易纂言》，頁 207。
〔註190〕見於〈小畜〉九三、〈大畜〉九二。《易纂言》，頁 56、104。
〔註191〕《易纂言》，頁 78。
〔註192〕《易纂言》，頁 163。
〔註193〕《周易本義・上經》，頁 1 之 39。
〔註194〕《周易本義・上經》，頁 1 之 39。
〔註195〕《易纂言》，頁 133。
〔註196〕《易纂言》，頁 199。

此二卦爻辭相同是因卦象均有震 ☳ 馬及坎馬 ☵ 之象，且二馬前後之位亦相同，震 ☳ 馬在前，坎 ☵ 馬在後；加上〈明夷〉與〈渙〉均爲危難之時，須有強壯之馬來拯救，因卦象、卦義相近故爻辭相同也。

「王假有廟」，見於〈萃〉☱☷ 卦辭、〈渙〉☴☵ 卦辭，吳澄釋〈萃〉☱☷：「王謂九五，艮爲廟，二、三、四互艮，六二艮之下畫，廟之內也；五下應二，是王者至於有廟聚己之精神，以聚祖考之精神也。」〔註197〕釋〈渙〉☴☵：「王爲五，三、四、五互艮爲宗廟，九五當互艮之上，象王者祭祀而至于宗廟之中也。」〔註198〕吳澄由二卦之九五爲王，互艮 ☶ 爲廟，解釋「王」與「廟」。至於「假」之由，〈萃〉強調的是九五下應六二，爲王至廟中將己之精神與祖考之精神聚合，〈渙〉則因九五居艮 ☶ 之上畫，言王已至於廟中也；此因九五與艮 ☶ 之位置不同，故〈萃〉以二、五相應，強調至廟之祭祀目的，而〈渙〉則言及王已居廟中，稍有別矣。

其三，反體之例。「孚乃利用禴」，見於〈萃〉☱☷ 六二、〈升〉☷☴ 九二，吳澄指出「凡禴祭之象皆以五而言」，理由是「卦位五爲天，上卦之中也；上爲北，五者，日行天中而近北，夏之時也。」〔註199〕因「禴」爲夏祭之名，故取象如此。〈萃〉與〈升〉之「禴」同指九五，至於「孚」則指二、五陰陽相應而孚也；故二者均以「孚乃利用禴」爲爻辭。

其四，反卦、對卦兼交易卦之例。「拔茅茹以其彙」，見於〈泰〉☷☰ 初九、〈否〉☰☷ 初六，吳澄釋〈泰〉☷☰ 初九：「初九變爲柔成巽，象茅茹，茅根也，彙類也，三陽爲類，茅雖不共本，拔之則其根相連而起，初之以其類同進似之。」〔註200〕釋〈否〉☰☷ 初六「二、三、四互巽爲茅，初、二柔畫皆茅之茹也」〔註201〕至於二卦取同象之由爲「〈泰〉之三陽以其類同進，〈否〉之三陰亦以其類同進，故象與〈泰〉之初同。」〔註202〕此解法與朱子之意相近。〔註203〕此二卦取相同爻辭是以下卦三陽、三陰而論。

〈泰〉☷☰ 卦辭「小往大來」、〈否〉☰☷ 卦辭「大往小來」，吳澄釋〈泰〉☷☰：

〔註197〕《易纂言》，頁159。
〔註198〕《易纂言》，頁198。
〔註199〕見於〈萃〉六二，《易纂言》，頁160。
〔註200〕《易纂言》，頁60～61。
〔註201〕《易纂言》，頁63。
〔註202〕《易纂言》，頁63～64。
〔註203〕朱子釋〈泰〉初九：「三陽在下相連而進，拔茅連茹之象。」釋〈否〉初六：「三陰在下，小人連類而進之象。」《周易本義·上經》，頁1之29、1之31。

「小謂陰，大謂陽，三陰皆往居外，三陽皆來居內。」〔註204〕釋〈否〉䷋：
「三陽皆往居外，三陰皆來居內。」〔註205〕此解釋與朱子不異，唯朱子除卦
體解釋外，另加入卦變解釋。〔註206〕〈泰〉與〈否〉為既為反卦、對卦，又
為交易卦，二者關係密切；除了此處，爻辭亦多有相類處，如「拔茅茹以其
彙」、「包荒」（〈泰〉）、「包承」、「包羞」之例，在解釋時可將二卦對比觀之。

　　〈既濟〉䷾初九「曳其輪，濡其尾」、〈未濟〉䷿卦辭及初六「濡其尾」、
九二「曳其輪」，吳澄釋〈既濟〉䷾：「二、三、四互坎為輿為輪，初在輿後曳
之者也」「坎又為狐，初在狐之後，尾之象也；在水之下，濡之象也。」〔註207〕
釋〈未濟〉䷿卦辭：「初六連九二在互坎之後，象小狐之尾；在前水之內，後
水之中故濡。」釋九二：「三、四、五互坎為輪，二在其後為曳」〔註208〕吳澄
由卦體中的坎☵象釋狐、釋輪，〈既濟〉初九居互坎之下畫，故有曳輪、濡狐
尾之象。〈未濟〉初六居互坎之後及前水與後水之中，故有濡狐尾之象；六二居
互〈坎〉之後，故有曳輪之象。此二卦之共通點，與〈泰〉䷊、〈否〉䷋一樣，
既為反卦、對卦，又為交易卦，另外加上卦體皆有互坎之象，二卦關係極為密
切，故爻辭亦因此相似，此例則由兩卦中的互坎☵取象。

　　〈既濟〉䷾九三「高宗伐鬼方」、〈未濟〉䷿九四「震用伐鬼方」，吳澄
釋〈既濟〉䷾：「離為戈兵，九三〈離〉之終，南方之窮處也，故象鬼方之國」
〔註209〕釋〈未濟〉䷿：「四變為柔，二、三、四成震，震謂動其奮發如雷之
震也。有離之戈兵為伐，離下畫之陽，故為鬼方」「〈既濟〉伐鬼方，九三為
天子而伐之也；〈未濟〉伐鬼方，九二為諸侯而伐之也，震諸侯象。」〔註210〕
吳澄取二卦離☲之象，釋為戈兵、南方之國的鬼方；不同的是，〈既濟〉的
高宗是自九三人位取象，〈未濟〉的「震」，既為奮發之意，亦指諸侯，自九
四爻變後，互震之九二取義。其中，關於「鬼方」，宋代黃東發《黃氏日抄》

〔註204〕《易纂言》，頁60。
〔註205〕《易纂言》，頁63。
〔註206〕朱子釋〈泰〉言道：「小謂陰，大謂陽，言坤往居外，乾來居內。又自歸妹來，
　　　　則六往居四，九來居三也。」《周易本義‧上經》，頁1之28。釋〈否〉：「蓋
　　　　乾往居外，坤來居內；又自漸卦而來，則九往居四，六來居三也。」同上，
　　　　頁1之30。
〔註207〕《易纂言》，頁209。
〔註208〕《易纂言》，頁211。
〔註209〕《易纂言》，頁209。
〔註210〕《易纂言》，頁212。

認爲當指南方荊楚之國，因《詩經・商頌》記載高宗伐荊楚之國一事；但具近人王國維先生考訂，「鬼方」當指西北之國，〔註211〕二說均有所據，暫且並存。

　　除上述四種卦體關係外，有一例吳澄的解釋較爲牽強者。〈履〉䷉卦辭「履虎尾不咥人」、六三「履虎尾咥人」，吳澄釋卦辭言道：「二、三、四互離爲虎，……二與初在後，虎之尾也；以三履二爲履虎之尾，上乾爲虎之首，所履之尾在後而虎首趨前，上口不開爲不咥人之象，三爲人。」釋六三言道：「象與象辭同，象通指一卦而言，則上九虎之首也，虎口實而合，有不咥之象；此專據一爻而言，則三爲人之位，兌之上畫也，兌口虛而開，如人在虎口中故有咥人之象。」〔註212〕吳澄釋卦辭以整個卦體來看，上體乾☰爲虎首、中互體離☲虎也，三爲人、二與初爲虎之尾，三居二之上爲履虎尾之象，虎首在前而不開，故有不咥人之象；而爻辭單就九三一爻來看，三爲人位，又居兌☱口之上，故有咥人之象。不同之處在於，卦辭取互離☲爲虎、上卦乾☰爲虎首，而爻辭則取下卦兌☱爲口。就卦、爻辭之義當指人履虎尾，而虎咥人與否，吳澄的解釋雖能涵蓋卦辭的所言，然於義有未通，既將整個卦象解爲虎，何來六三爲人，而有履虎尾之象？此處必須再作更合理的說明。

　　從吳澄對卦、爻辭重出之單詞及語句所作的解釋，或大至由卦體結構，或小至由爻性、爻位解釋卦與卦間的相關性，而得出一重要結論，即卦、爻辭重出的卦與卦間，具卦象上的關聯。就此來說，吳澄的確從卦、爻辭的重出現象，見出卦與卦間關係的邏輯性，但這只就片面相關的卦來論，並未就此些相關的卦找出更普遍的邏輯關係。何以吳澄無法進一步提出有關卦與卦間關係的完整體系？主要原因在於，吳澄未能如焦循一般將六十四卦視爲抽象的符號，將六十四卦視同代數，吳澄仍受卦、爻辭內容的影響，將卦畫與卦、爻辭關聯考察，雖然吳澄費心將畫與辭作合理的解釋，但仍無法找出整個六十四卦的畫與辭關聯的完整體系。

　　焦循則將畫與辭間的糾結解開，找出卦與卦間的關聯性，在與重出之卦、爻辭相印證，而建立六十四卦完整的體系。焦循的問題意識與吳澄相同，均欲解釋卦、爻辭重出的問題，焦循於《易通釋・敘目》言道：「先子曰：『然（〈小畜〉）所謂密雲不雨自我西郊者，何以復見於〈小過〉之六五，……』

〔註211〕《觀堂集林・鬼方、昆夷、玁狁考》（臺北：世界書局，1961 年），卷 13。
〔註212〕《易纂言》，頁 58、59。

循於是反復其故，不可得。推之〈同人〉、〈旅〉人之號咷，〈蠱〉、〈巽〉之先甲後甲、先庚後庚，〈明夷〉、〈渙〉之用拯馬壯吉，益憤塞鬱滯，悒悒於胸腹中，不能自釋。」，而多年鑽研後找出解決之法，「循既學洞淵九容之數，乃以數之比例求《易》之比例，向來所疑，漸能理解。」〔註213〕焦循所謂《易》之比例是指綜合「旁通」、「相錯」、「時行」三大原則，而歸納出十二條比例通則，以此建立六十四卦之完整體系，〔註214〕可充分解釋卦、爻辭何以重出之理由。

　　正因吳澄將卦與辭並聯考察，而焦循則就卦與辭分別析論，使得二人在解決卦、爻辭重出問題的方向上有所不同，吳澄將重出之卦依卦、爻辭所言，找出彼此在卦象上的關聯；而焦循則將六十四卦依反、對、交易關係，配合初與四、二與五、三與上爻畫之升降變化，將卦與卦依「比例」作了密切的聯結，以此說明何以某卦與某卦卦爻辭相同或相似。由此可見出，吳澄的特色是直接就重出之卦爻辭找出卦象的關聯，而焦循則是藉由符號化的六十四卦，進一步解決這些相關卦爻變化的通例，使得卦與卦間得以觸類旁通。因二子所採取的解釋方式不同，故所得成就自然不同，此二方式是否有會通的可能，則有待進一步的鑽研探究。

〔註213〕《易通釋・敘目》，卷1089，頁877。
〔註214〕《易圖略・比例圖第五》，卷1113，頁1191～1192。

第五章　《易傳》之解釋與發揮

第一節　補充《象傳》之易象解釋

　　關於《象傳》言各卦上下兩體之象，吳澄發現一重要解釋原則，即藉由「兩象易」（上下兩體相反者）可對比八卦之象在各卦中意義之變化。在六十四卦中，兩象易有二十七組，在《易纂言》中，吳澄舉出其中三組作實例說明，分別爲〈屯〉䷂與〈解〉䷧，〈復〉䷗與〈豫〉䷏、〈臨〉䷒與〈萃〉䷬。

　　以〈屯〉䷂與〈解〉䷧爲例，吳澄言道：「屯者鬱結未解之時，雲升于上，而雷動于下，未能成雨則鬱結而屯；及雷動于上，雨降于下，則屯之鬱結解矣。故上雷下雨之卦名爲解，而上雲下雷之卦名爲屯也。」〔註1〕「屯」之義爲結，「解」之意爲散，二卦卦義正相反。而其象「雲雷」爲屯，「雷雨作」爲解，雲在雷上自不成雨，故結也；雨在雷下，降雨則解屯之結也，二象亦正相反。

　　在〈復〉䷗與〈豫〉䷏之例，吳澄言道：「雷者地之陽氣，薄於陰而有聲。方陽氣之消而始生也，則此氣在於地中伏藏而無聲，雷在地中是也；及陽氣長而既盛也，則此氣出於地上，奮發而有，雷出地奮是也。」〔註2〕〈復〉䷗之卦義爲一陽生於下，〈豫〉者和樂也，其義一者以隱，一者以顯；就卦象來看，〈復〉䷗爲「雷在地中」，其聲甚微；〈豫〉䷏者「雷出地奮」，雷聲甚響矣。二卦之得義與取象正好相反。

〔註1〕　《易纂言》，頁263～264。
〔註2〕　《易纂言》，頁279。

再〈觀〉〈臨〉䷒與〈萃〉䷬之例，吳澄言道：「西海、北海之濱，澤上有地者爲〈臨〉；東海、南海之濱，澤上於地者爲萃。蓋東南地勢卑下，澤水溢出海岸，淹浸平地，萬有餘里，眾流之歸，悉聚於此，故卦名爲萃。」〔註3〕〈臨〉䷒與〈萃〉䷬上下體正相反，〈臨〉之象爲「澤上有地」，〈萃〉之象爲「澤上於地」，故〈臨〉之地勢較高，似西海、北海之濱，萃地勢較低，似東海、南海之地。

由以上三例便可歸結出《象傳》釋象的三條通例，其一，爲直舉上下兩體之名；其二，爲上下兩體所組成之象有可見（顯）與不可見（隱）之別；其三，爲指出上下兩體關係位置之組合。

一、直舉上下兩體之名

除「雲雷，〈屯〉」與「雷雨作，〈解〉」之例外尚有「天地交，〈泰〉」與「天地不交，〈否〉」，「雷電，〈噬嗑〉」〔註4〕與「雷電皆至，〈豐〉」，「雷風，〈恆〉」與「風雷，〈益〉」凡此四組兩象易，雖未說明上下兩體之關係位置，但直舉二體之名，其義便可知矣。

二、上下兩體所組成之象有可見（顯）與不可見（隱）之別

除「雷在地中，〈復〉」與「雷出地奮，〈豫〉」外，尚有「地中有水，〈師〉䷆」與「地上有水，〈比〉䷇」，「山下出泉，〈蒙〉䷃」與「山上有水，〈蹇〉䷦」，「天與火，〈同人〉䷌」與「火在天上，〈大有〉䷍」，「澤中有雷，〈隨〉䷐」與「澤上有雷，〈歸妹〉䷵」，「山下有風，〈蠱〉䷑」與「山上有木，〈漸〉䷴」，「山下有雷，〈頤〉䷚」與「山上有雷，〈小過〉䷽」，「山上有澤，〈咸〉䷞」與「山下有澤，〈損〉䷨」，「天在山中，〈大畜〉䷙」與「天下有山，〈遯〉䷠」，「山下有火，〈賁〉䷕」與「山上有火，〈旅〉䷷」，「風自火出，〈家人〉䷤」與「木上有火，〈鼎〉䷱」，「澤無水，〈困〉䷮」與「澤上有水，〈節〉䷻」，「澤中有火，〈革〉䷰」與「上火下澤，〈睽〉䷥」，凡此十三組兩象易，在各組中，其中一卦上下兩體所成之象爲不可見者。

凡有「山下」者吳澄釋「山下出泉」言道：「山之下出而爲泉者，人所不見之水；山下謂山腹之下，非山麓之側也，後凡言山下者皆同。」〔註5〕有「山

〔註3〕《易纂言》，頁310。

〔註4〕吳澄將「雷電」更訂成「電雷」，《易纂言》，頁284。

〔註5〕吳澄釋「山下出泉」，《易纂言》，頁264～265。

下」之象者五，其象皆不可見。至於「地中之雷」、「地中有水」，地中之雷其聲甚微，地中有水猶人肌肉中有血脈灌注，二者皆隱而不易聞見。〔註6〕另外「澤中有雷」、「澤中有火」亦非易見之現象，而「澤無水」，因水滲入地下，故所見者僅澤之枯，而水因滲於地下不得見矣。〔註7〕尚有「風自火出」及「天與火」、「天在山中」皆抽象不易見之現象，故亦屬此例。

三、指出上下兩體關係位置之組合

除「澤上有地，〈臨〉䷒」與「澤上於地，〈萃〉䷬」之外，尚有「雲上於天，〈需〉䷄」與「天與水違行，〈訟〉䷅」，「風行天上，〈小畜〉䷈」與「天下有風，〈姤〉䷫」，「上天下澤，〈履〉䷉」與「澤上於天，〈夬〉䷪」，「地中有山，〈謙〉䷎」與「山附於地，〈剝〉䷖」，「風行地上，〈觀〉䷓」與「地中升木，〈升〉䷭」，「天下雷行，〈无妄〉䷘」與「雷在天上，〈大壯〉䷡」，「澤滅木，〈大過〉䷛」與「澤上有風，〈中孚〉䷼」，「明出地上，〈晉〉䷢」與「明入地中，〈明夷〉䷣」，「木上有水，〈井〉䷯」與「風行水上，〈渙〉䷺」，凡此十組，主要以上、下體之上下關係以成其義。

就以上三條通例中的第二條有些象實不易解，如「澤中有雷」、「澤中有火」、「風自火出」等，孔穎達認為：「先儒所云此等象辭或有實象或有假象，實象者，若地上有水比也、地中生木升也，皆非虛，故言實也；假象者，若天在山中、風自火出、如此之類，實無此象，假而為義，故謂之假也。雖有實象、假象，皆以義示人，總謂之象也。」〔註8〕孔穎達認為《象傳》所言之象當有實象、假象之方，現實可見之實事為實，不可見者為虛。朱子釋「天在山中，〈大畜〉」亦言此理：「天在山中不必實有是事，但以其象言之耳。」〔註9〕此與孔氏之說相同。

但吳澄的看法則異於是，吳澄認為：「《易》之六十四大象，皆實有非虛言也」，〔註10〕他認為《易》大象全為實有其事之象，《易纂言》全面將過去認為虛象者作重新詮釋，此作法需賴經驗事實證明。以下將以「天在山中」與「風自火出」二例作為考察。

〔註6〕 吳澄對「地中有水，師」的解釋見於《易纂言》，頁268。
〔註7〕 對「澤無水，困」的解釋見於《易纂言》，頁311。
〔註8〕 《周易注疏》，卷1，頁64。
〔註9〕 《周易本義‧上經》，頁1之52。
〔註10〕 《易纂言》，頁280。

以「天在山中，〈大畜〉☶☰」為例，吳澄言道：「天無處不有，凡虛空處皆天也。高山之下，嵒洞之中，隔絕人世，而其中空曠可見日月，有晝有夜；方外人謂之洞天者，是為天在山中也。」〔註11〕吳澄認為天在山中是於山中觀天際，如同天即在山之中，天無處不在矣。既然連天均可涵納於山，則山之蘊畜涵藏極大，正合於〈大畜〉之義。就此而論，以洞天釋天在山中此乃存在的現象，故此象為實象也。

再以「風自火出，〈家人〉☴☲」為例，吳澄言道：「邵子謂火為風，蓋風者，火氣之所化，火能生風，風自火而出也。火盛則其氣上衝，其猛急飄揚者即風也。」「屋下有火炊爨，則屋上有風自突而出。凡有外風自內火而出者，是其家有人居之也，故卦名〈家人〉。」〔註12〕吳澄從火急上衝即成風矣，家有炊爨，即有人居，故以此象家人之義。此意亦見於朱子與項安世的說法中，在《朱子語類》：「問：『風自火出？』曰：『謂如一爐火，必有氣衝上去，便是風自火出，然此只是言自內及外之意。』」〔註13〕項安世的說法則是：「五行之氣，熱極為風。人心之動化為風，心之狂疾亦謂之風，凡風皆自火出者也，故風火為家人之象。」〔註14〕由此可見，「風自火出」乃炊爨之象，豈是孔氏所稱假象哉？

另外吳澄對過去有關實象解釋之部分，亦有不同說法。例如，「澤中有雷，〈隨〉☱☳」，《九家易》曰：「兌澤震雷，八月之時，雷藏於澤，則天下隨時之象也。」〔註15〕朱子云：「雷藏澤中，隨時休息。」〔註16〕又言道：「蓋其卦震上兌下，乃雷入地中之象。雷隨時藏伏，故君子亦嚮晦入宴息。」〔註17〕此二說均將「雷」直接就通義釋之，既然雷藏於澤中同於雷入地中，若其義均只是指無聲之雷，又何以一稱為〈隨〉☱☳、一稱為〈復〉☷☳，似有重出之嫌？故將雷以通義釋之，似未竟《象傳》之意。吳澄的解釋迥異於此，而將「雷」釋為龍，彼言道：

　　　雷者陽氣所為此，龍乃陽氣之聚，其潛於澤中之時，龍之所在即

〔註11〕《易纂言》，頁290。
〔註12〕《易纂言》，頁302。
〔註13〕《朱子語類・易八・家人》，卷72，頁1828。
〔註14〕《周易玩辭》，頁354。
〔註15〕《周易集解》，卷5，頁102。
〔註16〕《周易本義・上經》，1之38。
〔註17〕《朱子語類・易六・隨》，卷70，頁1772。

雷之所在也，雷之與龍一也，故震爲雷亦爲龍。但地處之雷，則地之陽氣所成；而此澤中之雷，則龍之陽氣所成，均是陽氣所成之雷，然惟神龍能如此。若凡龍則水獸爾，不能爲雷也。神龍所居之靈湫，其水清澈，不容穢濁，每喧污輒興雲雨，所謂澤中有雷者此也。〔註18〕

吳澄認爲澤中有雷，雷指神龍也，並對比「雷在地中，〈復〉」指出此雷乃地之陽氣所爲，不同於澤中有雷是神龍所成。因此澤中有雷的雷是專指，不同於作爲通名的雷。對於神龍存在的事實，吳澄以所見聞之事爲證，「試以人間所嘗有之事，得於耳目聞見之實者言之。嘗一人家，白晝霹靂一聲，自台柱中出，視之則有一龍飛去。又一人家，白晝霹靂一聲，自鼓中出，視之亦然。蓋神龍所養已熟，形質查滓，銷盡俱無，惟有一團純陽之氣。莊子所謂聚則成體，散則成胎，故能出入有無，靜則潛於柱閒鼓閒，而人不見，動作衝破陰氣而成霹靂之聲也。」〔註19〕吳澄認爲確實有神龍存在，且神龍靜則潛，動則成霹靂之聲。

　　除〈隨〉䷐之例取龍之象，與之成兩象易的〈歸妹〉䷵亦取龍象。對於「澤上有雷，〈歸妹〉䷵」朱子的解釋：「澤動雷隨，歸妹之象。」〔註20〕項安世的說法：「震，朝氣也；兌，暮氣也。春入於秋歲之暮也，卯入於酉日之暮也。木入金鄉則絕，雷入澤中則蟄，人入晦時則息，皆隨時之明義也。」〔註21〕朱子仍是以雷之通義來解釋，但澤動雷隨又當如何解釋，朱子則未言也。項氏則將雷釋爲朝氣，但項氏云「雷入澤中則蟄，人入晦則息」人之行事當隨時之變，雖然解釋出〈隨〉之義爲隨時，但卻未解釋「澤上有雷」之意。二子之說仍有未盡。

　　吳澄仍順〈隨〉䷐將〈歸妹〉䷵之雷亦釋爲龍，此與前面所言兩象易之通例正好相對應，彼言道：「震，雷象亦龍象。神龍，純陽之氣所聚。潛於澤，爲無聲之雷；神龍自澤起，則陽氣動而爲有聲之雷，此澤上有雷也。」「神龍飛去出澤上，澤水從下起立，高湧如屋，從其所至而止；如〈歸妹〉之從夫而動，以歸於夫家也。」〔註22〕「澤中有雷」乃龍靜潛於澤中，「澤上有雷」乃神龍自澤下飛出；神龍靜潛爲無聲之雷，動作而出成有聲之雷。

〔註18〕　《易纂言》，頁 280。
〔註19〕　《易纂言》，頁 280。
〔註20〕　《周易本義・下經》，頁 2 之 39。
〔註21〕　《周易玩辭》，頁 187。
〔註22〕　《易纂言》，頁 318。

關於龍存在與否，《說文》言道：「鱗蟲之長，能幽能明，能細能巨，能短能長。春分而登天，秋分而潛淵。」〔註23〕依許慎的說法，確實有龍於秋分潛淵，春天飛天的事實。此說法亦正與〈乾〉初九「潛龍勿用」，九四「或躍在淵」，九五「飛龍在天」的說法相應。

此外關於龍是否存在的問題，在春秋時亦嘗討論之，《左昭二十九年傳》記載：「秋‧龍見于絳郊‧魏獻子問於蔡墨曰：『吾聞之蟲莫知於龍，以其不生得也謂之知，信乎？』對曰：『人實不知，非龍實知。古者畜龍，故國有豢龍氏、有御龍氏。』……獻子曰：『今何故無之？』對曰：『夫物物有其官‧官脩其方‧朝夕思之‧一日失職‧則死及之。……龍，水物也，水官廢矣，故龍不生得。不然，《周易》有之，在〈乾〉之〈姤〉曰潛龍勿用，其〈同人〉曰見龍在田，其〈大有〉曰飛龍在天，其〈夬〉曰亢龍有悔，其〈坤〉曰見龍無首吉，〈坤〉之〈剝〉曰龍戰于野，若不朝夕見，誰能物之？』」〔註24〕

依蔡墨據歷史認為古人確實見過龍，並且從《易》〈乾〉☰之爻辭推斷在周初龍是常見之物，否則周公不會將龍的出沒放入爻辭中，若龍不常見，人焉能以龍為法？由蔡墨、《說文》的說法，可以支持吳澄之論斷。另外，《禮記‧禮運》亦載道：「四靈以為畜，故飲食有由也。何謂四靈？麟、鳳、龜、龍謂之四靈。故龍以為畜，故魚鮪不淰（鄭注：淰之言閃也）；……」又：「鳳皇、麒麟皆在郊棷，龜、龍在宮沼，其餘鳥獸之卵胎，皆可俯而闚也。」〔註25〕依《禮記》所載，古時卻有飼龍之事，可印證蔡墨的說法。且依吳澄所言，龍不僅出現在古代，甚至在宋、元之際仍得一見；所異者，龍在古時較後世更為常見耳。

再舉「山上有火，〈旅〉☲」為例，吳澄釋道：「宿止山上，舉火炊爨，故山上有火。」「〈旅〉之字以外聚眾，言群眾相從而宿止於外也；故行軍謂之旅，非一人客寓之謂。」理由在於：「舉火於內，而人望見其突中之風，則為家居之人；舉火於外，而人望見其山上之光，則為旅次之人，故山上有火之卦名為〈旅〉。」〔註26〕吳澄認為「山上有火」是軍旅行軍於山舉炊爨之事，在古時群宿於山上幾為軍旅，甚少旅人群行宿於山上，故吳澄以軍旅釋之。

侯果的解釋則是：「火在山上，勢非長久，旅之象也。」〔註27〕而朱子則

〔註23〕《說文》，11 篇下，頁 588。
〔註24〕《左傳‧昭公二十九年》，頁 922～926。
〔註25〕《禮記鄭注‧禮運》（臺北：學海出版社，1992 年），頁 296、302。
〔註26〕《易纂言》，頁 321。
〔註27〕《周易集解》，卷 11，頁 274。

言：「旅，羈旅也。山止於下，火炎於上，爲去其所止而不處之象。」〔註28〕
項安世的說法是：「山非火之所留也，野燒延緣過之而已，故名之曰〈旅〉。」
〔註29〕其中，侯果的解釋可以進一步演變成朱子、項氏、吳澄三種不同解法，
因爲火在山上是暫時的現象，與〈旅〉本身的暫時之意相關，朱、項二子均
掌握了此義涵。但吳澄又進一步將〈旅〉卦☲☶和〈家人〉☴☲卦對比解釋，二
卦均有火之象，但前者之火在外卦，後者之火在內卦，依此而解釋爲眾人行
旅舉火於外之意，並將〈旅〉與軍旅之旅聯結，此意簡易直截，相較諸子尤
善。

　　吳澄之所以能對《象傳》言象作如此深刻的理解，主要在於藉著兩象易
考察八卦之象於各卦中的變化；由此，吳澄得以對各卦上下兩體的八卦之象，
作了深入的統整與分判。而這個部分主要就巽☴、離☲、坎☵、艮☶、震
☳諸卦討論，至於其他未及之乾☰、坤☷、兌☱在《象傳》言象多依通義
取之，故無爭議。

　　首先就巽☴來說，其通義爲風、爲木，但在風之義中，吳澄區分了「賊
物之氣」與「養物之氣」。吳澄釋「山下有風，〈蠱〉☶☴」言道：

> 地之理，山爲牡，川爲牝。牝者水之所歸，牡者氣之所行。氣之行
> 在山睫之內，故曰山下。然有養物之氣，有賊物之氣。養物之氣，
> 溫煖和緩，烘烘如焌者謂之火；賊物之氣，冷清勁急，拂拂如吹者
> 謂之風。山下有風者。謂山腹之內有此賊物之風也。〔註30〕

對於〈蠱〉☶☴之「風」，朱子釋爲：「山下有風，物壞而有事矣。」〔註31〕項
安世則言：「振民象風在下，育德象山在上。山下者，人禽草木之所聚，風於
其閒鼓蕩，回薄飛走，動植爲之紛然，事莫盛於斯矣。」〔註32〕朱子並未解
釋何以山下之風可使物壞而有事，而項氏則指出山下之風任意亂吹擾亂動植
物及人事，雖然二子均就現象指出此風對人與物有傷害，但仍未明確說明此
風所以異於平常之風處。對此不足，吳澄作出解釋，他將氣區分爲養物之氣
與賊物之氣，前者溫暖和緩稱爲火，後者冷清強勁稱爲風；前者類似春、夏
之風，後者則如秋、冬之風。蠱風則屬後者爲賊物之風，能致使「外壞枯朽，

〔註28〕《周易本義・下經》，頁2之42。
〔註29〕《周易玩辭》，卷11，頁494。
〔註30〕《易纂言》，頁281。
〔註31〕《周易本義・上經》，頁1之40。
〔註32〕《周易玩辭》，頁197。

其山崩圮，童禿，草木之生不遂。」〔註33〕相較其他取風爲象之卦，唯〈蠱〉卦較特殊，其他多取風之通義。

離卦 ☲ 離在地象火，在天象電、象日，但《象傳》幾取離爲火之象，如「天與火，同人」吳澄釋道：「天在上而火之性亦炎上，天與之同，故曰天與火。」〔註34〕又釋「火在天上，〈大有〉☲」：「火之體隱而不見，麗於物以爲體者。昔燧人氏之世，有火麗空而明，蓋火見其體於空中也。火在天上者，火見其體於天上也。」〔註35〕吳澄對於火區分爲「君火」與「相火」，〈同人〉☲ 與〈大有〉☲ 之火屬於「相火」與「山下有火」的〈賁〉☲ 明顯不同，吳澄言道：

> 麗於物而其燄炎熱者，有體之火；未麗於物，而其氣溫暖者，無體之火。山下有火者，山腹之內有此無體之火也。醫書六氣論火分爲二，有君火，有相火。而以溫暖之氣爲君火，炎暑之氣爲相火。邵子謂：火半隱半見，蓋隱而無體者，君火；見而有體者，相火也。《易》之以火爲象凡十卦，唯〈賁〉卦之火是以君火言。〔註36〕

朱子對「山下」之火的解釋：「山下有火，明不及遠。明庶政，事之小者；折獄，事之大者。內離明而外艮止，故取象如此。」〔註37〕項安世：「山爲質，火文之。火在山下而不在山上者，文可以表質，不可以滅質也。故賁之用，可以明庶政，而不可以折獄。」〔註38〕朱、項二子的說法均就山下之火明不及遠之意釋之。而吳澄參考醫書及邵子的用語，將相火指麗物有熱燄的有體之火，將君火指溫暖之氣的無體之火。並認爲以火爲象的十卦多指相火，唯〈賁〉卦指君火，因此氣藏於山腹之中，類似於今所謂地熱之類，不同於平常所見之火燄。而此象與〈賁〉之關係，「草木暢茂而光華爲賁。古文《書》曰：『賁若草木』火者，溫暖之氣，能養萬物。山下有此火氣蘊藏於內，則山上之草木暢茂，賁然有光華。」〔註39〕

由此看來，吳澄以無體之火釋「山下有火」，不僅與「山上有火」的有體

〔註33〕《易纂言》，頁281。
〔註34〕《易纂言》，頁275。
〔註35〕《易纂言》，頁276。
〔註36〕《易纂言》，頁285。
〔註37〕《周易本義・上經》，頁1之46。
〔註38〕《周易玩辭》，頁233。
〔註39〕《易纂言》，頁285。

之火作出區分；而山下之火爲溫暖之氣，能養萬物，與冷清強風，而爲賊物之氣的「山下有風」成鮮明對比。經由吳澄對「風」對「火」深入的分析後，使得《象傳》釋象與卦義之間的關係更加明確。

對坎卦☵，吳澄言道：「六十四卦中有坎者十五，水之在天爲雲爲雨，而在地則爲泉；故坎十五卦，象水者十一，象雲者二，象雨者一。獨下坎上艮之蒙，水出山下，其象爲泉，而以擬果行育德之君子。」〔註40〕吳澄將水區分「可見之水」與「不可見之水」，其中雲、雨爲可見之水，而「山下出泉」之泉則爲不可見之水，故在言兩象易通例實將〈蒙〉☷☵歸屬於第二類。吳澄釋「山下出泉」言道：「兩山之間，流而爲川者，人所可見之水；一山之下，出而爲泉者，人所不見之水。」〔註41〕

對於艮☶，較特殊者當屬「山下」，吳澄指出「山下謂山腹之下，非山麓之側也」〔註42〕山腹之下則爲不可見之處，其餘以山爲象者則爲可見之山。以山下爲象者，如「山下有雷，〈頤〉」，吳澄釋道：「山下嵒洞，天陰雨之時，雷聲殷殷在其中；山側有穴，如人頤口之象，而雷自中出，騰騰以上於天；是山下有口，如人之頤，爲雷所出入處。」〔註43〕此外尚有「山下有澤，〈損〉」，吳澄言道：「山之下有澤，非山之邊側有澤也。澤者，瀦水之委，非通流之川，亦非有源之泉，所瀦者死水而已。」〔註44〕

「山下有雷」是取山的岩洞中有雷發聲於其間，山之岩洞爲雷出入之處，其象如人之口；「山下有澤」取「山下之澤潤上，行而水漸減」〔註45〕之意，二卦上下二體所成之象，取義各有不同，但相同處在於「山下」均指山腹之下不可見處。吳澄對「山下」之解釋頗特殊，解釋極爲合理，值得參考。

關於震☳，吳澄將十五卦以震取象者作了明確區分，先區分成兩大類，一爲言雷之名而不言其處者有七卦，另一類爲言雷之處者有八。而言雷之處者又可分爲無聲之雷與有聲之雷；而有聲之雷有可分爲兩大類，非人間常聞之雷與常聞之雷。吳澄言道：

卦之有雷者凡十五：二雷及與雲雨電風並者共七卦，皆言其名而不言

〔註40〕《吳文正公集・百泉軒記》卷23，頁417。
〔註41〕《易纂言》，頁265。
〔註42〕《易纂言》，頁264～265。
〔註43〕《易纂言》，頁291。
〔註44〕《易纂言》，頁306。
〔註45〕《易纂言》，頁306。

其處。澤中、地中雖言其處，然無聲之雷也；山下、天上雖是有聲之雷，然一則幽潛而未及，一則亢極而已過；若澤上之雷間或有之而不常有，皆非人間常聞之雷。一概論有其聲、有其處、人間所常聞者，惟山上之雷、出地之雷、天下之雷三象而已。山上、出地之雷，此處所聞，他處不遍聞也；雖二雷之洊，其聲不過百里之遠。唯天下雷行，則是雷遍行於天下，而無一處之不聞，與風行地上之象同。彼謂風遍行於地之上，而無一處之不被也，故唯二象以行字言。〔註46〕

由此可見，吳澄對以震為象的十五卦作了全面的分析，透過比較使其間的個殊性得以彰顯，甚至說明〈无妄〉䷘與〈觀〉䷓所以共用「行」字之由。項安世亦曾對震象作全面分析：

「雷在地中，〈復〉」，靜中有動也；「雷出地奮，〈豫〉」，動出乎靜也。「天下雷行，物與〈无妄〉」，雷之用也；「雷在天上，〈大壯〉」，雷之體也。「雷風，〈恆〉」，陽上陰下，各居其所也；「風雷，益」，陰上陽下，互致其功也。「雲雷，〈屯〉」，水氣方上，將雨之候也；「雷雨作，〈解〉」，水氣下矣既雨之時也。「雷電，〈噬嗑〉」，電耀乎外，雷〈震〉乎內，將擊之雷也；「雷電皆至，〈豐〉」，雷出電外，擊物之雷也。「山下有雷，〈頤〉」，聲未出山也；「山上有雷，〈小過〉」，聲已出山也。「澤上有雷，〈歸妹〉」，陽感陰而出也；「澤中有雷，〈隨〉」，陰畬陽而入也。〔註47〕

項氏的說法亦是將有震䷲象的十四卦（除「洊雷，〈震〉」之外）依兩象易的關係兩兩作對比，但似乎不若吳澄所言精確。例如，〈復〉䷗與〈豫〉䷏則依卦德解釋，〈大壯〉䷡與〈无妄〉䷘則言雷之體用，〈頤〉䷚與〈小過〉䷽從聲之出山與否來論，〈歸妹〉䷵與〈隨〉䷐則由陰陽相感來解釋。項氏在解釋的原則或雜入卦德、陰陽、體用，而不及於吳澄依著雷的特性作分析來的一貫。經由此對比便可突顯出吳澄在解釋《象傳》言象的特色了。

吳澄在解釋《象傳》言象的不足，主要有二點：

第一點是對「澤中有火，〈革〉」䷰的解釋並不甚恰當，吳澄言道：「海為大澤，萬水所歸。海之尾閭名為焦釜之谷，水至其處，如沃焦釜，有火在下消乾其水，是為澤中有火。」「水能滅火，而水反為火所消；以至多之水，

悉化爲無有，皆改變其常也，故卦名爲〈革〉。」〔註48〕依吳澄的說法，澤是指海之尾閭名爲焦釜之谷，水至其處爲之消乾，如火然使水乾矣。對於吳澄所言「焦釜之谷」並未見諸《詩》、《書》、《爾雅》等經，不知吳澄所據爲何，於《易纂言》中並未言明。

若以推論方式考察，夫子主要活動的範圍是魯國，較遠及於陳、蔡、衛，並未至於齊，就此而論孔子應不曾親見過海；若只是由傳聞得知有「焦釜之谷」，孔子理不應輕入《象傳》中；甚至此處若極有名氣，不當經傳中隻字未提。由此推斷說明吳澄以「焦釜之谷」解釋「澤中有火」並不具說服性。其實吳澄只需就水火之性作解釋即可，指水反爲火所消來解釋〈革〉之意，無需前面那些話語。如此則與崔憬「火就燥，澤資溼；二物不相得，終宜易之，故曰澤中有火，革也。」〔註49〕朱子「兌澤在上，離火在下，火然則水乾，水決則火滅。」〔註50〕之意相切近矣。

第二點在於將《象傳》言象理解成夫子解釋文王立卦名之由，吳澄認爲《象傳》「釋文王所名各卦兩體之象」，並認爲夫子所以釋各卦兩體之象是爲「釋文王之卦名而作也」。〔註51〕對於這兩點說明僅對了一半，指《象傳》釋各卦兩體之象則可，認爲爲釋文王卦名而作則不可。因爲文王名卦是屬發生層次的事實問題，而夫子的釋象則屬理論層面的說明，二者不可混同，切不能將文王所以名卦與夫子所言二體之象的組成等同。

例如，「天行，健」吳澄言道：「羲皇以三畫純陽之卦爲乾，其德爲健而象天，因而重之，下上皆乾則象天之行，一日一周，健而又健者也，故文王亦名之爲〈乾〉。」〔註52〕吳澄認爲文王所以稱陽之六畫卦爲〈乾〉，是因天行健之故。此說法是承朱子而來，朱子言道：「見陽之性健，而其成形之大者爲天，故三奇之卦名曰乾」〔註53〕無論朱子、吳澄皆犯了誤將卦之象徵義與卦名之由等同的毛病，文王稱名爲「〈乾〉」，未必取「健」之義，「健」是用作象徵事物的性質，二者不具必然關聯。〔註54〕此問題不獨朱子，甚至早

〔註48〕《易纂言》，頁314。
〔註49〕《周易集解》，卷10，頁241。
〔註50〕《周易本義‧下經》，頁2之30。
〔註51〕《易纂言》，頁261。
〔註52〕《易纂言》，頁261。
〔註53〕《周易本義‧上經》，頁1之2。
〔註54〕此說法借用岑溢成先生課堂所言。

在程子即如此，如吳澄於「山附於地，〈剝〉」引程子語：「山高於地而反附著於地，圯剝之象，故卦名爲〈剝〉」。這種作法，無異於倒果爲因，將後起的理論性說明當成原初的發生義，此作法大有可議。

　　因此《象傳》所言二體之象的組合只當作爲象徵義的說明，不可遽然等同於卦名之由。孔穎達對這問題的看法，則較朱子、吳澄爲審當，孔穎達認爲《象傳》所釋各卦上下兩體之象的作用：「萬物之體，自然各有形象，聖人設卦以寫萬物之象」。對於「天行健」，孔氏言道：「今夫子釋此卦之所象，故言象曰，天有純剛，故有健用，今畫純陽之卦以比擬之，故謂之象」〔註55〕凡夫子所言二體之象只是說明乾卦所象徵之象，「天水違行，〈訟〉」依孔氏之說是「天與水相違而行，象人彼此兩相乖戾，故致訟也」〔註56〕若能將《象傳》所言各卦兩體之象僅視爲一種象徵義的說明，與卦名不具必然關聯，方爲合理也。

第二節　論易與太極

　　關於吳澄對太極的解釋其較特殊者在於區分漢儒與宋儒解釋之別，吳澄認爲分判的關鍵在於，漢儒以氣解釋太極，此屬形而下者；宋儒以道、以理解釋太極，此屬形而上者。吳澄言道：

> 莊子及漢、唐諸儒，皆是以天地未分以前混元之氣爲太極，故孔穎達疏《易》亦用此說：夫子所謂太極是指形而上之道而言，孔疏之說非也。自宋伊、洛以後，諸儒方說的太極字是，邵子云：「道爲太極」，朱子《周易本義》云：「太極者，理也」，蔡氏《易解》云：「太極者，至極之理也」，……澄之〈無極太極說〉曰：「太極者道也」，與夫子、邵子、朱子、蔡氏所說一同。〔註57〕

吳澄指出孔疏之說源於莊子及漢儒，將太極釋爲混元未分之氣，宋儒則將太極釋爲道也、理也；吳澄認爲宋儒之說較合於夫子將太極指爲形上之道，而漢、唐儒以氣解之，則落於形而下之器，故自言對太極的解釋是本於宋儒。

　　至於《繫辭傳》論太極之本旨，當是說明卦畫的形成，吳澄言道：

> 《繫辭傳》「易有太極，是生兩儀，兩儀生四象，四象生八卦」此是

〔註55〕《周易注疏》，卷1，頁63。
〔註56〕《周易注疏》，卷2，頁147。
〔註57〕《吳文正公集·答田副使第二書》，卷3，頁100～101。

說卦畫，周子因夫子之言而推廣之以説造化。言卦畫則生者生在外，有兩儀時未有四象，有四象時未有八卦，朱子謂「生如母之生子，子在母外」是也；言造化則生者只是具於其中，五行即是陰陽，故曰五行一陰陽，言陰陽、五行之非二，……陰陽即是太極，故曰陰陽一太極，言太極、陰陽之非二。……惟朱子能曉《太極圖說》之生字與《易》《繫辭》之生字不同，……兩儀、四象、八卦漸次生出者也，非同時而有；太極、陰陽、五行同時而有者也，非漸次生出，一是言卦畫，一是言造化，所以不同。〔註58〕

吳澄將《繫辭傳》與周子《太極圖說》之說對比，指出前者是就卦畫而言，後者所言則為造化，並肯定朱子將二者所言「生」之區分，《繫辭傳》所言卦畫之「生」有時間先後之別，《太極圖說》所言造化之「生」是一時俱有，無先後之別。

上述方式亦可用以思考歷來眾家對太極之解釋。鄭玄將太極理解為「極中之道，淳和未分之氣也」，〔註59〕鄭玄認為太極既是極中之道，又是淳和未分之氣，但極中之道與淳和未分之氣當如何聯結？以鄭玄在《易緯乾鑿度》對太極的解釋來看，鄭玄認為：「氣象未分之時，天地之所始也」〔註60〕《易緯乾鑿度》解釋宇宙的生成過程，依序分別為太易、太初、太始、太素，「太易者未見氣也」，「太初者氣之始也」，「太素者質之始也」，而太素是指「氣形質具而而未離」，因此又稱為「渾淪」，「視之不見，聽之不聞，循之不得，故曰易，易無形畔，易變而為一」〔註61〕就此而論，鄭玄對太極的理解同於《易緯乾鑿度》所言的「太素」，亦可稱為「渾淪」，或稱為「易」，均指天地未分之前，宇宙一片氣質渾淪之狀態。如此對「極中之道」與「淳和未分之氣」便不難理解，既然是淳和未分之氣，便無陰陽之分，自然屬極中之道。

虞翻對太極的解釋則是：「太極，太一也；分為天地，故生兩儀也。」〔註62〕虞翻並未說明太一所指為何，然於《易緯乾鑿度》曾出現「太一」

〔註58〕《吳文正公集·答田副使第三書》，卷3，頁111。

〔註59〕《周易鄭注·繫辭上》，鄭玄注，王應麟輯，北京中華書局本，據湖海樓叢書本排印，卷7，頁238。

〔註60〕《易緯·乾鑿度》（北京：中華書局，1985年，《叢書集成初編》），卷上，頁4。

〔註61〕此處所引乃《易緯乾鑿度》卷上之文，頁8～9。

〔註62〕《周易集解》，卷14，頁349。

一詞，鄭玄的解釋是「太一者，北辰之神名也」，又指出「北辰爲主氣之神」〔註63〕由此可知太一便是指北辰主氣之神，如此一來便與馬融對太極的解釋相同，馬融認爲太極是「北辰也」。〔註64〕考察鄭玄與馬融、虞翻對太極的解釋，鄭玄所偏重的是氣的狀態，指氣未分爲陰陽前之狀態；而馬、虞二子所重爲主氣之神，指出陰陽二氣之分化以北辰之神爲主宰。

韓康伯之解釋則異於以上二說，韓氏言道：「夫有必始於無，故太極生兩儀也。太極者，無稱之稱，不可得而名，取有之所極，況之太極者也！」〔註65〕韓氏以老子「有生於無」的「無」來解釋太極，既爲無，則太極自無稱可稱，無名可名，姑以有之極再加以太字稱之，此權稱之也。

然孔疏對韓注之理解與韓注本身並不相同，孔氏言道：「太極謂天地未分之前，元氣混而爲一，即是太初、太一也，故老子云『道生一』，此即太極是也。又謂混元既分即有天地，故曰太極生兩儀，即老子云『一生二也』。不言天地而言兩儀者，指其物體下與四象相對，故曰兩儀，謂兩體容儀也。」〔註66〕韓氏將太極釋爲老氏之無或道，但孔氏卻將太極解釋成老子所言的有或一，而造成分歧的原因在於，韓氏認爲兩儀即是有，有自由無所生，故太極理當爲無也；但孔氏則認爲兩儀既爲二，則太極當爲一也，合於老子言「一生二」也。韓、孔二子所引皆爲老子之意，但所取之文句不同耳。孔穎達的說法較近於鄭、馬、虞三子之說，將太極解釋成太初、太一，即渾淪未分之元氣。

綜合上述漢（魏晉）、唐儒的解釋可得知，除了韓康伯以老子的無來解釋太極外，其餘諸子將《繫辭》「太極生兩儀」的這段文字解釋一套宇宙論的生成過程，吳澄對此套解釋亦相當的理解：「蓋混元太一者，言此氣混而爲一，未有輕清重濁之分；及其久，則陽之輕清者升而爲天，陰之重濁者降而爲地，是謂混元爲一之氣分而爲二也。」〔註67〕這是漢代哲學中重要的氣化宇宙論思想。

吳澄對於漢、唐儒將太極理解爲太一、太素、太初頗不贊同，並認爲太一與太極名稱不同，所指亦異。吳澄言道：「混元未判之氣名爲太一，而不名爲太極，故《禮記》曰：『夫禮本於太一，分而爲陰陽』，朱子《易贊》曰：『太一肇判，陰降陽升』，若知混元未判之氣不名爲太極，而所謂太極者是指道理而言，

〔註63〕《易緯‧乾鑿度》，卷下，頁30。
〔註64〕《經典釋文‧周易音義》，頁828。
〔註65〕《周易注疏‧繫辭上》，卷7，頁636。
〔註66〕《周易注疏‧繫辭上》，卷7，頁636。
〔註67〕《吳文正公集‧答田副使第二書》，卷3，頁101。

則不待辨而明矣。」〔註68〕吳澄認爲太極是指道理，而非元初混淪之氣。

　　吳澄對於太一（太初、太素）與太極以性質不同作區分，太一爲形而下渾淪未分之氣，而太極則是氣所以然之理，氣未分之前及既分之後均有太極存在。然而此說法往往視各家哲學體系不同而有不同的認定。其實，吳澄欲反駁上述漢、唐儒的說法，最有效的方式是以《繫辭》的文意作回應，指出《繫辭》的原意是針對卦畫而言，而非說明宇宙的生成。雖然伏羲畫八卦是仰觀俯察，近取遠取而得，但就這段文字來看確實是說明卦畫，尤以「四象生八卦，八卦定吉凶」更見得分明。此說法並非吳澄先提出，在朱子已如此解釋，朱子言道：「此數言者，實聖人作《易》自然之次第」。〔註69〕既然《繫辭》之原意是說明卦畫，則漢、唐儒以宇宙生成釋之則曲解矣。韓康伯以「無」釋太極，雖然不同氣化宇宙論式的解釋，但以老子思想釋《易》，亦未合於夫子之本意，在吳澄立場看來仍不可取。

　　雖然從《繫辭》的本意來反對漢、唐儒的宇宙論解釋，但在《繫辭》「吉凶生大業」之後，夫子又言「法象莫大乎天地，變通莫大乎四時」，似乎又將卦畫與宇宙論關聯在一起，這無怪乎漢、唐儒會從宇宙論的角度來解釋。即使如此，但單就「太極生兩儀」這段文字來看確實是說明卦畫的形成，只不過夫子在繼續說明這件事時不免夾雜著宇宙論的想法。此現象亦出現在夫子對「大衍之數」的說明上，如「揲之以四以象四時」，可見夫子不免帶著符號及符號、儀式本身所象徵的宇宙論意義。若從這個立場來看，漢、唐儒從宇宙論的角度解釋太極，也並非全然錯誤。

　　吳澄雖然強調《繫辭》之本意是從卦畫生成來論太極，然亦正視了上述所論夫子不免夾雜宇宙論義涵之問題，因此針對漢、唐儒之說法從宇宙論內部系統提出反省。吳澄認爲漢、唐儒以氣解釋太極有所不妥，對此，吳澄言道：

　　　　開物之前，渾沌、太始、混元之如此者，太極爲之也；開物之後，

　　　　有天地、有人物如此者，太極爲之也；閉物之後，人銷物盡，天地

　　　　又合爲渾沌者，亦太極爲之也。太極常常如此，始終一般，無增無

　　　　減，無分無合，故以未判、已判言太極者，不知道之言也。〔註70〕

吳澄提出的質疑是，依漢唐儒之說法，如果以天地未創前渾淪未分之氣言太

〔註68〕《吳文正公集・答田副使第二書》，卷3，頁100～101。

〔註69〕《周易本義・繫辭上傳》，頁3之15。

〔註70〕《吳文正公集・答田副使第三書》，卷3，頁111。

極，則既分之後太極是否便不存在？或未來天地既閉之後太極亦存在？依吳澄之見，太極當是常存不墜，既存於天地之先，亦存於天地既生之後，甚至天地毀滅之後；若將太極解釋成存於天地先之氣，則無法說明太極的恆常性。因此吳澄自言對太極的解釋同於邵子、朱子、蔡淵的說法，將太極視爲道也，理也，並且對「太極」二字之名義作了深刻而詳盡的分析。首先吳澄指出道不可名，太極二字乃假借之稱也。吳澄言道：

> 太極者何也？曰道也。而稱之曰太極何也？曰假借之辭也，道不可名也，故假借可名之器以名之也。以其天地萬物之所共由也，則名之曰道，道者大路也；以其條派縷脈之微密也，則名之曰理，理者玉膚也，皆假借而爲稱者也。眞實無妄曰誠，全體自然曰天，主宰造化曰地，妙用不測曰神，付與萬物曰命，物受以生曰性，得此性曰德，具於心曰仁。天地萬物之統會曰太極、道也、理也、誠也、天也、帝也、神也、命也、性也、德也、仁也。太極也，名雖不同，其實一也。〔註71〕

太極爲造化之源的假借之名，除此稱之外，尚有道、理、誠、天、帝、神、命、性、德、仁的名稱，正因其意義廣大無限，故其作用亦無窮矣，僅得從不同面向去擬議之，而無從限定之。雖然名義甚夥，但均指天地萬物造化創生之源，是形而上層次的存有，而非形而下之形氣。

夫子用太極一名來稱形而上之道的理由何在？吳澄提出其理解，先就「極」的意義作說明：

> 極，屋棟之名也，屋之脊檁曰棟，就一屋而言惟脊檁至高至上，無以加之，故曰極；而凡物之統會處，因假借其義而名爲極焉，辰極、皇極之類是也。道者，天地萬物之統會，至尊至貴，無以加者，故亦假借屋棟之名而稱之曰極也。〔註72〕

吳澄認爲極乃假借屋棟之屋脊爲其至高處，既然爲天地萬物之崇高者，遂以此稱之，辰極、皇極之稱亦類此。至於「太」之意，吳澄言道：

> 然則何以謂之太？曰太之爲言大之至甚也。夫屋極者屋棟爲一屋之極而已，辰極者北辰爲天體之極而已，皇極者人君一身爲天下眾人之極而已，以至設官爲民之極，京師爲四方之極，皆不過指一物、

〔註71〕《吳文正公集‧答田副使第二書》，卷3，頁101。
〔註72〕《吳文正公集‧答田副使第二書》，卷3，頁101。

一處而言也。道者，天地萬物之極也，雖假借極之一字強為稱號，
而曾何足以擬議其髣髴哉！盡其辭而曰太極者，蓋曰此極乃甚大之
極，……此天地萬物之極，極之至大者也。〔註73〕

光是「極」字尚不足顯其特殊，因辰極、皇極亦用極矣，故「極」為此三稱
謂之通名，但夫子用「太」字，便顯出造化之源的深義，「太」之義又甚於大
字，以此正可形容此天地萬物之統會的廣大無限，不同於屋極、辰極、皇極
只是作為特定物、特定處所的用法。

　　吳澄對於太極的解釋大體是源於朱子，朱子嘗言：「聖人之意，正以其究
竟至極，無名可名，故特謂之太極。猶曰舉天下之至極無以加此云耳，初不
以其中而命之也。至如北極之極、屋極之極、民極之極，……極者，至極而
已。」〔註74〕吳澄順此進一步將太極二字分開解釋，並將太極稱為太以說明
其無所限定，而與屋極、辰極、皇極的有所限定作明確的區分。

　　既然吳澄認為夫子用太極一詞來稱造化之源的廣大無盡，那麼太極與
「易」及天地萬物間又存在怎樣的關係？吳澄認為「易」是形而下者，此部
分在第一章第二節中已詳論，此處僅略言之，「易」就宇宙論來說是指天地萬
物陰陽的變化現象，相對造化之源的太極而言，屬形而下者；就卦畫而言指
陰陽卦畫之變化，而太極即所謂卦畫陰陽變化的所以然之理。所以稱「易」
為形而下者，因陰陽變易在萬象中普遍存在，日出日落，花開花謝皆陰陽二
氣消長所致，既然「易」是指陰陽二氣之變化，自然屬形而下者。至於陰陽
二氣產生之所由及變化條理之所在，則歸於形而上之太極矣。

　　對於「易」與「太極」之關係，吳澄言道：「易是形而下者，太極是形而
上者，先儒已言，澄不復贅。先儒云：『道亦器，器亦道』是道、器雖有形而
上、形而下之分，然合一無間，未始相離也。」〔註75〕吳澄所稱先儒已言，
此蓋指朱子也，朱子對於「易」與太極的理解是「夫易，變易也，兼指一動
一靜，已發未發而言之也；太極者，性情之妙也，乃一動一靜，已發未發之
理也。」〔註76〕又言：「易之為義乃指流行變易之體而言，此體生生，元無間
斷，但其間一動一靜相為始終耳。程子曰：『上天之載，無聲無臭，其體則謂

〔註73〕《吳文正公集・答田副使第二書》，卷3，頁101。
〔註74〕此為朱子答陸九淵之語，見於《文公易說・太極》，《通志堂經解》本（2）（揚
　　　　州：江蘇廣陵古籍刻印社，1996年）卷1，頁231。
〔註75〕《吳文正公集・答田副使第三書》，卷3，頁109。
〔註76〕此為朱子答吳翌之語，見於《文公易說・太極》，卷1，頁232。

之易，其理則謂之道，其用則謂之神』，正謂此也。」〔註77〕所謂流行變易之體即是指陰陽二氣之流行變化，此即夫子所稱之「器」也；太極是使陰陽二氣生生不斷，流行變易之主宰耳，即所謂道也。道器也者，朱子釋爲「凡有形有象者皆器也，其所以爲是器之理者則道也」；〔註78〕雖然道與器有形而上、形而下之別，但就其存有論而言有理即有氣，二者相即不離。

吳澄對易與太極之關係解釋與朱子實無二異，吳澄言道：「理無形象，變易者陰陽之氣也，陰陽所以能變易者理也，非是陰陽變易之外別有一物爲理而爲易之體也。」〔註79〕意即吾人所得見者是陰陽二氣的變化，但使陰陽二氣如此變化者，是道也、理也。若氣離於理，則氣不成其變化；若理離於氣，則理之作用無由得見，以此言「太極」與「易」相即不離。

關於「太極」與「易」（陰陽）之關係，吳澄認爲蔡淵對朱子的理解並不恰當，嘗言道：「蔡氏所解卦、爻、彖、象多有發明朱子未到處，……但《易解》後別有《大傳易說》一卷，主於破其師太極在陰陽中之說，於道之大本大原差了，故有此兩般易，兩般太極之謬談。」〔註80〕吳澄批評蔡淵有兩般太極之謬是指，蔡淵所言：

> 觀夫子立數語，則知所以生者，不皆在未生兩儀之太極；故先師謂一每生二，一者太極也。太極生兩儀，則太極便在兩儀之中；兩儀生四象，則太極便在四象之中；……以是推之，則太極隨生而立，若無與于未生兩儀之太極也。但人之爲學，……必須識得未生兩儀太極之本，則雖在兩儀，在四象，在八卦，以至在人心，皆不失其本然之妙矣。〔註81〕

蔡淵雖然指出兩儀、四象、八卦以至人心皆有太極存焉，萬物之太極不失創生之太極的本然之妙，此解釋不免將太極拆解爲二，一爲本然之太極，一爲氣及萬象中之太極。不如佛教「月映萬川」之比喻爲恰當，萬物之太極如同萬川之月，創生之太極好似天上之月，萬川之月不過是天上月之諸多投影而已，其源皆爲天上之月耳。蔡淵誤將太極理解成外在的超越根源，如同西方

〔註77〕此爲朱子答吳獵之語，見於《文公易說‧太極》，卷1，頁233。
〔註78〕此爲朱子答陸九淵之語，見於《文公易說‧太極》，卷1，頁232。
〔註79〕《吳文正公集‧答田副使第二書》，卷3，頁106。
〔註80〕《吳文正公集（上）‧答田副使第二書》，卷3，頁103。
〔註81〕《易象易言》，（據《景印文淵閣四庫全書》，北京：中國書店，1988年，《中國古代易學叢書》），頁405。

宗教中的上帝，此理解必然發展成創生者與被創生者是二元之關係。

依蔡淵的說法，太極外於兩儀，如此則形成存有論意義上理氣二分的說法，但蔡淵又將具體存在說成理氣是相依上的不二，而非本質的不二。吳澄所批評的便是蔡淵在存有論上將理（太極）與氣（陰陽）二分，但在具體存在關係上說理氣不二，則有兩般太極義也。

其實蔡淵的說法，或許受朱子答楊道夫問的一段話影響，朱子言道：「太極便是一，到得生兩儀時，這太極便在兩儀中；生四象時，這太極便在四象中，生八卦時，這太極便在八卦中」〔註82〕此說法與蔡淵區分生兩儀之太極與兩儀中的太極極為相似，該如何解釋？關鍵在於朱子對「易有太極」的解釋上，朱子言道：「太極之義正謂理之極致耳，有是理即有是物，無先後次序之可言，故曰『易有太極』則是太極乃在陰陽之中，而非在陰陽之外也。」〔註83〕可見朱子對於「生」的理解認為並無創生義，自然無先後之義也，而是太極即在陰陽之中，有是氣即有是理，無論就存有論或經驗存在而言，理氣均是同時而有，相即不離的。而蔡淵對朱子之意未能全盤掌握，遂有兩般太極之誤解耳。

吳澄對造化義下的理與氣的關係，同於朱子的見解，認為理氣並非外在超越義的創生關係，而是存在陰陽二氣的流行中，便有理作用其間，所謂的「生」是指使氣之變化所如此者，就此而言理在氣中。但前面引吳澄將《繫辭》與周子對比的文字，則是將《繫辭》所言是就卦畫而言，又與此以造化論太極不同，必須明確析分。就卦畫而言，自然先有太極，再有兩儀，依次畫出，故吳澄稱「太極生兩儀」的「生」是外在的生。但言造化則是內具的生，太極、陰陽同時而有，可以說太極不外於陰陽。

由此可知，吳澄《繫辭》中太極之原意與之後的衍生作了明確的區分，但也正視了二者間的模糊關係。雖然吳澄對於「太極」及「易」之義理解釋並超出朱子的說法，但其重要性在於詳細辨析漢、唐儒及宋儒對太極理解的殊異處，一方面肯定肯定朱子區分《繫辭》及《太極圖說》論「太極生兩儀」的「生」分別從卦畫及造化不同角度，而以卦畫解釋《繫辭》之原意，另方面也從宇宙論對漢、唐儒氣化宇宙論的說法作番省察，指出漢、唐儒誤將太極理解成形而下之氣，不免陷於時間性的架構下，無法展現太極的永恆義。對宋儒蔡淵將太極的造化義解成兩般太極提出批判，指出創生之太極與萬物

〔註82〕《文公易說・太極》，卷1，頁230。
〔註83〕此為朱子答程迥之語，見於《文公易說・太極》，卷1，頁231。

之太極具有本質上的同一。經由吳澄詳盡而清晰的疏通後，使《繫辭》之原意及後代之詮釋有了明確的安頓，而不致紛亂難辨矣。

第三節　以「卦統說」、「卦對說」羽翼《序卦傳》、《雜卦傳》

吳澄作「卦統說」與「卦對說」之目的在於補充《序卦傳》、《雜卦傳》，《序卦傳》以義理解釋六十四卦之次序，「卦統說」是解釋《周易》分為上、下經之理由；《雜卦傳》解釋兩兩反對卦之卦義，「卦對說」則分析六十四卦的反對原理，故吳澄稱二說乃為羽翼二傳而作。

在分析吳澄「卦統說」前，先介紹近人陳炳元先生所指出《周易》六十四卦次序之排列原理，以定位吳澄說法的性質。陳氏將卦序原理歸成有五點：一、贊天地化育，二、明天人之道，三、象進化之序，四、度陰陽之數，五、察消長之理。〔註84〕對這五點，陳氏作了說明，第一點據《序卦傳》：「有天地然後有萬物，有萬物然後有男女」，故上經重自然現象，下經重人文現象。第二點上經依伏羲八卦方位，取「天地定位」之〈乾〉☰、〈坤〉☷為經，「水火不相射」的〈坎〉☵、〈離〉☲為緯，其餘二十六卦均包含在天地水火之內；下經起於〈咸〉☱、〈恆〉☳，終於〈既濟〉☵、〈未濟〉☲，雖然以人文為主，但仍取法自然。第三點強調〈否〉☶、〈泰〉☷之相推為上卦之關鍵，〈損〉☶、〈益〉☳相推為下卦之關鍵。

上述三點主要是從順著《序卦傳》從義理角度解釋六十四卦之排列次序。至於第四點度陰陽之數，與前三者有所殊異，故容後再述。而第五點察消長之理，仍不離義理上的說明，與第三點可併觀；但加入了以結構符號上的解釋，指出〈泰〉☷、〈否〉☶與〈損〉☶、〈益〉☳於上下經中位置的對稱性。陳氏言上經自〈乾〉☰、〈坤〉☷兩卦起，至〈小畜〉☴、〈履〉☱凡十卦，陰陽爻各三十，而繼之以〈泰〉☷、〈否〉☶，此為〈乾〉☰、〈坤〉☷變；下經自〈咸〉☱、〈恆〉☳起，至〈蹇〉☵、〈解〉☳亦十卦，陰陽爻亦各為三十，而繼之以〈損〉☶、〈益〉☳，〈咸〉☱是〈乾〉☰在〈坤〉☷中，〈恆〉☳是〈坤〉☷在〈乾〉☰中，可見天行、人事均不外泰否往來，盈虛

〔註84〕關於陳炳元先生的說法，見於《易鑰·六十四卦的序列與編組》（臺北：天龍出版社，1985年），第9章，頁375～384。

損益矣。

　　第四點度陰陽之數，則從純粹從結構上對上、下經作分析，陳氏指出，從結構上可發現，六十四卦除〈乾〉䷀、〈坤〉䷁，〈頤〉䷚、〈小過〉䷽，〈坎〉䷜、〈離〉䷝，〈中孚〉䷼、〈大過〉䷛為八正卦外，其餘有綜之五十六卦實則二十八卦，將二十八卦加上八正卦得三十六卦，上、下經各得十八卦。陳氏並引杭辛齋先生的說法指出，「分而言之，〈乾〉、〈坤〉至〈履〉為十卦，陰、陽爻各得三十；合言之，〈乾〉、〈坤〉至〈蠱〉亦為十卦，陰、陽爻仍各三十」，所謂分言之是依六十四卦之序而論，〈乾〉、〈坤〉至〈蠱〉正為十數；合言之則是從反卦而論，因自〈屯〉至〈蠱〉共有八個反卦，再加〈乾〉、〈坤〉，其數亦十也。

　　陳氏又引明來知德語指出，「上經陽爻八十六，陰爻九十四，陰多於陽者八；下經陽爻一百零六，陰爻九十八，陽多於陰者亦八。……是卦、爻之陰陽均乎！……若以綜卦論之，上經十八卦成三十卦，陽爻五十二，陰爻五十六，陰多於陽者四；下經十八卦成三十四卦，陽爻五十六，陰爻五十二，陽多於陰者亦四，是綜卦之陰陽亦均平。」來氏之語是就上、下經六十四卦陰、陽爻數作統計發現，上、下經陽爻之數均較陰爻數多八；若結合綜卦（反卦）現象觀之，上、下經陽爻之數較陰爻數多四，由此發現上下經的陰、陽爻數有對稱關係。

　　就陳氏所舉六十四卦的五點排列原理，一至三點合於《序卦傳》宗旨，從義理上解釋六十四卦的先後關係；第四點則兼義理與結構的說明，指出〈泰〉䷊、〈否〉䷋與〈損〉䷨、〈益〉䷩為上下經之關鍵；至於第五點則純粹基於結構上說明上下經的關聯。吳澄「卦統說」大致屬此類型，僅稍異耳。吳澄言道：「卦統者，《序卦傳》之餘意也」〔註85〕所謂卦統說為「《序卦傳》之餘意」是指，《序卦傳》是以義理來解釋卦序之關係，而卦統是以基本的三畫八卦，並舉其父、母與六子之象徵義，考察六十四卦之組成模式，以尋出上、下經之關聯性。

　　吳澄反對朱子對《易》區分為上、下經的解釋，朱子認為「其辭則文王、周公所繫，故繫之以周；以其簡帙重大而分為上、下兩篇。」〔註86〕雖然朱子對於《易》分上、下經的解釋僅以篇幅過大而分之來解釋，但對於《序卦

〔註85〕《易纂言外翼・卦對》，卷1，頁22。
〔註86〕《周易本義・上經》，頁1之1。

傳》的說明卻指出「《序卦》自言天地萬物男女夫婦，是因〈咸〉、〈恆〉爲夫婦之道說起，非如舊人分天道、人事之說。大率上經用乾、坤、坎、離爲始終，下經便當用艮、兌、巽、震爲始終。」〔註87〕

由朱子的說法可見出，《易》分爲上、下經就其原始發生義而言，其實無從得知，因文王、周公、孔子均未留下說明，因此朱子所言因簡帙重大而分，實亦推測之語。至於《序卦傳》則是夫子對六十四卦義理關係之說明，朱子認爲此傳乃兼言天道、人事，二者不易區分，如此，前所引陳炳元先生的第一點說法便不攻自破矣。

對於上、下經既不可以天道、人事分上、下，朱子認爲上經以〈乾〉☰、〈坤〉☷爲始，〈坎〉☵、〈離〉☲爲終；下經以〈艮〉☶、〈兌〉☱、〈巽〉☴、〈震〉☳爲始終。關於此八卦，既可指三畫八卦，亦可指三畫八卦之重，以六畫卦來說，上經確實始於〈乾〉☰、〈坤〉☷，終於〈坎〉☵、〈離〉☲；而〈震〉☳、〈艮〉☶、〈巽〉☴、〈兌〉☱則居於下經。以三畫卦來說，上經始於乾☰、坤☷之重，終於坎☵、離☲之重；下經始於兌☱、艮☶之合（〈咸〉☳）與震☳、巽☴之合（〈恆〉☳），終於巽☴、兌☱之合（〈中孚〉☴）與震☳、艮☶之合（〈小過〉☳）與坎☵、離☲之合的既濟☵與未濟☲。但二說相較之下，因朱子言「下經便當用艮、兌、巽、震爲始終」，以始終而論，當以三畫卦的說法尤長。

朱子之說法具體落實在吳澄的卦統說，朱子所言只是大體原則，而吳澄發其精蘊矣。其實，程子亦嘗解釋《易》分爲上、下經的理由，程子言道：「卦之分則以陰陽，陽盛者居上，陰盛者居下」「卦有乾者居上篇，有坤者居下篇」〔註88〕此見解爲元蕭漢中（字景元，元泰和人）所批評，蕭氏認爲：「考之上篇有乾凡十一卦，有坤者亦十一卦；下篇有坤者凡四卦，有乾者亦四卦，聖人何嘗以乾爲陽盛而居上篇，坤爲陰盛而居下篇哉？」「且〈剝〉有坤又陰盛乃居上篇，〈大壯〉有乾又陽盛乃居下篇，伊川曰『〈剝〉雖陰長，然爻則陽極，故居上篇；〈大壯〉雖陽壯，然爻則陰盛，故居下篇』諸如此類往往逐卦推義，以求合陽盛陰盛之說，故條例不一。」〔註89〕

蕭氏對程子說法的批評根本理由在於，以陽盛居上篇，陰盛居下篇的大

〔註87〕《朱子語類・易十三・序卦》，卷77，頁1975。
〔註88〕《易程傳・上下篇義》，頁692。
〔註89〕《讀易考原・原上下經分卦第一》，頁7～8。

原則本是錯誤的。以細則來說，以卦體有乾者居上篇，有坤者居下篇，此與事實不符；至於程子對〈剝〉、〈大壯〉殊例之說明，蕭氏認為過於牽合，並產生條例不一的現象，以此認定程子對《易》分為上、下篇的解釋並不恰當。

吳澄卦統說分為兩大部分，其一，區分經卦、緯卦，進而指出經卦統緯卦之理；其二，就上、下經經卦、緯卦之大架構，找出上、下經所展現結構的對稱性。

在第一部分，首先區分經、緯卦，經卦是指「八卦自體、對體自重者」，上經有〈乾〉、〈坤〉，〈泰〉、〈否〉（對體自重），〈坎〉、〈離〉，下經有〈咸〉、〈恆〉，〈損〉、〈益〉（此四卦對體自重），〈震〉、〈艮〉，〈巽〉、〈兌〉，〈既濟〉、〈未濟〉（對體自重），共八組十六卦。此八組經卦，上經是以三畫乾、坤為經，意即六畫〈乾〉、坤乃三畫乾、坤之自重，〈泰〉、〈否〉乃乾、坤之合，均本於乾、坤也；下經則以震、艮、巽、兌為主，自體自重、對體相合而成。

對於吳澄所言上經以乾、坤為主，下經以震、巽、艮、兌為主的說法，可引蕭漢中的說法作印證。蕭漢中曾對上、下經各卦體所具八卦之象作番統計：乾之體見上經者十二，見下經者四；坤之體見上經者十二，見下經者四；坎之體見下經者八，見下經者八；離之體見上經者六，見下經者十；震之體見上經者七，見下經者九；巽之體見上經者四，見下經者十二；艮之體見上經者七，見下經者九；兌之體見上經者四，見下經者十二。〔註90〕以數量來看，上經明顯以乾、坤為體之卦為主，下經則以震、巽、艮、兌為體之卦為多，由此正可支持吳澄的論斷。

除經卦外，餘皆為緯卦，緯卦是指「八卦各體錯雜相重者」，分別依六十四卦之次，依著八組經卦，而各組經卦間的各卦即各組所統之緯卦矣。〈乾〉、〈坤〉與〈泰〉、〈否〉間隔八個卦，故〈乾〉、〈坤〉統八緯卦，餘可類推。

上、下經終於〈坎〉、〈離〉，〈既濟〉、〈未濟〉的理由在於：坎、離為乾、坤之用，震、艮、巽、兌之管轄，故為上、下經之終也；〈坎〉、〈離〉是強調為乾坤之用，〈既濟〉、〈未濟〉（坎、

〔註90〕《讀易考原‧原上下經分卦第一》，頁 12、16。

離之合），則強調掌管震、艮、巽、兌。

吳澄又從上、下經〈頤〉☰、〈大過〉☰與〈中孚〉☰、〈小過〉☰發現此四卦，既同爲不反易之卦，又其卦象均象複體之坎☰、離☰，〈頤〉、〈中孚〉爲複體之離，〈大過〉、〈小過〉爲複體之坎，故分別附於經卦〈坎〉、〈離〉與〈既濟〉、〈未濟〉之前。

經卦統緯卦之架構確立後可發現，其一是上、下篇經卦組合方式之關係，其二是經卦之純體與合體所統轄緯卦之數的不同。在上、下篇經卦組合方式之變化方面，上篇經卦始於純，次合，而終於純；下篇始於合，次純，而終於合。若依上、下篇來比較，則二篇經卦的組合方式正相對反；若將二篇合觀之，則正好依著純、合、純、合之方式變化。如此正說明兩篇之間經卦的組合既有連續性，又有對立性的特質。另外，下篇合的組成有〈咸〉、〈恆〉與〈損〉〈益〉兩組，因這四卦間有其關聯性，〈咸〉☰與〈損〉☰、〈恆〉☰與〈益〉☰爲兩象易，故〈咸〉、〈損〉均爲少男、少女之合，〈恆〉、〈益〉同爲長男、長女之合。至於〈震〉☰、〈艮〉☰與〈巽〉☰、〈兌〉☰均爲正體自重，故兩組同爲純的組合。

在經卦之純體與合體所統緯卦的數目方面，合體所統之緯卦數倍於純體，然此不含〈坎〉、〈離〉的純體與合體在內。〈乾〉☰、〈坤〉☰之純統緯卦八，〈泰〉☰、〈否〉☰爲〈乾〉、〈坤〉之合統緯卦十六，其數爲純體之倍矣。〈震〉☰、〈艮〉☰之純統緯卦四，〈巽〉☰、〈兌〉☰之純亦統緯卦四；〈咸〉☰、〈恆〉☰之合統緯卦八，〈損〉☰、〈益〉☰之合亦統緯卦八，皆純體所統之倍也。

第二部分卦統說所呈現上、下篇的對稱結構方面，吳澄將六十四經卦、緯卦均賦予父母、六子之象徵義，而藉此考察卦與卦間的關係性。在上、下篇對稱性考察，吳澄分別針對經卦、緯卦作說明，而緯卦更是主要著墨處；在緯卦的部分，區分爲兩類，一類將上、下篇相對應者，一類上、下篇各自爲對者。在經卦的方面，吳澄指出上篇始於二老（父母）之純，次二老之合，終於中男、中女之純；下篇始於少長之合（含長男、長女、少男、少女），次少長之純，終爲中男、中女之合，除了組合關係的對反性外，二篇之始與中，正爲父母、子女之對也。

在四十八個緯卦的部分，先論上、下篇相對應者，主要可分對卦與反卦兩類，對卦僅四卦，餘皆反卦。（1）少長相合爲對卦者四，上篇：〈頤〉☰、

〈大過〉䷛，下篇：〈中孚〉䷼、〈小過〉䷽；（2）少長相合爲反卦者四，上篇：〈隨〉䷐、〈蠱〉䷑，下篇：〈漸〉䷴、〈歸妹〉䷵；（3）中男合乾父爲反易者居上篇：〈需〉䷄、〈訟〉䷅，中女合坤母爲反易者居下篇：〈晉〉䷢、〈明夷〉䷣；（4）長、少二男合乾父爲反易者居上篇：〈无妄〉䷘、〈大畜〉䷙，長、少二女合坤母爲反易者居下篇：〈萃〉䷬、〈升〉䷭；（5）長、少二男合中女爲反易者居上篇：〈噬嗑〉䷔、〈賁〉䷕，長、少二女合中男爲反易者居下篇：〈困〉、〈井〉。（3）二陽四陰反易者二居上篇：〈臨〉䷒、〈觀〉䷓，二陰四陽反易者居下篇：〈遯〉䷠、〈大壯〉䷡；（4）一陽五陰反易者居上篇：〈剝〉䷖、〈復〉䷗，一陰五陽反易者居下篇：〈夬〉䷪、〈姤〉䷫，共十六組，三十二卦。

上篇自對者，（1）中男合坤母爲反易者：〈師〉䷆、〈比〉䷇；中女合乾父爲反易者：〈大有〉䷍、〈同人〉䷌；（2）長、少二女合乾父爲反易者：〈小畜〉䷈、〈履〉䷉；長、少二男合坤母爲反易者：〈謙〉䷎、〈豫〉䷏。至於下篇自對者，（1）長、少二女合中女爲反易者：〈家人〉䷤、〈睽〉䷥，長、少二男合中男爲反易者：〈蹇〉䷦、〈解〉䷧；（2）長、少二男合中女爲反易者：〈豐〉䷶、〈旅〉䷷，長、少二女合中男爲反易者：〈渙〉䷺、〈節〉䷻。二者相加共十六卦。在上篇自對爲反易者，〈需〉䷄與〈訟〉䷅，〈无妄〉䷘與〈大畜〉䷙，因已列於上、下篇對應的部分，故不列于此；下篇自對的部分亦然，〈漸〉䷴與〈歸妹〉䷵，〈革〉䷰與〈鼎〉䷱，〈困〉䷮與〈井〉䷯亦不得重覆列出。

緯卦四十八卦除〈頤〉䷚與〈大過〉䷛、〈中孚〉䷼與〈小過〉䷽爲對卦外，餘皆有反卦，故可歸爲二十四組，吳澄依卦的組合方式，找出上、下篇緯卦所呈現的對稱性。除了〈臨〉䷒與〈觀〉䷓、〈遯〉䷠與〈大壯〉䷡，〈剝〉䷖與〈復〉䷗、〈夬〉䷪與〈姤〉䷫，這兩組是以純符號的方式說明外，餘皆以父母與六子的關係組合來解釋。何以如此？因〈臨〉䷒與〈觀〉䷓之例與〈萃〉䷬與〈升〉䷭之例相衝突，二者同屬長、少合坤母，然〈臨〉䷒、〈觀〉䷓居上篇，〈萃〉䷬、〈升〉䷭居下篇，義有不符；〈遯〉䷠、〈大壯〉䷡，〈剝〉䷖、〈復〉䷗，〈夬〉䷪、〈姤〉䷫之例其理由亦同於此，此四例是不符於父母、六子之組合，四對卦是不符合反卦之例，故此四例與四對卦於體例中均屬例外。既然上、下篇之經卦、緯卦均明顯呈現對稱性，以此解釋上、下篇區分爲二的理論性解釋。

　　既然卦統說以運用了反卦、對卦，何以又另立卦對一章，二者之關係何在？前已論及卦統乃續《序卦傳》之餘意，「卦對說」則爲補充《雜卦傳》矣，〔註91〕二者之別，卦統說以反易卦來解釋上、下經的對稱關係，而「卦對說」則在分析六十四卦的反對結構；卦統說不免兼著卦的象徵義來說，而「卦對說」純粹是符號性的分析。

　　「卦對說」主要分爲兩大部分，一是討論對卦，一是討論反卦（含兩象易）。在對卦的討論仍是援用卦統說經、緯卦的區分，考察經、緯卦的對卦關係，吳澄將上、下篇的對卦關係各分爲三類：

　　甲類上篇：

　　（1）正對不反易者三組：〈乾〉☰ 與〈坤〉☷、〈坎〉☵ 與〈離〉☲、〈頤〉☷ 與〈大過〉☱

　　（2）正對兼反易者二組：〈泰〉☷ 與否☰、〈隨〉☱ 與〈蠱〉☶

　　（3）反易取正對者二組：〈師〉☷〈比〉☵〈同人〉☲〈大有〉☲、〈小畜〉☴〈履〉☱〈謙〉☷〈豫〉☳，共十八卦。

　　所謂反易取正對者是指，一反易卦與另一反易卦有正對的關係，例如〈師〉☷ 與〈比〉☵ 爲反易卦，〈同人〉☲ 與〈大有〉☲ 爲反易卦，而〈師〉☷ 與〈同人〉☲ 爲正對卦，〈比〉☵ 與〈大有〉☲ 亦爲正對卦。

　　乙類下篇

　　（1）正對不反易者一組：〈中孚〉☱ 與〈小過〉☳

　　（2）正對兼反易者二組：〈既濟〉☵ 與〈未濟〉☲、〈漸〉☴ 與〈歸妹〉☳

　　（3）反易取正對者四組：〈咸〉☱〈恆〉☳〈損〉☶〈益〉☴、〈震〉☳〈艮〉☶〈巽〉☴〈兌〉☱、〈家人〉☲〈睽〉☲〈蹇〉☵〈解〉☵、〈豐〉☳〈旅〉☲〈渙〉☴〈節〉☵，共二十二卦。

　　丙類上、下篇：有反易取正對者六組：〈屯〉☵〈蒙〉☶〈鼎〉☲〈革〉☱、〈需〉☵〈訟〉☰〈晉〉☲〈明夷〉☷、〈臨〉☷〈觀〉☴〈遯〉☰〈大壯〉☳、〈噬嗑〉☲〈賁〉☶〈井〉☵〈困〉☱、〈剝〉☶〈復〉☳〈夬〉☱〈姤〉☴、〈无妄〉☰〈大畜〉☶〈升〉☷〈萃〉☱，共二十四卦。

　　關於反卦，吳澄先標出〈乾〉☰、〈坤〉☷、〈坎〉☵、〈離〉☲ 四卦爲上篇之綱，〈震〉☳、〈巽〉☴、〈艮〉☶、〈兌〉☱ 四者爲下篇之綱，以此八

重卦作爲上下篇之綱目。吳澄所言反卦是取其廣義，其中包含反卦（反覆卦、綜卦）及兩象易（交易卦），若單就兩象易來看，共二十七組，五十四卦；以反卦來論，共二十八組，五十六卦，但二者間有極多重覆處，故吳澄去其重覆而重新統整，並提出四個重要術語「不反易卦」、「反易卦」、「二體自易」、「二體相易」，「不反易卦」是指二卦爲兩象易而不爲反卦者，「反易卦」則是指二者兼有；「二體自易」是指就二卦而說，此二卦既爲反卦又爲兩象易，「二體相易」則是就四個卦相連來說，例如甲與乙，丙與丁爲兩象易，但甲與丙爲反卦、乙與丁爲反卦，即所謂二體相易也。經吳澄統整後的結果如下：

甲類上篇、反易卦：

（1）二體自易者四組：〈需〉䷄與〈訟〉䷅、〈師〉䷆與〈比〉䷇、〈泰〉䷊與否䷋、〈同人〉䷌與〈大有〉䷍

（2）二體相易者一：〈謙〉䷎〈豫〉䷏〈剝〉䷖〈復〉䷗，〈謙〉䷎與〈剝〉䷖、〈豫〉䷏與〈復〉䷗爲兩象易，而〈謙〉䷎與〈豫〉䷏、〈剝〉䷖與〈復〉䷗爲反卦，故稱此四卦爲二體相易。

乙類下篇、反易卦

（1）二體自易者兩組：〈晉〉䷢與〈明夷〉䷣、〈既濟〉䷾與〈未濟〉䷿

（2）二體相易者三組：〈咸〉䷞〈恆〉䷟〈損〉䷨〈益〉䷩、〈家人〉䷤〈睽〉䷥〈鼎〉䷱〈革〉䷰、〈困〉䷮〈井〉䷯〈節〉䷻〈渙〉䷺。

上、下篇相加共二十八卦。

丙類合上、下篇而言

（1）不反易卦，二體自易者兩組：〈頤〉䷚與〈小過〉䷽、〈大過〉䷛與〈中孚〉䷼

（2）反易卦，二體相易者六組：〈屯〉䷂〈蒙〉䷃〈解〉䷧〈蹇〉䷦、〈小畜〉䷈〈履〉䷉〈姤〉䷪〈夬〉䷪、〈隨〉䷐〈蠱〉䷑〈歸妹〉䷵〈漸〉䷴、〈臨〉䷒〈觀〉䷓〈萃〉䷬〈升〉䷭、〈噬嗑〉䷔〈賁〉䷕〈豐〉䷶〈旅〉䷷、〈无妄〉䷘〈大畜〉䷙〈大壯〉䷡〈遯〉䷠。

共二十八卦。

而反卦所未言及之諸卦〈乾〉䷀與〈坤〉䷁，〈震〉䷲、〈艮〉䷳、〈巽〉䷸、〈兌〉䷹，其中〈乾〉䷀、〈坤〉䷁，〈坎〉䷜、〈離〉䷝兩兩爲對卦，無關於反卦，至於〈震〉䷲、〈艮〉䷳，〈巽〉䷸、〈兌〉䷹則兩兩爲反卦，但吳澄卻未將此四卦列入其中，理由何在？蓋欲將〈震〉䷲、〈艮〉䷳、〈巽〉

☲、〈兌〉☱立爲下篇綱目故也，若非此故，則此四卦倒可如〈頤〉☶與〈小
過〉☳、〈大過〉☴與〈中孚〉☵般，加入下篇中，故將此四卦別立爲綱目
乃吳澄之用心也。

　　既明卦統說、「卦對說」之內容後，可進而考察吳澄何以稱此二者爲發揮
《序卦傳》、《雜卦傳》之餘意。在《序卦傳》的題辭中吳澄指出：「始〈乾〉、
〈坤〉終〈既濟〉、〈未濟〉者，《周易》六十四卦之序也，蓋文王既立卦名之
後，而次其先後之序如此，皆以施用於人事者起義，而夫子爲之傳，以發明
其卦序之意。」〔註92〕由此可見出，吳澄認爲《序卦傳》乃夫子就人事義理
來解釋卦序的意義，但其所提出的卦統說，則就《周易》何以分爲上、下篇
作出解釋，此爲《序卦傳》所未言者，故以此稱發揮其餘意也。

　　對《雜卦傳》的內容，吳澄言道：「《序卦》上經三十卦，下經三十四卦；
以反對而觀，則上經十八卦，下經十八卦也。此篇仍其反對之偶，而不仍其
先後之序故曰雜。」〔註93〕吳澄指出《雜卦傳》以反對關係解釋六十四卦，
而其「卦對說」便是進一步找出對卦與反卦的結構體系，此方式與卦統說相
似均由符號的結構性作考察，然不同處僅卦統說加入父母、六子的象徵義耳。

　　吳澄的卦統說與「卦對說」找出六十四卦的結構體系，此作法鮮明呈現
上、下經的對稱關係，及卦與卦的變化關係，有助於吾人了解六十四卦的符
號體系，此實爲重要貢獻也。

　　但有一點必須提出，就卦統說而言，即使對上、下經的結構關係說得再
深刻，仍只是理論上的解釋，而非發生義的說明。吳澄對此區分亦不甚明：「六
十四卦分屬上、下二篇，蓋有意義」〔註94〕，甚至《四庫總目・提要》亦未
能見出吳澄這方面的誤置：「卦統以八經卦之純體、合體者爲經，六十四卦之
雜體者爲緯，乃上、下經篇之所由分，……卦統、卦對二篇言經之所以釐爲
上下，乃程、朱所未及」。〔註95〕

　　若能將卦統說定位在六十四卦排列次序的理論面解釋，則此作法方能真
正稱上是發程、朱所未發。「卦統說」、「卦對說」可視爲吳澄對六十四卦所提
出的系統性解釋，助於吾人瞭解上、下經之關係及卦與卦之反對現象。

〔註92〕《易纂言》，頁433。
〔註93〕《易纂言》，頁443。
〔註94〕《易纂言外翼・卦統》，卷1，頁11。
〔註95〕見於《易纂言外翼》，卷首，頁1～2。

第六章　圖書之學之延續與發揚

第一節　辨河圖、洛書之發生義與理論義

　　關於河圖、洛書有三個重要問題，其一爲河圖、洛書是否眞正存在？其二若眞有河圖、洛書其內容爲何？其三，河圖、洛書與《易經》之關聯爲何？以下將順著這三個問題來考察吳澄的觀點。

　　關於河圖、洛書是否存在的問題，吳澄認爲確實出現過，他言道：「河圖者，羲皇畫卦之前，河有龍馬出，而馬背之旋毛有此數也。……以背毛之旋文如圖星之圓圈，故名之曰圖。」〔註1〕「洛書者大禹治水之時，洛有神龜出，而龜甲之坼文有此數也。……以背甲之坼文如書字者之橫畫，故名之曰書。」〔註2〕吳澄採取宋儒的講法，認爲河圖是出現在羲皇之時，洛書出現在禹帝時代；而圖、書之名，則就馬之旋毛如天上星圖及龜背裂文如文字而得名。

　　對河圖、洛書出現之證據，河圖有三條，洛書有二條。在河圖的部分，關於河圖出現的事實，《論語》、《禮記·禮運》分別言及「河不出圖，吾已矣夫！」、「天不愛道，故河出馬圖」，夫子亦認爲有龍馬出河之事，《禮記》則是解釋河圖何以出現，是因人和而天地感應，遂降嘉祥。至於河圖出現後的發展，見於《尙書·顧命》「天球、河圖在東序」，吳澄指出「河圖，天所降之嘉瑞，故傳寫其圖入天府，與國之寶器同藏，貴重之也。」〔註3〕此處所言

〔註1〕　《易纂言外翼·易原》，卷7，頁238。
〔註2〕　《易纂言外翼·易原》，卷7，頁241。
〔註3〕　《易纂言外翼·易原》，卷7，頁239。

的河圖是馬背旋毛之象的摹寫，又因其貴重藏於天府中，故後人不易見得。

　　至於洛書出現的證據，《尚書·洪範》記道：「天乃錫禹洪範九疇」，鄭玄的解釋是：「天與禹，洛出書，神龜負文而出，列於背有數至于九；禹遂因而第之，以成九類常道，所以次敘。」〔註4〕依箕子所言，天賜禹洪範九疇是指神龜出洛水之事，與後來《尚書·洪範》所見九事之內容不同，龜背所呈現的是九數，《尚書》所記乃禹受啟示後的心得，此為說明洛書出現最直接的證據。另一輔助的證據是《莊子·天運》：「天有六極、五常，帝王順之則治，逆之則凶，九洛之事，治成德備」此處所言「五常」即〈洪範〉所言「五行」，六極、五行均為〈洪範〉所言之九事內容，而「九洛之事」則是指依洛書而作的九疇，此說明洛書與洪範九疇有密切關聯。但〈天運〉屬《莊子》外篇，據目前可信的研究，認為並非出於莊子之手，故僅能作為輔助參考之用。

　　河圖、洛書之內容，吳澄指出河圖的內容為：「其數後一、六，前二、七，左三、八，右四、九，中五、十，五奇、五偶相配」，而洛書的內容則是：「其數後一前九，左三右七，右前二，左前四，右後六，左後八，中五，四方、四隅、中央，其位有九。」〔註5〕河圖、洛書除了數字及其排列方式之殊異外，吳澄又進而修正劉牧以圖圈表示洛書的說法，主張圖、書之名既異，圖以圓圈表示，書則另以字畫形式呈現。吳澄言道：「但曰圖曰書，立名既異，二者自應不同，若洛書是圓圈則亦圖也，何以謂之書哉？且龜甲之上，豈應現出圓圈之形？」〔註6〕吳澄認為圖、書異名，當以如星點之圓圈為圖，如字畫之縱橫曰書，並引鄭樵之說，河圖言天象，洛書示地理，二者有別。至於劉牧將二者均以圓圈之形式表現，吳澄的解釋是方伎家取河圖、洛書是取其數也，通作圓圈是為方便使用之故。〔註7〕因此吳澄認為真正的河圖、洛書是指：如五十五數星點之圓圈為河圖，如字畫之四十五數為洛書之文。此說法乃吳澄從圖、書之異名推斷出一為圓圈之形，一為字畫之形。

　　宋儒關於河圖、洛書內容的認定有兩派說法，一為劉牧、朱震主張圖九數、書十數；一為朱子、蔡元定主張圖十書九之說，吳澄的說法與朱子一致。劉牧對河圖的說法是：「昔者宓羲氏之有天下，感龍馬之瑞，負天地之數出于

〔註4〕　《尚書·洪範》，卷12，頁168。
〔註5〕　《易纂言外翼·易原》，卷7，頁238、241。
〔註6〕　《易纂言外翼·易原》，卷7，頁263。
〔註7〕　同前註。

河，是爲龍圖者也。戴九履一，左三右七，二與四爲肩，六與八爲足，五爲腹心。縱橫數之皆十五，蓋《易》繫所謂參伍以變，錯綜其數者也。」〔註8〕依劉牧的說法，以河圖爲九數之理由，在於此圖無論綜橫相加均爲十五，與《繫辭傳》「參伍以變」的說法相同。

　　龍圖與八卦之關係，劉牧的解釋是將龍圖與五行相生、天地之數相結合，以此解釋八卦之生成。依劉牧的說法，「天一、地二、天三、地四，此四象，生數也」〔註9〕至於五行之成數「水數六，金數九，火數七，木數八；水居坎而生乾，金居兌而生坤，火離而生巽，木居震而生艮，以居四正而生乾、坤、艮、巽，共成八卦也」〔註10〕劉牧又言「五行雖有成數，未各相合，則亦未有所成而生矣，故天一與地六合而生水，地二與天七合而生火，天三與地八合而生木，地四與天九合而生金，天五與地十合而生土。」〔註11〕

　　劉牧之說源於鄭玄，鄭玄說明太一行九宮之序：「下行八卦之宮，每四乃還於中央，中央者北神所居，故因謂之九宮，天數大分以陽出以陰入，……是以太一下九宮，從坎宮始，……自此而從於坤宮，……又自此而從於巽宮，……所行者半矣，還息於中央之宮；既又自此而從乾宮，……自此而從兌宮，……又自此從於艮宮，……又自此從於離宮，……行則周矣。」〔註12〕鄭玄所言八卦方位：震東、兌西、離南、坎北、巽東南、坤西南、乾西北、艮東北，〔註13〕將九宮圖與八卦方位相配，並結合太一行九宮之序，可得出：坎一、坤二、震三、巽四、乾六、兌七、艮八、離九。

　　若將鄭玄所言八卦與九宮相配之卦數，與劉牧所言天地之數與五行之數相結合，但首先須注意，劉牧所言水數、金數、火數、木數非指坎、兌、離、震之數，而是純指五行之成數。至於劉牧所言水居坎生乾、金居兌生坤、火居離生巽、木居震生艮，對八卦之位的解釋與鄭玄相同。若將天地之數與九宮之數相配得出：天一、地二、天三、地四爲五行之生數，此分別指坎、坤、震、巽，至於地六、天七、地八、天九，則分指乾、兌、艮、離。此又與劉

〔註8〕　《易數鉤隱圖遺論九事・太皞氏授龍馬負圖第一》，《通志堂經解》(1)（揚州：江蘇廣陵刻印社，1996年），頁61。
〔註9〕　《易數鉤隱圖・天五第3》，卷上，頁50。
〔註10〕《易數鉤隱圖・四象生八卦第10》，卷上，頁51。
〔註11〕《易數鉤隱圖・論中》，卷中，頁57。
〔註12〕《易緯・乾鑿度》，卷下，頁30。
〔註13〕《易緯・乾鑿度》，卷上，頁5。

牧所言八卦兩兩相配而成五行之意相符：天一與地六合而生水，即坎一與乾六相配生水（水數六）；天七與地二合而生火，即兌七與坤二相配生火（火數七）；天三與地八合而生木，即震三與艮八相配生木（木數八）；天九與地四合而生金，即離九與巽四相配生金（金數九）。

　　若依上述所言，劉牧承繼了鄭玄九宮配八卦的說法，另外再加入五行的觀念，導入五行之生數、成數概念，以與天地之數相對應。但此處產生個問題：將坎、坤、震、巽配合天一、地二、天三、地四並無疑問，陰陽之卦與數正相對應；但乾、兌、艮、離配以地六、天七、地八、天九則有問題，乾當為天數、兌為地數、艮為天數、離為地數，如此正好卦與數之陰陽顛倒。因此，將九宮與八卦相配所得之卦數與天地之數並無法完全對應，此為劉牧說法之一大限制。

　　朱伯崑先生所稱劉牧「一方面以坎、離、震、兌為四正卦，取漢易卦氣說，即以坎居北方，離居南方；可是另一方面又以離卦之數為二，所謂『地二生〈離〉』，按九宮說，地二應居西南隅，南方應為天九；顯然關於離卦所處的方位，其說並不一致。」〔註14〕朱氏顯然誤解了劉牧「天一生坎，地二生離」之說，劉氏所言「地二生離」並非指地二為離之意，而是「地二與天七合而生離」，而地二指的是巽，離為天七。因此朱氏以離方位混亂的問題，質疑劉牧的理論本身有矛盾，其實並不成立，因劉牧依據的仍是鄭玄的論點，確定了各卦之位與數，並無矛盾的情形存在。

　　劉牧真正的問題所在，是因加入了五行觀念及天地之數，所言五行相生本身就不合於五行相生的理論，而由龍圖得出之八卦之數亦無法對應天地之數，遂使理論本身產生不周備的現象。就《易經》本身而言，並未言及五行思想，而五行是見於《尚書·洪範》，須將這部分略去；雖然劉牧直稱洛書方言五行，河圖只以「水、火、木、金」言四象，但劉牧整套說法其實是植基於五行說，其實無關乎《易經》本身；反倒是天地之數屬《易經》本身的說法，但卻未能提出有效的說明，實在無法充分解釋伏羲如何觀河圖而畫八卦矣。

　　既然劉牧的圖九之說並不周全，而朱子、蔡元定又如何加以修正？蔡元定指出：「古人傳記自孔安國、劉向父子、班固皆以為河圖授羲，洛書錫禹，關子明、邵康節皆以十為河圖，九為洛書」「蓋〈大傳〉既陳天地五十有五之數，〈洪範〉又明言天乃錫禹洪範九疇，而九宮之數，戴九履一，左三右七，

〔註14〕《易學哲學史·宋易的形成與道學的興起》，第3編，頁37。

二、四為肩，六、八為足，龜背之象也。」〔註15〕依蔡元定的說法，由漢儒孔、劉、班諸子均肯定伏羲所授為河圖，禹所得為洛書；並參考邵、關二子的說法，進一步指出河圖、洛書的內容為圖十書九；由此而認定伏羲畫卦所依為十數河圖，禹帝作洪範九事所依為九數洛書。

　　蔡元定進一步批評劉牧的說法認為：「劉牧意見以九為河圖，十為洛書，託言出於希夷，既與諸儒舊說不合，又引〈大傳〉以為二者皆出於伏羲之世；其易置圖、書皆無明驗，但謂伏羲兼圖、書，則《易》、〈範〉之數誠相表裏，為可疑耳。」〔註16〕蔡氏對劉牧的批評主要有兩點：其一將圖、書的內容倒置，不合舊說；其二，將《易》數與〈洪範〉之數相關，此可議也。關於第一項，蔡氏所謂的不合舊說是指關子明《易傳》。至於第二項，將《易》數與〈洪範〉數結合是指五行之數，蔡氏認為雖然《繫辭傳》並言河圖、洛書，但伏羲畫卦只參考河圖，既然圖、書出現時間有別，自不當將〈洪範〉所言五行之數與《易》天地之數相關聯，這點確實點出劉牧理論之要害，因前面已討論過，故不再贅述。

　　其實蔡元定與劉牧說法的爭議不在於羲皇所授為河圖，禹所得為洛書，而在於河圖、洛書內容的認定；蔡氏以關氏之說批評劉牧，然關子明《易傳》經朱子考訂認為是阮逸偽作，〔註17〕至於邵子之說，「圓者星也，……方者土也，……蓋圓者河圖之數，方者洛書之文，故羲、文因之而造《易》，禹、箕敘之而作範也。」邵子並未明言圖、書內容九、十的問題，僅以方、圓言之，如此實不易斷定圖、書之數為何，清儒胡渭認為「邵子之於圖書言方圓而不言九十，蔡季通以圓星為十為圖，方土為九為書，而朱子從之，謂河圖無四隅比洛書便圓；魏華父則以為九圓而十方，劉夢吉亦云九圓於十，蓋皆以九為圖。」〔註18〕可見關於方、圓如何與九數、十數相配爭議頗大。

　　關於圖、書十數、九數之爭議，主要是缺乏可靠文獻直接證明圖、書之真實內容為何，因此各家則採取推論的方式，各自表述自家觀點。依蔡氏、朱子的方式，既然《繫辭》言及「河出圖，……聖人則之」，又言及「天地之數五十有五」，可依此推斷出，伏羲依據河圖畫八卦，而河圖之數正好合於《易》

〔註15〕見胡方平《易學啟蒙通釋·本河圖第一》（臺北：武陵出版社，1990年據《通志堂經解》本），卷上，頁36。
〔註16〕見胡方平《易學啟蒙通釋·本河圖第一》，頁36。
〔註17〕《朱子語類·易三·綱領下》，卷67，頁1681。
〔註18〕《易圖明辨·啟蒙圖書》，卷5，頁483。

數——天地之數，加上河圖之數爲奇偶相配，與《易》陰陽相合之理相符，故認定河圖之數十，總數五十五。至於洛書則取龜象，且洛書九數正與〈洪範〉九事之數九相符，於是確定河圖、洛書之內容爲圖十書九。

若將劉牧與蔡氏的推論對照來看，蔡氏的說法較合於《繫辭》所言的天地之數，從天一、地二至天九、地十，總數五十五，十數的河圖完全相符，而九數之圖也正好與〈洪範〉之數九相同，解釋方式較直接且合理，不似劉牧之說既曲折且有不通之處，如九數圖的中五數便無法解釋。

吳澄則是順著蔡氏、朱子的說法，進一步解釋伏羲如何據河圖畫八卦，吳澄言道：「河圖之爲五，每位各有一奇一偶，數雖十而位止五；故羲皇則其奇偶之數，畫奇偶之畫，依其奇偶而爲初畫，倍而二之則爲二畫，又倍而四之則爲三畫，又倍而八之則爲四畫，又倍而十六之則爲五畫，又倍而三十二之則爲六畫，而卦成矣。此則一奇一偶之數者然也。」〔註 19〕吳澄認爲伏羲畫卦參考了河圖陽奇陰偶之數，以一奇一偶爲基礎逐漸往上累加而成六畫卦，因此吳澄認爲伏羲觀河圖畫八卦，便在於掌握河圖之數的基礎——一奇一偶，而由一奇一偶之符號逐漸畫出六畫卦。

何以吳澄會由此說明河圖與八卦之關係？此亦可配合《易纂言》卷首，在「易」的標題之後的一段文字來看。吳澄言道：「上古包羲氏見天地萬物之性情、形體，一陽一陰而已；於是作一奇畫以象陽，一偶畫以象陰。見一陽一陰之互相異也，故自一奇一偶相易而爲四象八卦，極於六十四卦，是爲卦畫之象。」〔註 20〕吳澄認爲伏羲畫卦是由仰觀俯察見出天地萬物共通之理爲陰與陽，依據此一陰一陽之理創作出一奇一偶之符號。對於《易經》中的陰陽概念，吳澄理解爲陰陽二氣，〔註 21〕在自然界中各現象之產生皆由此陰陽二氣之變化更替；因此一奇一偶的符號包含了陰陽之理及陰陽二氣，由陰陽二氣中便見出陰陽變化之理，而此正是萬化之基礎；由此之故，一奇一偶的符號在卦畫中便具有基礎的意義。河圖雖有一到十共五十五數，但吳澄所見並不在數本身，而在於河圖奇偶相配的關係，此正合於陰陽相輔之理。

或許有人質疑，陰陽並非萬化之根源，眞正的源頭是太極，何以吳澄不言太極而言一陰一陽？吳澄言道：「太極謂一陰一陽之相易，有理以爲之主宰

〔註19〕《易纂言外翼・易原》，卷7，頁246～247。
〔註20〕《易纂言》，頁1。
〔註21〕《易纂言・繫辭上第五》釋「一陰一陽之謂道。」，頁339。

也。……一陰一陽相匹配而爲兩卦之第一畫也，是謂兩儀。兩儀之上各加一陽一陰，則倍二而爲四卦之第二畫也，是謂四象。四象之上又各加一陽一陰，則倍四而爲八卦之第三畫也，是謂八卦。有此八卦，則其別有六十四而可用之占筮以定吉凶。」〔註 22〕其實太極是一陰一陽所以變易之理，而一陰、一陽便是兩儀，由此而生四象、八卦。對吳澄而言，太極是不離陰陽，因此一陰一陽便是萬化之基，而伏羲所畫之卦畫，便是以符號說明世界的變化，一奇一偶對應的是一陰一陽，而二儀、四象、八卦便是呈現世界變化的歷程。

　　經由以上說明，可發現吳澄認爲一奇一偶的符號，是伏羲參考了河圖之數而得到的靈感；河圖之數與天地之數均是由奇偶相配之變化作爲世界之圖式，而伏羲由此靈感而畫出奇偶之畫，作爲世界的另種符號表示。其實吳澄的這個說法，之前的朱子亦曾提到：「聖人看著許多般事物，都不出陰陽兩字，便是河圖、洛書也則是陰陽，粗說時即是奇偶。」〔註 23〕

　　吳澄說法之優點在於，可免劉牧因引入五行理論衍生的複雜性，反倒只重河圖之奇偶相配，與《易經》強調的陰陽變易之理相呼應，雖然說理簡明，但卻包含《易經》最根本的道理——《易》以道陰陽。既然確定河圖爲五十五數之圖，則洛書自然爲四十五數之圖。對於《繫辭》並言「河出圖，洛出書，聖人則之」一事，與吳澄所言禹據洛書作〈洪範〉九疇，似有矛盾，吳澄如何解釋這段文字。

　　對於上述問題，吳澄解釋道：「洛書雖出於畫卦生著之後，而并言之者，亦言其理之一如言著筮而并即龜卜也。」〔註 24〕此說法是順著蔡元定的解釋而說的，蔡氏的說法是：「〈大傳〉所謂『河出圖，洛出書，聖人則之』者，亦汎言聖人作《易》、作〈範〉，其原皆出於天之意，如言『以卜筮者尚其占』與『莫大乎著龜』之類，《易》之書豈有龜與卜之法乎？亦言其理無二而已爾。」〔註 25〕意思是指洛書雖出於畫卦之後，但禹據之作〈洪範〉與羲皇據河圖畫八卦具有相同的意義；意即此二物均爲天降之祥瑞，爲羲皇、禹帝二聖人所則之，故將河圖、洛書並言，但單就《易》而言，重點在強調河圖，洛書則是虛說。吳澄的這番說明能化解新難題的產生——伏羲畫卦是否同時參考河

〔註 22〕　《易纂言・繫辭上第五》釋「太極生兩儀，兩儀生四象，四象生八卦」，頁 355。
〔註 23〕　《朱子語類》，卷 76，頁 1743。
〔註 24〕　《易纂言》釋《繫辭》「河出圖，洛出書，聖人則之」，頁 357。
〔註 25〕　見胡方平《易學啓蒙通釋・本河圖第一》，卷上，頁 37。

圖與洛書，依漢儒及宋儒的看法，普遍認定伏羲僅據河圖作八卦，未及於洛書；雖然《繫辭》併言圖、書，但主要以河圖為重心，與羲皇則河圖一事不相違。

　　朱子對當時所見河圖之來源並未清楚交待，僅言道：「河圖與《易》之天一、地十者合，而載天地五十有五之數，則固《易》之所自生也，……《繫辭》雖不言伏羲授河圖以作《易》，然所謂仰觀俯察，遠求近取，安知河圖非其中一事耶？大抵聖人制作所由，初非一端，然其法象規模，必有最親切處；如鴻荒之世，天地之閒，陰陽之氣雖各有象，然初未嘗有數也；至於河圖之出，然後五十有五之數，奇偶生成，燦然可見，此其所以深發聖人之獨智，又非泛然氣象之所可得而擬也。」〔註26〕朱子認為河圖非等閒之圖，其內容合於《繫辭》天地奇偶之數及奇偶對應之理，以數展現陰陽萬象之變化，加上《繫辭》言及伏羲則河圖，仰觀俯察，以此推斷此五十五數之河圖必為伏羲所則之圖。

　　由此可見朱子衷情於河圖是因河圖之數極其精妙，必非尋常之物；但何以漢儒言伏羲授河圖，卻未言及五十五數之河圖，何故？吳澄就朱子未言的部分加以補充，對圖、書流傳的歷史作番交待：「周後，漢初儒流專門之學，率是口耳授受，故凡有文辭可記誦者傳，不可記誦者無傳，五經皆存而獨《樂》之一經亡，三百五篇《詩》皆存而獨『笙詩』之六篇亡，蓋以無文辭，非可記誦故也。」「若先天古《易》止有卦畫，河圖、洛書止有圖象，則儒家亦不傳，是以漢、魏、晉、唐、宋初之儒不見圖、書，羲《易》、圖、書不傳于儒流，而方伎之家藉此篇窺造化，乃秘而寶之；然歷代方伎之人不過泥小術數，鮮或探大本原，雖秘此寶，特小用之。」〔註27〕吳澄認為圖、書以及伏羲《易》之所以不見於宋代之前，是因此三者皆符號無文辭之故，加上《書》所言河圖藏於天府，自然不易見得，方伎家或偶得之而秘傳不宣，儒者自無從得之。

　　圖、書之出現與流傳，吳澄言道：「逮唐亡宋興之際，異人挺生，有希夷先生陳摶圖南，有豪傑之才，兼孔老之學，從方伎家得此三寶，當時有穆修、种放遊其門，故穆得其古《易》，种得其圖、書；穆傳李之才，再傳而至邵雍，种傳李溉、許堅、范諤昌，四傳而至劉牧。邵得圖書蓋亦穆所傳也，

〔註26〕見胡方平《易學啟蒙通釋・本河圖第一》，頁33。
〔註27〕《易纂言外翼・易原》，卷7，頁252～253。

其洞徹蘊奧，蔑以加矣；劉亦發揮圖書，而識者未之可焉。」〔註28〕（同上）原本秘傳的圖、書、古《易》，自陳摶（字圖南，871？～989？）之後方揭於世，邵雍由穆修（字伯長，979～1032）處得古《易》及圖、書，劉牧由种放（字明逸，956～1016）處得圖、書，使得宋儒得因此開展出《易》的圖書之學。

　　對劉牧將圖、書之內容定在圖九書十，與朱子的說法不同，吳澄的解釋是：「蓋初所傳但得二圖，不曾分別何者為圖，何者為書，是致混淆而不免差互，非劉之罪也。……後來朱、蔡辨析明白。」〔註29〕依吳澄的解釋，劉牧之誤是因二圖本未定名，劉牧考辨未詳而致誤也，後經朱、蔡改定為圖十書九便合於《易》、〈範〉之意也。吳澄將朱、蔡二子所傳的河圖、洛書上溯至劉牧、陳摶，雖然朱、蔡未言其傳承，然就圖、書之內容來看確實如此，而吳澄的解釋說明了其間關係的發展。

　　雖然吳澄提出了圖、書傳承的合理推斷，但仍有一問題存在，朱子曾言「龍圖是假書，無所用」〔註30〕如何解釋此說法；另外，陳摶與河圖的關係，陳摶自己的講法似乎與吳澄所言不盡合，當如何解釋？

　　對於陳摶與龍圖之關係，可引元雷思齊《易圖通變》中的看法作為輔助，雷氏言道：「由漢而唐《易經》行世，凡經傳疏釋之外，未有及於圖書之文刊列經首者；迨故宋之初陳摶圖南始創意推明象數，自謂因玩索孔子三陳九卦之義，得其遠旨心有書述，特稱龍圖。離合變通，圖餘二十是全用大傳天一地二至天五地十，五十有五之數，雜以納甲，貫通義理。……自圖南五傳而至劉牧長民，乃增至五十五圖，名以鉤隱。」〔註31〕「愚幸及其全書，觀其離合出入於制數之說，若刳心而有以求義文之心者也。」〔註32〕此段敘述說明了，雷氏親見陳摶的著作，並指出陳摶的「龍圖」並非伏羲所見的河圖，而是從《易傳》中論天地之數演變出龍圖來，此說法否定的龍圖即河圖的說法。

　　對於此亦可由陳摶自己的〈龍圖序〉中找到直接論據。陳摶言道：「且夫龍馬始負圖出於羲皇之代，在太古之先也。今存已合之位尚疑之，況更陳其未合之數！然則何以知之？答曰：於夫子三陳九卦之義，探其旨所以知之也。

〔註28〕《易纂言外翼‧易原》，卷7，頁252～253。
〔註29〕《易纂言外翼‧易原》，卷7，頁257～258。
〔註30〕《朱子語類‧易三‧綱領下》，卷67，頁1681。
〔註31〕《易圖通變‧河圖遺論》，卷五，頁231。
〔註32〕同前書，卷4，〈河圖辨徵〉，頁319。

況夫天之垂象的如貫珠，少有差則不成次序矣；故自一至於盈萬，皆累然如係之於縷也。且若龍圖便合，則聖人不得見其象，所以天意先未合而形其象，聖人觀象而明其用。是龍圖者，天散而示之，伏羲合而用之，仲尼默而形之。」由此可瞭解，龍圖乃陳摶據夫子《繫辭》推演而得，非河圖之原貌。

　　經由雷思齊及陳摶的說法，瞭解龍圖是陳摶以理論推斷《易經》的發展過程；藉由逆推的方式，依據《易傳》找出伏羲易的特點——數，揭示了一陰一陽到八卦至六十四卦之演變，及六十四卦間結構之安排，甚至對天地之數的認識與天地之數的提出，其間充滿了巧妙的佈局；而卦畫運用之妙，連夫子都不免讚嘆：「知變化之道者，其知神之所爲乎？」（《繫辭》）陳摶再由伏羲《易》在數理的表現，推測伏羲所參考河圖的可能內容，設計出所謂的龍圖。因此，這部龍圖只是陳摶所推測出來的，並非眞正伏羲所參考的河圖；此正好解釋了朱子認定的河圖何以符合天地之數，因陳摶本是據天地之數，陰陽對應之理而推畫此圖，自然完全符合。

　　既然朱子、蔡元定所承並非伏羲所見眞正河圖，而是陳摶依據《繫辭》推演之圖，而朱子本身亦認爲《龍圖》是假書，不足爲據；如此則徹底瓦解朱、蔡二子及吳澄所肯定以五十五數之圖爲河圖的主張。

　　反對宋儒圖、書之說者有元代錢義方《周易圖說》、陳應潤《周易爻變義蘊》、明代歸有光〈易圖論〉，清儒黃宗羲《易學象數論》、黃宗炎《易學辨惑》、毛奇齡《河圖洛書原舛編》、胡渭《易圖明辨》、張惠言《易圖條辨》等亦反對宋儒的圖書之學。其中胡渭於〈易圖明辨題解〉對宋人圖書之學作了精簡而完整的評論：「河圖之象，自古無傳，從何擬議？洛書之文見於〈洪範〉奚關卦爻？五行、九宮初不爲易而設，……而後人或指爲河圖，或指爲洛書，妄矣！妄之中又有妄焉，則劉牧所宗之龍圖，蔡元定所宗之關子明《易》是也，此皆僞書，九、十之是非，又何足校乎？故凡爲易圖以附益經之所無者，皆可廢也。」胡渭反對以圖附經的作法，主張當棄圖而不用，其本理由是並無直接證據說明伏羲所則之河圖內容確實爲何，無論劉牧或蔡氏之說，所據均不可信。

　　胡渭認爲，雖然劉牧、蔡氏所言均非眞正的河圖，但認爲《繫辭》言河出圖聖人則之仍是可信的事實，胡渭言道：「河圖、洛書特推原當時《易》、〈範〉所由作，今欲明《易》，八卦俱在，焉用河圖？欲明〈範〉，九章俱在，焉用洛書？……然河圖、洛書三語實出於夫子，又不可如歐公輩斥之以妖妄。」〔註33〕

〔註33〕 《易圖明辨·河圖洛書》，卷1，頁441。

雖然宋儒以僞作之圖書爲眞正之圖書實爲不當，但《繫辭》夫子之語仍是可信的，不可棄置；因此胡渭認爲言論河圖、洛書之目的在於推原《易》、〈範〉，只須認清有此事實即可，因眞正圖書已不可考，故無須追究其內容。

對吳澄來說，雖然肯定朱、蔡圖十書九之說，但並未將河圖、洛書附於《易纂言》之首，只是在解釋《繫辭》及《易纂言外翼》承繼並發揮朱、蔡之說，故未如胡渭批評朱子以河圖附經之失；至於肯定伏羲則河圖畫八卦只是肯定夫子的說法，並無不當，至於宋儒的圖書研究，則須作發生義與理論義的區分，而將宋代圖書之學明確定位在理論解釋上，如此既能免於將陳搏之作誤混於《易》，且將之視爲對「天地之數」的圖式說明，以發揮其深蘊，方是今後面對宋儒圖書之學一個值得參考的態度。

第二節　以「先天圖」爲基礎之「互體圖」

本節主要考察吳澄對「先天圖」之理解及其獨創之「互體圖」

關於先天六十四卦方圓圖，吳澄將此圖附於《易纂言》卷首，並認爲因伏羲之《易》有圖而無書，此圖所以至宋方現於世，實因傳於方伎之家故也，至邵子始大發揚之。六十四卦方圓圖是由先天八卦方位圖發展而成，而八卦方位圖之基礎又爲先天八卦次序圖。關於八卦次序圖，邵子是據《繫辭傳》「太極生兩儀，兩儀生四象，四象生八卦」而來，太極生陰、陽，陰、陽生四象──太陽、少陰、少陽、太陰，四象生八卦──乾☰、兌☱、離☲、震☳、巽☴、坎☵、艮☶、坤☷。〔註34〕此圖乃據邵子加一倍法而來，吳澄《易纂言》詳細記載三畫八卦之形成；至於先天八卦之數，則依次爲乾一、兌二、離三、震四、巽五、坎六、艮七、坤八。

關於八卦方位圖的理論基礎亦見於《繫辭傳》「天尊地卑，乾坤定矣」、《說卦》「天地定位，山澤通氣，雷風相薄，水火不相射」。〔註35〕《說卦》這段文字如何與圖相關，吳澄解釋道：「天地定位者，乾南坤北，上天下地，定其尊卑之位也；山澤通氣者，艮西北兌東南，山根著於地，澤連接於天，通乎天地之氣也；雷風相薄者，震東北巽西南，雷從地而起，風自天而行，互相衝激也；水火不相射者，坎西離東，水火本相害之物，今一左一右，不相侵克也，此皆

〔註34〕《周易本義》，卷首「伏羲八卦次序圖」。
〔註35〕《易纂言》，頁 26。

以圓圖而言。」〔註36〕吳澄順邵子乾、坤縱六子橫之說法，此即天地定位之理，既然乾南、坤北定上下尊卑之位，則兌澤連接於天、巽風自天而行，故兌、巽位居乾之左、右之位；艮山根著於地、雷從地起，故震、艮分坤左右之位；至於坎、離性質相反，故分居乾、坤之東、西（左、右）位。吳澄對於艮與兌、震與巽、坎與離六卦取各居其位，各有所用之意，不取相對二卦相與為用之意，〔註37〕理由是若以地理來說，有山之處多無澤，有澤之處未必有山，山、澤各有其位，各有所用，可見吳澄對於此圖是強調各居其位與各有所用之意也。

由八卦方位圖到六十四卦方圓圖，亦可由《說卦》得到依據，「八卦相錯，數往者順，知來者逆，是故《易》逆數也」，其中，「八卦相錯」即是指八卦相錯即三畫卦上加變成六畫卦而成六十四卦。至於順數之往、逆數之來既可解釋八卦方位圖，亦可解釋六十四卦方圖；前者見於《易纂言》卷首先天八卦方位圖，文中引邵子之說對此圖作解釋；後者則為吳澄的觀點，見於吳澄對此段文句的解釋，認為「天地定位」是指圓圖，此句則就方圖言也。〔註38〕依方圖之橫列來看，自右而左之次為乾、兌、離、震、巽、坎、艮、坤，此即所謂的知未來之逆數；自左而右則次序相反，而為知過往之順數。

因此，吳澄由《繫辭傳》、《說卦》找到了先天八卦圖及六十四卦方、圓圖之依據，配合邵子《觀物外篇》的解釋，〔註39〕認定此三圖必然為伏羲之圖。然而對於「先天圖」、八卦圖、六十四卦方圓圖的真偽，仍須作進一步考察。

明歸有光（震川）〈易圖論〉認為：「《易》圖非伏羲之書也，此邵子之學也」〔註40〕之後的黃宗羲與胡渭亦採取否定的立場，黃氏認為：「康節上接种放、穆修、李之才之傳而創為河圖、先天之說，是亦不過一家之學耳。」〔註41〕胡渭則指出：「邵子大、小橫圖皆數學也，知來之神寓焉；大、小圓圖均丹道也，養生之法備焉；其說自成一家之言，於聖人之《易》無涉也。」〔註42〕黃、胡二子均認為「先天圖」只是《易經》內容的應用，類似《參同契》與《易》之關係，雖然使用《易經》的概念，但卻發展成另套論點，並非直接關聯於《易》，

〔註36〕《易纂言・說卦》，第8，頁417。
〔註37〕《易纂言・說卦》，第8，頁421。
〔註38〕《易纂言・說卦》，第8，頁417。
〔註39〕《易纂言》，頁26。
〔註40〕《震川先生集・易圖論上》（臺北：源流出版社，1983年），卷1，頁1。
〔註41〕《易學象數論・自序》，黃宗羲全集9，頁1。
〔註42〕《易圖明辨・先天古易下》，卷7，頁511。

故二子稱「先天圖」爲陳、邵的一家之學。

黃、胡二子的論斷相較支持邵子說法的朱子、吳澄是較站得住腳的，何故？因朱子、吳澄雖然肯定邵子的說法能於《易》經傳文字找到依據，並且讚嘆於先天諸圖的精妙，加上二子均希望找到伏羲《易》的內容作爲《周易》之源頭，遂將先天諸圖冠於著作之首。朱、吳二子雖能依《易》經傳爲「先天圖」找到證據，但黃、胡二子亦能由此找到否定的依據，如此豈不產生矛盾的現象？而此問題的產生關鍵在於，朱、吳二子並無具體文獻證明先天諸圖確實爲伏羲所作，使得黃、胡二子的懷疑便自然成立。既然無直接證據證明先天諸圖爲伏羲《易》圖之眞實性，便不當遽信之，僅視之爲陳、邵之學即可。既限定於陳、邵之學後，此些圖便可視爲陳、邵對《易》經傳的圖解，據經傳內容推衍而成，正因據經傳而作，自然合於經傳之理，朱、吳二子之弊，便在於倒果爲因也。

吳澄將六十四卦圓圖發展出創新的「互體圖」，〔註43〕首先就「互體」是否爲《易》之正例作討論，關於中爻、互體的概念，吳澄釋《繫辭》「若夫雜物撰德，辯是與非，則非其中爻不備。」言道：

> 內外既有二正體之卦，中四爻又成二互體之卦，然後其義愈無遺缺；
> 非以此正體、互體併觀，則其義猶有不備。正體則二爲內卦之中，
> 五爲外卦之中；互體則三爲內卦之中，四爲外卦之中，故皆謂之中
> 爻。〔註44〕

吳澄認爲僅論正體不論互體，無法窮盡《易》之取象，雖然互體說不見於《易》經傳，但在《左傳》卻已運用這種方式釋象。《春秋》莊公二十二年《左傳》載陳侯之筮遇觀之〈否〉曰：『風爲天於土上，山也。』杜預注曰：『自二至四有艮象，艮爲山。』此例足以作爲互體運用之實例。

就《易》學發展來看，反對互體者幾以義理派爲主，如王弼、伊川是主要代表；但重視《易》象者，自漢魏晉以來，如京房、鄭玄、虞翻均肯定互體的重要。既然《易》象是《易經》重要的部分，自不得偏廢，但是否必須取互體來釋象，則需作深入考察。朱子雖然不主張互體，但卻說過這樣的一段話，有弟子問及「雜物撰德，辨是與非，則非其中爻不備」的解釋，朱子答道：

〔註43〕此圖目前僅保存在明代朱升《周易旁註卦傳前圖》及清黃宗羲《易學象數論》中。

〔註44〕《易纂言》，頁378～379。

這樣處不曉得，某常疑有闕文，先儒解此多以爲互體。如〈屯〉卦震下坎上，就中間四爻觀之，自二至四則爲坤，自三至五則爲艮，故曰『非其中爻不備』。互體說，漢儒多用之。《左傳》中一處說占得〈觀〉卦處亦舉的分明，看來此說不可廢。〔註45〕

從這段文字可看出，朱子認爲互體仍是有道理的。從朱子所舉之例，〈屯〉☳☵卦辭「利建侯」的取象，若以互體便容易解釋，坤☷爲國，震☳爲侯。朱子雖不標舉互體在釋象的重要，但在《周易本義》解釋〈大壯〉取象，不免仍用互體來解釋；且在解釋《繫辭》「非其中爻不備」及〈屯〉卦取象，又肯定互體的價值。此矛盾之關鍵在於，朱子並非認爲互體不可取，而是強調如何適當運用在釋象上。

吳澄由「先天圖」中發現六十四卦之互體完整的邏輯結構，而發展出「互體圖」，並提出他的發現：

自昔言互體者，不過以六畫之四畫，互二卦而已，未詳其法象之精也。今以「先天圖」觀之，互體所成十六卦，皆隔八而得，縮四而一。圖之左邊起〈乾〉、〈夬〉，歷八卦而至〈睽〉、〈歸妹〉，又歷八卦而至〈家人〉、〈既濟〉，又歷八卦而至〈頤〉、〈復〉；圖之右邊起〈姤〉、〈大過〉，歷八卦而至〈未濟〉、〈解〉，又歷八卦而至〈漸〉、〈蹇〉，又歷八卦而至〈坤〉、〈剝〉。左、右各二卦互一卦，合六十四卦互體只成十六卦；又合十六卦互體只成四卦，〈乾〉、〈坤〉、既、〈未濟〉也。《周易》始〈乾〉、〈坤〉，終既、〈未濟〉以此歟？中一層左、右各十六卦，其下體兩卦相比，一循〈乾〉一、〈坤〉八之序：其上體十六卦，兩周〈乾〉一、〈坤〉八之序。正體則二爲內卦之中，五爲外卦之中；互體則三爲內卦之中，四爲外卦之中，故皆謂之中爻。〔註46〕

全祖望嘗疑黃宗羲引吳澄「互體圖」之出處，並言道：「姚江黃梨洲徵君著《易學象數論》中引草廬先天互體圓圖，在《纂言》中無之，當即係十二篇之一（注：指《外翼》也）。徵君於書無所不窺，不知及見是書而引之邪？抑展轉出於諸家之所援據邪？」〔註47〕

即使全氏未質疑黃氏所引此段文字之出處，就整段文字來看文意不甚連

〔註45〕《朱子語類》，卷76，頁1957。
〔註46〕此段所引見於黃宗羲《易學象數論·互卦》，頁87。
〔註47〕《宋元學案·草廬學案》，頁588。

貫，由首句至「《周易》始〈乾〉、〈坤〉，終既、〈未濟〉以此歟？」爲一段，
「中一層左、右各十六卦，其下體兩卦相比，一循乾一、坤八之序；其上體
十六卦，兩周乾一、坤八之序。」爲另段，「正體則二爲內卦之中，五爲外卦
之中；互體則三爲內卦之中，四爲外卦之中，故皆謂之中爻。」又自成一段，
文意不貫串的現象非常明顯。

　　依全氏之說，吳澄之「互體圖」在清初便未出現於其著作中，但明朱升
的《周易旁註卦傳前圖》卻保存了吳澄的圖與文字。對照朱升所記與黃氏所
錄，發現文字部分不盡相同，朱升所引僅止於「《周易》始〈乾〉、〈坤〉，終
既、〈未濟〉以此歟？」而此句底下有數行小字，「中一層，左右各十六卦，
其下體兩卦相比，一循乾一、坤八之序；其上體十六卦，兩周乾一、坤八之
序。」〔註48〕此乃朱升之註文，非吳澄之原文，但黃宗羲誤將朱升的解釋混
入其間。其下尚有數句：「可玩其內層，下體乾、離、坎、坤爲序，其上體乾、
離、坎、坤爲序，而四周之尤可玩。」此部分黃氏則未援引。如此便可解釋
何以筆者指出第一段與第二段文意不連貫之理由，須將第二段去除，視爲朱
升對吳澄說法的解釋。

圖一：吳澄之互體圖

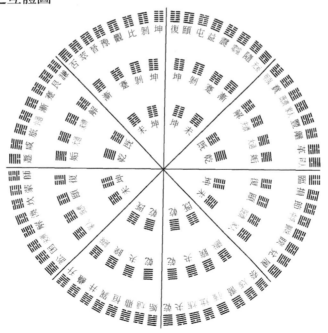

〔註48〕見於朱升《周易旁註卦傳前圖》，頁 238。

依吳澄原文之說法，藉由六十四卦先天圓圖，可以建立六十四卦互體理論，以「隔八縮四」之法，提出互體之規律。所謂隔八法，便是將六十四卦依下卦區隔為——乾☰、兌☱、離☲、震☳、巽☴、坎☵、艮☶、坤☷八組，以乾組為例，乾☰、夬☱互體為乾☰乾☰（〈乾〉），〈大有〉、〈大壯〉互體為兌☱乾☰（〈夬〉），〈小畜〉、〈需〉互體為離☲兌☱（〈睽〉），〈大畜〉、〈泰〉互體為雷☳兌☱（〈歸妹〉），此八卦便得互體四卦，他例仿此。

有關縮四之法，再以乾組為例，上所得之四卦〈乾〉、〈夬〉、〈睽〉、〈歸妹〉，〈乾〉、〈夬〉互體得〈乾〉，〈睽〉、〈歸妹〉互體得〈既濟〉，餘例同此。吳澄將「先天圖」變成三層，由六十四卦得出互體十六卦為中層，再由十六卦得互體四卦作內層，這便是吳澄「互體圖」所發現的規律，而所據原則即是隔八縮四法。而最後所的得四卦〈乾〉、〈坤〉、〈既濟〉、〈未濟〉，正好與《周易》始於〈乾〉、〈坤〉，終於〈既濟〉、〈未濟〉的現象相同，似乎可由六十四卦之互體關係找到完整的理論。

朱升對「互體圖」的中層與內層規律的解釋亦值得參考，「互體圖」中層有三十二卦，但圖左、圖右所得相同，故實為十六卦；內層亦如此，三十二卦變為八卦，但左、右相同，故實得四卦。欲理解「互體圖」，不妨配合朱升的說明，更可見出妙處所在。

黃宗羲於《易學象數論》說明互體後，附上「互卦圖」，[註49]但卻未標出是何人的說法，經過考察與吳澄的「互體圖」極相關。此圖區分為：乾☰乾☰、乾☰巽☴、坤☷坤☷、坤☷震☳、震☳坎☵、震☳兌☱、巽☴離☲、巽☴艮☶、坎☵離☲、坎☵艮☶、離☲坎☵、離☲兌☱、艮☶坤☷、艮☶震☳、兌☱乾☰、兌☱巽☴，此即「互體圖」經隔八法後所得出的十六卦，可說是就六十四卦與十六卦的關係，依上下卦之組成作歸類。

黃宗羲肯定互體之必要性，並認為「若棄互體，是聖人有虛設之象也」[註50]釋卦象時，若正體無此象，必於互體求之；若否定互體，則某些卦象便無從理解，此為互體之重要性；另外一重要文獻依據即是《繫辭》「雜物

〔註49〕《易學象數論・互卦》，卷2，頁85～86。
〔註50〕《易學象數論・互卦》，卷2，頁84。

撰德」，黃氏認爲此即是互體，無待於下文，〔註 51〕即使不言中爻，此句便已足作論據。

　　黃氏除了引吳澄的圖與說外，亦引了朱震的說法及林黃中（林栗）的圖與說，並作出總結指出：「僞說滋漫，互卦之稂莠也」，〔註 52〕似乎將吳澄的觀點與朱、林二氏的說法併視爲僞說，而採取否定的態度，但黃氏並未說明何以否定吳澄的「互體圖」。但似乎可由全祖望的批評中找出答案，全氏言道：「草廬之《易》，愚所不喜，至於天互體之例用圓圖，創作隔八、縮四諸法，以六十四卦互成十六卦，以十六卦互成十六卦而止，爲漢、魏諸儒所未有，然實支離不可信；總之，宋人誤信先、後天方圓諸圖，以爲出自羲、文之手，而不知其爲陳、邵之學故也。」〔註 53〕

　　全氏批評的主要認爲吳澄「互體圖」所據的是邵子的「先天圖」，「先天圖」並非伏羲之眞圖，故不足採信；既然「先天圖」不足信，又依此而作之「互體圖」，自然亦不可信也。全氏的看法與之前黃宗羲、胡渭的看法一致，認爲「先天圖」乃陳、邵的一家之學，與《易》並無直接關聯；雖然如此，仍可從另種角度作評斷，即使先天圓圖非伏羲所作，但六十四卦符號間的邏輯關係，確實可由先天圓圖見出；就吳澄「互體圖」來說，其重要性亦在於此，建構出互體的理論體系。

　　在吳澄提出「互體圖」後，清李光地（字晉卿，1642～1718）《周易折中》又發展出另種「互體圖」的畫法，但對於六十四卦互成十六卦，十六卦互成四卦則與吳澄相同。在六十四卦互成十六卦的部分，李光地指出「四象相交爲十六事」，此意是指四畫卦形成時，便有此十六互卦──〈乾〉䷀、〈夬〉䷪、〈睽〉䷥、〈歸妹〉䷵、〈家人〉䷤、〈既濟〉䷾、〈頤〉䷚、〈復〉䷗、〈姤〉䷫、〈大過〉䷛、〈未濟〉䷿、〈解〉䷧、〈漸〉䷴、〈蹇〉䷦、〈剝〉䷖、〈坤〉䷁，此十六卦爲互卦之根，即在六畫卦形成，亦所互之卦仍此十六卦，即十六事也；其中互〈乾〉、〈坤〉、〈剝〉、〈復〉、〈大過〉、〈頤〉、〈姤〉、〈夬〉之卦的中二爻爲太陽、太陰，互其他諸卦者之中二爻爲少陽、少陰，故言歸於四象也。〔註 54〕至於十六卦歸於四象與十六卦互成四卦之關係，李光地認爲，

〔註51〕　《易學象數論・互卦》，卷 2，頁 84。
〔註52〕　《易學象數論・互卦》，卷 2，頁 85。
〔註53〕　《宋元學案・草廬學案》，頁 588。
〔註54〕　《易學啓蒙・附論》，頁 295～297。

十六卦所得之四卦〈乾〉、〈坤〉、〈既濟〉、〈未濟〉，太陽三疊成〈乾〉，太陰三疊成〈坤〉、少陽三疊成〈未濟〉、少陰三疊成〈既濟〉，故四卦又可歸約為四象。

圖二：李光地之互卦圓圖

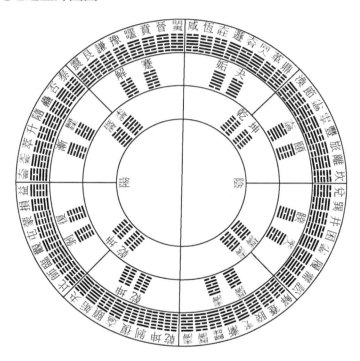

　　李光地之互卦圓圖，不同於吳澄本於先天圓圖，先以〈乾〉☰、〈坤〉☷、〈既濟〉☲、〈未濟〉☵為核心，依順時針方向，圖左依次為互〈剝〉☶、〈復〉☳、〈漸〉☴、〈歸妹〉☱、〈解〉☵、〈蹇〉☶，為陽卦，皆以震☳、艮☶為主，而統於〈乾〉☰、〈坤〉☷；圖右依次為〈姤〉☴、〈夬〉☱、〈大過〉☱、〈頤〉☳、〈睽〉☲、〈家人〉☴，為陰卦，皆以巽☴兌☱為主，統於〈既濟〉☲、〈未濟〉☵。李氏則由六十四卦先指出所互得十六卦，再統整十六卦所統領之諸卦，並依十六卦陰、陽之性質加上震、艮為主與巽、兌為主之區分，畫分為圖左、圖右，分別統於〈乾〉與〈坤〉、〈既濟〉與〈未濟〉。

　　比較吳澄與李光地之互體理論及「互體圖」，吳澄互卦理論僅言及至四卦而未及四象，李氏卻將十六卦歸於四象，其實李氏仍是順著邵子說法而來，因邵子的先天八卦次序即言及卦畫一生二、二生四之理，既然六畫卦由四象所變，自然六十四卦的任何一卦均以四象為基礎；故李氏言十六卦歸於四象，

仍未脫離邵子的框框，並非新意，然而指出四卦正好爲四象三疊而成，則仍屬於系統內的說明。至於互體理論與圖之關係，二子思考過程不同，吳澄直接由「先天圖」得出內、中、外三層的互卦圖，吳澄先有圖再指出互卦理論體系，李氏先建立互卦體系，再依此構圖，二子互卦理論相同，但所成之「互體圖」並不相同。

　　江永（慎修）《河洛精蘊》對互體有番說明：「《易》前似有《易》，陳希夷之龍圖是也；《易》中復有《易》，中爻之十六互卦是也；《易》後復有《易》，焦贛之《易林》及後世《火株林》占法是也。」〔註55〕相較《易》前之《易》及《易》後之《易》，《易》中之《易》是屬《易》本身的論點，與《易》之關係最爲直接。江永對互體的理解是承繼李光地《周易折中》的講法，並指出李氏推出十六互卦之妙是發先儒所未發，〔註56〕又順著李氏將四卦解釋爲四象之三疊，而申述之：「以二太不易之體，以二少爲交易、變易之用，實則天、地、水、火四物而已。」〔註57〕江氏指出四卦之關係：〈乾〉☰、〈坤〉☷二卦爲常體，以〈既濟〉☵、〈未濟〉☲爲變易之用；又指出四卦所象徵之物爲天、地、水、火，此說乃李氏說法之進一步延申。

　　江永指出李氏互十六卦之說乃發先儒所未言，著實不妥，其實早在李氏之前吳澄已揭示此精妙之理。至於江永對〈乾〉、〈坤〉、〈既濟〉、〈未濟〉之發揮，亦早見於吳澄的說法，吳澄言道：「坎離者，乾、坤二卦之用，震、艮、巽、兌之管轄也，故以爲二篇之終。」〔註58〕就此來說，江永的互卦說並未超出吳澄論點之外。

　　雖然李氏不以先天圓圖來畫「互體圖」，但其互體理論卻與吳澄一致。但令人訝異的是，二子均未提及吳澄，不知是未見其說，或是刻意隱瞞；若說未曾見吳澄的說法，李氏宣稱：「某治《易》，雖不能刻刻窮研，但無時去懷，每見一家解必看」〔註59〕江永亦稱：「余學《易》有年，古今諸儒之說，亦嘗遍觀矣。」〔註60〕既然二子聲稱對歷來《易》學著作有所鑽研，何獨未見吳澄之說法？即使如全祖望所言未見吳澄著作中有「互體圖」，但明朱升的著作

〔註55〕《河洛精蘊・自序》，頁10。
〔註56〕《河洛精蘊・互卦說》，卷4，外篇，頁156。
〔註57〕《河洛精蘊・互卦說》，頁161。
〔註58〕《易纂言外翼・卦統》，卷1，頁11～12。
〔註59〕《榕村語錄・周易一》（北京：中華書局，1995年），卷9，頁155。
〔註60〕《河洛精蘊・自序》，頁10。

中確有保存，就算未見朱升之書，黃宗羲《易學象數論》中言及吳澄作此圖，與黃氏同期的李光地、或黃氏之後的江永焉能未知吳澄之「互體圖」？吳澄爲元代《易》學大家，黃宗羲《易學象數論》爲清初重要著作，對李、江二位《易》學專家，既稱遍讀群書，豈能忽略吳澄作「互體圖」這個事實？

從李、江二子均採取十六互卦之說，可印證吳澄這套說法的重要性，即使互卦圖是基於陳、邵「先天圖」而成，但並不因「先天圖」並非伏羲之眞圖，而減損其理論之重要性。符應的眞與理論的眞是兩回事，不可混同；全祖望對吳澄的批評是就符應上的眞來論斷的，「互體圖」所據之「先天圖」並非伏羲《易》圖雖不具符應意義的眞，但此圖解釋六十四卦互體關係，則具有理論上的眞。吳澄此套以互卦建立的嚴整體系，在《易》學研究上有其一定的重要性。

第七章 《易》數之理解與應用

第一節 論「天地數」與「大衍數」

　　《易》學所涉之數除上節所言河圖之數外尙有大衍數、八卦數，另外又衍生揚雄之太玄數、邵雍之皇極數，其中天地數與大衍數爲《繫辭傳》所明言，故先就此部分論述之。本節主要針對三方面，考察吳澄之觀點，一、天地數與河圖數之關係，二、天地數與大衍數是否關聯？三、如何解釋大衍數「其一不用」。

　　朱子認爲天地數是河圖數，朱子言道：「卦雖八而數須十，八是陰陽數，十是五行數」「五行本只是五而有是十者，蓋一箇便包兩箇，如木便包甲、乙，火便包丙、丁，土便包戊、己，金便包庚、辛，水便包壬、癸，所以爲十」〔註1〕朱子以河圖之數奇、偶相合對應五行來解釋天地之數爲十。

　　朱子將陰、陽與五行兩套系統加以結合，並指出《繫辭》所言「凡天地之數五十有五，此所以成變化」中「變化」之意是指，一變生水而六化成之，二化生火而七變成之，三變生木而八化成之，四化生金而九變成之，五變生土而十化成之。〔註2〕「變」是以天生而言，「化」是以地成而言，因此一、六相合象徵水之變化，二、七相合象火之變化，三與八相配爲木，四與九相配成金，五與十相合成土。此乃承漢儒之說法，鄭玄嘗言：「天地之氣各有五，五行之次：一曰水，天數也；二曰火，地數也；三曰木，天數也；四曰金，

〔註1〕　《朱子語類》，卷75，頁1915。
〔註2〕　《周易本義·上傳》，頁3之10。

地數也；五曰土，天數也。此五者，陰無匹，陽無耦，故又合之，地六爲天一匹也，天七爲地二耦也，地八爲天三匹也，天九爲地四耦也，地十爲天五匹也。」〔註3〕

　　吳澄亦認爲此章乃夫子以河圖之數而言，〔註4〕並承繼朱子所解釋十數與天地之生成變化之說法，亦言道：「蓋一生水，六成之；二生火，七成之；三生木，八成之；四生金，九成之；五生土，十成之。」〔註5〕吳澄又進一步解釋十數之來由，引邵子「加一倍法」作解釋，吳澄言道：

> 天之氣專直而無間斷，故其數一而奇；地之形翕闢而有容受，故其數二而耦。天一、地二者，天地本數也。一本而四支，已有二矣，而又加奇一、耦二則爲天三、地四；已有四矣；而又加奇一、耦二則爲天五、地六；已有六矣，而又加奇一、耦二則爲天七、地八；已有八矣，而又加奇一、耦二則爲天九、地十，支四加而數成焉。數成於十，實則奇一、耦二而已，此天地自然之數也。河圖數與此同。〔註6〕

吳澄於《易纂言》卷首指出伏羲見天地萬物之性情、形體一陽、一陰而已，伏羲以一奇、一偶爲萬物變化之基礎符號；天地之數，則夫子是以數的形式來展現。天一、地二到天九、地十的發展，則是累加的結果，以每次所得之偶數分別加上一與二，便得出新的奇偶之數，經過四次運算而得出十數。

　　吳澄認爲夫子所提出天地十數，與伏羲以一奇一偶畫卦之原理是相同的，均可以「加一倍法」說明之。如此則將天地數與河圖數與六畫卦之生成完全關聯在一起，如此八卦之象、天地之數、一陰一陽之理，形成一套大系統，可解釋《易經》象、數、理一體之理，此是吳澄解釋天地數之一大特色。

　　然而吳澄之說法（朱子亦然）亦有其限制，《易》僅言陰、陽而未及於五行、十干，五行見於〈洪範〉，十干爲後起之說，此二系統並不屬於《易》本身，自不宜用來解釋經傳內容，即使解釋再巧妙，仍無關乎經義，這點值得注意；另個問題則是吳澄與朱子不免爲河圖所限，此恐受當時學術觀影響所致。

〔註3〕　明胡震亨輯補，《易解附錄》（北京：中華書局，1985年），頁64。
〔註4〕　《易纂言外翼》，頁238～239，《易纂言》釋〈繫辭〉「天一地二」，吳澄言道：「河圖數與此同」，頁346。
〔註5〕　《易纂言》釋〈繫辭〉「天一地二」，頁346。
〔註6〕　《易纂言》釋〈繫辭〉「天一地二」，頁346。

　　至於大衍數五十的重要問題，岑溢成先生指出，「〈大衍章〉的主要作用是說明定爻立卦的方法和儀式，及其象徵意義。由於〈大衍章〉本來就交待的相當具體和詳盡，所以歷來詮釋，總是大同小異，爭議不多。諸家詮釋主要分歧，主要在於『大衍之數』的來歷和『其一不用』兩個問題上。」〔註7〕

　　首先討論「大衍之數五十」之來由，吳澄的解釋是「天地之數共十位，然數起於一，其對爲二，一參之而爲三，二兩之而爲四，有一、二、三、四而十數具矣」「四者正位，十者積數也，故以正位之四衍積數之十，每一加羨以四謂之衍」「一而衍四者，邵子所謂小衍之而爲五是也；二而衍四者，二則八也，并二則爲十矣；三而衍四者，三則十二也，并三則爲十五矣；四而衍四者，四則十六也，并四則爲二十矣，合五數、十數、十五數、二十數則爲五十，邵子所謂大衍之而爲五十是也」〔註8〕

　　吳澄認爲五十之數的形成是以一、二、三、四爲基礎數，其相加所得積數爲十，此四數又皆由一所變。其變化過程，一、二、三、四分別衍四，即一乘四、二乘四、三乘四、四乘四，然後所衍之數再與本數相加；其義同於一乘五、二乘五、三乘五、四乘五，最後所得之數分別爲五、十、十五、二十，其中五爲邵子所稱的小衍之數，而大衍之數則爲五、十、十五、二十相加後的結果。以圖式表示即成：

（1）$1+1+1+1=4$，$4+1=5$　　$2+2+2+2=8$，$8+2=10$

　　　$3+3+3+3=12$，$12+3=15$　　$4+4+4+4=16$，$16+4=20$

　　　$5+10+15+20=50$

（2）或可簡化成：$(1+2+3+4)\times4+(1+2+3+4)=50$

　　對於大衍數與天地數之關係，歷來說法大抵可歸爲二大類：其一，認爲大衍數的來由不涉及天地之數；其二，大衍數由天地之數來。主張第一類者爲京房、馬融、荀爽、《周髀算經》等，主張第二說者有鄭玄、姚信（含董遇）、《漢書·律曆志》、崔憬、李鼎祚、朱子、吳澄等。

　　在第一類中，京房認爲：「五十者謂十日、十二辰、二十八宿也」馬融的說法：「《易》有太極，謂北辰也；太極生兩儀，兩儀生日、月，日、月生四時，四時生五行，五行生十二月，十二月生二十四氣」，荀爽之說爲：「卦各

〔註7〕引自岑溢成先生〈王弼「大衍義」與象數〉於「第三屆魏晉北朝文學與思想學術研討會」會議論文，1996年4月，頁11～12。
〔註8〕吳澄釋「大衍之數五十」，《易纂言》，頁347。

有六爻，六八四十八，加〈乾〉、〈坤〉二用，凡有五十」，〔註9〕《周髀算經》的觀點則是：「禹治洪水，始廣用勾股弦，故稱其數爲大衍數」。〔註10〕

　　京房是以日、星之數解釋五十之由，馬融則將三光（日、月、星）與月數、節氣數之總和解釋五十之數，荀爽則就八之卦爻數加〈乾〉、〈坤〉二卦之用九、用六而成五十之數。至於《周髀算經》以勾股弦的原理解釋五十之數，其方式是將勾三、股四、弦五之三角形三邊之面積總和，即三的平方加上四的平方加五的平方，所得即五十也。此三說論大衍數均不涉天地數，而以天文、節氣之數，或八卦爻畫之數，或勾股弦定理來解釋大衍數。

　　第二類說法，鄭玄指出：「天地之數五十有五，以五行氣通，凡五行減五，大衍又減一，故四十九也」，姚信、董遇的說法則是：「天地之數五十有五者，其六以象六畫之數，故減之而用四十九」，〔註11〕《漢書・律曆志》的說法：「元始有象一也，春秋二也，三統三也，四時四也，合而爲十，成五體，以五乘十，大衍之數也」〔註12〕崔憬之說則是：「八卦之數總有五十（艮三、坎五、震七、乾九、兌二、離十、巽八、坤六），故云大衍之數五十也；不取天數一、地數四，此數八卦之外，大衍所不管也」，李鼎祚則認爲：「凡天地之數五十有五，此所以成變化而行鬼神，是結大衍之前義也；既云五位相得而各有合，即將五合之數配屬五行也，故云大衍之數五十也」〔註13〕朱子的解釋是「大衍之數五十，蓋以河圖中宮天五乘地十而得」〔註14〕

　　鄭玄與李鼎祚見解相同，認爲天地五十五之數去五行之數五即成大衍數，姚信、董遇直接將天地之數去卦畫之數六，即成大衍四十九之用數，《漢書・律曆志》則是將天地之數一、二、三、四象徵元始、春秋（春、秋二季，故云二）、三統（天施、地化、人事之紀）、四時之數，此四數相加爲十，再乘以五（五體）即成五十數，但〈律曆志〉並未說明五體之意及十數乘以五體之由。朱子則認爲五十之數是由天數五（衍母），與地數十（衍子）相乘而得，此依河圖中宮之五與十數，然未交待二數相乘之理由。

〔註9〕　《周易註疏・繫辭上第七》（臺北：學生書局，1984年），頁620。
〔註10〕　《周髀算經》，漢趙爽（君卿）注，北周甄鸞重述，臺北中華書局版，民國67年。
〔註11〕　《周易註疏・繫辭上第七》，頁620。
〔註12〕　《漢書・律曆志》，第2冊，頁983。
〔註13〕　崔憬、李鼎祚語皆引自《周易集解》，卷14，頁335～336。
〔註14〕　《周易本義・上傳》，頁3之10。

這兩類說法之優劣當如何評斷？第一類京房、馬融諸子的說法，是將天文、節氣、卦畫之數附會於大衍數，如此一來是以外部系統之數來解釋，不算是恰當的解釋。至於第二類說法，視大衍數與天地之數相關，此作法較第一類爲優，直接以內部系統解釋，但各家又有不同看法，鄭玄與李鼎祚加入了五行數，姚信、董遇則加入卦畫之數，《漢書‧律曆志》導入二季、三統、四時、五體之概念，朱子則就河圖中宮二數相乘，亦未完全依天地數作解釋。諸家之限制與第一類是相同的，均以混入外部系統來解釋，未能純粹就大衍數作討論。依如此看來，唯有吳澄直接就天地數與大衍數之關係作說明，純粹屬內部系統之解釋，並且明確說明論定之理由，相較上述兩類其他說法更爲完備。

除了上述二類對大衍數五十的說法外，尚有主張大衍數當與天地之數同爲五十五的說法，主此說者爲今人高亨及金景芳二位先生，高亨先生認爲：「如此數（指天地之數）與筮法無關，則此言豈非無用哉？又云：『此所以成變化而行鬼神也』，此又何所指哉？余詳求其故，始知此五十五之數，爲變卦而言，所云『此所以成變化而行鬼神也』，謂五十五之數所以定卦之變化也。」〔註15〕金景芳先生亦認爲：「大衍之數實爲『五十有五』，由《繫辭傳》說『凡天地之數五十有五，此所以成變化行鬼神也』知之。今本的『大衍之數五十』，當是傳寫脫誤『有五』二字。」〔註16〕雖然高、金二位先生皆認爲大衍數當爲五十五，今所見爲五十乃脫字所致。此論點雖不無道理，但依目前所見漢儒的說法及《漢書‧律曆志》所載均爲五十之數，就文獻上的整據來看當以大衍數五十爲是。正如岑溢成先生所評論的：「理校法當然也是校勘的主要方法，但以版本爲依據的對校畢竟是校勘的基礎。金景芳的推測並沒有確實的版本依據，近年來出土的《帛書周易》的《繫辭》部分亦剛好缺了這一章節。其實京房是西漢人，馬融是東漢人，他們看到的《周易》大概都作『大衍之數五十』，而不是『五十有五』。」〔註17〕故大衍數仍當以五十之說爲準，高、金二氏所言天地之數與大衍數同爲五十五之說無法成立。

接著討論「其用四十有九」的問題，諸家之說法繁夥，京房的解釋是「其一不用者，天之生氣，經欲以虛來實，故用四十九」，馬融的說法是「北辰居

〔註15〕《周易古經通說‧周易筮法新考》（北京：中華書局，1958年），第7篇，頁117。
〔註16〕《古史論集‧易論下》（濟南：齊魯書社，1982年），頁220。
〔註17〕引自岑溢成先生於「第三屆魏晉北朝文學與思想學術研討會」會議論文，頁6。

位不動，其餘四十九，運轉而用也」，荀爽則以爲「〈乾〉初九『潛龍勿用』，故用四十九也」，崔憬認爲「其用四十有九者，法長陽七七之數也」。〔註18〕

以上四說，或就象徵上來說，或就〈乾〉爻辭來論，亦有以少陽之數自乘解釋。京房以「天之生氣」解釋，馬融以「北辰」來解釋，均屬以象徵義解釋者，然以象徵義解釋的問題在於，無法明確指出一所象徵之內容，既可以爲「天之生氣」，亦可爲「北辰」，甚至太極，王弼便以太極釋之。

王弼認爲「演天地之數所賴者五十也，其用四十有九，則其一不用也。不用而用以之通，非數而數以之成，斯《易》之太極也；四十有九，數之極也。夫無不可以無明，必因於有，故常於有物之極，而必明其所由之宗也。」〔註19〕王弼認爲「其一不用」是因一象徵太極，而王弼所理解的太極，近於老子「無」的概念，而無與天地萬物之關係即如老氏所言「天地萬物生於有，有生於無」，故「無」是物之所由宗；而一與四十九數的關係便同於此，雖說所用僅四十九，然若沒有一之存在，四十九便不能成就其用，故一具有四十九數之根源義。

與京、馬將「一」視爲「天之生氣」、「北辰」相較，京、馬二子將「一」當成數來看，王弼則認爲一非數也，數只有四十九，一只是作爲太極之象徵，其體實虛，與四十九之存在類似有生於無之關係；此三子均從象徵義的角度看待一的作用。

至於荀氏以八卦爻畫中的〈乾〉初九來說明，其限制在於〈乾〉初九「潛龍勿用」是就占者的行事而言，與大衍數用四十九無關，故此解釋並不恰當。而崔氏說長陽是指少陽之數七，四十九正好爲七七之數，對於何以用七七之數，及何以其一不用，均未提出說明。

而吳澄對於一的看法異於以上三種觀點，直接就數本身作分析，吳澄的解釋是：「衍母之一，數之所起，故大衍五十之數虛其一而不用，所用者四十有九，其數七七，蓋以一一爲體，七七爲用也。」〔註20〕吳澄認爲一爲五十之數的衍母，即五十之數皆由一而變。一與四十九數之關係吳澄稱之「一一爲體，七七爲用」，一雖然也是數，但其重要性在於是成數之始，故以一爲數之體，成就其他數之用。而「七七爲用」之來由，吳澄於另篇文章提到：「上

〔註18〕《周易註疏·繫辭上第七》，頁 620～621。
〔註19〕《周易註疏·繫辭上第七》，頁 620。
〔註20〕吳澄釋「大衍之數五十」，《易纂言》，頁 347。

古聖人作卦象以先天，而其體備於八八；作蓍數以前民用，衍於七七。八八之象本於一，而一無體；七七之數始於一，而一不用。」〔註21〕此處吳澄以八八代稱六十四，以七七代稱四十九，二者正好對應，可見吳澄只是將四十九以七七之形式表示，並無特指，自與與崔憬所言「法長陽七七之數」，取少陽之數七不同。

之後清代焦循《易》學家兼數學家則採取鄭玄的說法，並輔以宋代李泰伯、郭子和的觀點，鄭玄認為「五十之數不可以為七、八、九、六是也」，郭子和亦承此指出「蓍必用四十九者，惟四十九即得三十六、三十二、二十八、二十四之策也；蓋四十九去其十三則得三十六，去其十七則得三十二，去其二十一則得二十八，去其二十五則得二十四」，焦循亦認為「何以必用四十九，用四十九者其微妙即在掛一也」〔註22〕

依鄭玄的解釋，不用五十而用四十有九是為了得出七、八、九、六這四數，若此解釋成立，則《繫辭傳》何不直言大衍之數四十有九？鄭玄並未說明到底五十數與四十九數間是何關係，況且此說法無疑是倒果為因，應該是先有大衍數方有此四數才是；至於焦循所言「用四十九者其微妙即在掛一」，則仍未能解釋出何以其一不用。

鄭玄與焦循真正問題在於，混同大衍數之來由與大衍數之運用為一件事，前面漢、宋諸儒是解釋大衍之數如何得來，以及說明何以其一不用；而鄭玄、焦循則言之九、六、七、八及掛一，均是在大衍數其一不用的架構下必然得出的結果，二子由果推因，只不過是說明大衍數在占筮之運用，並未真正觸及來由之解釋。

綜合上述，在天地之數的部分，漢儒僅虞翻將天地十數配合五行與十干；〔註23〕朱子、吳澄既承繼五行、十干之說，又加入河圖之數，可見漢易亦影響宋易，而宋易又融入河圖之數，均屬以特殊立場解釋天地之數。而吳澄較朱子更進一步，是解釋天地十數是如何生成，此為較特殊處。

對於「其用四十有九」中一與四十九之關係，漢儒以宇宙論立場來解釋，

〔註21〕《吳文正公集・石晉卿易說序》，卷10，頁215。
〔註22〕《易通釋・天地之數五十有五・大衍之數五十其用四十有九》，卷 1108，頁 1133。
〔註23〕虞翻對「天一、地二……天九、地十」的解釋為「水甲、火乙、木丙、金丁、土戊、水己、火庚、木辛、金壬、土癸。」李鼎祚註「此上虞翻義也」，《周易集解》，卷 14，頁 345。

而王弼則從存有論角度解釋，對此岑溢成先生評論道：「王弼以存有論爲主導的形上學與漢儒以宇宙論爲主導的形上學的差異是十分顯著的，這種差異在這個章節的詮釋中，也展現的非常清楚。」〔註24〕

　　吳澄對大衍數的思考，明顯不同於上述兩種立場，而是直接討論《易》數本身，以「體用」概念解釋一與四十九之結構關係，相較歷來解釋，吳澄的說法無疑更切近於《繫辭傳》之本旨，因爲《繫辭傳》所談的便是數的問題，無須混雜宇宙論、存有論的系統。就吳澄論天地數與大衍數這兩部分作評判，吳澄對大衍數的解釋較天地數更能切近《繫辭傳》之本旨，或許吳澄處於宋代肯定圖書學之氛圍中，難免受其影響之故；然其論大衍數時以數論數的思考方式，直接透顯《易》數之意義，在《易》學史上極爲重要，特別値得一書。

第二節　以邵子八卦十數解釋《易經》數象

　　邵子數可分爲兩大類，一爲《易經》八卦數，一爲獨創之皇極數，吳澄於《易纂言》、《易纂言外翼》均嘗論及。《易經》卦、爻辭有論及數者，邵子稱之爲「數象」，〔註25〕例如，〈睽〉☲ 上九「載鬼一車」、〈訟〉☵ 六二「三百戶」之類。關於卦與數的關係，吳澄採邵子十數的說法，將八卦與十數相配，除五、六、九、十數僅一卦外，餘皆有二卦。一數屬艮☶、坎☵，二數屬離☲、兌☱，三數屬坎☵、震☳，四數屬巽☴、離☲，五數屬乾☰、六數屬巽☴，七數屬震☳、乾☰，八數屬兌☱、坤☷，九數屬艮☶，十數屬坤☷；吳澄又以另種形式表示，即每卦之數各兩：艮☶：九、一，坎☵：一、三，震☳：三、七，乾☰：七、五，巽☴：六、四，離☲：四、二，兌☱：二、八，坤☷：八、十。但其中四、五、六數並不見於卦、爻辭中，餘皆用之。〔註26〕

　　吳澄採邵子十數解釋卦、爻辭中數之取象，何以吳澄不取邵子所言先天數或後天數？先就邵子先天數與後天數來看，邵子《觀物外篇》所言先天八

〔註24〕引自岑溢成先生於「第三屆魏晉北朝文學與思想學術研討會」論文，頁11。

〔註25〕吳澄引邵子語：「有意象，有言象，有象象，有數象。」《易纂言外翼·象例第七下》，卷4，頁141。

〔註26〕吳澄引邵子語，見於《易纂言外翼·象例第七下》，卷4，頁141。此說法亦保存於朱升《周易旁註卦傳前圖·卦數圖》，頁239～240；而朱升所載亦保存於清代胡煦《周易函書約存》一書。

卦之數是指：乾一、兌二、離三、震四、巽五、坎六、艮七、坤八，至於後天八卦之數則爲：坎一、坤二、震三、巽四、乾六、兌七、艮八、離九，缺五與十數。

筆者認爲，吳澄所以不取此二數列，主要是因此二數列不合於《繫辭》所言「天一、地二」天數奇，地數偶的原則。八卦中陽卦爲乾、震、坎、艮，陰卦爲坤、巽、離、兌，陽卦當爲天數，陰卦爲地數；然先天數中震爲四、坎爲六、巽爲五、離爲三與原則不合，後天數亦然，乾爲六、艮爲八、離爲九、兌爲七；既然先天數後天數與《繫辭》所言《易》數之原則相違，自不當成立。反觀邵子十數，乾：七、五，震：三、七，坎：一、三，艮：九、一，此些陽卦其數均爲奇數；坤：八、十，巽：六、四，離：四、二，兌：二、八，便與天地之數原則相符。

邵子如何得出八卦十數，並無從得知。對照漢、魏、唐諸儒的解釋，京房納甲說將八卦配十干：分天地乾、坤之象，益之以甲、乙、壬、癸；震、巽之象配庚、辛，坎、離之象配戊、己，艮、兌之象配丙、丁。〔註27〕虞翻的納甲之說與京房相同：甲乾、乙坤、丙艮、丁兌、戊坎、己離、庚震、辛巽、天壬、地癸，其中乾內納甲，外納壬；坤內納乙，外納癸。〔註28〕朱震依虞翻所言畫成「十日數」之圖，並作文字說明言道：「甲一、乙二、丙三、丁四、戊五、己六、庚七、辛八、壬九、癸十，故乾納甲、壬配一、九，坤納乙、癸配二、十，震納庚配七，巽納辛配八，坎納戊配五，離納己配六，艮納丙配三，兌納丁配四，此天地五十五之數也。」〔註29〕虞翻以八卦納甲之數解釋《易》卦、爻辭之數，如釋〈屯〉六二「十年乃字」指出：「坤數十」，釋〈震〉六二「勿逐七日得」言道：「震數七」，釋〈既濟〉六二「勿逐七日得」釋道：「震爲七」。〔註30〕

吳澄於《易纂言》、《易纂言外翼》亦取京房納甲之說，然稍有更異，吳澄指出：震納庚、兌納丁、乾納甲、巽納辛、艮納丙、坤納乙、坎納戊與壬、離納己與癸。〔註31〕吳澄與京房之別僅在京房將壬、癸之位歸於乾、坤，吳澄則歸於坎、離，因吳澄將納甲之主體歸於坎、離，坎爲月，離爲日，納甲

〔註27〕《易漢學・虞仲翔易》，頁45。
〔註28〕惠棟載虞翻語見於《易漢學・虞仲翔易》，頁38。
〔註29〕朱震《周易卦圖・十日數圖》，卷中，頁287。
〔註30〕以上虞翻語分別引自《周易集解》，頁40、252、304。
〔註31〕《易纂言外翼・象例第七下》，卷4，頁137。

是八卦與月之變化相配，故以坎、離為主，將戊視為月之體，己為日之體。

京房、虞翻所言的八卦納甲之數，實如朱震所言合於天地之數五十五，除此亦合於天數奇、地數偶的原則。若將邵子八卦十數與京、虞的八卦納甲之數對照，除坤數十、震數七相同，其餘則異；若依吳澄所言之納甲，則唯震數七相同，餘皆異也。何以吳澄不就納甲來解釋卦數，而另採邵子十數之書？依筆者推斷，或許與吳澄將納甲是說明不同月（上弦、下弦、望月、朔月等）所出現之不同方位，無關乎《易》所言之數，二者系統不同。

然吳澄所據之邵子十數，其論點依據並無從得知，加上歷代對《易》之卦數並無定解，以目前的資料亦無法找出定說，吳澄所取邵子十數之說，只得視為一家之說。

吳澄對邵子所言的卦數作了進一步的解釋，並畫出四個圖解。吳澄釋道：「橫圖陽順布，基於一，稚於三，中於五，劇於七，究於九；陰逆布，基於八，究於六。五、十數之中，九、六數之究，故專屬一卦，其餘數皆分屬兩卦。」〔註32〕八卦以乾、坤二卦為主，而陽數、陰數之終是以〈乾〉「用九」、〈坤〉「用六」為依據，以此指出陽數順行，陰數逆行。由圖示一觀之，下半部為一、三、五、七、九為陽數的順行歷程，上半部則八、十、二、四、六為陰之逆行發展。至於何以除五、十、九、六四數外，餘數各皆有二卦，吳澄的解釋是：五與十居數之中，以五而言實居陽數之中，然言十居陰數之中，則不免牽強，依圖示來看，十與五所居之位正好相對，吳澄應是就此將十與五同視為數之中；另外，九、六居陽數、陰數之終，此四數便因居陽數、陰數發展的中與終之位，而與他數區隔。

圖示一：

	八	九	十	一	二	三	四
坤	兌	艮	坤	坎	離	震	巽
乾	震	巽	乾	離	坎	兌	艮
	七	六	五	四	三	二	一

在圖示二是圖示一的深化，明確說明卦與數間的關係，除了上述五、十、九、六這四數分屬一卦外，餘皆分屬二卦，五、十、九、六得一卦之全，至於其

〔註32〕《易纂言外翼・象例第七下》，卷4，頁144。

他六數，則爲兩卦所分。爲兩卦所分之數，其組合情形有二類：半與半的組合，太與少的組合。以卦的角度來說，乾、坤、艮、巽四卦爲五、十、九、六，既各屬一數，故稱乾全、坤全、艮全、巽全；此四卦又各屬他數，所謂的「少」是針對此四卦而用，分別居於七、八、一、四之位；此四數既具「少」矣，則當配以「太」，「少」、「太」相合方成完整之數。至於「半」，則用於坎、兌、離、震四卦。統言之，以卦來論：乾爲五之全、七之少，坤爲十之全、八之少，艮爲九之全、一之少，巽爲六之全、四之少，坎爲一之太、三之半，離爲四之太、二之半，震爲七之太、三之半，兌爲八之太、二之半。而圖示三爲圖示一、二的卦與數之關係圖，可並觀之。

圖示二：

十	九	八	七	六	五	四	三	二	一
	艮全	兌太	震太	巽全		離太	坎半	兌半	艮少
坤全		坤少	乾少		乾全	巽少	震半	離半	坎太

圖示三：

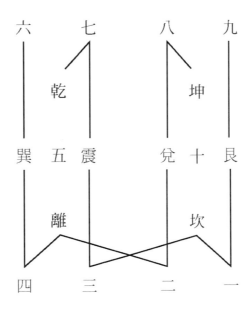

圖示四：

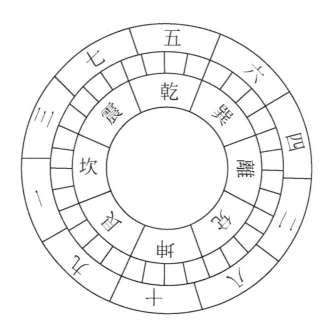

　　吳澄此卦數圓圖就數的排列而言，乃仿河圖而畫，一對六、二對七、三對八、四對九，五對十，以乾五、坤十居於圓圖中線。就意義而言，吳澄言道：「乾，天氣也。震雷、巽風皆天之氣，故上附於天；離、坎在天為日、月象也，象者氣之已著，故上附雷、風之氣。」「坤，地形也，兌澤、艮山皆地之形，故下附於地；坎、離在地為水、火質也，質者形之未凝，故下附澤、山之形。」〔註33〕吳澄以天地之氣、象、形、質解釋八卦之意義，並自然現象之關係排列八卦於圓圖的上、下與中之位。

　　圓圖之順形、逆行之序亦代表不同意義，就順行而言，由艮左升至坎、震，最後至坤，其意義為「地形之重濁者山，自左而升以漸融釋為水之質，為月之象，為雷之氣，至上則輕清之極為天之氣，天氣之輕清者風，自右而降以漸顯見為日之氣，為火之質，為澤之形，至下則重濁之極為地。」〔註34〕逆行之意則是：「陽氣自左降則起中五，而究於九；陰形自右升則起中十，而究於六」〔註35〕順行偏重地形先升而天氣後降之歷程，逆行重在天氣先降，

〔註33〕　《易纂言外翼‧象例第七下》，卷4，頁147。
〔註34〕　《易纂言外翼‧象例第七下》，卷4，頁147。
〔註35〕　《易纂言外翼‧象例第七下》，卷4，頁147。

地形後升之發展，說明自然界天氣、地形不同的變化。

　　此圖單就數來看，一數分為四，十數則分為四十分，每卦占五分，〔註36〕
如此便可用以說明圖示二所言的「全」、「太」、「少」、「半」之所指，「全」自
然是指占一數之全即五分，「半」即五之半，「少」即少於半，「太」即少於全、
大於半。由此圖便可見出，數與卦之間的比例關係。

　　由圖示四可瞭解，既然天地自然之氣象可以卦畫表現，而由自然界所展
現的數，亦即具體現象的抽象化，亦可以藉由卦畫展現之。因此，《易經》既
以卦畫符號來表現天地萬物之變化，亦以卦畫來表現自然、人事所呈現的數，
此即邵子所言「數象」之意。如此一來，卦、爻辭中所言的數，均可找到取
象之依據，而不再是不可解之謎矣。

第三節　　對邵子皇極數與聲音數之理解與發揮

　　上一節介紹吳澄參考邵雍之《易》八卦數，本節將分析吳澄對其建構之皇
極數與聲音數之理解，主要介紹吳澄如何掌握邵子數之核心；在發揮的部分，
主要考察吳澄如何以數的角度，解釋邵子《皇極經世》所言自然人事之理。

　　吳澄在《易纂言外翼・易流》所載邵雍《皇極經世》之數有二，一為元
會運世、歲月日辰之數，一為聲律闢翕、音呂清濁之數。吳澄說明道：「數學
至康節而極，《觀物內篇》六十二，演數學者五十篇。始於一、五，乘而十二
萬九千六百者，年數也；元、會、運、世，三十有四幹，三圓支一徑，其圍
象天。始於四、三，乘而一萬七千二十四者，物數也；聲音六呂，十有六幹，
四唱支四和，其方法地。康節之數，此二例而已。」〔註37〕吳澄認為邵雍之
數只此二數而已。

　　皇極數亦可稱為年數，年數乘而至於十二萬九千六百是指元之歲所得之
數，吳澄進一步深論皇極數：「一而十二而三百六十而四千三百二十而十二萬九
千六百，復乘之至三，而五萬（億之誤也）五千九百八十七萬二千者，邵氏皇
極數也。」〔註38〕此是論「元、會、運、世」之數中的一元之數，一元之下統
十二會、三百六十運、四千三百二十世，一歲之下統十二月、三百六十日、四

〔註36〕《易纂言外翼・象例第七下》，卷4，頁148。
〔註37〕《吳文正公集・贈數學胡一山序》，卷17，頁317。
〔註38〕《吳文正公集・金谿傅先生語錄序》，卷11，頁225。

千三百二十時，元爲大運，歲爲小運，由此衍生出元之會爲十二，元之運爲三百六十，元之世爲四千三百二十，元之歲則將四千三百二十乘以三十得十二萬九千六百，元之月則十二萬九千六百乘以十二得一百五十五萬五千二百，元之日則爲一百五十五萬五千二百乘以三十得四千六百六十五萬六千，元之辰則將四千六百六十五萬六千乘以十二得出五億五千九百八十七萬二千。

　　吳澄僅舉一元之數，此爲整套皇極數之基礎，皇極數看似繁複，然其變化之法則一也，即黃宗羲所言：「蓋自大以至于小，總不出十二與三十之反覆相承而已」〔註39〕十二、三十乃日、月之數，大至〈坤〉之〈坤〉的二載一千一百一十三萬多之數（「載」即10^{44}），〔註40〕小至〈乾〉之〈離〉的三百六十數，均由十二與三十數相承而得出，此二數爲皇極數變化之基本數矣。

　　至於聲音數，亦可稱爲物數，何以稱聲音數爲物數，依邵伯溫的解釋，「物有聲色氣味，可考而見，唯聲唯甚。有一物則有一聲，有聲則有音，有聲則有呂，故窮聲音律呂以窮萬物之數。」〔註41〕

　　物數始於四、三，以聲音之數觀之，四是指聲之平上去入，音之開發收閉，以四爲基礎也，三則與音之六律、六呂之六有關，何以言三不言六？此可引邵子之語作說明，邵子言道：「本一氣也，生則爲陽，消則爲陰，故二者一而已矣，四者二而已矣，六者三而已矣，八者四而已矣。」〔註42〕若依此言，六之數可以三言也，故連同前所言，可知物數始於四與三也。

　　聲音之數一萬七千二十四，鍾過之解釋是：天之體數四十（四乘十），地之體數四十八（四乘十二），天數以日、月、星、辰相因爲一百六十（四十乘四十），地之數以水、火、土、石相因得一百九十二（四十八乘四十八）。於天數內去地之體數四十八得一百一十二，爲天之用聲；於地數內去天之體數四十得一百五十二，爲地之用音。〔註43〕關於將天數減去地之體數，以及地數減去天之體數，其理由即祝子涇所言，天聲中有字、無字與無聲字合爲一百六十位，地音中有字、無字與無音字共一百九十二位；聲之位去不用之四

〔註39〕《易學象數論・皇極一（經世）》，卷5，頁172。

〔註40〕關於「載」的單位，吳澄釋道：「萬萬曰億，萬萬億曰兆，萬萬兆曰京，萬萬京曰垓，萬萬垓曰秭，萬晚秭曰壤，萬萬壤曰溝，萬萬溝曰澗，萬萬澗曰正，萬萬正曰載，萬萬載曰極。」《易纂言外翼・易流》，卷8，頁303。

〔註41〕《宋元學案・百源學案下》，頁552。

〔註42〕邵子之說引自《宋元學案・百源學案上・觀物外篇》，頁451。

〔註43〕鍾過之說引自《宋元學案・百源學案下》，頁552～553。

十八，音之位去不用之四十，便得一百一十二與一百五十二之數。〔註 44〕至於一萬七千二十四數，則爲二數相和的結果，正律之用數一百一十二，正呂之用數一百五十二。以正律之用數協正呂之用數，此爲正聲之用數一萬七千二十四；以正呂之用數和正律之用數，得正音之用數亦爲一萬七千二十四（一百一十二乘一百五十二）。〔註 45〕

　　既然以聲音數代表物數，聲音之數如何推擴至天地萬物之數？以下將由吳澄對邵子所言一組組自然、人事之理作考察。邵子由「元、會、運、世」提出「春、夏、秋、冬」、「皇、帝、王、伯」、「仁、禮、義、智」、「道、德、功、力」、「化、教、勸、率」、「《易》、《書》、《詩》、《春秋》」、「日、月、星、辰」、「水、火、土、石」、「飛、走、草、木」各組自然、人事概念。

　　邵子並解釋各組概念之意義及彼此之關係，例如，「仁、禮、義、智」：「仁者，盡人之聖也；禮者，盡人之賢也；義者，盡人之才也；智者，盡人之術也」，「道、德、功、力」：「盡物之性者謂之道，盡物之情者謂之德，盡物之形者謂之功，盡物之體者謂之力」，「化、教、勸、率」：「盡人之聖者謂之化，盡人之賢者謂之教，盡人之才者謂之勸，盡人之術者謂之率」，「《易》、《書》、《詩》、《春秋》」：「《易》、《書》、《詩》、《春秋》者，聖人之經也」。至於彼此之殊異與關聯，以論殊異爲例，邵子言道：「道、德、功、力者，存乎體者也；化、教、勸、率者，存乎用者也」。至於彼此之關聯性，邵子指出：「善化天下者止于盡道而已，善教天下者止于盡德而已，善勸天下者止于盡功而已，善率天下者止于盡力而已」，「以化、教、勸、善爲道者乃謂之《易》矣，以化、教、勸、善爲德者乃謂之《書》矣，以化、教、勸、善爲功者乃謂之《詩》矣，以化、教、勸、善爲力者乃謂之《春秋》矣」〔註 46〕

　　邵子之用意除了以各組概念展現不同角度之自然、人事之理，但亦強調各組間之互動對應關係。而其更重要的用意在於結合數之概念，何以言之？例如邵子言道：「飛飛之物一之一，飛走之物一之十，飛木之物一之百，飛草之物一之千；走飛之物十之一，走走之物十之十，走木之物十之百，走草之物十之千，……。」又言：「一一之飛當兆物，一十之飛當億物，一百之飛當

〔註 44〕祝子涇之說亦引自《宋元學案・百源學案下》，頁 554。
〔註 45〕《宋元學案・百源學案下》，頁 554。
〔註 46〕關於邵子對此六組概念之說法見於《皇極經世書・觀物篇五十四》，卷 11，頁 552。及《皇極經世書・觀物篇五十五》，卷 11，頁 552。

萬物，一千之飛當千物；十一之走當億物，十十之走當萬物，十百之走當千物，十千之走當百物，……」；再舉一例說明，邵子言：「士士之民一之一，士農之民一之十，士工之民一之百，士商之民一之千；農士之民十之一，農農之民十之十，農工之民十之百，農商之民十之千，……」，又言：「一一之士當兆民，一十之士當億民，一百之士當萬民，一千之士當千民；十一之農當億民，十十之農當萬民，十百之農當千民，十千之農當百民，……」〔註47〕

以上所舉邵子之二例，與吳澄所整理邵子皇極數之「元、會、運、世、日、月、星、辰」之排列變化，或聲音數之聲數「日月星辰」及音數「水、火、土、石」之排列變化之原理是一致的。其共通點在於各組概念已擺落意義上之關聯，純粹成為類似代數之符號，形成各種排列關係。

此道理即是杭辛齋先生所說的：「人但知一、二、三、四之為數，而不知善、惡、是、非之亦為數也；人第知加、減、乘、除之為數，而不知進、退、往、來之亦為數也。數以紀事，亦以紀物，……乾、坤、坎、離、震、巽、艮、兌亦代數之符號，……故邵子之日、月、星、辰，水、火、土、石以配八卦，取象不必與《易》同也。」〔註48〕依杭氏的說法來看，「道、德、功、力」、「化、教、勸、率」、「暑、寒、晝、夜、雷、露、風、雨」、「性、情、形、體、木、草、飛、走」，兩兩之間，雖然表現不同的意義，但就數的角度來看，均可視為兩組代數符號。

蔡元定據邵子先天圖式所作之「經世衍《易》圖」，〔註49〕「太極」屬一動一靜之間，「兩儀」即一動一靜，「四象」為陽、陰、剛、柔，「八卦」依陰、陽、剛、柔之太與少性質分為：太陽、太陰、少陽、少陰、少剛、少柔、太剛、太柔。

吳澄據此圖並參考邵子所言：「萬物各有太極、兩儀、四象、八卦之次，……故兩儀生天地之類，四象定天地之體；四象生八卦之類，八卦定日月之體；八卦生萬物之類，重卦定萬物之體。類者，生之序；體者，象之交也。」〔註50〕既然邵子指出萬物各有太極、兩儀、四象、八卦之次，吳澄便依邵雍《皇極經世書》第五十一篇至五十四篇所言及自然、人事之理，與

〔註47〕《皇極經世書・觀物篇六十二》，卷12，頁803。

〔註48〕《易數偶得・數由心生》（臺北：成文出版社《無求備齋易經集成》147冊，據民國11年排印本影印），卷1，頁3。

〔註49〕此圖今見於《性理大全》。

〔註50〕《皇極經世書・觀物外篇下》，卷14，頁1075，四庫全書本。

之對應。內容如下：

（一）在兩儀的部分，動、靜——天動、地靜，變、化，感、應，體、
用，跡、心。吳澄認為此四組概念與《易》兩儀之數同；〔註51〕

（二）在四象的部分，陰、陽、剛、柔——
　　（1）春、夏、秋、冬
　　（2）易、書、詩、春秋
　　（3）道、德、功、力
　　（4）化、教、勸、率
　　（5）仁、義、禮、智
　　（6）聖、賢、才、術

此六組概念；四季、四經、四修為、四教化法、四德目、四種修養境界，
吳澄指出此自然、人文之事其數與四象相同。

（三）在八卦的部分，在邵子圖中所列之內容為：太陽、太陰、少陽、
少陰、少剛、少柔、太剛、太柔
　　（1）日、月、星、辰、石、土、水、火
　　（2）暑、寒、晝、夜、雷、露、風、雨
　　（3）性、情、形、體、木、草、飛、走
　　（4）目、耳、鼻、口、氣、味、色、聲
　　（5）皇、帝、王、霸、易、書、詩、春秋

〔註52〕吳澄認為此五組概念所成之數合於八卦之數。

吳澄又由八數衍生十六數，並列出：時之生、長、收、藏，君之皇、帝、
王、霸，民之士、農、工、商，物之飛、走、草、木，此四組概念之變化，與
三畫卦衍生之四畫卦之十六數同。吳澄並指出：「邵子之書，數必以四，四又乘
四則為十六，……蓋與《易》三加為十六之數同」，當然亦可再繼續發展出與三
十二數與六十四數相符的概念組，吳澄雖未作出，但可仿前面作法加以完成。

吳澄便是就數而言此些概念與兩儀、四象、八卦之關係。此意味著，若
由數來看自然、人事現象與八卦之對應，可以衍生出無窮的道理，也因此吳

〔註51〕此句及以下所引吳澄的說法均見於《易纂言外翼・易流》，卷8，頁328～333。
〔註52〕關於太陽、太陰、少陽、少陰、少剛、少柔、太剛、太柔與自然、人事這五
　　　　組概念之對應，見於《宋元學案・百源學案下》，頁500，吳澄所列較《宋元
　　　　學案》所載少列第5組皇、帝、王、霸、易、書、詩、春秋。

澄言道：「聖人作《易》，初畫爲兩儀，一加爲四象，再加爲八卦，三加爲十六，四加爲三十二，五加至六十四，而數備矣。」〔註53〕數雖有限，然卻可涵蓋無窮之理，此《易》所以無窮矣。

由此可知，邵子之數實源於《易》四象之數，以此爲基礎發展出元、會、運、世（歲、月、日、辰）之皇極數與聲律翕闢、音呂清濁之數。依此而論，邵子之數是建立在邵子對「太極生兩儀，兩儀生四象，四象生八卦」的解釋上，依此畫出所謂「加一倍法」之八卦生成圖，再由此衍出上述的「經世衍易圖」，可見邵子以「經世」概念對應八卦生成的作法，並非可與《易》相對應，雖然不屬純粹之《易》，當以《易》之發揮視之。既然，二數、八數、十六數、三十二數可以添入不同的自然、人事概念，如此便可解釋何以聲律翕闢、音呂清濁之數可以代表複雜的物數。

吳澄對邵子皇極數及聲音數作了新的解釋，指出皇極數數爲邵子用《易》六十四卦之數，聲音數則用《易》三十二卦之數。〔註54〕對於皇極數用六十四卦之數，主要是就邵子的元會運世與歲月日辰相配的結果——元之元、元之會、……元之歲、元之月、……辰之元、辰之會、……辰之辰，與先天八卦：乾、兌、離、震、巽、坎、艮、坤，兩兩相重的結果相應——乾之乾、乾之兌、……坤之艮、坤之坤；而八卦相重即得六十四卦，乾之乾可理解爲六畫〈乾〉，乾之兌可理解爲〈夬〉卦，坤之艮即成〈剝〉，坤之坤成六畫〈坤〉，此即邵子的先天方圖，故吳澄依此而論皇極數即六十四卦之數也。

聲音之數何以用《易》三十二卦之數？吳澄的解釋是，在聲數部分，吳澄用乾、兌、離、震兩兩相重，與聲之平、上、去、入四聲調，及闢、翕之發聲方法相對應。乾、兌、離、震四卦各有四種組合，遂得十六卦，其數十六；而平、上、去、入四聲，各自配一闢、二翕、三闢、四翕，故其數亦十六，故聲數爲十六數。至於音數，發音方法有開、發、收、閉四種，或稱開、合、洪、細，而其中又有清音、濁音之別，故開、發、收、閉又各自配以一清、二濁、三清、四濁，故其數爲十六；此與坤、艮、坎、巽各自配以坤、艮、坎、巽，亦成十六卦，其數爲十六。因此吳澄所稱聲音之數用《易》三十二卦之數，便是聲數之十六卦與音數十六卦相加後的結果。至於何以用三十二卦而不用六十四卦，吳澄認爲理由在於「其用者三十二卦，不用者三十

〔註53〕《易纂言外翼・易流》，卷8，頁330。

〔註54〕《易纂言外翼・易流》，卷8，頁302、327。

二卦」〔註55〕此意是指聲數僅用四（平、上、去、入），音數僅用四（開、發、收、閉），四四相乘得十六，相加爲三十二；與皇極數其用爲八（元、會、運、世、歲、月、日、辰），相乘即得六十四，因所用不同，所得之數亦異也。

　　吳澄由此歸結出邵子數的基礎在於四，「邵子之數必以四」，〔註56〕無論複雜的皇極數與聲音數，均是以四爲基礎變化而得；而四之數正與《易》之四象之數相應，而四象又由兩儀，及更根本的太極所變，故而二與一又是四之源頭所在。吳澄發現邵子皇極數、聲音數與八卦之數有對應關係，如此也說明了邵子之數源於《易》，以八卦之數衍生更複雜的數系，以此解釋人的歷史與事物的變化。

　　對於數，吳澄有番見解，嘗言道：「蓋數器也，器匪玄；數跡也，跡匪玄；數粗也，粗匪玄。數匪玄也，所以數者玄也。」〔註57〕吳澄認爲數本身並不玄，玄的是使數所以然者。所謂數者器也，是相對道而言，器是形而下者；所謂跡是相對冥而言，跡可見而冥無從見；而粗是相對精、細而言，因數鮮明可曉故云粗也。就數而言是器也、跡也、粗也，故匪玄矣；而作爲數之根源的所以然之理則是道也、冥也、精也，故玄矣。

　　世人所以視數爲玄而難測，依吳澄看來是未能掌握其通則之故。邵子數體系龐雜，但若能掌握邵子數以四爲基礎，便能一以貫之。吳澄由邵子數以四爲基礎，並將八卦視爲代數符號，邵子的「元會運世歲月日辰」及「平上去入」、「翕闢」與「開發收閉」、「清濁」亦以代數符號視之，如此發現《易》數與邵子數在數的應用可相對應。吳澄由內容龐大的邵子數，將之與《易》數相關聯，異於歷代只將邵子數只作邵子數看，而未能發現與《易》數的關聯性；就這點來說，是吳澄的特殊見地，無論對《易》數的發展或對邵子數的研究均有重要貢獻。

〔註55〕《易纂言外翼・易流》，卷8，頁328。
〔註56〕《易纂言外翼・易流》，卷8，頁330。
〔註57〕《吳文正公集・金谿傳先生語錄序》，卷11，頁225。

第八章　結論——吳澄《易》學之定位與意義

　　從《易纂言》實際解經可發現吳澄解經之特點，其一，在版本的選取上，吳澄採呂祖謙之觀點，將《易》經傳分立，欲使經文之義不因傳文而混淆，強調「以經解經」即以經為主，而非以傳為主之作法，傳雖為釋經而設，然經與傳間仍有分別，必須區分經、傳之主、輔，方能恰當理解經文之義。

　　其二，吳澄希望解決卦、爻辭不易解釋之難題，全面對經文作明確之解釋。首先藉著象辭、占辭之區分，使經文所指有了初步確定，進一步針對生難辭義作訓詁，並提出解釋通例——「象例」與「占例」對象辭、占辭之來由作恰當解釋。在解釋《易》象時，引入卦變、卦主觀念，並提出理論性的「卦變說」、「卦主說」；對於卦、爻辭重出部分，則提出「辭例」，以解釋重出之原因。此些作法顯示吳澄自覺地建立一套可以清楚解《易》之有效方法。

　　本文的寫作一方面實際考察吳澄之解經成果，另方面將吳澄《易》學放入《易》學史之發展背景，如此可鮮明見出吳澄觀點之興革損益，且藉由其他《易》學家之說法作對比，以對顯出吳澄之特色，此為本文寫作之主要策略。經由此方式歸出吳澄解《易》之三個重要面向：《易經》解釋的內容、方法與特色三方面。

　　在探討《易經》解釋之前，先就解經內容之範圍作限定，主要是區分解釋經義與發揮經義的不同。對此二者之區分朱子言道：「傳注惟古注不作文，卻好看；只隨經句分說，不離經義最好。……今人解書且圖要作文，又加辨說，百般生疑，故其文雖可讀，而經義殊遠。程子《易傳》亦成作文，說了

又說。」又：「解書需還它成句，次還它文義」〔註1〕

　　朱子強調解經當以經爲主，不可妄以己意任意發揮，其目的在將經文難曉之處加以疏通，彰顯文義；至於程子《易傳》以作文形式講解《易經》義理，但不免融入個人的義理於其間，如「體用一源，顯微無間」便是程子個人之義理，此則與傳注之體例不合，而屬發揮經義的著作，故朱子稱程子《易傳》可與三聖《易》並列而爲四。因此嚴格的傳注其內容當限定在「訓釋文意、事物、名義，發明經指」之上，〔註2〕此處朱子所言「發明經指」的「發明」與吳澄所稱的「發明」不同，朱子強調將聖人之意如實地解釋出來，其義同於所謂的「彰顯」，而吳澄所言則等同於「發揮」。以義理解《易》爲例，王弼以老解《易》、蘇軾以禪解《易》，而程子則是以儒理釋《易》，三子均以一套外在的思想體系用於《易經》解釋，故屬於發揮經義者。二者根本分別是以是否合於經義作判定，若解釋內容超出經義便屬於吳澄所稱「發明經義」。

　　對此岑溢成先生作出更明確之釐析，他以漢儒「災異感應論」釋經爲例言道：「這種感應論，無論在來源上或內容上均非經傳之綜括；其應用目的和範圍亦不限於特定的經傳，甚至可用於當前事物的說明或解釋。綜此則『災異感應論』這類的義理系統，本可獨立於經傳之外；其所以依附經傳，不過藉此以便立說。故王引之之謂此論非《傳》之本指，無疑甚確；但與其說這是推廣《傳》文，倒不如說這是通過一套外在的義理系統來解釋《傳》文。」〔註3〕如此便清楚說明發揮經義便是以一套外在的義理系統來解釋經文，當然發揮經義亦有與經文關係遠近的差別，相較董仲舒、揚雄、賈誼、王充等，王弼、程子、蘇軾與經義之關係更爲密切，但又不及於鄭玄、馬融的傳注與經文般緊密。

　　岑氏進一步將義理系統分爲兩類：「哲人之義理」與「學者之義理」，彼論道：「據此，我們可以把義理系統分爲兩層：第一層叫做『哲人之義理』，第二層叫做『學者之義理』。凡思想家面對各種宇宙人生問題，在謀求這些問題之解決的玄思中，所創發出來的義理系統；……先秦諸子之義理系統大多屬此類，『天人感應論』亦屬此類。……對於思想家之著作覃思精研，把思想家潛藏一種的義理系統重新整理澄清，則屬『學者之義理』；焦循《易》學便

〔註1〕　《朱子語類・學五・讀書法下》，卷11，頁193、194。

〔註2〕　《朱子語類・學五・讀書法下》，卷11，頁191。

〔註3〕　此處所引岑溢成先生的說法均引自《訓詁學與清儒訓詁方法・訓詁方法學的兩個方面》，新亞研究所博士論文，1984年12月，頁643～645。

屬此類。」〔註4〕就岑氏所舉之例來看，哲人之義理與學者之義理根本差別在於，哲人之義理是離開經典獨立存在，而學者之義理則由經典中建立一套系統。如先秦儒、道、墨、法諸家說法均各自成獨立之體系，有各自學說之核心，儒家重人倫、道家法自然、墨家重事功實行、法家重刑名，均對宇宙人生有套思維；至於焦循《易》學則對荀爽、虞翻系統之改造，故歸諸學者之義理。

　　然而哲人義理與學者義理間似乎不易完全斷為二，對此岑氏又言：「然而，自漢以後，儒家經傳地位超群，以致無論是『哲人之義理』或『學者之義理』總要牽合經籍，使兩者分野日趨模糊。這兩層義理有一個很大的分別，學者之義理受著文獻本身的制衡，哲人之義理則否。當一種疏釋有明顯違背文獻之詞句篇章之義，或與這些文義不相干時，這疏釋大概已脫離了學者之義理的層級，而屬於哲人之義理的層級了。」〔註5〕此說法正好為王弼、程子、蘇軾諸子的《易》學著作作出定位，因三子的著作雖然兼有哲人義理與學者義理的特點，但若由牽合文獻與否來判斷，則三子則明顯屬於學者之義理。

　　經上述論析，可將歷代《易》學成果作分類，馬融、鄭玄、王弼、程子、蘇軾、朱子及吳澄、焦循均屬學者之義理，董仲舒、揚雄、賈誼則屬哲人義理。吳澄《易》學與程、朱易關聯密切，故歸屬學者之義理，此與第一章第二節所言吳澄解《易》之積極目標為實踐聖人之道並不相違，道問學與尊德性可並行不悖，二者同為實現聖人之道的進路，而此處將之歸於學者之義理，是就其學問性格表現而論。

　　吳澄對於《易經》解釋的內容強調當以卦、爻辭的解釋為主，而對卦、爻辭的解釋又分為：辭義的訓詁、《易》象的解釋、占辭的說解、篇義的理解、聖人之意的掌握五大部分；其中，辭義的訓詁又包含經文的校勘在內，二者有密切關聯性。

　　吳澄對《易》之校勘，將經傳內容繁複叢脞處變得清晰明瞭；在辭句訓詁方面，吳澄將漢、宋《易》學家之成果作番評析，選擇較合理的說法，使經文文義較易被掌握。因此吳澄在校勘、訓詁上雖然自己的創見不多，但在援引漢、宋儒說法時已包含個人獨特之判準，將歷來紛雜之說法，經深刻析理後，使後人面對多元論點時知曉如何作檢擇。至於「辭例」亦為卦、爻辭

〔註4〕　同前註。
〔註5〕　同前註。

用例之通則，亦可助於經文內容之校勘與訓詁，故可同歸於此。

關於《易》象解釋，此乃《易》所以異於《詩》、《書》、《禮》、《春秋》諸經之所在，正因《易》除文字外多了符號性，故《易》象解釋成為解《易》之要務。除了卦畫本身之象，卦、爻辭中亦多言象者，如何將卦、爻辭之取象與卦畫之象關聯作出解釋，此為吳澄著力所在。王弼、程子解《易》以義理為主；虞翻、朱震雖釋象，然仍有未盡，僅隨文釋象耳；朱子雖指出象不可忽，但仍認為《易》象多有不可解者；項安世亦主象，然釋象仍未全面。

吳澄所以能發人所未發者，不在引入外部系統釋象，而是找出卦、爻辭取象之通例。先確立六十四卦之卦變、卦主通例，再尋出取象通例，而取象通例所本仍以《說卦傳》、《九家逸象》為主，配合正體、互體（複體）、卦變、爻變、卦位，而建立一套釋象通例，而釋「象例」所以成立的基礎在於卦、爻辭取象有重出者。吳澄釋象之成就，便因建立釋象通例之故。

至於卦、爻辭中占辭之解釋，吳澄除參考朱子對占辭辭義之解釋外，亦歸結出占辭通例，而通例並對占辭與卦畫有關聯者提出解釋。而吳澄對於解占與用占亦作出區分，而解占中又區分為定言之占與泛言之占，此區分可免因解占與用占相混而使經義不明，而定言之占於泛言之占的區分可使解占得以恰如其分。

既然辭義、取象、占辭皆已明，則篇義亦得以彰著，而篇義之彰著亦有助於辭義、取象、占辭之理解。夫子《象傳》便可視為對各卦篇旨之掌握，但吳澄在《象傳》基礎上，配合卦、爻辭與卦畫之象的關係說明，而能進一步闡發篇義。例如，〈噬嗑〉䷔吳澄認為六爻分為二義，一為治獄，一為噬物。〔註6〕〈家人〉卦䷤，初、上二爻以卦之初、終取義，中四爻又分為上體指在上之家，下體為在下之家。〔註7〕〈頤〉䷚有養人與養己二義，養人之義指上九也，養己之義為初九也。〔註8〕可見吳澄對篇義之掌握有其獨到見解，所憑藉者便是卦爻辭與卦畫之關聯性。

在聖人宗旨之闡發方面，在〈大過〉䷛、〈遯〉䷠、〈大壯〉䷡三卦，吳澄闡發聖人對陰、陽關係之看法。吳澄於〈大過〉䷛卦辭「棟撓」言道：「聖人崇陽之意，多以其未能如純〈乾〉之六陽；故大者雖過，而棟猶撓，蓋猶

〔註6〕《易纂言》，頁90。
〔註7〕《易纂言》，頁136。
〔註8〕《易纂言》，頁233。

有所不足於此也。」又九三「棟撓」：「陽之過時，惡剛之居剛，惡其自恃也；喜剛之居柔者，喜其有以相濟也。」〔註9〕吳澄認爲聖人既見〈大過〉☱之陽不似〈乾〉☰六陽之純，故於卦辭言「棟撓」之象，此是就整個卦象而言；至於九三亦以「棟撓」爲象，則單就九三一爻以剛居剛而論，欲剛勿自恃也。吳澄對重出之內容，依卦象、爻象作不同解釋以闡發聖人之意，可見吳澄解釋之精深矣。而吳澄於〈大壯〉☱卦辭「利貞」言道：「聖人雖喜陽之進盛，而猶抑其太過，以示教戒也。」〔註10〕此意與〈大過〉☱九三之意類似，強調聖人中和之道，正說明吳澄對聖人之意的理解具有一致性。

〈遯〉☴初六「勿用有攸往」：「此卦本四陽去以避陰之進，而聖人設教，又欲陰勿進，以避陽之盛，其意深遠矣。」六二「執之用黃牛之革，末之勝說」言道：「聖人慮陰之長，而欲遏其進也如此。」〔註11〕吳澄從整個卦象認爲此卦既有陰漸長而陽退去之象，又有陽猶盛陰初長之象，故二陰爻爻辭既欲遏陰之害陽，又爲陰思慮欲其避陽之盛，以此說明聖人之深意。

由此可進一步瞭解聖人對君子、小人之關係的見解，在〈否〉☲初六「拔茅茹以其彙，貞吉亨」吳澄釋道：「君子之有小人，猶夫之有婦，陽之有陰，豈能絕其類哉！唯艱其進，遏其盛，不使之勝善類而害治道，斯可矣。小人者，治世之能臣，亂世之姦雄也，……〈否〉之初陰以類進，聖人不遽絕之也。」〔註12〕吳澄解釋何以卦爻辭於否之三陰爻猶言吉亨之理，以聖人不忍遽絕小人，僅防其害道耳釋之。又於〈觀〉☴九五「觀其生，君子无咎」言道：「〈觀〉本是小人逼君子之卦，但以九五中正在上，群陰仰而觀之，故聖人取之，以爲小人觀君子之象。雖然如此，釋實漸危，故五、上二爻皆曰『君子無咎』。」〔註13〕吳澄從〈觀〉☴之卦爲四陰二陽，及九五中正之象，指出此乃小人上觀君子之卦。但因五、上之位居上卦之終，下有小人進逼，故聖人由象見君子之危。此二例均爲吳澄由卦、爻辭及卦象關聯來闡發聖人之意。

綜合吳澄對聖人之意的闡釋可歸結出，吳澄的解釋是以卦爻辭辭義與卦爻象之關聯作基礎；而對於聖人所言陰與陽、君子與小人，此二者是相通的，就廣義的陰陽而言，陰陽必須調合，於陰不可遽絕，否則陰陽失調則危矣，

〔註9〕 《易纂言》，頁 110、111。
〔註10〕 《易纂言》，頁 127。
〔註11〕 《易纂言》，頁 126。
〔註12〕 《易纂言》，頁 64。
〔註13〕 《易纂言》，頁 86。

可見陰並非絕對的惡，尚有其作用存焉，如日之有月，夫之有婦；以此推廣君子與小人之關係，小人雖惡，然亦有其作用焉，只可防其害道、害君子，不可使絕之。可見吳澄對於聖人宗旨之掌握，既合於經義，又能本於經義闡發深刻之理，此誠吳澄之功力也。

　　吳澄《易》學並非獨立於《易》學史之外，而是生長於《易》學史土壤中，並成爲《易》學史的一部分。對於其間的興革損益本文已作了交待，相較於元代其他《易》學作法，吳澄確實是朱子《易》學後的接續者，不同於諸家只是本於《周易本義》或《易程傳》作纂述，而能眞正提出自己的一套見地，成就他所謂的一家之言，故於《易》學史上有其特殊之地位。也正因《易纂言》屬傳注體又多承繼漢、宋儒的見解，以致不易見出其特色所在，這或許說明何以談及元代《易》學必及於吳澄，但卻指不出其重要性爲何之故；而唯有藉著與其他《易》學家的對比，對顯出吳澄的特色，這便是本文採取此法之理由。

　　吳澄之《易經》解釋，從文獻理清之各種步驟：理論提出、通例建立、字詞校勘與訓詁，只是其中一部分而已，在論文第一章第二節已指出吳澄之理想是將《易》作爲實用之書而實際將易理運用於立身處事，並發揚聖人道統，如此才是一套完整的吳澄《易》學。但欲掌握易理之精髓，必須依賴好的版本，故吳澄先將版本作整理，釐清了深奧難懂的易辭及易象，使後人得精確掌握易經文義，不致因旁雜難懂而生怯。經由吳澄費心研究，吳澄爲解《易》找出解釋通例，使《易》經文呈現出系統性，不再是模糊難懂，使後人從事研究得容易入手，聖人《易》理也更能推廣，此爲吳澄解《易》之用心所在。

參考書目

依著作筆畫順序排列

一、吳澄專著

1. 《孝經》，吳澄校定，《通志堂經解》（35），臺北：大通書局，1969 年出版。

2. 《孝經》，吳澄校定，《通志堂經解》（14），揚州：江蘇廣陵古籍刻印社，1996 年 3 月 2 版。

3. 《易纂言》，吳澄撰，《通志堂經解》（8），臺北：大通書局，1969 年出版。

4. 《易纂言》，吳澄撰，《通志堂經解》（4），揚州：江蘇廣陵古籍刻印社，1996 年 3 月 2 版。

5. 《易纂言》，吳澄撰，《無求備齋易經集成》（35），據康熙 19 年通志堂原刊本影印，臺北：成文出版社，1976 年臺 1 版。

6. 《易纂言外翼》，吳澄撰，《四庫全書》（22），影印故宮博物院藏文淵閣本，臺北：臺灣商務印書館，1983 年出版。

7. 《易纂言外翼》，吳澄撰，嚴靈峰編《無求備齋易經集成》（149），據民國 5 年刊《豫章叢書》本影印，臺北：成文出版社，1976 年臺 1 版。

8. 《吳文正公集》，吳澄撰，《元人文集珍本叢刊》（3），臺北：新文豐出版公司，1985 年出版。

9. 《吳文正集》，吳澄撰，吳當編，《四庫全書》（1197），臺北：臺灣商務印書館，1983 年出版。

10. 《春秋纂言》，吳澄撰，《四庫全書》（61），臺北：臺灣商務印書館，1983 年出版。

11. 《書纂言》，吳澄撰，《通志堂經解》（14），臺北：大通書局，1969 年出版。

12. 《書纂言》，吳澄撰，《通志堂經解》（6），揚州：江蘇廣陵古籍刻印社，1996 年 3 月 2 版。

13. 《儀禮逸經傳》，吳澄撰，《通志堂經解》（34），臺北：大通書局，1969 年出版。

14. 《儀禮逸經傳》，吳澄撰，《通志堂經解》（14），揚州：江蘇廣陵古籍刻印社，1996 年 3 月 2 版。

15. 《禮記纂言》，吳澄撰，《四庫全書》（121），臺北：臺灣商務印書館，1983 年出版。

二、其他《易》學相關著作

1. 《文公易說》，朱鑑輯，《通志堂經解》（2），揚州：江蘇廣陵古籍刻印社，1996 年 3 月 2 版。

2. 《古易考原》，梅鷟撰，《易經集成》（112），臺北：成文出版社，1976 年臺 1 版。

3. 《京房易傳》，京房撰，陸績注，《四庫全書》，臺北：臺灣商務印書館，1983 年出版。

4. 《東坡易傳》，蘇軾撰，《無求備齋易經集成》（16），臺北：成文出版社，1976 年臺 1 版。

5. 《周易》，王弼、韓康伯注，孔穎達疏，《十三經注疏》（1），臺北：藝文印書館，1989 年 1 月 11 版。

6. 《周易鄭注》，鄭玄注，王應麟輯，北京：中華書局，1985 年北京新 1 版。

7. 《周易、老子王弼注校釋》，樓宇烈校釋，臺北：華正書局，1983 年 9 月初版。

8. 《周易注疏》，王弼、韓康伯注，孔穎達疏，臺北：學生書局，1984 年 9 月 3 版。

9. 《周易集解》，李鼎祚輯，臺北：臺灣商務印書館，1996 年 12 月臺 1 版 2 印。

10. 《周易卦圖》，朱震撰，《通志堂經解》（1），揚州：江蘇廣陵古籍刻印社，1996 年 3 月 2 版。

11. 《周易音訓》，呂祖謙撰，《易經集成》（142），臺北：成文初版社，1976 年臺 1 版。

12. 《周易本義》，朱熹撰，臺北：華聯出版社，1989 出版。

13. 《周易玩辭》，項安世撰，《通志堂經解》（2），揚州：江蘇廣陵古籍刻印

社，1996 年 3 月 2 版 2 印。

14. 《周易卦爻辭經傳訓解》，蔡淵撰，《四庫全書》，臺北：臺灣商務印書館，1983 年出版。

15. 《周易本義通釋》，胡炳文撰，《通志堂經解》（4），揚州：江蘇廣陵古籍刻印社，1996 年 3 月 2 版。

16. 《周易啟蒙翼傳》，胡一桂撰，《通志堂經解》（3），揚州：江蘇廣陵古籍刻印社，1996 年 3 月 2 版。

17. 《周易會通》，董真卿撰，《易經集成》（41）（42），臺北：成文初版社，1976 年臺 1 版。

18. 《周易本義集成》，熊良輔撰，《通志堂經解》（4），揚州：江蘇廣陵古籍刻印社，1996 年 3 月 2 版。

19. 《周易旁註卦傳前圖》，朱升撰，續修四庫編纂委員會編《續修四庫全書》，上海：上海古籍出版社，1995 年出版。

20. 《周易內傳》、《周易外傳》、《周易大象解》、《周易稗疏》，王夫之撰，《船山全書》（1），湖南：嶽麓書社，1996 年 10 月 1 版 2 印。

21. 《周易折中》，李光地撰，《四庫全書》，臺北：臺灣商務印書館，1983 年出版。

22. 《周易述》，惠棟撰，《皇清經解易類彙編》，臺北：藝文印書館，1992 年 9 月 2 版。

23. 《周易古義》，楊樹達撰集，《中國哲學叢書》，臺北：河洛出版社，1974 年 5 月臺影印初版。

24. 《易緯乾鑿度》，鄭玄注，《叢書集成初編》，北京：中華書局，1985 年北京新 1 版。

25. 《易數鉤隱圖》，劉牧撰，《通志堂經解》（1），揚州：江蘇廣陵古籍刻印社，1996 年 3 月 2 版。

26. 《易童子問》，歐陽修撰，《黃宗羲全集》（3），浙江：浙江古籍出版社，1993 年出版。

27. 《易程傳》，程頤撰，《二程集》（下），臺北：漢京文化事業有限公司出版，1983 年初版。

28. 《易象易言》，蔡淵撰，《四庫全書》，臺北：臺灣商務印書館，1983 年出版。

29. 《易義別錄》，張惠言撰，《皇清經解易類彙編》，臺北：藝文印書館，1992 年 9 月 2 版。

30. 《易學啟蒙通釋》，胡方平撰，臺北：武陵出版社，1990 年 3 月初版。

31. 《易學濫觴》，黃澤撰，《四庫全書》，臺北：臺灣商務印書館，1983 年

出版。

32. 《易圖明辨》，胡渭撰，《易經集成》（145），臺北：成文出版社，1976
    年臺 1 版。

33. 《易圖略》，焦循撰，《皇清經解易類彙編》，臺北：藝文印書館，1992
    年 9 月 2 版。

34. 《易通釋》，焦循撰，《皇清經解易類彙編》，臺北：藝文印書館，1992
    年 9 月 2 版。

35. 《易解附錄》，鄭玄注、胡震亨輯補，《叢書集成初編》之《周易鄭注（及
    其他一種）》，據秘冊彙函本影印，北京：中華書局，1985 年北京新 1
    版。

36. 《易經異文釋》李富孫撰，《續經解易類彙編》，臺北：藝文印書館，1992
    年 9 月 2 版。

37. 《易漢學》，惠棟撰，北京：中華書局，1985 年北京新 1 版。

38. 《易學象數論》，黃宗羲撰，《黃宗羲全集》（9），浙江：浙江古籍出版社，
    1993 年出版。

39. 《易數偶得》，杭辛齋撰，《易經集成》（147），臺北：成文出版社，1976
    年臺 1 版。

40. 《易鑰》，陳炳元撰，臺北：天龍出版社版，1985 年 3 月 5 版。

41. 《易學哲學史》，朱伯崑撰，臺北：藍燈文化事業有限公司，1991 年 9
    月初版。

42. 《河洛精蘊》，江永撰，臺北：武陵出版社，1995 年 2 月 3 版 2 印。

43. 《皇極經世書》，邵雍撰，《四庫全書》，臺北：臺灣商務印書館，1983
    年出版。

44. 《讀易考原》，蕭漢中撰，《易經集成》（112）， 臺北：成文出版社，1976
    年臺 1 版。

45. 《讀易舉要》，俞琰撰，《四庫全書》，臺北：臺灣商務印書館，1983 年
    出版。

46. 《讀易私言》，許衡撰，《通志堂經解》（3），揚州：江蘇廣陵古籍刻印社，
    1996 年 3 月 2 版。

三、其他經、史著作

1. 《毛詩鄭箋》，漢毛傳鄭箋，新興書局影印校相臺岳氏本，1990 年 8 月
   出版。

2. 《周禮正義》，漢鄭玄注，唐賈公彥疏，臺北：藝文印書館，1989 年 1
   月 11 版。

3. 《周髀算經》，漢趙爽（君卿）注，北周甄鸞重述，臺北：中華書局，1978
   年出版。

4. 《尚書正義》，漢孔安國注，唐孔穎達疏，《十三經注疏》，臺北：藝文印書館，1989 年 1 月 11 版。

5. 《春秋左傳正義》，晉杜預注，唐孔穎達疏，《十三經注疏》，臺北：藝文印書館，1989 年 1 月 11 版。

6. 《漢書》，漢班固撰，臺北：鼎文書局，1991 年 9 月 7 版。

7. 《爾雅正義》，晉郭璞注、宋邢昺疏，臺北：藝文印書館，1989 年 1 月 11 版。

8. 《儀禮正義》，漢鄭玄注、唐賈公彥疏，臺北：藝文印書館，1989 年 1 月 11 版。

9. 《禮記正義》，漢鄭玄注、唐孔穎達疏，臺北：藝文印書館，1989 年 1 月 11 版。

10. 《禮記鄭注》，漢鄭玄注，臺北：學海出版社，1992 年 8 月初版。

四、子部、集部著作

1. 《日知錄》（原抄本），清顧炎武撰，臺北：文史哲出版社，1979 年 4 月出版。

2. 《四庫全書總目》（上）（下），清永瑢、紀昀等撰，北京：中華書局，1995 年 4 月一版 6 印。

3. 《四書章句集注》，宋朱熹撰，臺北：長安出版社，1991 年 2 月出版。

4. 《朱子語類》，宋黎靖德編，臺北：文津出版社，1986 年 12 月出版。

5. 《朱子大全》，宋朱熹撰，臺北：中華書局，1970 年 9 月臺 2 版。

6. 《荀子集解》，清王先謙撰，臺北：華正書局，1988 年 8 月初版。

7. 《翁注困學記聞》，宋王應麟撰，翁元圻注，臺北：臺灣商務印書館，1978 年 4 月臺 1 版。

8. 《道園學古錄》，元虞集撰，《四庫全書》（264）（265），臺北：臺灣商務印書館，1983 年出版。

9. 《經典釋文》，唐陸德明撰，附於《周易注疏》後，臺北：學生書局，1984 年，9 月三版。

10. 《經傳釋詞》，清王引之撰，《皇清經解諸經總義類彙編》，臺北：藝文印書館，1992 年 9 月 2 版。

11. 《經義考》，清朱彝尊撰，臺北：中華書局，1979 年 2 月臺 3 版。

12. 《經義述聞》，清王引之撰，《皇清經解諸經總義類彙編》，臺北：藝文印書館，1992 年 9 月 2 版。

13. 《經學歷史》，清皮錫瑞撰，周予同注，臺北：漢京文化事業，1983 年 9 月初版。

14. 《經學通論》，清皮錫瑞撰，臺北：河洛圖書出版社，1974 年 12 月臺影印初版。

15. 《群經識小》，清李惇撰，《皇清經解諸經總義類彙編》（1），臺北：藝文印書館，1992 年 9 月 2 版。

16. 《榕村語錄、榕村續語錄》，清李光地撰，北京：中華書局，1995 年 6 月初版。

17. 《說文解字》，漢許慎撰，臺北：書銘出版社，1990 年 9 月 5 版。

18. 《潛研堂文集》，清錢大昕撰，《皇清經解諸經總義類彙編》（2），臺北：藝文印書館，1992 年 9 月 2 版。

19. 《歐陽修全集》（上）（下），歐陽修撰，臺北：河洛出版社，1975 年 3 月臺影印初版。

20. 《震川先生集》，明歸有光撰，周本淳校點，臺北：源流出版社，1983 年 4 月初版。

21. 《戴震全集》，清戴震撰，北京：清華大學出版社出版，1994 年 3 月 1 版 1 印。

五、近人相關論著及單篇論文

1. 《大易集成——濟南國際周易學術討論會論文集》，劉大鈞主編，北京：文化藝術出版社出版。

2. 《大易類聚初集》，趙蘊如編次，臺北：新文豐出版社，1983 年初版。

3. 《中國經學史之基礎》，徐復觀撰，臺北：學生書局，1982 年出版。

4. 《中國經學史》，馬宗霍撰，臺北：臺灣商務印書館，1992 年 11 月，臺 1 版 7 印。

5. 《中國經學史論文選集》，林慶彰編，臺北：文史哲出版社，1992 年初版。

6. 《中國經學發展史論》，李威熊撰，臺北：文史哲出版社，1988 年初版。

7. 《中國經學史》，本田成之撰，臺北：廣文書局，1979 年出版。

8. 《中國文法講話》，許世瑛撰，臺北：臺灣開明書店，1985 年 10 月 18 版。

9. 《中國傳統科學方法的嬗變》，何萍、李維武撰，臺北：淑馨出版社，1995 年 2 月初版。

10. 《元吳草廬評述》，袁冀撰，臺北：文史哲出版社，1978 年 1 月初版。

11. 《文字聲韻訓詁筆記》，黃侃口述，黃焯編輯，臺北：木鐸出版社，1983 年初版。

12. 《王應麟之經史學》，何澤恆撰，臺灣大學中文研究所博士論文，1981

年 6 月。

13. 《古史論集》，金景芳撰，濟南：齊魯書社，1982 年 1 版，

14. 《古史辨》，顧頡剛等撰，上海：上海書店，1992 年出版。

15. 《先秦諸子易說通考》，胡自逢撰，臺北：文史哲出版社，1980 年再版。

16. 《先秦魏晉易例述評》，屈萬里撰，《屈萬里全集》版，臺北：聯經出版社，1984 年 7 月初版。

17. 《朱子易學研究》，江弘毅撰，臺灣師範大學國研所碩士論文，1985 年 5 月。

18. 《吳澄易學研究》，涂雲清撰，臺灣大學中研所碩士論文，1998 年 6 月。

19. 《吳澄教育思想研究》，胡清撰，江西：江西教育出版社，1996 年 9 月初版。

20. 《宋人疑經改經考》，葉國良撰，臺北：臺灣大學出版委員會，1970 年 6 月初版。

21. 《宋元明易學史》，高懷民撰，自版，1994 年 12 月出版。

22. 《宋明易學概論》，徐志銳撰，遼寧：遼寧古籍出版社，1997 年 1 月 1 版。

23. 《宋明理學史》，侯外廬等主編，北京：人民出版社，1984 年 4 月初版。

24. 《兩漢十六家易注闡微》，徐芹庭撰，臺北：五洲出版社，1975 年出版。

25. 《兩漢象數易學研究》（上）（下），劉玉建撰，南寧：廣西教育出版社，1996 年 9 月初版。

26. 《周易古史觀》，胡樸安撰，臺北：仰哲出版社，1987 年 11 月出版。

27. 《周易古經通說》，高亨撰，北京：中華書局。

28. 《周易的自然哲學與道德涵義》，牟宗三撰，臺北：文津出版社，1998 年 8 月 1 版 2 印。

29. 《周易異文考》，徐芹庭撰，臺北：五洲出版社，1975 年出版。

30. 《周易鄭氏學》，胡自逢撰，臺北：文史哲出版社，1990 年出版。

31. 《周予同經學史論著選集》（增訂本），朱維錚編，上海：人民出版社，1996 年 7 月 2 版 2 印。

32. 《易經深入》，徐芹庭撰，中壢：普賢出版社，1991 年出版。

33. 《易傳之形成及其思想》，戴璉彰撰，新加坡東亞哲研所出版，1988 年。

34. 《易數研究》，劉遠智撰，中國文化大學中研所博士論文，1987 年 6 月。

35. 《易學乾坤》，黃沛榮撰，臺北：大安出版社，1998 年 8 月初版。

36. 《易學源流》，徐芹庭撰，臺北：國立編譯館，1987 年初版。

37. 《易學論著選集》，黃沛榮撰，臺北：長安出版社，1991 年 3 月 1 版 3

印。

38. 《明代經學研究論集》，林慶彰撰，臺北：文史哲出版社，1994 年初版。

39. 《邵子先天易哲學》，高懷民撰，高懷民自版，1997 年 3 月初版。

40. 《金履祥的生平及經學》，何淑貞撰，臺灣大學中文研究所博士論文，1975年 6 月。

41. 《俞琰及其易學研究》，林文鎮撰，臺灣師範大學國研所碩士論文，1991年。

42. 《俞琰易學思想研究》，林志孟撰，中國文化大學中研所博士論文，1995年 6 月。

43. 《書傭論學集》，屈萬里撰，臺北：臺灣開明書店，1980 年 1 月 2 版。

44. 《校勘學釋例》，陳垣撰，臺北：學生書局，1970 年初版。

45. 《訓詁學概論》，齊珮瑢撰，北京：中華書局，1984 年出版。

46. 《訓詁學概要》，林尹撰，臺北：正中書局，1986 年 1 版 12 印。

47. 《訓詁學大綱》，胡楚生撰，臺北：華正書局，1988 年初版。

48. 《訓詁學與清儒訓詁方法・訓詁方法學的兩個方面》，岑溢成撰，新亞研究所博士論文，1984 年 12 月。

49. 《馬王堆帛書易經斠理》，嚴靈峰撰，臺北：文史哲出版社，1994 年 7月初版。

50. 《高郵王世父子學記》，張文彬撰，臺灣師範大學國研所博士論文，1977年 6 月。

51. 《梅園論學三集》，戴君仁撰，臺北：學生書局，1979 年 7 月初版。

52. 《清儒以『說文』釋『詩』之研究──以段玉裁、陳奐、馬瑞辰之著作為依據》，陳智賢撰，政治大學中研所博士論文，1997 年 5 月。

53. 《焦循雕菰樓易學研究》，賴貴三撰，臺北：里仁出版社，1994 年初版。

54. 《程伊川易學述評》，胡自逢撰，臺北：文史哲出版社，1995 年初版。

55. 《項安世「周易玩辭」研究》，賴貴三撰，臺灣師範大學國研所碩士論文，1990 年 5 月。

56. 《黃震之經學》，林政華撰，臺灣大學中文研究所博士論文，1977 年。

57. 《詩補傳與戴震解經方法》，岑溢成撰，臺北：文津出版社，1992 年 3月初版。

58. 《經學史論集》，湯志鈞撰，臺北：大安出版社，1995 年出版。

59. 《經學研究論著目錄》（1912～1987），林慶彰主編，臺北：漢學研究中心，1994 年再版。

60. 《經學研究論著目錄》（1988～1992），林慶彰主編，臺北：漢學研究中

心，1995 年出版。

61. 《斠讎學》，王叔岷撰，臺北：中研院歷史語言研究所，1959 年 8 月出版。

62. 《臺灣地區公藏圖書館現收元吳草廬著作目錄》，魏明政編，1999 年 10 月自印本。

63. 《儀禮、讖緯與經義——鄭玄經學思想及其解經方法》，車行健撰，輔仁大學中文研究所博士論文，1995 年 6 月。

64. 《談易》，戴君仁撰，臺北：開明書店，1995 年 3 月 8 版。

65. 《論吳澄的學術歸向與教育理論》，黃煌興撰，中興大學歷史所碩士論文，1998 年 6 月。

66. 《魏晉南北朝易學書考佚》，黃慶萱撰，臺北：幼獅文化出版，1975 年出版。

67. 《顧頡剛古史論文集》，顧頡剛撰，北京：中華書局，1993 年 10 月 1 版 2 印。

68. 《讀易三種》，屈萬里撰，《屈萬里全集》(1)，臺北：聯經出版社，1993 年 7 月 1 版 3 印。

69. 《讀易會通》，丁壽昌撰，北京：中國書店，1992 年 3 月初版。

70. 〈丁易東的象數易學〉，林忠軍撰，《周易研究》，第 2 期，1998 年，頁 40～52。

71. 〈小學探義〉，岑溢成撰，《中央大學人文學報》，第 5 期，1987 年 6 月，頁 67～86。

72. 〈干寶易學研究〉，林忠軍撰，《周易研究》，第 4 期，1996 年，頁 12～23。

73. 〈五行說與京房易學〉，劉玉建撰，《周易研究》，第 4 期，1996 年，頁 1～11。

74. 〈元代的易學〉，徐芹庭撰，《孔孟學報》，第 39 期，1980 年 4 月，頁 223～256。

75. 〈元代的經學〉，蔡信發撰，《孔孟月刊》第 27 卷 7 期，1989 年 3 月，頁 12～18。

76. 〈元代經學研究論著目錄〉(1900～1996)，黃智信編，《中國文哲通訊》，第 7 卷，第 2 期，1999 年，頁 97～143。

77. 〈孔穎達易學思想研究〉，宋開素撰，《周易研究》，第 1 期，1995 年 4 月，頁 15～26。

78. 〈王弼「大衍義」與象數〉，岑溢成撰，「第三屆魏晉北朝文學與思想學術研討會」會議論文，1996 年 4 月。

79. 〈朱子易例及易傳比較研究〉，程元敏撰，《中山學術文化集刊》，第 4 集，1969 年 11 月，頁 1～33。

80. 〈朱熹易學研究〉，徐志銳撰，《大易集成——濟南國際周易學術討論會論文集》，劉大鈞主編，北京：文化藝術出版社出版。

81. 〈吳澄小論〉，福田殖撰，連清吉譯，《中國文哲通訊》，第 8 卷，第 2 期，1999 年，頁 25～44。

82. 〈京房易學的象數模式與義理內涵〉，余敦康撰，《周易研究》，第 2 期，1992 年，頁 10～26。

83. 〈卦變釋例〉，沈瓞民撰，收入黃壽祺、張善文編《周易研究論文集》第 2 輯，北京師範大學出版社，1989 年 1 月 1 印。

84. 〈周易序卦傳爻象變化規律之試釋〉，劉蕙孫撰，《周易研究》，第 1 期，1994 年，頁 1～8。

85. 〈周易開創了中國古代邏輯思維的先河〉，張本一撰，《周易研究》，第 4 期，1995 年，頁 71～79。

86. 〈孟喜易學略論〉，傅榮賢撰，《周易研究》，第 3 期，1994 年，頁 4～7。

87. 〈易經：中國古代的符號邏輯〉，李建釗撰，《徐州師範學院學報》，第 1 期，1990 年，頁 124～132。

88. 〈易學中的陰陽五行觀，鄭萬耕撰，《周易研究》，第 4 期，1994 年，頁 24～32。

89. 〈易學中的整體思維方式〉，鄭萬耕撰，《周易研究》，第 4 期，1995 年，頁 62～69。

90. 〈河圖、洛書與朱熹哲學〉，陳超撰，《周易研究》，第 4 期，1995 年，頁 58～61。

91. 〈河圖沒有秘密——兼評北京大學國情研究中心對河圖、洛書的研究成果〉，李申撰，（長春）《社會刻學戰線》，第 4 期，1998 年 4 月，頁 107～115。

92. 〈河圖洛書探微〉，王興業撰，《周易研究》，第 1 期，1993 年，頁 1～16。

93. 〈河圖洛書解〉，常光明撰，《周易研究》，第 2 期，1989 年，頁 52～60。

94. 〈河圖洛書試析〉，王懷撰，《周易研究》，第 3 期，1995 年，頁 52～59。

95. 〈河圖洛書與漢字起源〉，李立新撰，《周易研究》，第 3 期，1995 年，頁 43～51。

96. 〈河圖辨證〉，李申撰，《周易研究》，第 4 期，1996 年，頁 25～33。

97. 〈近十年大陸易學研究述評〉，林忠軍撰，《文史哲月刊》，第 5 期，1995 年 5 月，頁 101～105。

98. 〈邵雍的皇極經世書〉，李申撰，《周易研究》，第 2 期，1989 年，頁 22

～30。

99. 〈馬王堆漢墓帛書周易之《要》篇譯文〉（上）、（下），（日）池田知久撰，牛建科譯，《易學研究》，第 2 期、第 3 期，1997 年，頁 21～33、頁 8～21。

100. 〈從陳櫟《定宇集》論其與董鼎《書傳集錄纂注》的關係〉，許華峰撰，《中國文哲通訊》，第 8 卷，第 2 期，1999 年，頁 61～74。

101. 〈略析吳澄易學中的陰陽卦對思想〉，章偉文撰，《周易研究》，第 3 期，1997 年，頁 32～38。

102. 〈略析吳澄的易學象數思想〉，章偉文撰，《周易研究》，第 2 期，1998 年，頁 53～63。

103. 〈陸績象數易學述評〉，林忠軍撰，《周易研究》，第 1 期，1996 年，頁 10～17。

104. 〈象數易與義理易之流變——從易學發展的角度看象數、義理、卜筮三者的關係〉，劉光本撰，《周易研究》，第 4 期，1992 年，頁 27～35。

105. 〈當代易學研究趨勢〉，王振復撰，（上海）《學術月刊》，1997 年 5 月，頁 23～29。

106. 〈試論京房易學中的世卦起月例〉，劉玉建撰，《周易研究》，第 2 期，1996 年，頁 17～20。

107. 〈論帛書周易〉，鄭球柏撰，《湘潭大學學報》（哲社版），第 3 期，1995 年 3 月，頁 1～10。

108. 〈論邵雍與皇極經世的思想結構〉，潘雨廷撰，《周易研究》，第 4 期，1994 年，頁 5～15。

109. 〈論焦循易學的通變與數理思想〉，陳居淵撰，《周易研究》，第 2 期，1994 年，頁 23～35。

110. 〈論漢代易學的納甲〉，任蘊輝撰，《周易研究》，第 2 期，1993 年，頁 13～20。

111. 〈鄭玄易學思想述評〉，林忠軍撰，《周易研究》，第 1 期，1993 年，頁 6～19。

112. 〈關于河圖、洛書問題〉，蕭漢明撰，《周易研究》，第 4 期，1995 年，頁 34～45。

113. 〈關於許衡〉，（日）福田殖撰，金培懿譯，《中國文哲通訊》，第 8 卷，第 2 期，1999 年出版，頁 45～59。

六、相關的西方哲學論著

1. 《真理與方法——哲學詮釋學的基本特徵》（上）（下），（德）加達默爾（Hans-Georg Gadamer）撰，洪漢鼎譯，臺北：時報出版社，1995 年 9

月 1 版 2 印。

2. 《結構主義》，（瑞）皮亞杰（Jean.Piaget）撰，北京：商務印書館，1987，1 月 1 版 4 印。

3. 《當代哲學對話錄》（上）（下），（美）Bryon Magee 編，臺北：臺灣商務印書館，1994 年 9 月，臺 1 版。

4. 《當代詮釋學》，Josef Bleicher 撰，賴曉黎譯，臺北：使者出版社，1990 年 8 月初版。

5. 《語言哲學》，（美）馬蒂尼奇（A.P.Martinich）編，北京：商務印書館，1998 年 2 月初版。

6. 《寫作的零度——結構主義文學理論文選・符號學原理》，李幼蒸譯，臺北：時報出版社，1995 年初版 4 印。

附錄：
吳澄與來知德易象解《易》之比較研究[*]

摘　要

　　吳澄與來知德皆正視朱子所提易象不易解釋的難題，重視易象解釋。表面觀之，二子釋象多承前賢參考《說卦傳》、《逸象》之內容，採用正體、互體、爻變、卦主等之原則；然深入考察，卻各具特色。本文深入探究二子之易學觀對實際解經之影響，分別探討：三聖《易》分合之抉擇與解《易》目標、吳澄以「加一倍法」與來氏以圓圖、「八加八法」論六十四卦、論吳澄與來氏之《說卦傳》註及來子補象、吳澄與來氏論卦變、卦主，吳澄釋卦、爻辭取象之特色、來氏取象例之內容及特色、來氏釋卦、爻辭取象之特色、吳澄與來氏易學特色與易學觀對解《易》之影響。並提出吳澄易象解易之最大特色在於建立釋象通例，而來氏則強調易辭之象多無實事實理，並強調取象具多元性。吳澄認為易辭雖簡，然透過通例仍可找出釋象理據。來氏則提醒吾人瞭解聖人如何藉由卦畫以及如何從卦畫創作出文辭來表現天地間流行對待之理，進而體現易理之深遠。二子之易學觀仍強調聖人相繼作《易》，迥異於現今《易》學家多視卦畫與易辭並無密切關聯的說法，然二子為解釋易象所做的努力，仍值得吾人用心研究。

關鍵字：吳澄、來知德、易象、卦變、卦主、錯綜

────────────
* 本文為 93 年度國科會研究計畫研究成果，計畫編號 NSC 93-2411-H-008-012。

一、吳澄與來知德三聖《易》分合之抉擇與解《易》目標

元代吳澄（字幼清，晚字伯清，學者稱爲草廬先生，1249～1333），其《易纂言》、《易纂言外翼》相當重視「象」。〔註1〕吳澄承繼朱子「四聖作《易》」之說，亦將《易》區分爲伏羲《易》、文王《易》、周公《易》、孔子《易》，易象亦區分成三聖易象。彼言道：「伏羲作《易》，仰觀俯察，……三百八十四畫皆是象天地萬物，……伏羲之《易》只是三百八十四畫而已，此所謂象也，故曰：『易者，象也』。」又曰：「象者，伏羲之畫所以象天地萬物也，其後卦名是指出所象之事而爲名，及象辭、爻辭中言龍、言馬等，又是指出所象之物而爲言也。」〔註2〕

可見吳澄所謂的象包括：伏羲之三百八十四畫，皆以象天地萬物；至於文王之卦名則是指出卦畫所象之事，而卦、爻辭中之象，則是指卦畫所象之物。朱伯崑先生於《易學哲學史》中引吳澄所言「羲皇所畫之卦畫謂之象，文王所名之卦名謂之象，象辭、爻辭泛取所肖之物亦謂之象。」指出「按此說法，《周易》的內容取決於象。」〔註3〕。在諸象中，吳澄用力至深者便是卦、爻辭之象，吳澄直接解釋卦、爻辭之象，而不援引《彖傳》、《象傳》之說。

吳澄《易纂言》承繼宋儒呂祖謙經傳分立之觀點，嘗言道：「自魏、晉諸儒分《彖》、《象》、《文言》入經，而《易》非古註疏；宋東萊呂氏始考之以復其舊，而朱子因之第。」〔註4〕朱子亦言道：「然自諸儒分經合傳之後，學者便文取義，往往未及覈心全經而遽執傳之一端，以爲定說；於是一卦一爻僅爲一事，而《易》之爲用反有所局而以通乎天下之故，若是者某蓋病之。」

〔註1〕 關於吳澄《易》學之學術論文及專書，詹海雲教授〈吳澄的《易》學〉、黃沛榮教授〈元代《易》學平議〉，此二篇論文皆收錄於楊晉龍主編，《元代經學國際研討會論文集》（上下），中國文哲研究所籌備處，2000 年 10 月。章偉文〈略析吳澄的易學象數思想〉，《周易研究》，第 2 期，1998 年，頁 53～63，及〈略析吳澄《易》道體用的思想〉，「首屆海峽兩岸青年易學論文發表會」論文集，民國 89 年 6 月。涂雲清之《吳澄易學研究》，臺灣大學中研所碩士論文，1998 年 6 月。個人之相關研究：《吳澄《易經》解釋與《易》學觀》，國立中央大學博論，民國 89 年 1 月。〈吳澄《易》學研究——釋象與「象例」〉，《元代經學國際研討會論文集》。

〔註2〕 《吳文正公集》（上）（臺北：新文豐出版公司，1985 年，明成化二十年刊本，元人文集珍本叢刊（三）），卷 3，頁 107。

〔註3〕 《易學哲學史·宋易的繁榮和理學的衰弱》（臺北：藍燈文化事業，1991 年 9 月初版），第 3 卷，頁 14。

〔註4〕 《吳文正公集·四書敘錄》，卷 1，頁 71。

〔註 5〕而此種經傳分立的作法，亦明顯影響註《易》，自然形成「以經解經」之方法，《易纂言》便採「以經解經」的註釋方式。

此外，吳澄對於卦、爻辭之解釋，不僅採取朱子《周易本義》將象辭與占辭區分的作法，同時更全面地將卦、爻辭作明確區分，於卦、爻辭之註皆標出「象也」、「占也」。在卦、爻辭中有些象辭確實止言象，如「潛龍」、「乘馬班如」之類；占辭僅言占，如「无咎」、「无不利」之類。

然而易辭中亦有象辭含著占，而占辭中有象者，即吳澄所言：「辭有象辭，有占辭；象之中亦有占，占之中亦有象。」〔註6〕其中，占辭有象之例，如〈无妄〉六二「不耕穫，不菑畬，則利有攸往」，吳澄註曰「占也」，並指出「耕穫、菑畬，占之象也」。〔註7〕較常見之「利涉大川」，此占辭中有「涉大川」之象。至於象辭中有占之例，如吳澄釋註〈泰〉六四「不富以其鄰」：「象也。其占為雖不富，而能以其鄰陰虛為不富。」〔註8〕〈剝〉上九「君子得輿」、「小人剝廬」，吳澄註曰「占之象也。」「君子筮得此爻，則其象為得輿，而占亦如之。」「小人筮得此爻，則其象為剝廬，而占亦如之也。」〔註9〕

吳澄與朱子對於易象能否解釋有不同見解，朱子肯定易象，但卻從「本義」的角度指出原初取象之由已不可考。與朱子不同的是，吳澄認為易象是可以解釋的，故著力在將朱子甚少解釋的易象，作全面性解釋。朱子的理由是：「如『田有禽』，須是此爻有此象，但今不可考」，「《易》之象理會不得，如『乾為馬』，而乾之卦卻專說龍，如此之類皆不通」，「《易》畢竟是有象，只是今難推。如〈既濟〉『高宗伐鬼方』在九三，〈未濟〉卻在九四；〈損〉『十朋之龜』在六五，〈益〉卻在六二，不知其象如何？又如〈履〉卦、〈歸妹〉皆有『跛能履』，皆是兌體，此可見。」〔註10〕至於吳澄則自言「予補朱義者」，〔註11〕強調就釋象處彌補朱子之不足。雖然吳澄批評朱子並未全面釋象，但

〔註 5〕見於呂祖謙《古周易》，《通志堂經解》（1）（江蘇：廣陵古籍刻印社，1996年），頁 489。

〔註 6〕《易纂言外翼・自序》，《無求備齋易經集成》（149）（臺北：成文出版社，1976年）頁 7。

〔註 7〕《易纂言》，《無求備齋易經集成》（35）（臺北：成文出版社，1976 年），頁 100。

〔註 8〕同前註，頁 62。

〔註 9〕同前註，頁 95。

〔註10〕《朱子語類》（臺北：文津出版社，1986 年），卷 66，頁 1640～1641。

〔註11〕《吳文正公集・石晉卿易說序》，卷 10，頁 215。

吳澄亦能體察朱子重象卻不詳解之原委，曾言道：「朱子非不知象之當明，《周易本義》惟〈大壯〉說象，他卦則否，以其不易言而不言歟？」〔註 12〕故而致力於提出解釋卦、爻辭取象之「象例」。

正因吳澄極重視象，故釋《易》時，對於伏羲卦畫之象及卦名及卦、爻辭之象皆深入解釋其得象之由，甚至對於卦、爻辭之取象還提出「象例」。《四庫全書總目》評道：「澄爲《纂言》，一決於象，史謂其能盡破傳注之穿鑿，故言《易》者多宗之。」又謂：「〈象例〉諸篇，闡明古義，尤非元明諸儒空談妙悟者可比。」〔註 13〕朱伯崑先生並指出「吳氏的取象說，在元代頗有影響。」〔註 14〕吳澄之易象解釋於《易》學發展史中相當值得重視。

明代來知德（字矣鮮，號瞿唐，1525～1604），與吳澄一樣，皆重視易象，並致力於易象解釋。〔註 15〕來氏認爲「易」有二義，即交易、變易是也。「交易以對待言，如天氣下降，地氣上騰也。變易以流行言，如陽極變陰，陰極變陽也。」〔註 16〕此對待與流行之觀念，貫串了整個來氏《易》學。〔註 17〕

來知德自言其《易註》乃爲救正自王弼以降，至明修《周易大全》皆言

〔註 12〕《吳文正公集・送趙仲然赴循州長樂縣主簿序》，卷 19，頁 347。

〔註 13〕《四庫全書總目・經部・易類四》（北京：中華書局，1995 年），頁 23。

〔註 14〕《易學哲學史・宋易的繁榮和理學的衰弱》，頁 15。

〔註 15〕關於來知德《易》學之學術論文及專書，在來知德《易》學研究方面，以徐芹庭先生之《易來氏學》，國文研究所集刊，1969 出版最早，但徐氏之作品仍採來知德註疏體方式表現，間接闡釋來氏說法。之後尚有陳德述之〈來知德的《易》說及其自然哲學〉（《周易研究論文集（第三輯）》）。（北京：北京師範大學出版社，1990 年），頁 443～454，其論點是順著來氏之觀點作說明，將來氏《易》學定位在自然哲學，此二著作雖廣泛介紹來氏《易》學之重要說法，但仍未見來氏《易》學核心特色之說明。中研院文哲所鍾彩鈞教授亦以來知德《易》學爲題──「明代來氏易學研究」爲國科會 91 年「明代學術思想研究」之子計畫專題，研究成果亦刊登於《中國文哲研究集刊》，24 期，2004 年 3 月，頁 217～251。其重點主要是從人生態度、理學關聯、《易經》哲學三方面研究來知德的哲學思想。與本文較近《易經》哲學方面，鍾教授指出來氏肯定人欲，並提出人理與自然秩序之別，又提出聖人心易的主張，以表現人文創造之價值。陳竹義《來易經數學思想研究》，中國文化大學哲學研究所碩論，1987 年。個人之研究論文爲〈來知德《易》學特色──錯綜哲學〉，《中央大學人文學報》，第 27 期，民國 92 年 6 月，頁 25～73。

〔註 16〕《易經來註圖解・易註》，《易經來註圖解》（臺北：成文出版社，1976 年《無求備齋易經集成》63～66 冊，據清康熙 16 年（1677）朝爽堂刻本），頁 268。

〔註 17〕關於來氏《易》學之核心精神，可參見拙著〈來知德《易》學特色──錯綜哲學〉，《中央大學人文學報》，第 27 期，民國 92 年 6 月，頁 25～73。

理而不言象而作。來氏云：「自王弼掃象以後，註易諸儒，皆以象失其傳，不言其象，止言其理。本朝纂修《易經、性理大全》，雖會諸儒眾註成書，然不過以理言之而已，均不知其象，不知文王序卦，不知孔子雜卦，不知後儒卦變之非，于此四者既不知，則《易》不得其門而入，……則其註疏所言者，乃門外之粗淺，……是自孔子沒，而《易》已亡，至今日矣。」〔註18〕

由此可見，來氏《易》學重在解釋取象之由，而文王〈序卦〉與孔子〈雜卦〉所展現卦之錯綜正可解釋卦、爻辭之取象。同時指出許多註家採取虞翻消息卦變之不當，卦變幾可由〈雜卦傳〉之綜卦來解釋，而此正合於伏羲八卦對待之理，〔註19〕實無需另立升降卦變來釋象。

來氏認爲《易》之得名，出於聖人對宇宙、人世之觀察與思維。來氏云：「乾坤者，萬物之男女；男女者，一物之乾坤也。」又曰：「乾坤男女相爲對待，氣行乎其間，有往有來，有進有退，有常有變，有吉有凶，不可爲典要。」〔註20〕來氏綜合這兩段話言道：「盈天地間莫非男女，則盈天地間莫非易矣。」〔註21〕意即來氏認爲，聖人作《易》便是展現天地陰陽兩種對立特質，而這兩種特質有氣流行其間產生相互作用。

來氏認爲四聖作《易》之重點：「伏羲象男女之形以畫卦」，「文王繫卦下之辭，又序六十四卦，其中有錯有綜，以明陰陽變化之理。」「周公立爻辭，雖曰兼三才而兩之故六，亦以陰陽之氣皆極于六。天地間，窮上反下，循環无端者，不過此六而已，此立六爻之意也。」「孔子見男女，有象即以數，有數即有理其中之理，神妙莫測，立言不一而足，故所繫之辭多于前聖。」〔註22〕依來氏所論，四聖作《易》，實爲以卦畫顯天地陰陽對待、流行之理，而易辭亦爲明陰陽對待、流行之理而設。依此觀之，來氏對四聖《易》是強調「四聖一心」，而在來氏《易註》，常參考《彖》、《象》釋經，此作法乃「援傳入經」，與吳澄「以經解經」之作法有所不同。

〔註18〕《易經來註圖解・易註自序》，頁13。

〔註19〕來氏云：「又如以某卦自某卦變者，此虞翻之說也，後儒信而從之。如〈訟〉卦『剛來而得中』，乃以爲自〈遯〉卦來，不知乃綜卦也。……孔子贊其爲天下之至變，正在于此。……乃伏羲之八卦，一順一逆，自然對待也，非文王之安排也。……若遯則綜大壯，……見于孔子《雜卦傳》昭昭如此，而乃曰〈訟〉自〈遯〉來，失之千里矣。」同前註，頁15。

〔註20〕同前註，頁11。

〔註21〕同前註。

〔註22〕同前註，頁11～12。

正因來氏將四聖《易》並觀，並認為象是整部《易》極重要的部分，聖人作《易》實為顯天地陰陽對待、流行之理，然此理又具現於天地萬物中，故藉《易》卦畫來「模寫」天地萬物。〔註23〕「模寫」為來氏《易》學重要術語，來氏釋〈繫辭上傳〉第一章：「在天成象，在地成形，未有易卦之變化，而變化已見矣。聖人之《易》，不過模寫其象數而已。」〔註24〕以現代語解釋即模擬形容之意；來氏認為天地萬物皆有其形象，而有象就有數，〔註25〕數隨形即定耳，聖人藉由象模擬事物之象數，以把握事物彷彿近似之理。

正因《易》卦畫乃聖人對事物之認識與體會，以陰陽符號來表現天地萬物之象與所蘊涵之理，故來氏強調易象非一事一理，或是實事實理，而是可以用以明眾多事理的。至於卦、爻辭亦非針對特定事理而言，而是解析卦、爻畫中所涵之象。

正因《易》象只是模寫自然事物彷彿近似之象與理，故能涵無盡之理，觀象者可發揮個人想像，產生豐富之理解。來氏言道：「有象則大小、遠近、精粗，千蹊萬逕之理，咸宮乎其中，方可彌綸天地；無象，則所言者止一理而已，何以彌綸？」〔註26〕來氏所謂象與理並非二分，而是即象以顯理。若即理言理，不僅理之所指有限，且有些理無法直接以說理之形式去表達，唯有即象見理，方能達至如朱子及來氏所謂以象「彌綸天地」、「萬物畢照」之作用。故來氏認為註家當從卦爻畫解釋卦、爻辭之取象，進而使讀者體悟易象所象徵之理，如此方能稱善註《易》者。

來氏對《易》象之認定是：「夫《易》者象也，象也者，像也，此孔子之言也，曰像者乃事理之彷彿近似，可以想像者也，非真有實事也，非真有實理也。若以事論，金豈可為車？玉豈可為鉉？若以理論，虎尾豈可履？左腹豈可入？《易》與諸經不同者，全在於此。如〈禹謨〉曰：『惠迪吉，從逆凶，惟影響』是真有此理也；〈泰誓〉曰：『惟十有三季，春，大會于孟津』是真有此事也，若《易》則無此事，無此理，惟有此象而已。」〔註27〕

〔註23〕關於來知德的「模寫」說，可參考拙文〈來知德《易》學特色——錯綜哲學〉，此處僅簡略論之。

〔註24〕《易經來註圖解・易註》，頁1163～1164。

〔註25〕來氏云：「故天地間萬事萬物，但有儀形者，即有定數存乎其中。」《易經來註圖解・圖像補遺》，頁49。

〔註26〕26《易經來註圖解・易註自序》，頁14。

〔註27〕同前註，頁13～14。

依來氏所言，「象也者，像也」之說，將「像」解釋爲「事理之彷彿近似，可以想像者也」，亦即《易》與諸經不同處便在於象，象所言者非具體事件或道理，只是藉象掌握事與理之彷彿、近似，故不可從字面直接理解，須經由想像掌握之。

來氏釋〈困〉九四「困于金車」言道：「金車指九二，坎車象，乾金當中，金車之象也。」〔註28〕釋〈鼎〉上九「鼎玉鉉」言道：「上九居鼎之極，鉉在鼎上，鉉之象也。此爻變震，震爲玉，玉鉉之象也。玉豈可爲鉉？有此象也，亦如金車之意。……上九以陽居陰，剛而能柔，故有溫潤玉鉉之象也。」〔註29〕來氏認爲以金車、玉鉉並並非指實有其事，而是因卦畫中有金車與玉鉉之象，透過象，便能體會《易》象所欲傳達之理。

來氏所謂「無此事，無此理，惟有此象而已」並非僅針對不易理解的易象，而是針對整部《易》的卦、爻辭取象而言。如來氏釋〈乾〉初九「潛龍，勿用。」言道：「龍，陽物，變化莫測，亦猶乾道變化，故象九。且此爻變巽錯震，亦有龍象，故六爻即以龍言之。所謂擬諸形容，象其物宜者此也。」〔註30〕釋〈屯〉六四「乘馬班如，求婚媾」言道：「本爻變，中爻成巽，則爲長女，震爲長男，婚媾之象也，非眞婚媾也，求賢以濟難，有此象也。」〔註31〕皆以卦畫中有此象論之。

再以來氏釋〈晉〉上九「晉其角，維用伐邑，厲，吉，无咎，貞吝。」爲例，「離爲戈兵，坤爲眾，此爻變震，眾人、戈兵、震動，伐邑之象也。……凡《易經》爻辭，無其事而有其象，如此類者甚多。」〔註32〕「無其事而有其象」爲來氏論易象重要而獨特的論點。

正因來氏深刻體認到易象實《易經》最重要的部分，故將心力致力於此。彼於〈六十四卦啓蒙說〉亦言道：「《易》自孔子沒而亡至今日矣，《易》亡者何？以象失其傳也。故先之以象，此則六爻大象也。」〔註33〕

《四庫全書總目》亦明確指出來氏《易》學之特色：「其立說專取〈繫辭〉中『錯綜其數』以論易象，而以雜卦治之。……而所說中爻之象，亦即漢以

〔註28〕《易經來註圖解・易註》，頁931。
〔註29〕同前註，頁978。
〔註30〕同前註，頁271。
〔註31〕同前註，頁361。
〔註32〕同前註，頁771。
〔註33〕《易經來註圖解・六十四卦啓蒙說》，頁151。

來互體之法，特知德縱橫推闡，專明斯義，較先儒為詳盡耳。」〔註 34〕其中從「特知德縱橫推闡，專明斯義，較先儒為詳盡耳」一語更見出，來氏釋象除了中爻外，錯綜、爻變等，皆前賢使用之釋象法，所不同者，來氏使用的更全面，更徹底耳。

　　從上述說明可發現，吳澄與來知德對於易象解釋的看法，明顯與朱子不同，朱子站在「本義」的立場，認為取象之本義已不可知，故不必強知；而吳澄與來氏則站在易象是可以解釋的，透過卦畫與卦、爻辭的關聯找出取象之由。在解釋方式上，二子稍有不同，雖皆承繼朱子四聖作《易》之論點，然在解《易》時，吳澄解《易》將四聖《易》分開看，而來氏解《易》將四聖《易》合而觀之，進而影響了二子的易象解釋。

二、吳澄以「加一倍法」與來氏以圓圖、「八加八法」論六十四卦

　　前已指出吳澄釋《易》，主張將四聖《易》分別觀之，易象則主張區分為三——羲皇之卦畫、文王之卦名與文王、周公之卦、爻辭中之象。首先探討羲皇之畫，吳澄嘗指出：「皇羲之畫，邵子明之矣。」〔註35〕在吳澄《易纂言》明顯將羲皇《易》與邵雍《易》學關聯起來。《易纂言》於經文前，列了卦畫、卦圖而稱之為羲皇之《易》。羲皇《易》內容次序如下：陰、陽兩儀之畫、四象及八卦，接著是「八卦方位圖」，其後分別為八卦加兩儀之四畫卦、四畫加兩儀之五畫卦，最後是六十四卦；並於六十四卦後列出「六十四卦方圓圖」。至於所謂的卦畫之象，吳澄言道：「上古包羲氏見天地萬物之性情、形體一陽一陰而已，於是作一奇畫以象陽，作一偶畫以象陰。見一陽一陰之互相易也，故自一奇一偶相易而為四象、八卦，極於六十四卦，是為卦畫之象。」〔註36〕整個羲皇《易》，吳澄是以卦畫之象與易圖所構成。在卦畫之象與易圖之外，吳澄亦為羲皇《易》作了註解。

　　雖然〈繫辭傳〉已提出「太極生兩儀，兩儀生四象，四象生八卦」的說法，但卻未進一步說明從八卦到六十四卦間之演變。八卦演成六十四卦，有兩種方式，一是重卦，一是邵雍所創的「加一倍法」；〔註37〕吳澄對伏羲畫卦

〔註34〕　《四庫全書總目・經部・易類五》，頁 30。
〔註35〕　《吳文正公集・送趙仲然赴循州長樂縣主簿序》，卷 19，頁 347。
〔註36〕　《易纂言》，頁 1。
〔註37〕　邵子利用「加一倍法」發展出元、會、運、世（歲、月、日、辰）之皇極數與聲律翕闢、音呂清濁之數。將二數、八數、十六數、三十二數添入不同的

的解釋是採取邵雍的觀點，而非重卦的說法。至於「六十四卦方圓圖」的傳承，吳澄亦認為是邵雍承自李之才，而遠溯自陳摶。〔註38〕無論卦畫之象或易圖，吳澄之觀點明顯承繼自邵雍《易》學。

　　來氏與吳澄相較，除了以「六十四卦圓圖」與「伏羲八卦方位圖」為義皇《易》外，並於義皇易圖前列入來氏立自創之圓圖。理由在於此圖可表現易之本原，能貫穿四聖《易》。來氏言道：「此聖人作《易》之原也，理氣、象數、陰陽、老少、往來、進退、常變、吉凶，皆寓乎其中。孔子繫《易》首章至『易簡而天下之理得』，及『一陰一陽之謂道』、『易有太極』，形上、形下數篇，以至『幽贊于神明』一章，卒歸于義命，皆不外此圖。」〔註39〕至於此圖之內容，來氏解釋道：「白者，陽儀也；黑者，陰儀也；黑白二路者，陽極生陰，陰極生陽，其氣機未嘗息也，即太極也，非中間一圈乃太極之本體也。」〔註40〕此圖所表現之意義，一是以黑、白對稱表現陰陽對待之象，二是以陽極生陰，陰極生陽表現氣之流行，三是指對待及流行是理之發用。

　　來氏以簡要三句話解釋此圖所蘊涵之深意：「對待者數，主宰者理，流行者氣」。〔註41〕統言之，來氏認為宇宙間乃一氣流行，而流行是陰陽兩種力量

自然、人事概念。
〔註38〕《易纂言》，頁26。
〔註39〕《易經來註圖解·來瞿唐先生圓圖》，頁56。
〔註40〕《易經來註圖解·來圖補遺》，頁101。
〔註41〕《易經來註圖解·來瞿唐先生圓圖》，頁55。

之變化所致，而萬端之事物形象亦於焉形成。萬物所以生生不息者，以氣流行不已之故也，而所以流行不已者乃體之作用，此體於《易》稱爲太極，太極非獨立於氣之外，故來氏稱並非將太極圖中間一圈稱爲太極，而是認爲太極即存在於氣之流行中，於二氣生生不已之過程中開顯。

來氏認爲《易經》卦畫及經傳所傳達之核心思想便是對待與流行，而《易》又是聖人仰觀俯察後所得出之心得，而來氏太極圖所欲模擬者便是天地間事事物物所呈現的對待與流行之理。

此外，來氏對於八卦演成六十四卦與吳澄有不同見解，吳澄採邵雍之說，而來氏則據京房之「八宮卦法」而主張「八加八法」。所謂「八加八法」即來氏所謂「變」也。來氏言道：「八卦不過加，太極、兩儀、四象、八卦是也；六十四卦不過變，即《繫辭》所謂『八卦成列，象在其中矣；因而重之，爻在其中矣；剛柔相推，變在其中矣。』……在其中者，如乾爲陽剛，乾下變一陰之巽、二陰之艮、三陰之坤。……是剛柔相推也。蓋三畫卦若不重成六畫，則不能變六十四。……所以每一卦六變，即歸本卦，下爻變爲七變，連本卦成八卦，以八加八即成六十四卦。」〔註42〕

來氏於八卦之形成與邵雍、朱子、吳澄「加一倍法」之說法無異，均本於《繫傳》；然由八卦演成六十四卦，來氏則採「八加八法」，以六畫八卦，結合爻變、游魂、歸魂之觀念，將乾、兌、離、震、巽、坎、艮、坤所變之八卦相加，即成六十四卦，所得結果與京房之八宮圖相同。至於宋儒的「加一倍法」來氏則批評道：「若依宋儒之說，一分二，二分四，四分八，八分十六，十六分三十二，三十二分六十四，是一直死數，何以爲易？且通不成卦。唯以八加八，方見陰陽自然造化之妙。」〔註43〕來氏認爲此說法之限制在於機械式靜態地解釋符號與數之變化，無法見出宇宙動態造化之功；而其「八加八法」較能將符號與宇宙陰陽變化之妙相結合，進而見出古聖人如何藉由卦畫去摹寫天地自然間陰陽變化之神妙。

〔註42〕《易經來註圖解・八卦變六十四卦圖》註，頁 77。
〔註43〕來氏說法出處同前註。關於「一分二，二分四，四分八，八分十六，十六分三十二，三十二分六十四」，此說法完整保存於吳澄《易纂言》：「邵子謂一分爲二，朱子謂一奇一偶」，「邵子謂二分爲四，朱子謂兩儀各生奇耦」，「邵子謂四分爲八，朱子謂四象各生奇耦」，「邵子謂八分爲十六，朱子謂八卦各生奇耦」，「邵子謂三十二分爲六十四，朱子謂五畫各生奇耦。……邵子曰：『一變而二，二變而四，三變而八卦成矣。四變而十有六，五變而三十有二，六變而六十四卦備矣。』」見於《易纂言》，頁 1～21。

來氏論六十四卦之「正綜」、「雜綜」，亦是本「八加八法」而來，其法則則是──四正卦與四正卦相綜，四隅卦與四隅卦相綜，來氏言道：「然乾、坤、水、火四正之卦，四正與四正相綜；艮、巽、震、兌四隅之卦，四隅與四隅相綜，雖雜亦不雜也。」〔註44〕來氏並以〈乾〉、〈坤〉二卦爲例說明道：「然文王序卦有正綜，有雜綜，如〈乾〉卦初爻變〈姤〉，〈坤〉逆行，五爻變與〈姤〉相綜，所以〈姤〉綜〈夬〉，〈遯〉綜〈大壯〉，〈否〉綜〈泰〉，〈觀〉綜〈臨〉，〈剝〉綜〈復〉，所謂〈乾〉〈坤〉之正綜也。八卦通是初與五綜，二與四綜，三與六綜，雖一定之數，不容安排；然陽順行陰逆行，與之相綜，造化之玄妙可見矣。文王之序卦不其神哉！即陽本順行，生亥死午；陰本逆行，生午死亥之意，若乾、坤所屬尾二卦，〈晉〉、〈大有〉、〈需〉、〈比〉之卦，類術家所謂遊魂、歸魂，出于乾、坤之外者，非〈乾〉、〈坤〉五爻之正變，故謂之雜綜。」〔註45〕

來氏所謂「正綜」是先就〈乾〉、〈坤〉、〈坎〉、〈離〉、〈巽〉、〈兌〉、〈震〉、〈艮〉八卦，論其初爻至五爻之「爻變」所變化之卦，進而論本卦與所變之卦間之相綜關係，因其所變不離本卦，故而稱之「正綜」；然須扣除〈乾〉錯〈坤〉、〈坎〉錯〈離〉四卦，其餘方能稱爲「正綜」。來氏稱「正綜」有一定之變化原則，然非人爲安排，而是自然天成。

至於「雜綜」，則是八卦所變尾屬二爻以類似「遊魂」、「歸魂」方式所變之卦，因其所變已脫離本卦之故而稱之。然並非將類似「遊魂」、「歸魂」方式所變之卦均稱爲「雜綜」，其中〈頤〉錯〈大過〉，〈中孚〉錯〈小過〉，此四卦無綜卦關係，故合於「雜綜」者唯由十二卦所綜成之六卦──〈晉〉綜〈明夷〉、〈同人〉綜〈大有〉、〈漸〉綜〈歸妹〉、〈需〉綜〈訟〉、〈師〉綜〈比〉、〈隨〉綜〈蠱〉。

三、論吳澄與來氏之《說卦傳》註及來子〈補象〉

吳澄釋象之基礎主要是《說卦傳》，其次是《逸象》，吳澄補充並修正了《說卦傳》、〈逸象〉部分內容。關於《說卦傳》，在補充內容部分有一例，吳澄將「艮爲小石」，引伸出坎亦爲石的說法，吳澄云：「剛在坤土之上，象山

〔註44〕關於來氏《易經字義》之內容，《無求備齋易經集成》本缺少此部份，故參考《來註易經圖解》（臺北：武陵出版有限公司，1997年），總頁140。

〔註45〕同前註。

頂高處之小石；坎剛在坤土之中，則象平地土中之大石。」〔註46〕

　　吳澄並解釋《說卦傳》中相近之象，以馬、車之象為例，如馬象既取於乾，亦取於震、坎，「乾為良馬，為老馬，為瘠馬，為駁馬」、「震，其於馬也，為善鳴。為馵足，為的顙」、「坎，其於馬也，為美脊，為亟心，為下首，為薄蹄。」。吳澄言道：「此加良、老、瘠、駁四字，以見純陽無陰異於震、坎陰陽相雜之馬。」〔註47〕此乃依據乾、震坎之卦畫之象來區分之。至於「坤為大輿」及「坎，其於輿也為曳」之分別，彼認為：「坤輿為平地載物之大車，坎輿為險路人乘之小車。坤畫皆虛以待物來實之，坎畫中實以象人在車中。曳者，險路艱於前進或曳其後也。」〔註48〕此亦從坤、坎卦畫之象來解釋之。

　　此外，吳澄於《說卦傳》後列出《逸象》，並作註解，指出此象見於那個卦、爻辭。〔註49〕例如「乾為龍」，吳澄註：「〈乾〉初九、九二、九五、上九、用九，〈坤〉上六。」至於未見卦、爻辭之象，亦特別標明出，如「坤為漿」、「兌為常」。

　　在《逸象》修正部分，吳澄將《逸象》的艮為虎，修正為「離為虎」，理由在於「離於飛類象雉，於走類象虎，外文明而中陰質也。」〔註50〕又將「震為玉」修正為「震為圭」，其理由在於《說卦傳》中已有「乾為玉」的說法，若此又言「震為玉」，則有重出之弊。又將「巽為鸛」改成「巽為鴻」，理由在於卦、爻辭中並無此象，反倒〈漸〉卦初六至上九有鴻之象，且〈漸〉上體為巽；加上鴻與鸛字形相近，亦屬形似而誤也。

　　除此，「坎為可」，吳澄認為「可」非取象於坎。據吳澄對卦、爻辭中的「可」字，並不以象釋之，或因「可」與坎並無關聯之故。至於「艮為狐」，吳澄修正為「艮為豹」，因為《逸象》已言「坎為狐」，解九二、〈未濟〉卦辭均與坎有關，而與艮無干，此處又言「艮為狐」，則重出也。其中，較特殊者，「兌為常」，吳澄認為卦、爻辭雖無此象，但卻以「或曰」之形式補充，指出有「裳」、「商」、「常」三種說法。

〔註46〕《易纂言》，頁429。
〔註47〕同前註，頁424。
〔註48〕同前註，頁428。
〔註49〕此處所列吳澄對荀爽《九家易象》的修正，若未特別標明出處，則見於《易纂言》，頁431～432。
〔註50〕吳澄釋〈履〉「履虎尾不咥人」，同前註，頁58。

　　來氏易象解釋亦根據《說卦傳》，〔註51〕來氏亦對《說卦傳》作了註解，既解釋取象之由，又補入《逸象》及來氏補定之象。關於《說卦傳》內容的修正，「震爲專」來氏改正爲「車」，理由在於「震，動也；車，動物也，此震之性，當作車也。上空虛，一陽橫于下，有舟車之象，故〈剝〉卦『君子得輿，小人剝廬』，……陽生于下，則爲震矣，有得輿之象，此震之象當作車也。且從大塗，從作足馬，則車誤作專也明矣。」〔註52〕對於來氏將「震爲專」改爲「震爲車」是否合理，以彼所提的四點理由：「上空虛，一陽橫于下，有舟車之象」及〈剝〉卦之卦象，與「震爲大塗」、「震爲馵馬」觀之。檢視來氏釋卦、爻辭中與車相關之象，如〈比〉九五「王用三驅」，來註：「坎馬駕坤車，驅之象也。」，〈小畜〉上九「尙德載」來註：「坎爲輿」，〈大有〉九二「大車以載」來註：「〈乾〉錯〈坤〉爲大輿」，〈賁〉初九「舍車而徒」來註：「坎，車之象也。」，〈困〉九四「困于金車」來註：「坎車象。」來氏所據者乃坤與坎二卦，並未以震爲象。唯〈剝〉卦上九「君子得輿」來註：「變坤，坤爲大輿，輿之象也。一陽復生于地之下，則萬物皆賴之以生，此得輿之象也。」此處亦是以坤取象，至於震則由「生」而言「得輿」。即此而言，若僅以〈剝〉上九並非堅強之例證而言「震爲車」似乎不具說服力。此外，《說卦傳》之各象間亦未必有關聯，若從「震爲大塗」、「震爲馵馬」而推出「震爲車」，亦不免牽強。對於此問題，關鍵在於對「專」的解釋，吳澄將之釋爲「華」（花），此則又成另解，然因卦、爻辭無此象，遂乏強而有力之例證證成之。

　　關於來氏所增入來子補定之象，其內容如下，乾：爲郊，爲帶，爲旋，爲知，爲富，爲大，爲頂，爲戎，爲武。坤：爲末，爲小，爲能，爲明，爲戶，爲敦。震：爲青，爲升躋，爲奮，爲官園，爲春耕，爲東，爲老，爲以筐。巽：爲浚，爲魚，爲草茅，爲宮人，爲老婦。坎：爲沬，爲泥塗，爲孕，爲酒，爲臀，爲淫，爲牝，爲幽，爲浮，爲河。離爲苦，爲朱，爲三，爲焚，爲泣，爲歌，爲號，爲墉，爲城，爲南，爲不育，爲害。艮爲床，爲握，爲終，爲宅，爲廬，爲丘，爲篤，爲尾。兌爲笑，爲五，爲食，爲跋，爲眵，爲西。〔註53〕

〔註51〕 徐芹庭教授將來氏取象範疇區分爲七類：八卦本象、八卦引伸之象、八卦所屬五行之象、先後天八卦方位之象、八卦廣象、荀九家逸象、來氏補象。《易來氏學》（臺北：師大國文研究所集刊，1969年），頁57～59。
〔註52〕 《易經來註圖解・易註・說卦傳》，頁1389。
〔註53〕 同前註，頁1387、1388、1391、1393、1395、1396、1398、1399。

徐芹庭先生稱「來氏之補象，多本經傳之文，……其說之有故，言之成理，且多合于孟喜之逸象。至于孟氏已有象，而來氏猶補之者，意者來氏僻居蜀地，或未見是書也。」〔註54〕此番評論有數點值得討論，其中「其說之有故，言之成理」的說法，不免下得倉促，因來氏對於所補定之象，並未解釋其得象之由，似乎不宜驟下此論斷。此外，徐教授稱來氏補象與孟喜逸象多有雷同，然考察目前可見之漢代「逸象」較完整之內容，除九家逸象象外，便屬虞翻逸象，反倒孟喜逸象卻難見其內容。於此可參考劉玉建先生之說法：「關於孟喜逸象，有學者認爲，虞翻之學出於孟喜，故把虞氏逸象視爲孟喜逸象。我們認爲，……虞氏《易》學很大程度上源于眾家，或屬於其個人創見，因此我們不能簡單地將虞氏逸象完全視爲孟氏逸象。」「由于孟喜《易》注疏流傳下來的甚少，故難窺其逸象之全貌。」〔註55〕即此可知，徐教授所稱來氏補象與孟喜逸象多有雷同，嚴格而言當指虞翻逸象是也。

此外，何以來氏補象與虞氏逸象多有雷同？徐教授猜測可能來氏未見前賢著作所致，此推測似缺乏實證。既然來氏未明言己所獨創，且未解釋此些逸象取象之由，不妨視爲來氏整理前賢說法。觀來氏所補定之內容，許多內容乃由《說卦傳》、《逸象》衍伸，如「坎爲沬」、「坎爲酒」、「坎爲河」皆可由「坎爲水」推出。「離爲焚」亦可由「離爲火」推出。「兌爲笑」、「兌爲食」皆可由「兌以說之」、「兌爲口」引伸。「離爲三」，與伏羲先天之數相符，「兌爲西」、「離爲南」、「震爲東」與《說卦傳》「帝出乎震」一節及文王八卦方位圖相符；「震爲青」、「震爲春耕」亦可與此節相關。至於其他，不妨暫視爲來氏參考前賢之說而補定。

四、吳澄與來氏論卦變、卦主

卦變與卦主是吳澄釋象常用之法，此二者雖前賢已提出，然吳澄加以修正提出獨特的卦變與卦主內容。在《易纂言》中，吳澄於各卦卦畫下均列出卦變及卦主，如〈屯〉卦畫下及標出「〈艮〉變」、「主九五」，〔註56〕〈咸〉則標註「〈否〉變」、「主九三」，〔註57〕可見吳澄釋《易》對卦變、卦主之重視。

〔註54〕《易來氏學》，頁 59。
〔註55〕《兩漢象數易學研究·孟喜易學》（廣西：廣西教育出版社，1996 年），頁 158。
〔註56〕《易纂言》，頁 39。
〔註57〕同前註，頁 121。

吳澄卦變的內容如下：（一）十消息卦所變者：（1）一陽在內體者，自〈復〉而變；（2）一陰在內體者，自〈姤〉而變；（3）一陽在外體者，自〈剝〉而變；（4）一陰在外體者，自〈夬〉而變；（5）二陽在內體者，自〈臨〉變；（6）二陰在內體者，自〈遯〉變；（7）二陽在外體者，自〈觀〉變；（8）二陰在外體者，自〈大壯〉變；（9）二陽在內體，一陽在外體者，自〈泰〉變；（10）二陰在內體，一陰在外體者，自〈否〉變。（二）六子卦所變者：（1）二陽內外各居而避初、四二爻者，自〈震〉而變；（2）二陰內外各居而避初、四者，由〈巽〉而變；（3）二陽內外各居而避二、五者，自〈坎〉變；（4）二陰內外各居而避二、五者，自〈離〉變；（5）二陽內外各居而避三、上者，自〈艮〉變；（6）二陰內外各居而避三、上者，自〈兌〉而變。

六子卦所變之卦與〈臨〉、〈觀〉、〈遯〉、〈大壯〉所變之卦的差異，若二陰、二陽專居內、外體，則為十辟所變之卦；若二陰、二陽分居內、外體，則屬六子所變。〔註58〕吳澄以十消息卦與六子卦作為卦變的基礎，前者以一爻主變，後者以二爻主變。

關於主變之爻的變動原則，吳澄言道：「一體三畫自相易者，〈復〉、〈姤〉、〈臨〉、〈遯〉、〈大壯〉、〈觀〉、〈夬〉、〈剝〉所變也；下體三畫與上體三畫互相易者，〈泰〉、〈否〉、〈坎〉、〈離〉、〈震〉、〈艮〉、〈巽〉、〈兌〉所變也。」〔註59〕吳澄以一體自易與二體互易二種準則作區分，〈復〉、〈姤〉、〈臨〉、〈遯〉、〈大壯〉、〈觀〉、〈夬〉、〈剝〉為消息卦，自當將各卦視為整體，而六子卦為二體相易的理由亦已見於上，實因六子為二體相重的結構之故，此二者均無庸置疑。至於〈泰〉、〈否〉，雖然亦屬消息卦，但因其結構特殊，為乾、坤相合之卦，與其他消息卦的結構不類，故將之視同六子之卦均為上下二體相易。因此〈泰〉、〈否〉所變之卦在吳澄的系統中頗為特殊，兼有消息卦與六子卦的特點：一來與消息卦均為一爻主變，二來與六子卦同為上下二體相易。

由吳澄對消息卦、六子卦之結構分析，可得知陰、陽與內、外是極重要的

〔註58〕吳澄卦變圖雖不得見，但對照吳澄《易纂言》中的卦變內容與朱楓林卦變圖內容完全相同，證明朱楓林所保存者即吳澄的卦變圖，故此處直接引用此圖。此圖見於朱升《周易旁註前圖》，《續修四庫全書》，上海：古籍出版社，1995年出版，據首都圖書館藏明刻本影印，頁223～227。黃宗羲《易學象數論》亦收錄此圖，黃宗羲標明為「朱楓林卦變圖」，卻未指出此即吳澄的卦變圖，易使人誤解此圖為朱氏所作。《易學象數論》，《黃宗羲全集》（第九冊）（浙江：浙江古籍出版社，1993年），頁78～80。

〔註59〕《易纂言》，頁376。

區分原則，正如吳澄所言：「出謂升上，入謂降下，外者上也，內者下也，卦畫之出而入，入而內者，皆以其度；或一體自易，或二體互易，六子、八辟之所變各二卦，〈泰〉、〈否〉二辟之所變各九卦，如度之分寸，各有界線，不可僭差。」〔註60〕因《象傳》言及「剛柔」、「往來」、「上下」諸概念，〔註61〕剛柔關聯於陰陽，往來、上下則與卦體內外有關，吳澄以此作爲理論依據。

正因吳澄重視卦體內、外之分，使卦變來源的認定非常清晰，以〈復〉、〈姤〉、〈夬〉、〈剝〉爲例，此四卦均爲一陰、一陽之卦，〈復〉爲一陽在內體之卦，〈姤〉爲一陰在內體之卦，故主變之爻居內體者歸之；〈剝〉爲一陽在外體之卦，〈夬〉爲一陰在外體之卦，主變之爻居於外體者則屬此類。三陰、三陽之卦，則以二陽在內體，一陽在外體者歸〈泰〉所變，二陰在內體，一陰在外體者自〈否〉所變。

至於較複雜的二陽二陰（四陽四陰）卦變的認定，亦是依從卦體內、外判分的通則，將二陽、二陰同居內體、同居外體者歸消息卦所變，而二陽一居於內體、一居外體，二陰亦內外各居者判屬六子所變。消息卦的認定將二陽在內體者歸〈臨〉所變，二陰在內體者歸〈遯〉所變，二陽在外體者由〈觀〉所變，二陰在外體者由〈大壯〉所變；六子卦的歸屬，則以避初、四，避二、五，避三、上畫分，因兩爻主變之故，以震爲例，震陽爻在初與四，故所變之卦〈蹇〉陽爻分居三、五，〈蒙〉分居二、上。

因吳澄的卦變重視卦體陰陽、內外的判分，故明顯呈現出「對稱性」。無論消息卦所變與六子所變，均呈現兩兩爲反卦或對卦的關係。〔註62〕如〈復〉與〈剝〉爲反卦，二卦所變之卦亦成反卦；〈泰〉、〈否〉爲對卦，其所變之卦亦成對卦；〈震〉、〈艮〉爲反卦，所變之卦亦爲反卦；震與巽、坎與離、艮與兌互成對卦，所變之卦亦形成對卦。此對稱性的產生是因吳澄注意到各卦本身的結構性，一方面將卦區分爲上卦（外體）、下卦（內體）兩部分，並以卦體之陰、陽作區隔。

來氏對卦變之理解與吳澄不同，是即爻變而言卦變。彼言道：「變者，陽

〔註60〕同前註，頁 377。
〔註61〕如隨《象》：「剛來而下柔」，噬嗑《象》：「柔得中而上行」，无妄：「剛自外來爲主於內」，解《象》：「往得眾也」。
〔註62〕此部分詳參拙著〈吳澄《易經》解釋與《易》學觀〉（國立中央大學博士論文，民國 89 年 1 月）第三章第一節。

變陰，陰變陽也。如〈乾〉卦初變即爲〈姤〉，是就于本卦變之。」〔註63〕依來氏「八卦變六十四卦圖」，〈乾〉一爻變即成〈姤〉、二爻變成〈遯〉、三爻變成〈泰〉、五爻變成〈剝〉、復還四爻變成〈晉〉、歸本卦成〈大有〉。兌初爻變成〈困〉、二爻變成〈萃〉、三爻變成〈咸〉、四爻變成〈蹇〉、五爻變成〈謙〉、復還四爻變成〈小過〉、歸本卦成〈歸妹〉。〔註64〕而在來氏《易經啓蒙》又分別將各卦列出六爻變，以〈屯〉爲例，初變坤成〈比〉、二變兌成〈節〉、三變離成既濟、四變兌成〈隨〉、五變坤成〈復〉、六變巽成〈益〉。〔註65〕

釋卦、爻辭時，來氏亦常運用爻變之理，並認爲爻變相當玄妙。彼言道：「變，玄之又玄，妙之又妙。蓋爻一動即變，如〈漸〉卦九三以三爲夫，以坎中滿爲婦孕，及三爻一變，則陽死成坤，離絕夫位，故有『夫征不復』之象。既成坤則並坎中滿通不見矣，故有『婦孕不育』之象。又如〈歸妹〉九四中爻坎月離日，期之象也；四一變則純坤，而日月不見矣，故愆期。豈不玄妙？」〔註66〕來氏以〈漸〉卦九三「夫征不復，婦孕不育」之取象爲例，〈漸〉中爻坎，當九三一爻變，則中爻成坤，遂以「陽死成坤，離絕夫位」解釋「夫征不復」之象；而坎變成坤，亦坎之婦孕不見，而有「婦孕不育」之象。又以〈歸妹〉中爻爲坎、離，九四變則僅成中爻坤，無坎、離，即此釋「愆期」之象。

對於宋儒所言的消息卦變，來氏認爲皆可以卦綜說明之。彼言道：「宋儒不知文王〈序卦〉如〈屯〉、〈蒙〉相綜之卦本是一卦，向上成一卦，向下成一卦，詳見前『伏羲文王錯綜圖』，如〈訟〉之『剛來而得中』乃卦綜也，非卦變也。以爲自〈遯〉卦變來，非矣，如〈姤〉方是變卦。」〔註67〕

由此可知，來氏論卦變是以爻變來論，以爻變見出整個卦的變化及卦與卦之關係，當然亦可見出上卦、下卦及中爻之變化，在釋象上更爲靈活。而爻變背後的根本原理便是強調陰陽變化及陰陽對待與流行之理。因此來氏強調《易》之變非卦體結構之變，而是陰、陽爻畫之變；而六十四卦間存在著相綜關係，即陰陽流行是也。相較吳澄卦變說，雖亦言及爻畫升降變動，然亦強調內、外結構關係，二者有著明顯差異。

至於吳澄的卦主說，彼嘗批評王弼、朱子之卦主解釋流於片面：「諸家或以

〔註63〕《來註易經圖解・易經字義・象》（武陵本），總頁141。
〔註64〕《易經來註圖解・來瞿唐先生八卦變六十四卦圖》，頁73。
〔註65〕《易經來註圖解・易經啓蒙》，頁163。
〔註66〕《來註易經圖解・易經字義・象》（武陵本），總頁141。
〔註67〕同前註。

九五爲〈觀〉之主爻，蓋擇其德位之盛者爲主，非通例也。」〔註68〕吳澄所指的諸家包括王弼、朱子，王弼認爲：「（九五）居於尊位，爲卦之主。」〔註69〕朱子亦言道：「卦以觀示爲義，據九五爲主也。」「九五陽剛中正以居尊位，其下四陰仰而觀之。」〔註70〕王弼、朱子均就〈觀〉卦六爻的關係，認定〈觀〉卦之得義是因九五以陽剛中正居尊位，爲其他四爻仰觀的對象，遂以九五爲卦主。

　　吳澄認爲王、朱二子的解釋並不合於卦主通例，吳澄認爲所謂的通例，必須關聯六十四卦整體，分析各卦間之關係，提出一套具有充分解釋效力的卦主理論。吳澄先肯定王弼「每卦以一畫爲主」的基本前提。接著區分「小成之卦」與「大成之卦」，前者是指三畫八卦，後者指六十四卦；因爲六十四卦是由三畫八卦之相重或相合而成，遂以「小成之卦」爲基礎來解釋「大成之卦」之卦主。

　　「小成之卦」以兩種方式形成，一是基於乾、坤交易，一是成於陰陽消長。以交易方式形成者，震、巽以下畫爲主，坎、離以中畫爲主，艮、兌以上畫爲主；以消息方式形成者，震有一陽、巽有一陰，以下畫爲主；兌有二陽、艮有二陰，以中畫爲主；乾有三陽，坤有三陰則以上畫爲主。

　　從「小成之卦」擴大爲「大成之卦」，整個六十四卦可以六子相重、六子相合來解釋，但其中的十二卦又可以消息卦方式來解釋。〈復〉、〈姤〉，一陽一陰，卦主在初爻；〈臨〉、〈遯〉，二陽二陰主二；〈泰〉、〈否〉，三陽三陰主三；〈大壯〉、〈觀〉四陽四陰主四；〈夬〉、〈剝〉，五陽五陰主五；〈乾〉、〈坤〉，六陽六陰主上，此十二卦由六子之合解釋與由消息卦解釋，所得之卦主是一致的。此十二消息卦是以變動之爻爲卦主，此承繼京房之「世爻」理論而來，〔註71〕由〈乾〉、〈坤〉二經卦，自下而上，每變一爻即成一世，便以世爻爲卦主。至於〈乾〉、〈坤〉二卦所以主上畫，是因二卦爲純陽、純陰之卦，剛柔之畫自初而上，至上極之後，方能見出純剛、純柔之特質。〔註72〕

　　整個由三畫卦六子所組成的六十四卦，可區分爲兩個層次，坎、離一組與震、巽、艮、兌一組，坎、離之層次高於後四子，其理由有二，一者因坎、離

〔註68〕《易纂言》，頁85。
〔註69〕《周易注》，頁317。
〔註70〕《周易本義》（臺北：華聯出版社，1989年），頁1之43。
〔註71〕《易纂言·雜卦傳》吳澄言道：「此十二卦主爻與術家世爻同。」，頁443。
〔註72〕同前註。

是乾、坤二體之發用，再者，吳澄指出基於「貴中」思想，[註73]「中」爲《易》之重要概念，坎、離之主爻在中爻，故能統轄其他四卦。因此凡六畫卦中有坎、離者，必以坎、離爲主；若無坎、離者，方以震、巽、艮、兌爲主。

吳澄整理出由乾、坤、坎、離四正不易之卦與震、巽、艮、兌二變反易之卦所統領的諸卦。所謂不易之卦指此四卦無反卦關係，反易之卦指震、艮互反，兌、巽互反。其內容如下：（1）以乾爲主者一：〈泰〉，（2）以坤爲主者一：〈否〉，（3）以坎爲主者十四：〈坎〉、〈屯〉、〈需〉、〈比〉、〈蹇〉、〈井〉、〈節〉、〈蒙〉、〈訟〉、〈師〉、〈解〉、〈困〉、〈渙〉、〈未濟〉，（4）以離爲主者十四：〈離〉、〈鼎〉、〈晉〉、〈大有〉、〈睽〉、〈噬嗑〉、〈旅〉、〈革〉、〈明夷〉、〈同人〉、〈家人〉、〈賁〉、〈豐〉、〈既濟〉，（5）以震爲主者八：〈震〉、〈復〉、〈大壯〉、〈小過〉、〈豫〉、〈无妄〉、〈恆〉、〈隨〉，（6）以巽爲主者八：〈巽〉、〈姤〉、〈觀〉、〈中孚〉、〈小畜〉、〈升〉[註74]、〈益〉、〈蠱〉，（7）以艮爲主之卦八：〈艮〉、〈遯〉、〈剝〉、〈頤〉、〈謙〉、〈大畜〉、〈咸〉、〈漸〉，（8）以兌爲主之卦八：〈兌〉、〈臨〉、〈夬〉、〈大過〉、〈履〉、〈萃〉、〈損〉、〈歸妹〉。[註75]

經詳細觀察發現，上列內容，乾與坤、坎與離、震與巽、艮與兌爲兩兩相對之卦；由諸卦相重、相合之卦，亦呈現兩兩相對的現象。如〈屯〉（坎）與〈鼎〉（離）、〈豫〉（震）與〈小畜〉（巽）、〈謙〉（艮）與〈履〉（兌）……等等，排列相當工整；並且兩兩相對之卦的卦主是完全相同的，如此一來便將卦主與對卦聯繫在一起。

除了卦主與對卦的聯結外，前面所列的消息之卦亦可涵蓋於其間。乾、坤、坎、離、震、巽所成之卦均無例外，唯一特別的是，以艮與兌爲主之卦。在小成之卦已言及，由陰陽相交所成，以上爻爲主；以陰陽消長所成之卦，以中爻爲主。故〈剝〉（艮）與〈夬〉（兌）是由陰陽消長所成之卦，與同類陰陽相交的組成不同，二者均以第五畫爲卦主。

另外，尚存在一重要問題，當六子卦有二主不易分判時，該如何解決？吳澄道：「卦有二主者二十，卦不兼主而專主，或主內或主外，何也？曰：坎、離，水火之重；既濟、〈未濟〉，水火之合。震、巽，風雷之重；〈恆〉、〈益〉，

〔註73〕《易纂言外翼‧卦主》，頁25。
〔註74〕《易纂言外翼‧卦主》將「升」誤寫爲「井」，「井」已歸入坎卦爲主之列，不當重出；且「升」卦未見於其中，恐因二字形近而誤，於此特正之。《易纂言外翼》，頁27。
〔註75〕《易纂言外翼‧卦主》，頁27。

風雷之合。艮、兌，山澤之重；〈咸〉、〈損〉，山澤之合。重者，悔爲主；合者，貞爲主。〈頤〉、〈大過〉、〈中孚〉、〈小過〉、〈隨〉、〈蠱〉、〈漸〉、〈歸妹〉，雷風山澤之互相合者，四卦無反對，四卦有反對者，貞爲主也。」〔註76〕

此段文字是將有二主的二十卦，區分爲六子之重與六子之合；六子之合者，又以是否有反對卦作區分，來斷定以上卦或下卦之主爻爲卦主。其中，六子相重之卦以外卦主爻爲主，因與乾、坤之成相近，即卦體至此便定形，故以外卦之主爻爲整個卦體之主。

在六子相合之卦中，〈隨〉、〈蠱〉、〈漸〉、〈歸妹〉爲反對之卦，故以貞爲主；〈頤〉、〈大過〉、〈中孚〉、〈小過〉不爲反對之卦，則以悔爲主。這兩組卦的特殊性相較其他卦，除了同樣具有兩兩相對的特色外，這兩組卦中的四卦是可以關聯在一起的。何以言之？〈頤〉、〈大過〉有對無反，〈中孚〉、〈小過〉亦有對無反，而這兩組卦的關係，〈大過〉與〈中孚〉爲兩象易（即上下卦對調），故將此四者併列成一組，屬不反對之卦，即有對無反者；至於〈隨〉、〈蠱〉兼有反對，〈漸〉、〈歸妹〉亦然；而〈蠱〉與漸又爲兩象易，故將此四卦關聯在一組。如此便能解決卦中有二主的難題。

吳澄的卦變說與卦主說可相互關聯。在「卦變說」區分了十辟所變及六子所變之卦，其卦主爲變動之爻。如：〈復〉卦主在初，〈師〉由〈復〉所變，初升至二，故以二爲主爻；〈蠱〉由〈泰〉卦初、上相易所變，卦主在初；〈蹇〉由震卦初、五相易，四、三相易，卦主在五。此說明了，卦主與卦變的關聯在於，卦主是卦變中變動的一爻，若無變動則不能成卦主。

從卦變與卦主的關聯中亦可發現：兩兩相對之卦，其卦主相同；兩象易之卦，卦主之位上下相應。例如，〈復〉與〈姤〉爲對卦，卦主均在初爻；晉與〈需〉相對，卦主均在五爻；震所變之卦爲〈蹇〉與〈蒙〉，二者卦體上下對調爲兩象易，〈蹇〉主五、〈蒙〉主二，卦主之位上下相應。

吳澄「卦主說」與王弼、朱子諸儒根本差異在於，吳澄對於卦主的解釋並非單就各卦的卦義、卦位來論卦主，而是將六十四卦當作整體。其「通例」形式，是基於以符號化方式將所有卦視爲整體，尋出其間之邏輯關係。此靈感或許得自〈雜卦傳〉，吳澄認爲〈雜卦傳〉之形式是展示六十四卦兩兩「反對」關係，但意義上卻是說明六十四卦之卦主。〔註77〕

〔註76〕同前註，頁28～29。
〔註77〕吳澄言道：「此篇仍其（《序卦傳》）反對之偶，而不仍其先後之序，故曰雜；

　　來氏並未如吳澄全面指出六十四卦之卦主，僅於釋卦、爻辭時偶而指出耳，來氏《易》註中，提出卦主者僅十六卦：〈需〉主九五、〈師〉主六五、〈履〉主六三、〈豫〉主九四、〈觀〉主九五、〈賁〉主六五、〈復〉主初九、〈咸〉主九四、〈明夷〉主上六、〈困〉主九五、〈革〉主九五、〈震〉主初九、〈巽〉主九五、〈節〉主九五、〈中孚〉主九五、〈未濟〉主六五。〔註78〕

　　關於來氏卦主之論定，有數點判斷依據：1、居五之尊位，合於卦義：如〈需〉九五、〈觀〉主九五、〈困〉主九五、〈革〉主九五、巽主九五、〈節〉主九五、〈中孚〉主九五。而〈師〉六五「六五用師之主，柔順得中，不爲兵端者也。敵加於己，不得已而應之，故爲田有禽之象。」〈未濟〉主六五，來氏云：「至於六五，光輝發越，已成克濟之功」，亦即六五爲離之中畫，離有光輝之象，且五爲尊位，故能成克濟之功。〈賁〉主六五，來氏云「六五文明以止之主」，因強調止之義，五居尊位，且爲止之中畫，故成卦主。2、一陽之動：〈豫〉主九四、〈復〉主初九、〈震〉主初九，則以一陽之動處眾陰間而爲卦主。3、卦義之完成：而〈明夷〉主上六，乃因上六乃〈明夷〉之終畫，爲明夷之成。較難理解者唯屬〈咸〉主九四，來氏未作說明，故難曉其依據。

其義則以明六十四卦所主之爻也。」《易纂言》，頁443。

〔註78〕釋〈需〉卦辭：「八卦正位，坎在五，陽剛中正，爲需之主。」釋〈師〉六五：「六五用師之主，柔順得中，不爲兵端者也。敵加於己，不得已而應之，故爲田有禽之象。」釋〈履〉六三：「六畫卦主爲人位，正居兌口，人在虎口之中，虎咥人之象也。」釋〈豫〉六三：「四爲豫之主，六三陰柔，不中不正而近於四，上視於四而溺於豫，宜有悔者也，故有此象。」釋〈豫〉九四：「本卦一陽爲動之主，動而眾陰悅從，故曰由豫。」釋〈觀〉九五：「九五爲觀之主，陽剛中正以居尊位，下之四陰皆其所觀示者也。」釋〈賁〉六五：「六五文明以止之主，富貴之時，下無應與，乃上比上九高蹈之賢。」釋〈復〉初九：「初九一陽初生於下，復之主也。」釋〈咸〉九四：「九四乃心，爲咸之主。」釋〈明夷〉上六：「上六爲明夷之主，至此則明夷成矣。」釋〈困〉九五：「九五爲困之主，」釋〈革〉九五：「陽剛之才，中正之德，居尊位而爲革之主，得稱大人。」釋〈震〉初九：「初九、九四陽也，乃震之所爲震者，……初乃成卦之主，處震之初。」釋〈巽〉九五：「九五居尊爲巽之主，命令之所由出者也。」釋〈節〉六四：「九五爲節之主。」釋〈節〉九五：「諸爻之節，節其在我者，九五之節，以節節人者也。……節之九五，居悅體之上，則人悅乎我，故往有尚節者，節之盡善盡美也。」釋〈中孚〉九五：「九五居尊位而中孚之主。」釋〈未濟〉上九：「六五爲未濟之主，資九二之剛中，三涉川，四伐國，至於六五，光輝發越，已成克濟之功矣。」以上皆見於來氏《易經來註圖解‧易註》(武陵版)，總頁179、190、200～201、224、238、245、251、280、301、346、356、363、389、401、404、416。

　　至於來氏的「八卦正位圖」，〔註79〕是依伏羲八卦方位次序排列：乾在五、兌在六、離在二、震在初、巽在四、坎在五、艮在三、坤在二。所謂正位，其原則在於「陽居陽位，陰居陰位」。若依卦之陰、陽區分，陽卦為乾、震、坎、艮四卦，合於正位「陽居陽位」者，乾五、震初、坎五、艮三；陰卦有坤、巽、離、兌四卦，合於正位「陰居陰位」者，坤二、巽四、離二、兌上。

　　來氏釋象亦採正位說。以〈需〉卦為例，來氏釋卦辭：「八卦正位，坎在五，陽剛中正，為〈需〉之主。」坎居〈需〉之上卦，而坎之正位正好為五；而下卦為乾，乾之正位不在下，故僅以坎言之。

　　此外，來氏提出「正位不可移動」，然卻認為釋卦、爻辭時，不可全據正位原則，理由在於：「易惟時而已，不可為典要」。並舉〈觀〉卦之例，雖然〈觀〉六二合於坤正位在二之原則，然〈觀〉卦利於近不利於遠，故六二稱「闚觀」。〔註80〕亦即來氏認為「時」為《易》之重要概念，故釋《易》時應依卦義及整個卦之關係作靈活解釋，這也正說明何以來氏不提出全面性的卦主理論，即使提出八卦正位說，亦強調釋經時不可全依此釋《易》。

五、吳澄釋卦、爻辭取象之特色

　　前已指出吳澄註卦、爻辭先將之區分為象辭、占辭，進一步提出針對其中之易象提出解釋。吳澄最常運用的方式是直接以《說卦傳》，輔以《逸象》解釋卦、爻辭之象。例如，以《說卦傳》「乾為父」、「坤為母」，解釋〈蠱〉初六「幹父之蠱」、「幹母之蠱」中的「父」、「母」之象。以「坎為盜」解釋〈屯〉、〈蒙〉、〈需〉、〈賁〉、〈睽〉、〈解〉、漸爻辭中的「寇」象。

　　其中，吳澄所運用的原理，多承自前賢，如，正體、互體、卦變、爻變等，其中互體又包含了複體。吳澄論《易》取象的原則，指出：「夫《易》之取象，或以三畫正體，或以三畫互體，或四畫為一體，或五畫為一體，或六畫全體，或以六畫複體。」「卦變則剛柔相易，一往一來者也；爻變則一畫變與五畫變而一畫不變者也。」「惟旁通、飛伏之說不可取爾。」〔註81〕吳澄認為以正體、互體、卦變、爻變釋象，諸法為經、傳本有，見於十翼、《左傳》、《國語》；至於旁通、飛伏的說法為漢儒特殊解法，不予採用。

〔註79〕《易經來註圖解·圖象》，頁99。
〔註80〕同前註，頁100。
〔註81〕《吳文正公集·黃定子易說序》，頁234。

此外，基本的卦體結構關係，如，爻性——陰、陽，爻與爻的關係——六爻上、下，及承、乘、比、應之關係，吳澄釋象時亦常運用之。在吳澄所使用的眾多原理中，較特別的是卦變與卦主理論，雖然卦變、卦主之專辭非吳澄所創，然吳澄所提出的論點卻與其他《易》學家不同。

關於吳澄釋象的特點，以下將分數點說明之。其一，吳澄在釋象時，極重視卦、爻辭內容重出的現象。此現象可歸成以下諸類型：如〈小畜〉卦辭「密雲不雨，自我西郊」，〈小過〉六五爻辭亦同，此一類也；〈履〉九五爻辭「夬履」，取他卦之卦名爲象，此又一類；〈履〉六三「眇能視，跛能履」，〈歸妹〉初九「跛能履」、九二「眇能視」，則是另一類。吳澄運用的分式便是找出二卦間的關聯性。

〈小畜〉與〈小過〉之「密雲不雨，自我西郊」，吳澄釋〈小畜〉云：「二、三、四互兌，兌有坎之上半體，變坎之下半體，上有雲而下無雨也。坎之下畫，窒塞不通，……象雲之密不通，象雨之不降。我謂六四爲卦主，故稱我。西，四之位，又互兌之上畫也。」〔註 82〕釋〈小過〉：「九四、六五得坎之上體，又有九三一陽重蔽其下，如雲之密然；坎之下畫，塞而不通，則陰上而不下，故不雨。我、西郊謂四也，四爲西，又互體兌。」〔註 83〕吳澄從〈小畜〉、〈小過〉之卦畫均有互體兌，而兌有坎之上體，而下畫爲陽，即此說明「密雲不雨」之象。「我」則皆因卦主取象，「西」則據卦位四與「兌爲西」取象。卦、爻辭取象相同，乃因二卦卦象類似也。

至於〈履〉九五「夬履」之象，吳澄釋爲：「〈夬〉與〈履〉皆一柔五剛之卦，上下二體互易耳。」〔註 84〕此則從〈夬〉與〈履〉爲兩象易之關係來說明〈履〉以他卦取象。對於〈履〉六三「眇能視，跛能履」，〈歸妹〉初九「跛能履」、九二「眇能視」，吳澄釋〈歸妹〉初九：「〈履〉卦下體兌也，六三有跛能履，眇能視之象；〈歸妹〉下體亦兌也，初九曰『跛能履』，九二曰『眇能視』，分〈履〉卦六三之二象於二爻，其二象皆指六三一爻而言也。」〔註 85〕吳澄從〈履〉、〈歸妹〉下卦均爲兌，而所指之爻均爲兩卦之卦主，即此說明何以二卦有重出之象。

〔註 82〕《易纂言》，頁 55。
〔註 83〕同前註，頁 207。
〔註 84〕同前註，頁 59。
〔註 85〕同前註，頁 186。

　　其二，吳澄在易象解釋之前，先瞭解卦、爻辭本身性質，是實取物之象，或當象徵之用，或爲比喻之辭。例如，〈乾〉九四「或躍在淵」，吳澄解釋道：「『淵』字但爲設譬，則與『田』字、『天』字不一例；而『在』字與『在田』、『在天』之『在』亦不同。」〔註86〕此說明「在淵」只是作爲譬喻來說，不同於「在田」、「在天」具有事實義。再以「履」爲例，吳澄認爲履自離取象，但諸卦對「履」的使用不同，吳澄言道：「〈坤〉、〈履〉、〈歸妹〉言『履』者，履行之履皆虛字；唯〈離〉初九爻辭爲履舃之履是實字。」〔註87〕此處所謂的虛字是相對實物而言，解爲鞋的履是具體實物，而作爲行動解的履是動作而非實物，故稱爲虛詞。此作法可避免將象與辭義分開，致使無法理解卦、爻辭之義。

　　其三，吳澄釋象重視卦、爻辭及卦、爻象間的關聯，以〈家人〉卦爲例，吳澄言道：「上體成長女，下體成中女。二女各得其正位而有其夫家。家人者，其夫也。五爲巽女之夫，居三畫卦之人位；三爲離女之夫，居六畫卦之人位，故曰家人。」又釋初九「悔亡」：「〈家人〉卦初上二爻，以卦之初終取義。中間四爻分上下二體取義：下體在下之家也，以有家之臣而言，三爲夫，二爲婦；上體在上之家也，以有天下之君而言，五爲王，四爲后。」「不取遠應爲配，而取近比爲配者，家道尙親也。舊說以二五相應爲夫婦，皆與各爻象義不協。」〔註88〕

　　所謂舊說蓋指王弼、程、朱三子之說法。王弼釋《象傳》「〈家人〉，女正位乎內」言道：「謂二也」，又釋「男正位乎外」言道：「謂五也」〔註89〕程子則認爲：「二與五正男女之位於內外，爲家人之道。」〔註90〕朱子的看法則是：「卦之九五、六二，外內各得其正，故爲家人。」〔註91〕就〈家人〉之卦象觀之，確實有長女、中女之象，故釋象時不應只注意卦中二、五之位，理由在於，既然二、五皆得其正，何以〈卦辭〉單言利女貞，而不言利男貞？即使此二、五之位的解釋合於《象傳》「女正位乎內，男正位乎外」，但就〈卦辭〉僅言「利女貞」來看，當以女指爲二與四是較恰當的解釋。

〔註86〕《易纂言外翼》，頁40。

〔註87〕同前註，頁115。

〔註88〕《易纂言》，頁136。

〔註89〕王弼注，樓宇烈校釋，《周易、老子王弼注校釋》（臺北：華正書局，1983年），頁401。

〔註90〕程頤撰，《易程傳》，《二程集》（下）（臺北：漢京文化事業有限公司出版，1983年），頁884。

〔註91〕《周易本義・下經》，頁2之11。

其四，吳澄釋象亦重視卦、爻辭的義理。例如，〈復〉上六「迷復」，吳澄言道：「舊註皆謂上六終迷不復。案：爻辭言迷復，註謂迷而不復，似與經相戾。」〔註92〕此處所指舊註，或指程子、朱子而言，二子將「迷復」皆釋為迷而不復，〔註93〕皆認為〈復〉卦以能復為善，上九之「凶」「有災眚」是因迷而不復之故。吳澄之說法所以異於舊註在於吳澄不認為復必為善，而在於能否行正道，「不由其道而復者，雖復亦不善也。」〔註94〕

其五，吳澄釋象並非簡單套用《說卦》或《逸象》之象。例如，〈未濟〉卦辭「小狐汔濟」：「三、四、五互坎為狐，……諸家說以下卦之坎為狐者，於辭義皆不協。」吳澄所指諸家說法，例如晉干寶（字令升，286～336?）便將〈未濟〉卦下卦之坎解為狐。〔註95〕吳澄雖採「坎為狐」，然非遵據下卦坎象，而是詳考卦辭辭義。吳澄釋「小狐」：「三、四、五互坎為狐，……以六五陰柔，故曰小狐。」釋「汔濟」：「〈井〉卦之水在九五井口之中，未出上六井口之外，則曰汔至。〈未濟〉之狐在六五坎水之中，未登上九水外之岸，故曰汔濟，蓋六五狐之前體也。」〔註96〕吳澄所以以互體坎釋小狐，主要是考慮若以下卦坎為狐，則與上卦區隔，無法解釋〈未濟〉之義；若採互體坎為狐，而六五為小狐，則可說明小狐在互體坎水之中，未能出於上九坎水之岸，如此即顯〈未濟〉之意。可見吳澄釋象並非粗略解釋，而是配合對卦、爻辭與卦、爻象作周全解釋。

其六，吳澄的易象解釋是相當謹嚴的，強調應避免穿鑿之弊，吳澄嘗云：「近世有丁有、范愽，極諸家兼總眾說，搜括無遺矣；然或失之鑿，或失之泛，俱未得為至當也。」〔註97〕穿鑿之弊的產生之主要原因，未能對卦、爻辭義、義理作恰當理解。為免此弊，吳澄的方式是先對卦、爻辭辭義作詳盡訓詁，並對義理有清楚理解，進而解釋卦、爻辭取象之由；如此藉著辭、象、

〔註92〕《易纂言》，頁98。
〔註93〕程子云：「以陰柔居復之終，終迷不復者也。迷而不復，其凶可知。」《周易程氏傳》（《二程集》臺北：漢京文化事業有限公司，1983年），卷2，頁821。朱子亦曰：「以陰柔居復終，終迷不復之象，凶之道也。」《周易本義》，頁50。
〔註94〕《易纂言》，頁98。
〔註95〕干寶釋「未濟」卦辭「濡其尾，無攸利。」：「坎為狐。」釋〈象傳〉「小狐汔濟，未出中也。」：「狐，野獸之妖者，以喻祿父。中，謂二也，困而猶處中故也。以此記紂雖亡國，祿父猶得封矣。」《周易集解》（臺北：臺灣商務印書館，1996年）卷12，頁307。
〔註96〕《易纂言》，頁211。
〔註97〕《吳文正公集·黃定子易說序》，卷11，頁234。

義理之聯結，便能對易象作合理解釋。在嚴密的訓詁及易象解釋，義理解釋也能更扣緊經文，能貼近聖人本意。

　　爲免穿鑿之弊，對於難解之象，吳澄亦是再三斟酌，甚至以實證法驗證是否合理。以〈中孚〉卦辭「豚魚」爲例，吳澄言道：「後見雲間田疇《易解》作『江豚魚』，釋然有當於愚心；長而泛大江，親見所謂江豚魚者，又聞舟人呼之爲『風信』，於是確然從田疇之說。」〔註98〕此可見吳澄不妄信，不妄言的理性精神。

　　綜合以上所論，吳澄釋象極重視各卦之卦、爻及卦、爻畫間的關聯，同時亦重視卦與卦間的關聯性，此整體性釋象的作法，便是吳澄易象解釋之特色所在。

六、來氏取象例之內容及特色

　　來氏反對「象失其傳」之主張，並認爲此說法存在之原因有二，一是王弼所代表之義理派不知文王序卦之妙，而主張掃除象數；二是主象數派者，滯泥於《說卦》，而無法恰當說明取象之由，致使《易》象不明於世。〔註99〕來氏所謂「文王序卦之妙」是指六十四卦間之錯、綜關係，〔註100〕至於「滯泥於《說卦》」則是指僅依《說卦》所論之象來解釋卦正體或互體之象，來氏則認爲「卦中立象，有不拘《說卦》『乾馬』、『坤牛』、『乾首』、『坤腹』之類者。」〔註101〕

　　因此來氏從《易》象提出十種取象方式：卦情之象、卦畫之象、大象之象、中爻之象、錯卦之象、綜卦之象、即陰陽而取象、相因而取象、占中之象、爻變之象。〔註102〕來氏所列十類取象，實多承前賢之觀點，較特別者當屬卦情之象、錯卦之象、綜卦之象。

　　1. 卦情之象，來氏言道：「有自卦情而立象者，如乾卦本馬而言龍，以乾道變化，龍乃變化之物，故以龍言之。朱子《語錄》『或問卦之象』，朱子曰：『便

〔註98〕《吳文正公集‧答田副使第三書》，卷3，頁113。
〔註99〕來氏云：「自王弼不知文王序卦之妙，掃除其象，後儒泥滯〈說卦〉，所以說象失其傳，而不知未失其傳也。」《來註易經圖解‧易經字義‧象》（武陵版），總頁137～138。
〔註100〕來氏於《易經來註圖解‧易註‧自序》云：「孔子沒，後儒不知文王、周公立象，皆藏於序卦錯綜之中。」正說明來氏此處兼以錯綜而言。
〔註101〕《來註易經圖解‧易經字義‧象》（武陵版），總頁137。
〔註102〕同前註。

是理會不得，如乾爲馬而說龍，如此之類皆是不通。』殊不知以卦情立象也。且《荀九家》亦有『乾爲龍』。」「又如〈咸〉卦，艮爲少男，兌爲少女，男女相感之情，莫如季之少者，故周公立爻象曰拇曰腓曰股曰憧憧曰脢曰輔頰舌，一身皆感焉。蓋艮止則感之專，兌悅則應之至，是以四體百骸，從拇而上，自舌而下，無往而非感矣，此則以男女相感之至情而立象也。」「又如豚魚知風，鶴知秋，雞知旦，三物皆有信，故〈中孚〉取之，亦以卦情立象也。」「又以漸取鴻者，以鴻至有時而群，有序不失其時，不失其序，于漸之義爲切；且鴻又不再偶於文王卦辭女歸之義爲切，此亦以卦情立象也。」〔註103〕

　　所謂卦情，依來氏所舉之例，乾之所以取龍象，是因乾與龍均具有變化的特點，故乾以龍取象。至於〈咸〉卦，其上卦爲兌，下卦爲艮，兌有少女之象，卦德爲悅；艮爲少男，卦德爲止，且爻辭之象亦由下而上，全身相感，故〈咸〉卦之卦名及爻辭取象是以卦情立象。〈中孚〉之卦、爻辭之象「豚魚」、「鶴」、「翰音」，〔註104〕因豚魚、鶴、雞冤物皆有信，與〈中孚〉爲信之義相通，故取三物之象。漸卦六爻取「鴻」象，蓋因鴻「其群有序，不失其時」，且鴻不再偶，與卦辭「女歸」之義合〔註105〕之故。來氏以〈乾〉、〈咸〉、〈中孚〉、漸四卦，其卦、爻辭取象與卦義——乾言變化，咸言相感，〈中孚〉言信，漸取漸序是相合的，故卦情亦可稱爲卦義。

　　2. 卦畫之象，來氏言道：「有以卦畫之形取象者，如〈剝〉言宅言床言廬者，因五陰在下，列于兩旁，一陽覆于其上，如宅如床如廬，此以畫之形立象也。〈鼎〉與〈小過〉亦然。」〔註106〕來氏認爲〈剝〉卦所以言「安宅」、「剝床」、「剝廬」，其中的宅、床、廬取象，皆因〈剝〉卦爲一陽在上，五陰在下而象宅、床、廬之形。來氏釋〈剝〉初六「剝床」：「一陽在上，五陰列下，有宅象、廬象、床象。」〔註107〕另外，〈鼎〉卦六爻取鼎之象，亦因六爻有鼎之象，來氏云：「下陰爲足，二、三、四陽爲腹，五陰爲耳，上陽爲鉉，鼎之象也。」〔註108〕而〈小過〉卦、爻辭取飛鳥之象，亦因六爻有飛鳥之象，來

〔註103〕同前註。
〔註104〕來氏釋「翰音」爲雞，彼言道：「《禮記》雞曰翰音，而此亦曰翰音者，以巽爲雞也。」《易經來註圖解・易註》，頁1120。
〔註105〕《易經來註圖解・易註》，頁1010。
〔註106〕《來註易經圖解・易經字義・象》（武陵本），總頁137。
〔註107〕《易經來註圖解・易註》，頁607。
〔註108〕同前註，頁965。

氏云：「二陽象鳥身，上下四音象鳥翼。」〔註109〕此外來氏亦言〈謙〉卦「鳴謙」與〈小過〉同，「有飛鳥遺音之象，故曰鳴。」〔註110〕因〈謙〉卦畫之形與〈小過〉皆有鳥之象故也。

3. 卦體大象之象，來氏云：「又有卦體大象之象，凡陽在上者皆象艮、巽，陽在下者皆象震、兌，陽在上下者皆象離，陰在上下者皆象坎。如〈益〉象離，故言龜；〈大過〉象坎，故言棟；〈頤〉亦象離，故亦言龜。又如〈中孚〉『君子以議獄緩死』，亦取〈噬嗑〉火雷之意，以〈中孚〉大象離，而中爻則雷也。故凡陽在下者，動之象；在中者，陷之象；在上者，止之象。凡陰在下者，入之象；在中者，麗之象；在上者，說之象。」〔註111〕

來氏所謂卦體大象即前賢所稱之複體，此處主要是指複體坎或或複體離而言，來氏認爲複體之卦其取象多與本身之卦象有關。在來註中，卦體大象多以坎、離爲主，當然亦有他卦之例，如大象兌之例，來氏釋〈震〉卦辭「笑言啞啞」：「震大象兌」。〔註112〕釋〈大壯〉九三「羝羊觸藩」之「羊」，來註：「本卦大象兌，中爻爲兌，皆羊之象。」〔註113〕即以大象爲兌者取象。亦有大象震之例，如〈夬〉初九「壯于前趾」，來註：「震爲足，本卦大象震，……故以足趾言之。」〔註114〕然相較大象爲坎、離者，他卦之例甚少，故此處專以坎、離言之。

大象坎、離之卦，除上段文字所舉的大象離：〈益〉、〈頤〉、〈中孚〉，大象坎：〈大過〉之外，大象爲坎者尙有〈師〉、〈比〉、〈小過〉、〈恆〉三卦之大象均爲坎，故皆有「禽」象。〔註115〕〈萃〉卦辭「大牲」來註：「大象坎爲豕。」〔註116〕而大象爲離者，尙有〈无妄〉、〈大畜〉，〈无妄〉六三釋「牛」象：「本卦大象離。」〔註117〕〈大畜〉卦辭「不家食吉，……利涉大川」來註：「何以

〔註109〕同前註，頁 1122。
〔註110〕同前註，頁 513。
〔註111〕《來註易經圖解·易經字義·象》（武陵本），總頁 137～138。
〔註112〕《易經來註圖解·易註》，頁 980。
〔註113〕同前註，頁 752。
〔註114〕同前註，頁 873。
〔註115〕來氏釋〈恆〉九四「田无禽」：「本卦大象與師卦大象，皆與小過同，故皆曰禽。」同前註，頁 729。又釋〈比〉九五「失前禽」：「一陽在眾陰之中，與小過同，禽之象也。」同前註，頁 427。
〔註116〕同前註，頁 896。
〔註117〕同前註，頁 638。

言食？本卦大象離。」〔註118〕「若以卦體論，四、五中空有舟象。」〔註119〕
六五「豶豕之牙」來註：「本卦大象離。」〔註120〕即此可見，凡大象爲坎、離
者，來氏釋象多以大象之象言之。

4. 中爻之象，來氏云：「又有以中爻取象者，如漸卦九三『婦孕不育』，以
中爻二、四合坎中滿也。九五『三歲不孕』以中爻三、五合離中虛也。」〔註121〕
又云：「中爻者，二三四五所合之卦也。」〔註122〕來氏所稱中爻即前賢所稱「互
體」是也，然前賢所謂互體，有三畫及四畫互體，而來氏中爻僅止三畫，不及
四畫。

來氏以中爻釋象之例，除上所見漸卦之例外，〈泰〉六五「帝乙歸妹」亦
是以二中爻釋「歸妹」之象，彼言道：「中爻，三五爲雷，二四爲澤，有歸妹
之象，故曰歸妹。」〔註123〕

來氏亦言中爻之錯、綜，如釋〈訟〉九二：「中爻爲離，坎錯離，離居二，
三百之象也。」〔註124〕釋〈訟〉六三「食舊德」：「中爻巽綜兌口，食之象也。」
〔註125〕此二者乃以中爻論錯、綜之例。

6、錯卦之象，來氏言道：「有將錯卦立象者，如〈履〉卦言虎，以下卦
錯兌、艮也。」〔註126〕此處所舉〈履〉之例，以下卦兌錯艮，《逸象》「艮爲
虎」，故即此取象。來氏釋〈履〉卦辭「履虎尾」：「下卦兌錯艮，艮爲虎，虎
之象也，乃兌爲虎，非乾爲虎也。先儒不知象，所以以乾爲虎，周公因文王
取此象，故〈革〉上體兌亦取虎象。尾者，因下卦錯虎，所履在下，故言尾
也，故〈遯〉卦下體艮亦曰尾。」〔註127〕來氏認爲〈履〉取虎象，是以兌錯
艮取象，而非前賢以乾取象；並指出〈革〉九五「大人虎變」之「虎」亦是
以上卦兌錯艮取象。此外，來氏釋「履虎尾」之「尾」，來子補象「艮爲尾」，
尾在身後，以卦象之，當在下卦，故〈履〉下卦兌錯艮，艮有尾象；並言〈遯〉

〔註118〕同前註，頁 643。
〔註119〕同前註，頁 644。
〔註120〕同前註，頁 653。
〔註121〕《來註易經圖解・易經字義・象》（武陵本），總頁 138。
〔註122〕《來註易經圖解・易經字義・中爻》（武陵本），總頁 142。
〔註123〕《易經來註圖解・易註》，頁 467。
〔註124〕同前註，頁 184。
〔註125〕同前註，頁 185。
〔註126〕《易經來註圖解・易經字義・象》（武陵本），總頁 137～138。
〔註127〕《易經來註圖解・易註》，頁 444～445。

下卦艮，亦有尾象，此例是以下卦來言錯卦。

來氏又言道：「八卦既錯，所以象即寓于錯中。如乾爲馬，坤即利牝馬之貞。〈履〉卦兌錯艮，艮爲虎，文王即以虎言之；〈革〉卦上體乃兌，周公九五爻亦以虎言之。又〈睽〉卦上九純用錯卦，〈師〉卦「王三錫命」純用天火〈同人〉之錯，皆其證也。又有以中爻之錯言者，如〈小畜〉言雲，因中爻錯離，坎故也；言惕者，坎爲加憂也。又如〈艮〉卦九三中爻坎，爻辭曰『薰心』，坎水安得薰心，以錯離有火煙也。」〔註128〕此處來氏指出其錯卦取象之原則，有本卦之錯、上卦之錯、中爻之錯。

然細究來氏《易》註可發現，其運用錯卦釋象，除上所言三類外，尚有下卦之錯、本卦大象之錯及爻變之錯。下卦之錯，如〈蒙〉初六「利用刑人，用說桎梏」，來註：「本卦坎錯離，……有〈噬嗑〉折獄用刑之象。」〔註129〕本卦大象之錯，如〈大畜〉六五「豶豕之牙」：「本卦大象離，離錯坎，豕之象也。」〔註130〕而爻變之錯，其內容又包括上卦、下卦、中爻之爻變。如〈益〉上九「或擊之」，來註：「又變坎爲盜，……坎錯離亦爲戈兵，……擊之象也。」〔註131〕〈夬〉初九「壯于前趾」，來註：「又變巽錯震，又居下，故以足趾言之。」〔註132〕來氏以〈益〉卦上九爻變，上卦成坎，即此言錯卦，以坎錯離爲戈兵釋「擊」之象。而〈夬〉初爻變，下卦成巽，以巽錯震，震爲足，而初又在下，釋「趾」之象。

來氏亦嘗贊歎錯卦之妙，彼釋〈小過〉卦辭：「〈小過〉錯〈中孚〉，象離，離爲雉，乃飛鳥也；既錯變爲〈小過〉，則象坎矣，見坎不見離，則鳥已飛過，微有遺音也。《易經》錯綜之妙至此。」〔註133〕以本卦與錯卦之動態變化，展現「飛鳥遺音」之生動現象，相當傳神。

6. 綜卦之象，來氏云：「有因綜卦立象者，如〈井〉與〈困〉相綜，巽爲市邑在〈困〉爲兌，在〈井〉爲巽，則改爲邑矣。」〔註134〕此處來氏所舉之例是六畫綜卦，以〈井〉與〈困〉爲綜卦來取象。以六畫綜卦取象之例尚有

〔註128〕《易經來註圖解・易經字義・象》（武陵版），總頁 137～138。
〔註129〕《易經來註圖解・易註》，頁 369。
〔註130〕同前註，頁 653。
〔註131〕同前註，頁 866。
〔註132〕同前註，頁 873。
〔註133〕同前註，頁 1121～1122。
〔註134〕《來註易經圖解・易經字義・象》（武陵版），總頁 137～138。

〈需〉與〈訟〉，以及〈師〉與〈比〉，﹝註135﹞〈泰〉與〈否〉，﹝註136﹞〈同人〉與〈大有〉，﹝註137﹞〈謙〉與〈豫〉，﹝註138﹞〈隨〉與〈蠱〉，﹝註139﹞〈臨〉與〈觀〉，﹝註140﹞〈噬嗑〉與〈賁〉，﹝註141﹞〈剝〉與〈復〉，﹝註142﹞〈无妄〉與〈大畜〉，﹝註143﹞〈蹇〉與〈解〉，﹝註144﹞〈損〉與〈益〉，﹝註145﹞〈夬〉與〈姤〉，﹝註146﹞〈萃〉與〈升〉，﹝註147﹞〈震〉與〈艮〉，﹝註148﹞

﹝註135﹞ 比九五「王用三驅，失前禽」來註：「綜師用兵，驅逐禽獸之象也。」《易經來註圖解・易註》，頁427。〈比〉上六「比之无首，凶」來註：「師比相綜，本是一卦體，在師則專論剛柔，在此則專論陰陽。」《易經來註圖解》，頁429。

﹝註136﹞ 來氏云：「〈否〉、〈泰〉二卦同體，文王相綜爲一卦。」同前註，頁456。又云：「〈否〉綜〈泰〉，故初爻辭同。」同前註，頁474。

﹝註137﹞ 來氏釋〈大有〉九三「公用亨于天子，小人弗克。」來註：「〈同人〉、〈大有〉相綜之卦，〈同人〉三、四皆欲同乎二：所以〈大有〉二、三皆欲共濟五之大有也。」同前註，頁503。

﹝註138﹞ 來氏釋〈豫〉初六「鳴豫」來註：「鳴詳見鳴謙。〈謙〉、〈豫〉二卦同體，文王綜爲一卦，故《雜卦》曰『謙輕而豫怠』也。〈謙〉之上六即〈豫〉之初六，故二爻皆言鳴。」同前註，頁524。

﹝註139﹞ 釋〈隨〉上六「王用亨于西山」：「〈隨〉、〈蠱〉相綜，故〈蠱〉卦上九『不事王侯』，亦有歸山之象。」同前註，頁542。

﹝註140﹞ 來氏釋〈臨〉「元，亨，利，貞。至于八月有凶。」：「〈臨〉綜〈觀〉，二卦同體，文王綜爲一卦。……至于八月，非臨至觀八箇月也，言至建酉之月爲觀，見陰之消不久也，專以綜卦言。」同前註，頁560。

﹝註141﹞ 來註賁《象》「無敢折獄」：「〈賁〉與〈噬嗑〉相綜，〈噬嗑〉『利用獄』者，明因雷而動也：〈賁〉『不敢折獄』者，明因艮而止也。」同前註，頁596。

﹝註142﹞ 來氏云：「〈復〉卦何以言行師？以其敗陽也。〈剝〉〈復〉相綜，陽初復，陰極盛，正龍戰于野之時。曰『終有大敗』者，陽上進知其終之時，必至于夬之无號也。」同前註，頁628。

﹝註143﹞ 〈无妄〉初九「无妄，往吉。」來註：「爻與象辭不同者，爻以一爻之定體而言，象以全體相綜大畜而言。」同前註，頁635。

﹝註144﹞ 〈蹇〉「利西南，不利東北；利見大人，貞吉。」來註：「蹇難在東北，文王圓圖，艮坎皆在東北也，若西南則無難矣，所以利西南。大人者，九五也。舊註『坤方體，順而易；艮方體，止而險。』又云：『西南平易，東北險組』皆始於王弼。弼曰：『西南爲地，東北爲山』，後儒從之，遂生此說。而不知文王卦辭，乃與解卦相綜也。」同前註，頁816。〈解〉「利西南，無所往，其來復吉。有攸往，夙吉。」來註：「〈解〉卦與〈蹇〉相綜，解即解蹇難，故文王有此辭。……前儒不解文王序卦，所以註解〈蹇〉〈解〉二卦，不成其說。」同前註，頁829。

﹝註145﹞ 〈益〉六二「或益之，十朋之龜弗克違，永貞吉。王用亨于帝，吉。」來註：「〈損〉之六五即〈益〉之六二，以其相綜，特倒轉耳，故其象同，損受下之益，此則受上之益。」同前註，頁857～858。

﹝註146﹞ 〈姤〉九三「臀无膚」，來註：「〈夬〉之九四與〈姤〉相綜，倒轉即姤之九三，

〈漸〉與〈歸妹〉，〔註149〕〈既濟〉與〈未濟〉。〔註150〕六十四卦共有綜卦二十八組，而來氏釋象，便取其中十八組，足見綜釋象之重要性。

來氏亦藉由綜卦來解釋重出的卦、爻辭，彼言道：「〈既濟〉與〈未濟〉相綜，〈未濟〉九四即〈既濟〉九三，故爻辭同；亦如〈損〉、〈益〉相綜，〈損〉之六五即〈益〉之六二；〈夬〉、姤相綜，〈夬〉之九四即〈姤〉之九三，所以爻辭相同也。綜卦之妙至此。」〔註151〕但這個部分，前賢亦嘗言及，如元代俞琰（字玉吾，？~1314），彼言道：「《易》六十四卦皆以二卦兩兩相對取義，……人但知孔子於〈雜卦〉云爾，而不知《象傳》亦然。……豈孔子自立新意哉！蓋發明文王彖辭、爻辭之本意也。象辭如〈臨〉言『八月有凶』，八月指〈觀〉而言，〈觀〉與〈臨〉對。〈泰〉言『小往大來』、〈否〉言『大往小來』，〈否〉、〈泰〉相仍，此又最明白者也。爻辭如『臀无膚，其行次且』，〈夬〉言於四，〈姤〉言於三，〈夬〉、〈姤〉蓋相對也。『或益之十朋之龜，弗克違』〈損〉言於二，〈益〉言於五，〈損〉〈益〉蓋相對也。『伐鬼方』〈既濟〉言於三，〈未濟〉言於四，無非皆以兩卦相對而取其義也。」〔註152〕若將來氏與俞琰所言對照，論點幾乎一致。即此而言，以相綜解釋重出之卦爻辭實非來氏所獨創；但來氏運用綜卦解釋三十六卦之易象，這點較俞琰更為徹底。

除了六畫卦之綜卦外，與錯卦一樣，亦有即上卦、下卦、中爻及爻變之卦而言綜者，這點便可謂來氏所獨創。以上卦言綜者，如〈大過〉九五「枯

所以爻辭同。」同前註，頁890。

〔註147〕〈升〉九二「孚乃利用禴」來註：「〈升〉綜〈萃〉，〈萃〉六二引者陰柔也，此剛中，故止言孚，乃利用禴。」同前註，頁913。

〔註148〕〈震〉「亨，震來虩虩，笑言啞啞。震驚百里，不喪匕鬯。」來註：「虩本壁虎之名，……因綜艮，艮為虎，故取虎象，非無因而言虎也。」同前註，頁980。艮「艮其背，不獲其身，行其庭，不見其人，无咎。」來註：「此卦辭以卦綜言，如〈井〉卦『改邑不改井』、〈蹇〉卦『利西南』之類，本卦綜震，四為人之身，故周公爻辭，以四為身。」同前註，頁995。

〔註149〕〈歸妹〉「征凶，无攸利。」來註：「漸曰女歸，自彼歸我也，娶婦之象也；此曰歸妹，自我歸彼也，嫁女之象也。」，同前註，頁1021。來氏雖未明言歸妹之象與漸卦「女歸」相似，乃因綜卦之故，然此說法亦有此意也。

〔註150〕〈未濟〉九四「貞吉，悔亡，震用伐鬼方，三年有賞于大國。」來註：「〈既濟〉與〈未濟〉相綜，〈未濟〉九四即〈既濟〉九三，故爻辭同」，同前註，頁1155

〔註151〕同前註，頁1155。

〔註152〕俞琰撰：《讀易舉要》（臺北：新文豐出版社，1983年《大易類聚初集》據《景印文淵閣四庫全書》），頁625～626。

楊生華」，來註：「兌綜巽，又楊之象也。」〔註153〕以下卦言綜之例，如〈鼎〉初六「鼎顛趾」之「趾」，來註：「巽綜震，震爲足趾之象也。」〔註154〕以中爻言綜者，如〈晉〉「康侯用錫馬蕃庶」之「蕃」，來註：「中爻艮綜震，震爲蕃，蕃之象。」〔註155〕以變爻言綜者，如〈離〉初九「履錯然」，來註：「又變艮，綜震足，亦履之象也。」〔註156〕然綜卦運用最多者，仍屬六畫卦。

吾人亦可由來註〈訟〉九二「歸而逋」見出來氏對綜卦之重視，彼言道：「〈需〉、〈訟〉相綜，〈訟〉之九二即〈需〉之九五，曰『剛來而得中』，曰『歸而逋』，皆因自上而下，故曰『來』曰『歸』，其字皆有所本，如此玄妙，豈粗心者所能解。」〔註157〕來氏從綜卦關係，解釋〈需〉、〈訟〉之取象，即此贊歎辭與象間的玄妙。

7. 陰陽之象，來氏云：「有即陰陽而取象者，如乾爲馬本象也，坎與震皆得乾之一畫亦言馬。坤爲牛本象也，離得坤之一畫亦言牛，皆其類也。」〔註158〕徐芹庭先生解釋陰陽之象：「就乾、坤陰爻、陽爻而取象者。」並補充〈噬嗑〉之例。〔註159〕〈噬嗑〉九四「得金矢」，來註：「陽金居坎之九四，金之象也。……蓋九四正居坎之中，坎得乾之中爻爲中男，故此爻有金象，有矢象。」〔註160〕〈噬嗑〉六五「得黃金」，來註：「離得坤之中爻爲中女，則離之中乃坤土也，故曰『黃金』。」〔註161〕此二例皆以坎得乾之中畫、離得坤之中畫，故可採乾、坤之象。

8. 相因之象，來氏云：「有相因而取象者，如〈革〉卦九五言虎者，以兌錯艮，艮爲虎也，上六即以豹言之，豹次于虎，故相因而言豹也。」〔註162〕徐芹庭先生另外補充了〈剝〉與〈漸〉之象，〔註163〕除此三例之外，〈乾〉、〈蒙〉、〈需〉、〈比〉、〈同人〉、〈噬嗑〉（初九、九二）、〈咸〉、〈鼎〉、〈艮〉，依其爻

〔註153〕《易經來註圖解・易註》，頁678。
〔註154〕同前註，頁970。
〔註155〕同前註，頁758。
〔註156〕同前註，頁696。
〔註157〕同前註，頁396～397。
〔註158〕《來註易經圖解・易經字義・象》（武陵版），總頁137～138。
〔註159〕《易來氏學》，頁62。
〔註160〕《易經來註圖解・易註》，頁589。
〔註161〕同前註，頁590。
〔註162〕《來註易經圖解・易經字義・象》（武陵版），總頁137～138。
〔註163〕《易來氏學》，頁62。

辭，皆可歸於相因取象。

9. 爻變之象，如〈訟〉九二「其邑人三百戶」，來註：「二變下卦爲坤，坤則闔戶之象也。」〔註164〕來氏釋象多採爻變，前論卦變時已言及，故不贅述。除了以爻變釋象外，來氏亦言爻變之錯、綜，常於爻變後，再言其錯卦或綜卦。何以言爻變之錯卦、綜卦，來氏言道：「蓋天地間萬物，獨陰獨陽不能生成，故必有錯；而陰陽循環之理，陽上則陰下，因上則陽下，故必有綜。則錯綜二字，不論六爻變不變，皆不能離者也。」〔註165〕

10. 占中之象，來氏於此僅列其名目，並未解釋其內容。徐芹庭先生認爲占中之象是指「卦中所具的象占，以示占者以吉凶禍福也，此蓋以占筮者而言者也。」〔註166〕此解釋不免太籠統，整部《易》非象辭即占辭，何以來氏又獨立出此名目？余意來氏所謂占中之象，當指占辭中所具之象。所謂占辭，有純粹僅言占者，如「勿用」、「无咎」、「利貞」、「吉」、「凶」、「有悔」、「吝」、「厲」等；〔註167〕至於占中有象者，如「利見大人」、「利女貞」、「利牝馬之貞」、「利禦寇」、「利涉大川」、「孚乃利用禴」、「用大牲吉」、「豚魚吉」等。〔註168〕占中之象便是解釋占辭中的取象，如「利見大人」的大人之象，「利牝馬之貞」的牝馬之象，「豚魚吉」的豚魚之象。

此處以來氏釋「利（不利）涉大川」爲例，來氏嘗指出「涉大川」之取象方式有三：取乾者以卦德、取水者以卦體、取中虛者以卦象。彼言道：「凡

〔註164〕《易經來註圖解・易註》，頁184。
〔註165〕《易經來註圖解・易學六十四卦啓蒙說》，頁152。
〔註166〕《易來氏學》，頁61。
〔註167〕此外尚有「无大咎」、「終无咎」、「无譽」、「悔亡」、「悔遲」、「无祗悔」、「貞厲」、「有厲」、「貞吉」、「永貞吉」、「元吉」、「終吉」、「大吉」、「有它吉」、「貞凶」、「終凶」、「終有凶」、「安貞」、「小利貞」、「可貞」、「利永貞」、「利艱貞」、「无不利」、「无攸利」、「小吝」、「貞吝」、「往吝」、「有孚」、「罔孚」、「利有攸往」、「小利有攸往」、「不利有攸往」、「有眚」、「勿恤」、「勿問」、「勿疑」、「有終」、「无喪无得」、「大有得」，皆此也。
〔註168〕此外尚有「用見大人」、「貞大人吉」、「利西南得朋，東北喪朋」、「利建侯」、「女子貞」、「貞婦人吉，夫子凶」、「利用刑人」、「納婦吉」、「取女吉」、「勿用取女」、、「女歸吉」、「不利爲寇」、「利用恆」、「利執言」、「小人勿用」、「婦貞厲」、「幽人貞吉」、「利幽人之貞」、「征吉」、「不利君子貞」、「小人吉」、「大人否」、「利用侵伐」、「利用行師」、「利用賓于王」、「利用獄」、「出入无疾，朋來无咎」、「不家食吉」、「十年勿用」、「畜牝牛吉」、「用拯馬壯吉」、「喪馬勿逐自復」、「遇雨則吉」、「利西南，不利東北」、「朋至斯孚」、「利用祭祀」、「南征吉」、「利用享祀」、「利用祭祀」、「小子厲」，此皆爲有象之占。

《易》言涉大川取乾者，以卦德也，以乾天下至健，德行恆易以知險也，〈需〉、〈同人〉、〈大畜〉是也。取水者，以卦體也，〈渙〉、〈蠱〉、〈未濟〉、〈謙〉，或取中爻，或取卦變是也。取中虛者，以卦象也，〈益〉、中孚、〈頤〉是也。」〔註169〕

其中，關於「取水者」，更明確說是坎水、兌澤連著巽木、震木而言。如，來氏註〈蠱〉「利涉大川」：「利涉大川者，中爻震木，在兌澤之上也。」〔註170〕註〈未濟〉六三「利涉大川」：「利涉大川者，正卦爲坎，變卦爲巽，木在水上，乘木有功，故利涉大川。」〔註171〕前者震木在兌澤之上，後者以巽木在坎水上取象。

至於來氏所稱取卦德者，幾兼採卦體言，卦德言理，卦體言象，甚至還連著中虛之卦象而言。如〈同人〉「利涉大川」，來註：「『乾行』指利涉大川一句，蓋乾剛健中正，且居九五之位，有德有位，故可以險濟難。……本卦錯〈師〉，有震木坎水象，所以利涉大川。曰『乾行』者，不言象而言理也。」〔註172〕〈大畜〉「利涉大川」，來註：「因錯坎水，中爻震木，所以有涉大川之象。又本卦錯〈萃〉，〈萃〉大象坎，若以卦體論，四、五中空，有舟象。乾健應四、五，上進有舟行而前之象。」〔註173〕來氏釋〈同人〉，一方面據《象傳》「乾行」釋「利涉大川」之象，又兼以震木坎水取象。而〈大畜〉「利涉大川」之取象，除震木坎水之象，又有中虛之卦象，且有乾健之卦德。

此外，亦可從來氏對「不利涉大川」的解釋見出其特色，來註〈訟〉卦辭「不利涉大川」：「中爻巽木，下坎水，本可涉大川，但三剛在上，陽實陰虛，遇巽風，則舟危矣。舟危，豈不入淵？……不利涉之象也。」〔註174〕除以巽木坎水解釋何以有「利涉大川」之象外，還得說明何以「不利涉大川」，故以三陽在上及巽風之象解釋之。

七、來氏釋卦、爻辭取象之特色

朱伯崑先生從來氏以「綜」解釋卦、爻辭重出之現象，舉出一些特例，

〔註169〕《易經來註圖解・易註》，頁 667～668。
〔註170〕同前註，頁 543。
〔註171〕同前註，頁 1153。
〔註172〕同前註，頁 485。
〔註173〕同前註，頁 643～644。
〔註174〕同前註，頁 392。

朱氏指出來氏既言「〈否〉綜〈泰〉，故初爻辭同」，此說法與來氏釋〈損〉、〈益〉「十朋之龜」之例不類，〈損〉、〈益〉相綜，〈損〉六五即〈益〉六二，故爻辭同；而〈泰〉、〈否〉相綜，〈泰〉初六爻辭當爲〈否〉上九爻辭，而非初爻辭同也。而〈履〉與〈歸妹〉非相綜之卦，卻有相同爻辭，亦與來氏以綜說明卦爻辭重出之例不符。〔註175〕故朱氏認爲：「來氏所設想的體例，同樣不能適合一切卦爻象和卦爻辭，而且有的解釋是自相矛盾。」〔註176〕

朱伯崑先生更指出：「至于他用那種體例，解釋那些卦爻辭，更沒有什麼規則。在他看來，那種體例能將卦爻象和卦爻辭的聯繫解釋的通，就用那種體例。」〔註177〕這點確實與來氏釋象作法相符。關於來氏釋象特色有數點，以下分別說明之。

其一，來氏釋象相當靈活，並不專主一義，只要與象有關均可用之，或採卦畫之象、大象之畫、錯、綜例，或採爻變、中爻例。例如，〈師〉六五「田有禽」，來註：「禽者，上下皆陰，與〈小過〉同，禽之象也。坎爲豕，錯離爲雉，皆禽象也。」〔註178〕來氏從卦畫之象與下卦之象及下卦之錯來說明「禽」之取象。如〈大畜〉六四「童豕之牿」，來註：「變離錯坎，牿之象也。艮手，中爻震本手持木而施之角，亦牿之象也。」〔註179〕來氏以六五爻變則三至五中爻成離，離錯坎，且上卦爲艮、中爻震，皆有「牿」之象。

其二，來氏釋象將卦、爻辭並觀，卦、爻辭之象與義或同或異，來氏均明確辨析之。如，來氏比較〈同人〉卦辭「同人于野，亨」與上九「同人于郊，无悔。」彼言道：「但同人于野，以卦全體而言，言大同則能亨也。……故于野取曠遠大同之象，此爻則取曠遠無所與同之象，各有所取也。」「上九居同人之終，又無應與，則無人可同矣，故有同人于郊之象。」〔註180〕如來氏釋〈大畜〉卦辭指出「彖辭、爻辭皆各取義不同。」釋初九言道：「乾三陽爲艮所畜，故內、外之卦，各具其義，內卦受畜，以自止爲義，以陰陽論，若君子受畜于小人也。外卦能畜，以止人爲義，以上下論，若在位之禁止強

〔註175〕朱氏說法見於《易學哲學史・宋易的繁榮和理學的衰弱》，頁 323。
〔註176〕同前註，頁 324。
〔註177〕同前註。
〔註178〕《易經來註圖解・易註》，頁 414。
〔註179〕同前註，頁 652。
〔註180〕同前註，頁 465～496。

暴也。」「易主于變易，所以取義不同。」〔註181〕來氏認爲〈大畜〉之卦、爻辭其象與義各有所取，甚至內卦、外卦之象與義亦有不同，故需加以釐析。

其三，來氏認爲釋卦、爻辭當參考《彖傳》、《象傳》，即來氏釋象之重要原則——將四聖《易》結合釋象。例如〈訟〉卦辭「不利涉大川」，來註云：「中爻巽木，下坎水，本可涉大川，但三剛在上，陽實陰虛，遇巽風，則舟危矣。舟危，豈不入淵？故〈彖辭〉曰『入淵』，不利涉之象也。」〔註182〕來氏將「不利涉大川」不利之象與《彖傳》「不利涉大川，入于淵也」關聯釋象。又如〈家人〉「利女貞」來氏援引《彖傳》「女正位乎內，男正位乎外」言道：「九五、六二內外各得其正。」「《周易本義》上父初子之說非也。吳幼清以五爲巽女之夫，三爲離女之夫亦非也。唯依彖辭，女正男正二句，則卦名、卦辭皆在其中矣。」〔註183〕來氏以《彖傳》來修正朱子上父初子以及吳澄巽女、離女之夫的說法，逕以六二、九五各得夫剛婦柔之正來釋之。

又如〈需〉六四「需于血，出自穴」，來註：「坎爲血，血之象也。又爲隱伏，穴之象也。」「血即坎字，非見傷也。……言雖需于血，然猶出自穴外，未入於穴之深也。〈需〉卦近於坎，致寇至，即入於坎。三爻皆言吉者，何也？蓋六四順於初之陽，上六陽來救援，皆應與有力。九五中正，所以皆吉也。凡看周公爻辭，要玩孔子小象，若以血爲殺傷之地，失小象順德之旨矣。」〔註184〕來氏據〈小象〉「需于血，順以聽也。」而言四以順德，雖處險境，然順初之陽，且得上六陽之救援，故吉也，即此而認爲六四之「血」非指六四爲殺傷之地。遂以「血」即「坎」，亦即因上卦爲坎，故有「血」之象。另一例，來氏釋〈謙〉六二「鳴謙」：「（中孚）鶴鳴，〈小象〉曰『中心願也』，此曰『中心得也』，言二與三中心相得，所以相唱和而鳴也。若舊註以謙有聞，則非鳴謙，乃謙鳴也。」〔註185〕來氏運用〈小象〉修正舊註以「鳴謙」爲因謙而聞名之說法，改以六二、九三相和而鳴之意。此二例乃來氏參考〈小象〉，將經傳相合釋象，產生了新的詮釋。

其四，來氏以爻變解釋有無某物之象。來氏釋象非常精細，如〈師〉上六「開國承家」與〈損〉上九「得臣无家」，一爲「承家」，一爲「无家」，來氏云：

〔註181〕同前註，頁 644、647。
〔註182〕同前註，頁 392。
〔註183〕同前註，頁 789～791。
〔註184〕同前註，頁 386～387。
〔註185〕同前註，頁 513～514。

「坤爲地，爲方國之象也。……艮爲門闕，家之象也。……〈損〉卦變坤故曰『无家』；〈師〉卦坤變艮，故曰『承家』。周公爻象，其精至此。」〔註186〕又：「此爻變坤，有國无家之象也。……若以理論，乃國爾忘家，无自私家之心。」〔註187〕來氏認爲〈師〉「承家」之象取自上卦坤變艮，艮爲門有家之象；〈損〉「无家」取象自上卦艮變坤，坤爲土，有國无家之象，其義爲爲國忘家。

又如〈夬〉九四「臀无膚」，來氏云：「乾一兌二爲膚，……此爻變坎則不成一、二矣，故无膚。兌爲毀折，亦无膚之象也。」〔註188〕來氏認爲「无膚」取象自九四爻變，則不成乾兌之象，亦可取象自上卦爲兌毀折也。此外，〈漸〉卦九三、九五「婦孕」、「不孕」之例，來氏釋九三「婦孕不育」：「婦孕者，此爻合坎，坎中滿，孕之象也。」釋九五「婦三歲不孕」：「中爻爲離中虛，空腹不孕之象也。……二、四爲坎，坎中滿，故曰孕；三、五中虛，故曰不孕」〔註189〕「坎爲孕」乃來氏補定之象，既然「坎爲孕」，故九三有孕之象，若離則爲不孕，故九五即此取象。來氏以此例更贊歎「爻辭取象，精之極矣」。

其五，來氏認爲卦、爻辭取象皆無空象，而是卦畫實有此象。此處以爻辭爲例，來氏釋〈既濟〉九三「高宗伐鬼方」：「鬼方者，北方國也。……三與上六爲應，坎居北，故曰鬼方。坎爲隱伏，鬼之象也。變坤，中爻爲方，方之象也。」〔註190〕此處來氏除了指出「鬼方」爲北方之國，更進一步從卦象中指出鬼方之取象，上卦爲坎，九三與上九相應，而上九正爲坎上畫，而「坎爲隱伏」，故有鬼象；而方則因九三爻變，成中爻坤，故有方之象。來氏即此認爲「周公非空取鬼方」，認爲爻辭取象必因卦象有此象，故言「周公爻象二字不空，此其所以爲聖人之筆也。」〔註191〕

其六，來氏對卦爻辭之取象辨析相當精微。來氏解釋「建侯」、「行師」之取象，相當細微，釋〈豫〉「利建侯行師」言道：「震長子主器，震驚百里，建侯之象。中爻坎陷，一陽統眾陰，行師之象也。〈屯〉有震無坤，則言建侯；〈謙〉有坤無震，則言行師，此震坤合，故兼言也。」來氏指出「利建侯」之象取於「震爲長男」，因長子主器之故，「行師」取象於「坤爲眾」。〈豫〉

〔註186〕同前註，頁 416。
〔註187〕同前註，頁 851。
〔註188〕同前註，頁 879。
〔註189〕同前註，頁 1013、1017。
〔註190〕同前註，頁 1141～1142。
〔註191〕同前註。

有震有坤，再加中爻坎以陽統陰，故有建侯行師之象。〈屯〉與〈謙〉各得震與坤，故僅得建侯與行師一項。然此說法，卻無法解釋〈復〉卦，〈復〉卦有坤有震，卻僅有上六有「用行師」之象，卦、爻辭卻無建侯之象，故來氏此說法無法成爲通例。

其七，來氏認爲釋象時固可參考通例，然亦需視卦、爻辭之特殊性而定。此處以《易》中之君子、小人爲例，易辭中有許多君子、小人之辭，來氏以陽大陰小，故君子以陽、小人以陰取象。〔註192〕然來氏認爲不可逕亦爲下卦之小人皆欲害君子。於〈姤〉初六言道：「凡陰爻居下卦者，不可皆以爲小人害君子，如〈姤〉有相遇之義，觀有觀示之義，此卦因以爲小人害君子，所以將九五極好之爻，通說壞了。」〔註193〕來氏認爲〈姤〉之卦義、卦象是以陰陽（小人、君子）相遇爲主，非陰害陽也，〈觀〉卦亦非陰害陽，而是陰觀於陽，下民仰觀於君子也。來註〈觀〉初六：「觀者，觀九五也。……小人者，下民也。本卦陰取下民，陽取君子。」〔註194〕

其八，來氏釋象屢屢強調卦、爻辭之象是無此事，無此理，只因卦畫有此象之故。然來氏亦強調，釋象必須留意象與辭之連結是否能說得通。彼釋〈謙〉初六「謙謙君子，用涉大川，吉。」：「凡易中有此象而無此事，無此理者，與此爻涉大川見之。蓋金車、玉鉉之類也。周公立爻辭，止因中爻震木在坎水之上，故有此句。而今就文依理，只得說能謙，險亦可濟也。」〔註195〕在釋〈屯〉六四「求婚媾」之象，彼亦云：「求者，四求之也。本爻變，中爻成巽，則爲長女，震爲長男，婚媾之象也。非眞婚媾也，求賢以濟難，有此象也。舊說陰無求陽之理，可謂不知象旨者矣。」〔註196〕

來氏認爲〈謙〉因中爻震木與坎水，故有「涉大川」之象；而〈屯〉因六四爻變，中爻成巽，而下卦爲震，故有「婚媾」之象，此二者皆非眞指實事，雖然以理言之亦可通——以謙濟險、求賢濟難，然重要的事卦、爻辭之取象是從卦畫而得。而來氏所言「舊說陰無求陽之理，可謂不知象旨者」更是進一步強調釋象需找出象與辭間的相合關係，即此斷定此釋象說法是否合理。

既然來氏認爲易象非眞有此事此理，故亦無須於釋象時以其他事理來補

〔註192〕來氏註〈師〉上六「陽大陰小，陰上重疊，小人之象也。」同前註，頁417。
〔註193〕同前註，頁888。
〔註194〕同前註，頁571。
〔註195〕同前註，頁512。
〔註196〕同前註，頁361。

充之。如，〈晉〉「康侯用錫馬蕃庶，晝日三接。」來註：「諸儒不知象，乃以周官校人、大行人實之，失象旨矣。」〔註197〕〈益〉上九「莫益之，或擊之，立心勿恆，凶。」來註：「此爻與〈恆〉卦九三同，亦不恆其德者也。……前儒不識象，只以理度之，就說求益不已，放于利而行多怨，不奪不饜，往往似此，失易之旨。殊不知〈益〉卦不比〈損〉卦，〈損〉剛〈益〉柔，有時非恆常之道也。若益而不已，則日進无疆，其益无方；所以立心當恆，若不恆不能益而不已，則凶矣。」〔註198〕來氏認爲釋〈晉〉卦辭僅需瞭解辭與象之關聯，無需補充周官校人、大行人之制度。至於〈益〉卦，亦須先瞭解辭與象之關係，不可逕以理陳說之，即使欲言理，仍須將卦、爻辭整體觀之，以掌握充分卦義，當避免任意比附。

以上八點乃歸結來氏釋象之特色，可與來氏取象例並觀。當然來氏釋象亦有過於牽強者，如震「亨，震來虩虩」，彼言道：「虩本壁虎之名，以其常周環于壁間，不自安寧而驚顧，此用虩之意。……因綜艮，艮爲虎，故取虎象，非無因而言虎也。」〔註199〕來氏將壁虎與虎關聯，即此而言壁虎亦取艮象，然事實上壁虎與虎除了名稱皆有虎字外，並無鮮明共通點，故不免過於牽強。

八、總結：對吳澄與來氏以象釋易之反省

吳澄與來知德的《易》學均強調易象之重要，並以釋象爲其《易》學重心。二子所以重釋釋象，不僅肯定易象爲《易經》最重要的部分，並且認爲卦、爻辭與卦畫間有著密切關聯，而釋象便是找出辭與象是如何相關聯的。

吳澄所致力者便是解決朱子所認爲易象多不可解的難題，主張將四聖《易》分別觀之，藉著建立取象通例，努力爲卦、爻辭之象作出合理的解釋。而整個吳澄《易》學最精採出便是吳澄費心建立起的卦變、卦主、象例、占例、辭例等釋《易》通例。

至於來氏《易》，亦在找出易象取象之由。但朱伯崑評道：「他自認爲……將已失傳的《周易》的象發掘出來，實際上仍舊是一種失敗的嘗試。他的嘗試又一次證明《周易》中的卦爻象和卦、爻辭間本沒有必然的聯繫。」〔註200〕

〔註197〕同前註，頁 758。
〔註198〕同前註，頁 866。
〔註199〕同前註，頁 980。
〔註200〕《易學哲學史・宋易的繁榮和理學的衰弱》，頁 324。

依朱氏所言是指來氏與前賢一樣，仍無法找出卦、爻辭與卦畫完美的聯繫，但從來氏《易註・自序》及《易註》內容來看，來氏並不認為易辭稱與卦畫是完全密合無間，只是認為二者是相關聯而非無關的，即此而言，焉能稱「將已失傳的《周易》的象發掘出來，實際上仍舊是一種失敗的嘗試」？

從來氏《易註》所作的努力來看，可明顯發現其用意在於說明《易》是前聖、後聖相續之成果，若僅將卦、爻辭視為卜筮紀錄，則與卦畫何干？如果《易傳》非為釋經而作，則其作用何在？在這樣的立意下，來氏努力說明卦、爻辭之象並非任意而作，而是皆有所本，本於卦畫整體之象、錯綜之象或上下二體之象、中爻之象等等，並即此而贊歎易辭、易象之玄妙，此玄妙便是指卦畫與卦、爻辭間的密切關聯而言。

當然，後人已見卦、爻辭之內容，註家找出辭與畫間的關聯，似乎無法深切感受何以來氏屢屢贊歎卦、爻辭取象之精妙、玄妙。然若換個向度思考，從創作者的立場來看，文王、周公如何就羲皇之卦畫，創造出我們所見的卦、爻辭，便自然會產生如來氏般驚歎的反應。當然，對於孔子從羲皇卦畫及文王、周公看似卜辭的卦、爻辭而撰寫出《易傳》，亦不免又產生深深的贊歎。吾人若能深入洞悉來氏看《易》的角度，便能瞭解何以來氏一直強調以象釋《易》，而非逕以義理闡《易》之緣由，原來來氏希望經由再發現的過程，重新體會聖人畫卦、作《易》辭、作傳的用心，從中體會更深、更豐富的人生智慧。

因此，研究來氏《易》學，不可耽溺來氏釋象是否超越於前人，而是應瞭解來氏註《易》的深刻用心，學《易》者當致力於從卦畫及卦、爻辭、《易傳》取體現《易》所展現豐富的象與理。當然亦不可僅拘溺於來氏所發現的「對待」與「流行」之象與理，而是在這成果上，重新回到《易》經傳，對易理有更深的體悟與發現。

當然我們可以進一步思考，易之卦畫與卦、爻辭間的關聯，是否一定如吳澄與來氏所稱每個卦、爻辭都一定與卦、爻畫有關？這個問題，涉及研究者看待《易經》的方式。吳澄與來氏認為卦畫與卦、爻辭是四聖相繼創作，彼此相關聯的，透過實際解經，也確實能發現彼此的關聯性。

但近代《易》學家，已突破了四聖作《易》的思維，不僅質疑《易》出於聖人之手，甚至亦不關心卦畫與易辭之關聯。近人顧頡剛先生主張卦、爻辭如現代的籤詩，其中包含一些歷史事件，彼言道：「《周易》卦、爻辭的性

質既等於現在的籤訣，其中也難免有這些隱語。很不幸的，古史失傳的太多了，這書裏引用的故事只有寫出人名、地名的我們還可以尋求它的意義；至於隸事隱約的則直無從猜測了。……我只想從這些故事裏推出一點它的著作時代的古史觀念，……更把它和後來人加上的一套故事比較，來明白後人的古史觀念。」〔註201〕

高亨先生則認為卦、爻辭乃筮人的占筮記錄，彼言道：「古代卜人有卜事記錄，筮人有筮事記錄。筮人將其筮事記錄，選擇其中之奇中或屢中者，分別移寫於筮書六十四卦卦爻之下，以為來時之借鑑，逐漸積累，遂成《周易》卦、爻辭之一部分矣，此在《周易》卦、爻辭中有其內證。……其中亦有撰人之創作，……將其對於事物之觀察，對於涉世之經驗，對於哲理之見解，纂入書中，……其目的在顯示休咎之跡象，指出是非之標準，明確取捨之途徑。《周易》古經經過此人之訂補，始成完書矣。」〔註202〕

朱伯崑先生亦認為：「近人有一種看法，認為《周易》起源于占筮之法，卦、爻辭原本是筮辭，筮辭和卦象之間無邏輯的聯繫。因為某卦象，繫之于某種筮辭，是出于所占之事，所占之事是多方面的，……就《周易》的結構說，某些卦、爻辭的編排同其爻象可能有某種聯繫，如乾卦，但這種聯繫是出于編者的安排，在《周易》全書中是少見的。……近人的這種看法，比較合於《周易》的實際情況。」〔註203〕又曰：「《周易》只有形式上的體系，將其哲理化，是《易傳》和後來學者的任務。」〔註204〕

無論顧氏、高氏或朱氏之說法，均否定文王、周公作卦、爻辭，並將《易》視為卜筮之書，顧氏與高氏更將卦、爻辭視為占筮結果之紀錄，故卦、爻辭與卦畫之關係僅成為占得某卦，而得到某些結果；而朱氏則將《周易》視為古代筮書之結集，卦畫與卦、爻辭多無邏輯關聯，除少數出於編者之卦例外。上述觀點與吳澄與來氏將卦、爻辭據卦畫而作，在易象上有著密切關聯的說法有著鮮明差異。朱氏更指出其看法之依據：「如果認為每一卦的卦、爻辭同其卦、爻象都存在著邏輯的聯繫，則無法說明爻辭的重覆問題，也無法解釋

〔註201〕 〈《周易》卦、爻辭中的故事〉，黃沛榮編，《易學論著選集》（臺北：長安出版社，1991年），頁169。
〔註202〕 《周易古經通說》（香港：北京中華書局香港分局，1963年），頁6～7。
〔註203〕 《易學哲學史·春秋戰國時代的易說》，頁12。
〔註204〕 〈《周易》研究中值得商榷的幾個問題〉，《周易研究》，第2期，1991年，頁1。

其中的矛盾現象。」〔註205〕而這點理由卻正爲吳澄與來知德所重視，但得出的結果竟不相同。

　　雖然近代《易》學家已不再堅持《易》出於聖人之手，但並不表示已全盤推翻聖人作《易》之說，吳澄與來知德二位前賢在易象解釋上所做的努力，仍值得我們觀摹與學習。透過這樣的研究，更能深刻瞭解到歷代《易》註，背後包含著註者對《易》的特殊認定，如果不能對背後的立場有清楚認定，則可能出現錯誤的批評，而無法深入瞭解這些《易》註眞正的價值。志於治《易》者，豈能不愼乎！

〔註205〕《易學哲學史・春秋戰國時代的易說》，頁 12。

後　記

　　本書爲筆者博士論文，僅就文句、符號作微幅修訂。筆者曾將部分成果
發表於期刊及學術會議，第一篇爲〈《易經》「升降」與「反對」兩種卦變義
例的考察〉，發表於《中國文哲研究集刊》，第 17 期，2000 年 9 月，頁 467～
492。第二篇爲〈卦主析論──卦主通例之建立〉，發表於首屆海峽兩岸青年
易學論文發表會，行政院陸委會主辦，師大文學院、中華民國易經學會承辦，
2000 年 6 月 11～12 日。第三篇爲〈吳澄《易》學研究──釋象與「象例」〉，
刊登於《元代經學國際研討會論文集》（上），楊晉龍主編，臺北：中研院中
國文哲研究所籌備處，2000 年 10 月 1 日出版。

　　自取得博士學位至今，轉眼已八年，回頭審視當年舊作，發現疏漏不少。
之所以同意出版，一方面爲個人留下學術歷程紀錄，另方面爲欲研究吳澄思
想，或欲瞭解元代《易》學者，方便資料蒐尋。

　　整部論文的完成，首先感謝恩師林安梧教授的費心指導，讓我在碩士階
段培養研究能力，進而於博士階段嘗試更高深的研究。在此也感謝岑溢成教
授、顏崑陽教授在治學方面的指導，以及胡自逢教授、黃慶萱教授、李威熊
教授、曾春海教授於口試時，提供極寶貴的修正意見，個人受益良多。當年
胡師年歲已高，仍親手寫下數頁審查意見，鼓勵後輩之厚意，我將永誌不忘。

　　最後，感謝家父楊景柏先生、家母張素眞女士，他們的身教、言教對我
影響甚深，是我不斷前進的重要後盾。我也感謝在新民高中任教的舍妹自青，
近年來拙作之英譯，多賴舍妹的費心協助，方得以順利發表；任教於臺北醫
學大學的舍弟自森，對學術研究充滿熱誠，令人佩服，我們常相互論學，他

的見解對我啓發甚多。在此，也感謝先生呂學德在家庭方面的支持，讓我能專心於研究與教學工作；女兒紹君、兒子紹辰的童心，使我對人生充滿熱情，他們的貼心，讓我覺得非常幸福。

　　本書受限於博士階段的學力，見解多有不足，希望日後能再就吳澄《易》學及其他元代《易》學家進行研究。期待更多優秀後輩，作出更傑出的學術成果，使學術慧命延綿不絕。